Buchreihe der Stadt Heidelberg · Band III

Im Auftrag
der Stadt Heidelberg herausgegeben
von Rudolf Benl

LEENA RUUSKANEN

Der Heidelberger Bergfriedhof

Kulturgeschichte und Grabkultur
Ausgewählte Grabstätten

1992

Verlag Brigitte Guderjahn
Heidelberg

Umschlaggestaltung nach einem Entwurf von Eberhard Witte, Heidelberg

Abbildung auf dem Umschlag:
Trauernde an der Ruhestätte Remler (Seite 157 f.)

Formatieren des Textes: Ulrich Kunkel, Reichartshausen · Konvertieren und Neusatzteile: HVA, Heidelberg · Lithos: Schneider Repro, Heidelberg Druck: Dr. Johannes Hörning, Heidelberg · Bindearbeit: J. Schäffer, Grünstadt

Zum Geleit

Obwohl die Friedhöfe in einem ganz besonderen Maße die kulturellen und gesellschaftlichen Veränderungen einer Gemeinde widerzuspiegeln vermögen, wurde ihnen lange Zeit hinsichtlich ihres Kulturwertes im Rahmen der öffentlichen Kulturpflege nur eine geringe Beachtung zuteil. In neuerer Zeit haben jedoch auch diese stillen, erinnerungswürdigen Stätten ihren Platz innerhalb der Denkmalpflege gefunden; was nicht weiter erstaunlich ist in einer Zeit, in der sich ein neues Bewußtsein für Natur, Umwelt, Tradition und Geschichte entwickelt.

Dies gilt in ganz besonderem Maße für den Heidelberger Bergfriedhof, der nicht nur ein kulturelles Spiegelbild der Stadt ist, sondern auch ein Zeugnis deutscher Kultur- und Geistesgeschichte darstellt. Er zählt zu den stimmungsvollsten deutschen Friedhofsanlagen. In seinen wesentlichen Bereichen vermag der Bergfriedhof noch heute der seiner Errichtung zugrunde liegenden Vorstellung von einer freundlichen Ruhestätte in einem Landschaftsgarten Ausdruck zu geben. So wird es verständlich, daß es gerade an diesem Ort der größten Umsicht und eines äußerst sensiblen Umganges bedarf – sowohl seitens der Stadt als Trägerin als auch der privaten Hand –, soll es gelingen, das noch teilweise vorhandene ›historische Gesicht‹ dieses Friedhofs, seine landschaftliche Erscheinung und Gestaltung ebenso wie die einzelnen Grabstätten für die Nachwelt zu retten.

Das vorliegende Buch ist hierzu ein ganz wichtiger und geglückter Beitrag. Es wird ihm mit Sicherheit gelingen, das ›Kulturgut Bergfriedhof‹ dem interessierten Leser und Besucher nahezubringen und zugleich in einer breiten Öffentlichkeit die Überzeugung zu fördern, daß es sich beim Bergfriedhof nicht nur um einen Ort der Trauer und der Erinnerungen, sondern auch um eine Vielzahl schützenswerter und schutzbedürftiger Denkmäler handelt.

Beate Weber
Oberbürgermeisterin

Inhalt

Einführendes Vorwort

Gräber sind Wege in die Vergangenheit. So mag der eine ein Grab aus persönlicher Verbundenheit als ganz private Stätte des Gedenkens und der Besinnung aufsuchen, ein anderer möchte am letzten dokumentarisch gesicherten Ort einer verehrten Persönlichkeit weilen. – Mit den Namen, die wir auf den Grabsteinen lesen, steigen in uns Bilder aus der Erinnerung auf, aus denen Vergangenes lebendig wird. Der Friedhof ist somit auch ein ›überzeitlicher‹ Ort, eine Insel im Fluß der Zeit – eine Stätte, die sozusagen das kulturelle Gedächtnis einer ganzen Gemeinschaft darstellt und Identität zu stiften vermag.

Die Aufwertung des Friedhofes als eines kulturelle Werte beherbergenden Ortes erfolgte spät, wenn man bedenkt, daß in den 60er und 70er Jahren unseres Jahrhunderts auch auf den Friedhöfen nicht nur aus Unkenntnis, sondern vor allem mit dem Anspruch der Zeitgemäßheit (deren Geist sich etwa in allzu bekannten ›Dorfverschönerungen‹ manifestierte) folgenschwere Umgestaltungen vorgenommen wurden. Dabei wurde alte Grabmalkunst vielerorts als Kitsch und überkommene ›Altlast‹ abgeräumt und vernichtet. Doch darf uns heute das Wissen um langjährige Versäumnisse nicht davon abhalten, für die noch vorhandene Friedhofskultur Verantwortung zu übernehmen.

Mit dieser Veröffentlichung wird versucht, die erhaltene Vielfalt an schutzwürdiger Grabkultur zu veranschaulichen und auf diesem Wege das Bewußtsein dafür zu schärfen, daß auch Grabstätten Geschichte und Kultur auf eine vielschichtige Art und Weise dokumentieren können. Sie bietet eine Darstellung ausgewählter Grabstätten aus der Zeit der Friedhofsgründung, also den Jahren um 1844 bis in die 50er Jahre unseres Jahrhunderts. Beigefügte Lagepläne weisen dem Besucher den Weg. Es galt, in Form kurzer Darstellungen die Lebensbilder bedeutender Persönlichkeiten nachzuzeichnen, aber auch derer zu gedenken, die inzwischen der Vergessenheit anheim gefallen sind. Die vielfältigen Umbrüche der deutschen Geschichte, von der Badischen Revolution über das Kaiserreich, die Weimarer Republik und die Zeit des Nationalsozialismus bis in unsere Gegenwart, spiegeln sich auch in den Biographien der auf dem Bergfriedhof Beigesetzten. Unser Interesse richtete sich ferner auf die Grabmäler selbst, ihre Gestalt und Formensprache, wobei wir ihrer jeweils ganz eigenen Aussage und Stimmung nachspüren wollten. Die knappen Grabmalbeschreibungen mögen hierzu eine erste Orientierung bieten, geht doch in unserer leistungsorientierten Zeit, in der der Tod verdrängt wird, gerade das Wissen um Symbole immer mehr verloren – einer Zeit, in der der Tod anonym geworden, ja sogar ganz ›ausgebürgert‹ worden ist, einer Zeit, in der auch das Grabzeichen, seines Sinnes als Gedenkmal entfremdet, nur mehr eine inhaltsleere, sterile ›Steinkartei‹ darstellt. Diese Monumente, die in Erinnerung an die

Verstorbenen errichtet worden sind, geben über die vielfältigen Vorstellungen vom Tod und ihren historischen Wandel Aufschluß.

Bei dieser Veröffentlichung handelt es sich nicht um eine im strengen Sinne wissenschaftliche Abhandlung, vielmehr ist sie dazu gedacht, einem breiteren Leser- und Interessentenkreis Information und Anregung zu geben. Um in der Gesamtdarstellung die Fülle der Gräberbeschreibungen für den Leser noch übersichtlich zu halten, wurde anstelle einer fortlaufenden Beschreibung die Form klar gegliederter Einzeldarstellungen gewählt. Dieser Band erhebt dabei nicht den Anspruch, vollständig zu sein. Bereits eine Darstellung des gesamten erhaltenswürdigen Grabbestandes des Bergfriedhofs allein würde den Rahmen eines solchen Buches sprengen. Der interessierte Besucher wird selbstverständlich noch viele weitere Entdeckungen sowohl auf den hier skizzierten wie auch auf eigenen Rundgängen machen können. Neben der Beschreibung von Grabstätten finden sich in diesem Buch kleine Beiträge zur Geschichte des Friedhofs, insbesondere zum geschichtsträchtigen Krematorium, sowie ein Exkurs über die den Denkmalschutz betreffenden Aspekte der Friedhofskultur. Die mannigfaltige Vegetation dieser landschaftlich reizvollen, naturschutzwürdigen Anlage konnte im Rahmen dieses Bandes nicht gesondert berücksichtigt werden.

Eine Besonderheit des Bergfriedhofs ist der Jüdische Friedhof, der 1876 als eigenständige Friedhofsanlage in unmittelbarer Nachbarschaft zum Bergfriedhof errichtet worden war. In dieser Veröffentlichung folgt ein geschichtlicher Abriß seiner Entstehung, jedoch keine Darstellung der einzelnen Grabstätten.

Trotz aller dieser Einschränkungen hinsichtlich des Umfangs des bearbeiteten Materials wird der Besucher, der uns auf den besinnlichen Wegen durch den Bergfriedhof folgt, einen guten Überblick gewinnen. Der landschaftliche Reichtum dieser Friedhofsanlage, deren Wege von hellen, laubbaumgesäumten Alleen in der Ebene bis in die dunklen Anlagen des hoch auf den Berg hinaufziehenden Waldes führen, laden zum Nachsinnen und zur Naturbeobachtung ein. Der Kreislauf der Jahreszeiten, der den Menschen nicht nur an seine Vergänglichkeit erinnert, sondern schon immer zugleich auch Trost und Hoffnung gespendet hat, prägt den Bergfriedhof in besonders stimmungsvoller Weise.

Die Wahl des Terrains, die besondere Anmut der Anlage führt uns zurück in die Zeit der Romantik. Wesentliche Anstöße, die zur Entstehung der deutschen Romantik geführt haben, sind von Heidelberg ausgegangen; der Genius loci hat in dieser Geistesströmung seinen ganz eigenen Ausdruck gefunden. So nimmt es auch nicht wunder, daß, wie es die kurzen Lebensbilder unserer Texte zeigen, in dieser Stadt bis weit ins 19. Jahrhundert hinein, ja noch bis in die zwanziger Jahre unseres Jahrhunderts, das romantische Ideal der Durchdringung von Kunst und Wissenschaft wirksam geworden ist. Aber nicht nur die Gräber der Menschen, die durch ihr künstlerisches und wissenschaftliches Wirken Heidelberg zu einer vielfach gerühmten Kunst- und Universitätsstadt gemacht haben, wurden in die hier vorliegende Auswahl einbezogen, sondern auch Gräber von Männern und Frauen außerhalb des Universitätslebens, etwa von Menschen, die ihre Aufgabe darin sahen, das Zusammenleben der Bürger in der Stadt mitzugestalten. An der Entwicklung der Stadt hatten natürlich auch Handwerker, Kaufleute und andere Vertreter des städtischen Bürgertums regen Anteil. Aus ihren Reihen sind weiterhin bedeutende Kommunalpolitiker und Unternehmer hervorgegangen. Selbstverständlich gebührt auch den Frauen, die sich sozialer Probleme annahmen oder sich im Kulturleben der Stadt hervortaten, unser Gedenken. Weiterhin wurden die Grabstätten aller Ehrenbürger der Stadt Heidelberg in diesen Band aufgenommen.[1] Nicht zuletzt gehörten für uns in die Auswahl der zu beschreibenden Gräber jene

Abb. 1. Spätherbstliche Gräberanlage in Lit. T.

zwei Grab- bzw. Gedenkstätten für die Opfer des Nationalsozialismus, die als Gedenk- und Mahnstätten stellvertretend für das unsägliche Leid stehen, das der Zweite Weltkrieg in millionenfachem Morden verursacht hat.

Bei der Zusammenstellung derjenigen Grabstätten, bei denen das gestalterische Erscheinungsbild eines einzelnen Grabmals oder einer ganzen Grabmalgruppe von vorrangigem Interesse ist, ging es darum, in einem möglichst breit gefächerten Überblick die Formenwelt alter Grabkultur darzustellen und zu vermitteln.

Es war nicht immer einfach, die notwendigen Angaben zu den einzelnen Grabstätten zu recherchieren und zusammenzustellen sowie der Lebensge-

1 Nicht geschrieben werden konnte das Kapitel über die vielen in Heidelberg weilenden Fremden, die als Reisende oder – über längere Zeit – als Mitglieder der städtischen Gesellschaft, zum Teil in Kolonien (wie der ›englischen Kolonie‹ in Neuenheim), hier lebten. Von ihren Grabzeichen hat sich auf dem Bergfriedhof so gut wie keines erhalten, wodurch ein möglicherweise interessanter Teil der Siedlungs- und Friedhofsgeschichte unwiderruflich verloren ist.

schichte der hier zur Ruhe Gebetteten nachzuspüren. Wir haben dazu neben der einschlägigen Fachliteratur (insbesondere das von Dagmar Drüll verfaßte Gelehrtenlexikon diente dabei häufig als hilfreiches Nachschlagewerk) vor allem die Archive in der Stadt genutzt. In einigen Fällen wurden auch Familienmitglieder um Auskunft gebeten; in jedem Einzelfall solche Verbindungen aufzunehmen, war im gesteckten Rahmen dieser Arbeit allerdings nicht möglich. Diesbezügliche Korrekturen und wichtige Ergänzungen werden bei einer eventuellen Neuauflage nach Möglichkeit berücksichtigt.

Allen, die uns geholfen haben, möchten wir an dieser Stelle herzlich danken, vor allem den Mitarbeiterinnen und den Mitarbeitern des Heidelberger Stadtarchivs, des Standesamtes der Stadt Heidelberg, des Evangelischen sowie des Katholischen Kirchenbuchamtes sowie des Generallandesarchivs Karlsruhe. Unser ganz besonderer Dank gebührt Herrn Dr. Benl, dem ehemaligen Leiter des Stadtarchivs, der die letzte Durchsicht des Textes vorgenommen hat.

Geschichte des Bergfriedhofs
Ein weiter Garten für die letzte Ruhe

1. Vorgeschichte

Man schrieb den 18. September 1844, als der später ›Bergfriedhof‹ genannte ›neue Friedhof an der Steige‹ im Gewann Eisengrein als erster städtischer Friedhof seiner Bestimmung übergeben wurde.[1] Feierlich wurde diese überkonfessionelle Begräbnisstätte von Vertretern der beiden großen Konfessionen, dem katholischen Dekan Nüßle und dem evangelischen Dekan Dreuttel, eingeweiht.[2] Der Eröffnung müssen langwierige Verhandlungen zwischen den beiden christlichen Kirchen und der Stadtgemeinde vorangegangen sein, die vor allem eine zu erstellende Leichenordnung zum Inhalt hatten. So konnte man sich zum Beispiel nicht über die Frage einigen, wer den Friedhofsaufseher anzustellen und zu bezahlen habe. Wegen dieser Auseinandersetzungen wurde der schon 1842 fertig angelegte Friedhof anderthalb Jahre lang nicht benutzt, und die erste Leichenordnung konnte erst im Jahre 1852 in Kraft gesetzt werden.[3] Der Tag der Einweihung war ein entscheidender Wendepunkt im Heidelberger Bestattungswesen. Denn von da an wurden die Verstorbenen nicht mehr an den geweihten Stätten eines Kirchhofes im vertrauten Stadtgebiet zur letzten Ruhe gebettet, sondern in ländlicher Umgebung außerhalb der Stadttore, im ehemaligen Wingert ›Eisengrein‹, wo ein guter Wein gewachsen war. Auf den zuletzt genutzten Begräbnisplätzen,[4] dem St.-Peters-Kirchhof, dem westlich an diesen anschließenden sogenannten Kleinen Kirchhof[5] und dem St.-Anna-Kirchhof, durften von diesem Tag an keine weiteren Grabstätten mehr vergeben werden[6] (Abb. 2).

1 Die folgenden Angaben stützen sich außer auf die jeweils angegebenen Akten des Stadtarchivs Heidelberg und des Generallandesarchivs Karlsruhe hauptsächlich auf die Festschrift »Zur Erinnerung an die Einweihung des neuen Friedhofes...«, Heidelberg 1844, auf den Aufsatz von Herbert Derwein, »Vom Heidelberger Begräbniswesen in früheren Zeiten«, 1930, und das Buch »Die Friedhöfe in Heidelberg«, 1929 (Schriftleitung Mushake).

2 Die jüdische Gemeinde Heidelbergs benutzte dagegen weiterhin ihren Friedhof am Klingenteich, bis sie 1876 eine neue Begräbnisstätte unweit des städtischen Friedhofes erschloß.

3 Vgl. Generallandesarchiv Karlsruhe [Bestand] 236/15445 und [Bestand] 204/2965.

4 Bereits 1830 war der kleine Kirchhof um die Providenzkirche aufgelassen worden. Dieser den Lutheranern gehörende Begräbnisplatz galt als Friedhof der Reichen, da dort auch die Lutheraner selbst nur gegen Errichtung einer Bestattungsgebühr beerdigt wurden.

5 Er diente von 1690 bis 1844 den katholischen Bürgern als eigene Begräbnisstätte. Vor der Reformation und auch noch zeitweise während des 30jährigen Krieges waren sie auf dem Peterskirchhof bestattet worden.

6 Eine Ausnahme bildete das in der Mitte des St.-Anna-Kirchhofes gelegene Kaufgräberfeld, das von den allgemeinen Begräbnisplätzen durch eine Steineinfassung getrennt war. Die ›ewige‹ Erhaltung dieser Ruhestätten hat die Stadtverwaltung den besorgten Bürgern auch noch in den 1870er Jahren zugesichert, als schon der Verkauf des nördlichen Teilgeländes (zuletzt als Turnplatz genutzt) für private Bauplätze im Gange war.

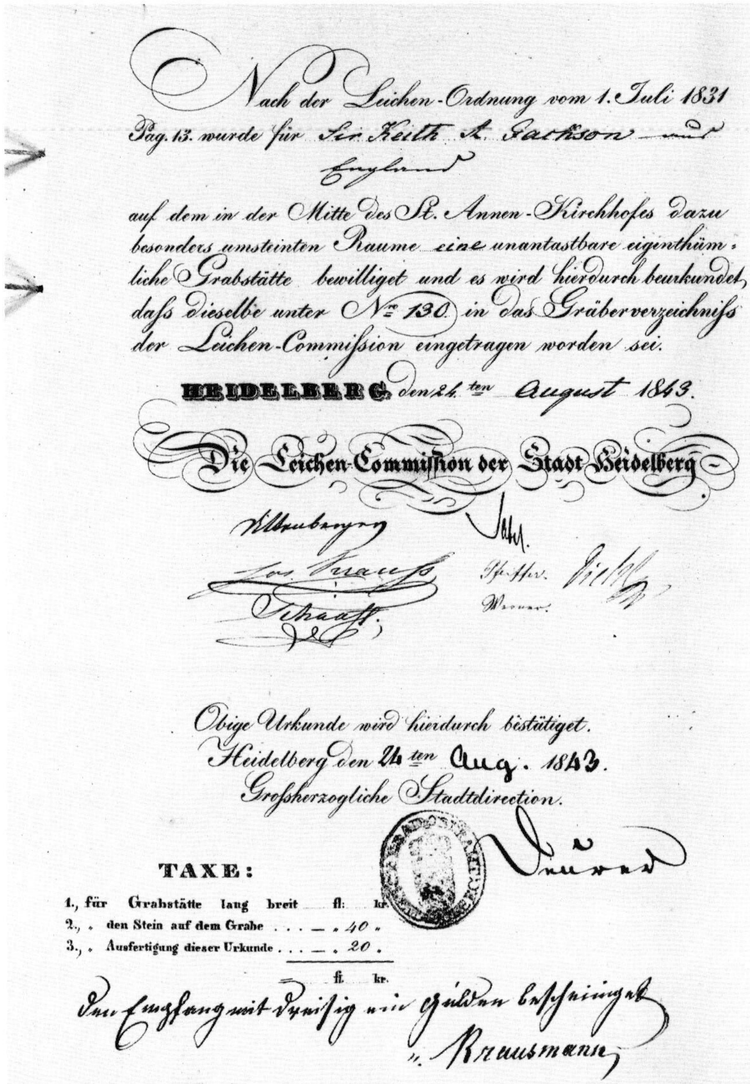

Nach der Leichen-Ordnung vom 1. Juli 1831
Pag. 13. wurde für Sir Keith A. Jackson aus England
auf dem in der Mitte des St. Annen-Kirchhofes dazu besonders umsteinten Raume eine unantastbare eigenthümliche Grabstätte bewilliget und es wird hierdurch beurkundet, daß dieselbe unter No 130 in das Gräberverzeichniß der Leichen-Commission eingetragen worden sei.

HEIDELBERG den 24ten August 1843.

Die Leichen-Commission der Stadt Heidelberg

Obige Urkunde wird hierdurch bestätiget.
Heidelberg den 24ten Aug. 1843.
Großherzogliche Stadtdirection.

TAXE:

1., für Grabstätte lang breit	fl.	kr.	
2., „ den Stein auf dem Grabe	—	40	„
3., „ Ausfertigung dieser Urkunde	—	20	.
	fl.	kr.	

Abb. 2. Die für den Engländer Sir Keith A. Jackson ausgestellte Urkunde über den Erwerb eines ›Kaufgrabes‹ auf dem St.-Anna-Kirchhof vom 24. August 1843. Das Grabmal des in Heidelberg verstorbenen Kapitäns Jackson, der u. a. in Afghanistan diente, ist später auf den Bergfriedhof überführt worden, auf dem es noch heute auf Lit. L unweit des zum Krematorium führenden Hauptweges steht.

Mit der Errichtung der außerhalb des Stadtgebiets gelegenen Gräberanlage war nicht nur in räumlicher Hinsicht eine große Veränderung eingetreten, es war damit auch der Schritt von einem noch mittelalterlichen, von kultischer

Tradition bestimmten christlichen Kirchhof hin zum modernen Friedhof[1] getan, dessen Betrieb nun unter hygienischen und ästhetischen Gesichtspunkten erfolgte. Diesen von Ort zu Ort zeitlich uneinheitlich sich vollziehenden, neuzeitlichen Wandlungsprozeß (an den Heidelberg erst recht spät Anschluß gefunden hatte) hatte die geistesgeschichtliche Bewegung der Aufklärung beschleunigt, die ein neues Verständnis vom Tod mit sich brachte.

Diese Entwicklung fand vielerorts einen deutlichen Niederschlag in den landesfürstlichen Verordnungen zur Verbesserung der zum Teil unerträglichen Mißstände auf den völlig überbelegten Kirchhöfen. Sie übertrugen die Zuständigkeit für das Bestattungswesen immer mehr von den kirchlichen auf weltliche Institutionen. Die verbindliche rechtliche Voraussetzung für eine grundlegende Friedhofsreform in Heidelberg schuf die vom hiesigen Oberamt 1830 erlassene Leichen- und Kirchenordnung. Diese schrieb schon die Einrichtung eines Fonds für einen neuen Friedhof und ein Leichenhaus vor. Kraft dieser ersten ›modernen‹ Friedhofsordnung wurde die Verantwortung für das gesamte Begräbniswesen einer dem Stadtdirektor unterstehenden achtköpfigen Kommission übertragen, die sich teils aus weltlichen, teils aus geistlichen Mitgliedern zusammensetzte. Diese Verordnung verpflichtete unter anderem auch zur Bestellung amtlichen Personals, das die Sterbefälle aufnehmen sollte. Auch wurde die Durchführung einer amtlichen Leichenschau verbindlich. Die Kosten wurden vereinheitlicht und festgesetzt: Es gab vier Begräbnisklassen und eine Almosenklasse. Die Preise der beiden ersten Klassen waren »etwas erhöht, um in den letzten drei für die unbemittelteren Bewohner die Kosten möglichst nieder stellen zu können«.[2]

Den unmittelbaren Hintergrund für die Errichtung eines neuen Friedhofs außerhalb des Wohngebiets und die damit einhergehende Schließung der Kirchhöfe bildeten zum einen die schlechten, nicht mehr zeitgemäßen sanitären Verhältnisse, zum anderen die Veränderungen, die der Einzug des technisch-industriellen Zeitalters und das damit einhergehende Bevölkerungswachstum für die Stadtentwicklung mit sich brachte. Die hygienischen Verhältnisse auf dem Peterskirchhof, der sich südwestlich der Peterskirche erstreckte,[3] waren

1 Zur Herkunft des Wortes ›Friedhof‹ ist anzumerken, daß das mittelhochdeutsche ›vrithof‹ zunächst nichts mit unserem Begriff ›Frieden‹ zu tun hatte, sondern lediglich einen eingehegten Raum, den Vorhof eines Hauses oder einer Kirche, bezeichnete. Erst durch eine Umdeutung im Sprecherbewußtsein wird der eingefriedete Platz um eine Kirche, der eben – nach erfolgter Weihe – meist als Begräbnisstätte diente, mit der Assoziation Frieden im Sinne von Ruhe verbunden, so daß heute ›Friedhof‹ als Ort der Ruhe und des Friedens gebräuchlich ist und nicht ›Freithof‹, wie es nach den Gesetzen der Lautentwicklung zu erwarten gewesen wäre (vgl. Etymologisches Wörterbuch des Deutschen, Berlin 1989).

2 Festschrift 1844, S. 10.

3 Der mittelalterliche Peterskirchhof, wie auch die Kirche selbst, galt lange als die ›ehrwürdigste‹ Bestattungsstätte in Alt-Heidelberg. Das Kirchengewölbe diente vor allem den Adligen, den Professoren der Universität (›Professorengewölbe‹), dem Klerus (›Predigergewölbe‹) sowie den Augustinermönchen als Bestattungsplatz. Ab etwa 1400 wurden hier auch andere Bürger Heidelbergs beigesetzt, nachdem der Heiliggeistkirchhof im Zuge des Neubaus der Kirche aufgelassen worden war. Die Bestattung innerhalb der Kirche war von der reformierten Kirchenbehörde selbst schon 1784 wegen übler Gerüche und absinkender Steine im Kirchenboden untersagt werden.

wegen der Raumnot und der dadurch verursachten Überbelegung nicht länger tragbar. So weiß man, daß auf dieser Begräbnisstätte, um die jahrhundertelang konfessionelle Streitigkeiten ausgetragen worden waren, nach 1810 alle Ruhestätten schon nach zwölf bis vierzehn Jahren neu belegt werden mußten.

Diese Probleme stellten sich für den anderen noch in Betrieb befindlichen innerstädtischen Friedhof, den St.-Anna-Kirchhof, weniger. Dieser konfessionell ungebundene Friedhof diente allen Fremden, den Armen und dem Militär als unentgeltliche Begräbnisstätte. Er war sehr geräumig, wenn auch recht ungepflegt, und erstreckte sich zwischen Leopoldstraße (Friedrich-Ebert-Anlage) und Plöck von der heutigen Sofienstraße im Westen bis über die Nadlerstraße im Osten. Sorgen bereitete hingegen die Tatsache, daß in unmittelbarer Nähe dieser Ruhestätte 1840 der neue Bahnhof in Betrieb genommen worden und der Friedhof somit in das unmittelbare Einzugsgebiet dieses neuen Verkehrszentrums der Stadt geraten war. So war es nur noch eine Frage der Zeit, wann der seit dem 16. Jahrhundert bestehende Bestattungsplatz den städtebaulichen Interessen würde weichen müssen (im südlichen Teil dieser Begräbnisstätte wurde später das noch heute bestehende Hotel ›Europäischer Hof‹ errichtet). Auch das Schicksal des St.-Peters-Kirchhofes sollte letztendlich durch den Ausbau der Eisenbahn entschieden werden: Auf der einst geweihten Erde rollte ab den 1870er Jahren die Neckartalbahn in Richtung Odenwald.

Die Suche nach einem geeigneten Begräbnisplatz führte nicht unmittelbar, sondern erst auf Umwegen zu diesem damals abgelegen scheinenden Ort südlich des Gaisbergs. Da die Lage Heidelbergs es nicht zuließ, die Begräbnisstätte auf der Nordseite der Stadt zu errichten (Neckar!), wie es die modernen Friedhofsordnungen dieser Zeit empfahlen, wurde 1836 das Gelände »westlich vom Hafen«, im Anschluß an den heutigen Bismarckplatz, ins Auge gefaßt. Der Vorstand des Großherzoglichen Oberamts, Deurer, beauftragte den Großherzoglichen Gartenbauinspektor Johann Metzger mit der Erstellung eines Planes, der auch den Weg von der Stadt dorthin (durch die Untere Neckarstraße, über den alten Pulverturm an der Fahrtgasse und über die Ausmündung des Neckarhafens) miteinbeziehen sollte. Dieser Plan wurde mit ausführlicher Beschreibung im Dezember 1836 dem Gemeinderat vorgelegt und von Bürgermeister Ritzhaupt abgelehnt – wegen Kompetenzanmaßung des Oberamtmannes übrigens –, und damit wurde die Sache vorläufig zu den Akten gelegt. 1839 trat dann eine Gemeinderatskommission, die sich der Verlegung der Kirchhöfe annehmen sollte, in Erscheinung; ihr gehörten die Herren Posselt, Meyer, Nicolay und Werner an. Sie sprach sich gegen einen Friedhof am Neckar aus; offensichtlich waren die geplante Errichtung des Bahnhofs und eine mögliche Stadterweiterung in diese Richtung die gewichtigsten Argumente bei dieser Entscheidung. Statt dessen schlug sie die schon unter Bürgermeister Speyerer ins Auge gefaßte Gegend »an der Steige« vor, einen Hügel, »von wo sich dem Auge eine der schönsten Aussichten in das gesegnete Rheinthal eröffnet«.[1]

Die endgültige, von der Stadtverwaltung getroffene Entscheidung zugunsten des Gebiets südlich des Gaisbergs behagte allerdings manchen Bürgern

1 Festschrift 1844, S. 7.

nicht so recht. Aus den in der Lokalpresse zu diesem Thema erschienenen Leserbriefen erfährt man, daß nicht allein wegen der großen Entfernung, sondern auch wegen der zu befürchtenden Nässe am Berghang, die durch

Abb. 3. Blick auf den neuen Friedhof an der Steige mit Kapelle. Lithographie nach einer Zeichnung von G. M. Eckert (seitenverkehrt). Die Anlage zeigt den Einfluß des englischen Landschaftsgartens auf die Friedhofsgestaltung.

Sturzregen ausgelöst werden könne, Kritik angemeldet wurde. Die Bevölkerung fürchtete außerdem ›hohe‹ Folgekosten für den anzulegenden Anfahrtsweg.[1] Von erheiternder Naivität erscheint der Hinweis, daß der am Steigerweg abgelagerte, übelriechende, aber für den Weinbau notwendige Mist eine ernst zu nehmende Störung hinsichtlich der Würde des Ortes darstellen würde.

Das gartenbauliche Konzept der neuen Friedhofsanlage wurde von Gartenbaudirektor Johann Metzger ausgearbeitet. Metzger hatte für seinen Entwurf offenbar kein bestimmtes Vorbild vor Augen, doch zeigt sich in der geschickten Einbeziehung der landschaftlichen Gegebenheiten die Ausrichtung am Ideal des ›romantischen Landschaftsgartens‹, das ab dem Ende des 18. Jahrhunderts – von England kommend – auch bei uns weite Verbreitung fand[2] und auch prägenden Einfluß auf die Gestaltung der Friedhofsanlagen ausübte (siehe Abb. 3).

1 Der Fahrweg für die Leichenzüge führte von der Stadt aus zunächst über den sogenannten Pariser Weg, die um 1830 fertiggestellte »neue Anlage« (offiziell Leopoldstraße) – eine repräsentative und vornehme Gegend (Hdbg. Journal, Nr. 256, vom 16. September 1844).

2 Der Philosophieprofessor Christian Cay Lorenz Hirschfeld hat mit seiner 1779–1780 in Leipzig erschienenen Abhandlung »Theorie der Gartenkunst« als erster diese neue Strömung der deutschen Öffentlichkeit nahegebracht.

Die Gliederung der Gesamtanlage hat der Gartenarchitekt nicht geometrisch konstruiert, sondern, dem organischen Prinzip folgend, ungleichmäßig angelegt – sowohl was die Form als auch die Größe der einzelnen Grabfelder betraf –, und mit geschwungenen Wegeführungen durchzogen. Das neue Begräbnisfeld sollte Anmut und Freundlichkeit ausstrahlen. Damit stand das Erscheinungsbild der neuen Anlage in bewußtem Gegensatz zu dem der alten Kirchhöfe. Der Metzgersche Plan sah vor, die von breiten Wegen durchzogene Anlage durch einen »lebendigen Zaun und Gitterwerk« zu umschließen und nur entlang der »Steige« eine hohe Stützmauer zu errichten. Ferner sollte ein weiter Rasensaum einzelne Grabstätten aufnehmen, umgeben von einem breiten Baumgürtel.

Um das freundliche Erscheinungsbild des Friedhofes auch für die Zukunft zu sichern, wurde ein auf dem Friedhof wohnender Aufseher bestellt, dem nicht nur die gärtnerische Pflege der Gesamtanlage unterstand, sondern auch die Aufsicht über die Bepflanzung und die Ausschmückung der einzelnen Gräber. Die Gräber sollten nämlich nicht als »häßliche Hügel«, vielmehr wie »geebnete Blumenkasten« erscheinen. Der romantische Grundzug der neuen Friedhofsanlage beruhte sowohl auf der lieblichen Idylle der Grabfelder als auch auf der für damalige Vorstellungen ›großen Weite‹ des Friedhofes. Natur und Landschaft als religiös erfahrbare Bestandteile der Welt spielten hier eine Rolle.

Die ursprüngliche Ausdehnung der Begräbnisanlage von etwa 3,5 Hektar erschließt sich dem Besucher, wenn er dem Rundgang I (S. 44 ff.; Plan nach S. 288) folgt. Die frühe Begräbnisanlage enthielt zunächst acht Leichenfelder, wovon die nach Süden zu gelegenen für Erwachsenengräber bestimmt waren, die nach Norden zu gelegenen für Kindergräber, da dort nicht so tief gegraben werden konnte. Um diese Felder verlief ein langgestrecktes Feld für die »eigenthümlichen Grabstätten« (d. h. Kaufgräber). Bei der Vergabe der Kaufgräber wurde hinsichtlich der Platzwahl nach Möglichkeit dem Wunsch des Nachfragenden entsprochen. Sie lagen im wesentlichen an den leicht zugänglichen Randsäumen der allgemeinen Gräberfelder in den Abteilungen A, B, C, D, E und F[1] entlang den breiten Hauptwegen und konnten jeweils ein bis fünf Grabstellen enthalten. Außerdem wurden unantastbare Einzelgräber und Familiengruften an den höher gelegenen Wegen und beiderseits der Kapelle in dem dafür geeigneten Lößboden »um einen sehr billigen Preis abgegeben«.[2]

Als erste Beisetzungen nach der offiziellen Eröffnung des Friedhofs auf der neuen Anlage nennt das Städtische Begräbnisbuch den am 17. September 1844 verunglückten Paul Rasp, 13 Jahre, Sohn eines Kaufmanns, und die im Alter von 80 Jahren am 1. Oktober 1844 verstorbene Maria Magdalena Hofmann, Ehefrau des Bäckermeisters Friedrich Hofmann.

Der Bergfriedhof, der wegen seiner schönen Anlagen auch zum Spaziergehen einlud, war im Sommer von morgens sechs bis abends neun Uhr und in den übrigen Jahreszeiten vom Sonnenaufgang bis zum Anbruch der Dunkelheit geöffnet.

1 Vgl. Leichenordnung für die Stadt Heidelberg, 1852.
2 Festschrift 1844, S. 8.

2. Platznot – ein wiederkehrendes Problem

Die Geschichte des Friedhofs zeigt, daß das Problem der Platznot (das auf dem St.-Peters-Kirchhof zur Genüge Sorgen bereitet hatte) schon sehr bald auch den großzügig angelegten neuen Friedhof einholte. Bereits 1858, vierzehn Jahre nach seiner Eröffnung, mußte die erste Erweiterung vorgenommen werden. Das vergrößerte Begräbnisfeld, das im Nordwesten bis auf die Höhe des unteren Steigerweg-Eingangs reichte, konnte dem wachsenden Bedarf an neuen Grabplätzen allerdings auch nur wenige Jahre Rechnung tragen.

In der zweiten Hälfte des 19. Jahrhunderts mußten dem Friedhof noch weit größere Belegungsflächen hinzugewonnen werden, wollte man den Bestattungsbetrieb in einer Zeit ungeahnten Bevölkerungszuwachses aufrechterhalten. In Folge des technisch-industriellen Aufschwungs verdoppelte sich die Einwohnerzahl Heidelbergs in den vierzig Jahren zwischen 1850 und 1890 und stieg in den folgenden zwanzig Jahren bis 1910 wiederum auf fast das Doppelte.[1] Ende der 1860er Jahre wurde das Begräbnisfeld um ein großflächiges Areal im Westen vergrößert, das sich breitzonig vom Steigerweg im Norden bis zu dem Großen Eisengrainweg (heute Hauptweg zum Krematorium) im Süden erstreckte. Etwa in der Mittelachse seiner westlichen Begrenzung, am heutigen St.-Anna-Platz, wurde ein neuer Friedhofseingang errichtet, so daß man den Friedhof nun auch von der Rohrbacher Landstraße aus erreichen konnte.

Mit dieser Erweiterung glaubte man, an die endgültigen Grenzen der Friedhofsanlage gekommen zu sein, und war daher in den 1880er Jahren nahe daran, den seit vierzig Jahren bestehenden Friedhof zu schließen. Die Errichtung einer ganz neuen Begräbnisstätte schien nun der Friedhofskommission der einzig gangbare Weg zu sein, da die Kaufpreise der umliegenden Privatgrundstücke der städtischen Kasse unerschwinglich hoch vorkamen. Eines der entscheidenden Argumente für die Absicht, im Anschluß an die bestehende Anlage dennoch weiteres Gelände anzukaufen, war nicht zuletzt die einzigartige Schönheit des Friedhofs, der »eine große Zierde der Stadt ist und daher stets einen Anziehungspunkt für Fremde und Einheimische bildet«.[2]

Diese um 1890 ins südöstliche Hanggebiet hin angelegte Erweiterung (einschließlich einiger sich oberhalb der Friedhofskapelle erstreckender Gräberfelder), welche im Süden bis an den 1876 errichteten Jüdischen Friedhof heranreichte, sollte auf eine ganz besondere Weise an Bedeutung gewinnen: 1891 entstand hier das Krematorium, das Feuerbestattungen ermöglichte und dadurch die bisherige Bestattungstradition grundlegend veränderte.

Im 20. Jahrhundert blieb das Problem der Platznot ein Leitmotiv. Schon im ersten Jahrzehnt erschien die endgültige Schließung unvermeidbar. Der Bau

1 In Zahlen ausgedrückt verlief der Bevölkerungsanstieg (durch Geburt und Zuwanderungen) etwa folgendermaßen:

1850 ca. 15000 Einwohner,
1890 31739 Einwohner,
1910 56016 Einwohner.
(Nach Kollnig 1949, S. XII.)

2 Stadtarchiv Heidelberg UA 28/9 (Vorlage 1889, S. 6).

eines 25 Hektar großen Zentralfriedhofs im Neuenheimer Feld wurde in Angriff genommen und – kaum begonnen – im Ersten Weltkrieg unterbrochen. Auf der halbvollendeten Anlage wurden deutsche und ausländische Soldaten des Ersten Weltkrieges begraben; sie wurden 1934/35 auf den neuerrichteten Ehrenfriedhof oberhalb des Bergfriedhofs überführt. Der weitere Ausbau scheiterte zunächst an der inflationären Entwicklung der Nachkriegsjahre. Völlig aufgegeben wurde der Plan des neuen Friedhofs an dieser Stelle aber infolge des Baus des Neckarkanals 1924, da der erhöhte Grundwasserspiegel neue Probleme mit sich gebracht hatte. So beschloß man, den Bergfriedhof aufwärts in die östlich gelegenen Waldteile hinein zu erweitern und den Handschuhsheimer Friedhof zu erhalten und auszubauen.

Nach dem Zweiten Weltkrieg erschien die Schließung des Bergfriedhofs unvermeidbar. Im Grenzhöfer Wald sollte ein neuer Zentralfriedhof entstehen, der auf lange Sicht die Lösung der Friedhofsfrage bringen sollte. In den 1950er Jahren wurde dann noch einmal die Möglichkeit einer Erweiterung gefunden – in dem südlich an den Jüdischen Friedhof angrenzenden Hanggebiet. Heute hat der Ausbau der Stadtteilfriedhöfe insoweit entlastend für den Bergfriedhof gewirkt, daß seine Schließung für absehbare Zukunft nicht mehr zur Diskussion stehen wird.

3. Zur Grabmalkunst des Bergfriedhofs – ›hier und da ein Engel‹

Am Erscheinungsbild der Grabmalkunst des Bergfriedhofs lassen sich Entwicklungen aufzeigen, die für die Friedhofskunst des 19. Jahrhunderts charakteristisch sind. Das ab dem Ende des 18. Jahrhunderts wachsende Selbstbewußtsein des Bürgertums hatte die Voraussetzungen für ein neues Interesse an individueller Grabgestaltung geschaffen. Das Bedürfnis, eine käuflich erworbene Grabstätte mit einem unverwechselbaren Grabzeichen zu schmücken, brachte eine immer größer werdende Bandbreite unterschiedlicher Grabmalformen hervor (vgl. Abb. 4). Zu den schlichten Grabkreuzen und -pfeilern sowie den architektonisch einfachen, kastenförmigen Stelen gesellten sich nun altarartige Wandstücke und reich geschmückte Portale, postamentierte Porträtbüsten und gebrochene Säulen, gesockelte Urnen und Engel jedweder Art und nicht zuletzt zierliche Grabhäuschen ebenso wie tempelartige Gruftbauten.

Dem neuen Formenreichtum entsprechend wuchs auch die Vielfalt der Werkstoffe. Den einheimischen Sand- und Kalksteinsorten machten bald importierte Marmor- und Granitgesteine Konkurrenz. Der leuchtend weiße Marmor aus dem Mittelmeerraum hielt Einzug in die mitteleuropäische Landschaft; er erfreute sich nicht nur als ›wertvolles‹, sondern auch als besonders gut zu bearbeitendes Material großer Beliebtheit. Ein wenig später kamen die aus den nordischen Ländern eingeführten schwarzen Granite hinzu, ein Material, das wegen seiner feierlich ernsten Wirkung auf Grabstätten sehr geschätzt wurde. Eine Vorstellung von der einstmaligen Beliebtheit des dunklen Granits kann man noch heute bekommen, wenn man das im ausgehenden 19. Jahrhundert nordöstlich des Krematoriums angelegte Grabfeld betrachtet: Das Gesamtbild erhält hier durch zahlreiche schwarzgranitene Obelisken und postamentierte Kreuze seine Eigenart.

Abb. 4. Diese um 1900 entstandene Aufnahme zeigt beliebte Grabmalformen aus der Werkstatt des Heidelberger Bildhauers Georg Hess, Steigerweg 23. Er selbst ist links von der Herkulesstatue zu sehen.

Besonders bemerkenswert im Hinblick auf die Grabgestaltung der Anfangszeit des neuen Friedhofs ist, daß diese aus ›dauerndem‹ Material wie Stein und Eisen angefertigten Monumente sowie Grabeinfassungen in Form von Gitterwerken nicht auf allen Grabfeldern aufgestellt wurden. Sie konnten ursprünglich nur auf solchen Gräbern aufgestellt werden, die dank der Möglichkeit, die Nutzungsrechte immer wieder zu verlängern, im Familienbesitz bleiben konnten. Als Beispiele einer solchen ›genehmigungspflichtigen‹ Grabgestaltung auf den ältesten Kaufgräberanlagen seien die aus den ersten Belegungsjahren des Friedhofs stammenden, hellsandsteinernen Grabmäler der Familien Posselt und Spengel erwähnt, die sich auf dem an den Steigerweg angrenzenden Grabfeld (Lit. A) befinden.

Was den Aussagegehalt der Grabmäler angeht, so läßt sich in ihr eine Distanz zum Tode ausmachen, wie sie für das bürgerliche Zeitalter bezeichnend ist und

Abb. 5. Ausschnitt einer an der südlichen Außenwand der Peterskirche hängenden Grabplatte aus dem 18. Jahrhundert. Das Motiv des Totenschädels mit Gebeinen wurde auf den barocken Grabmälern recht häufig verwendet. Als schauriges Sinnbild der Vergänglichkeit gemahnte es die Hinterbliebenen auch an die eigene Sterblichkeit.

auch in den Friedhofsverlegungen heraus aus den Wohngebieten zum Ausdruck kommt: die Trennung von Tod und Leben als hygienisch notwendige Vorsichtsmaßnahme für die Lebenden. Es ist nicht mehr der triumphierende Tod des Barock in seinem abschreckenden Gewand, der aus diesen Grabsteinen zu uns spricht, sondern die leise Traurigkeit eines sanften Todes, wie sie die Aufklärung und die mit ihr einhergehende Antikenrezeption verbreitete. Die vielberufene Entwicklung ›vom Knochenmann zum Thanatos‹ nimmt hier ihren Ausgangspunkt[1] (vgl. Abb. 5 und 6).

Diese neue Auffassung wird bereits bei der Betrachtung einiger im Peterskirchgarten aufbewahrter Grabmäler des beginnenden 19. Jahrhunderts anschaulich. Diese zeigen anstelle einer Darstellung von Totenschädel und Gebeinen das Bild eines schlafenden Jünglings, eines zarten Todesgenius. Ein solches ›mildes‹ Bild vom Tod kommt dann in der Grabmalkunst des Bergfriedhofs auf sehr verschiedene Weise zum Tragen. Die Grabmäler werden häufig – ob schlichte Grabzeichen oder aufwendige Monumente – mit lieblichen Ornamenten wie Blumenkränzen, Blattgebinden und Palmwedeln sowie mit Sternen und Schmetterlingen geschmückt. Manche sind mit einem wei-

1 Von grundlegender Bedeutung für die neue Todesauffassung war die Schrift G. E. Lessings: Wie die Alten den Tod gebildet.

chen Trauerflor bedeckt. An nicht wenigen Gräbern sind schlummernde, nachtrauernde Figuren etwa in Gestalt eines Putto, eines Engels oder einer eher alltäglich wirkenden Frauendarstellung angebracht: die einen in Form von Reliefdarstellungen, die anderen als vollplastische, in Lebensgröße auftretende Figuren.

Abb. 6. Ausschnitt eines älteren Grabmals, das heute in der Nähe des Verwaltungsgebäudes auf dem Bergfriedhof aufbewahrt wird. Das Motiv des ein Stundenglas tragenden Engels ist Ausdruck der mit der Aufklärung aufgekommenen Auffassung vom ›sanften Tod‹.

Ein schönes Beispiel eines solchen milden Todesbildes gibt die Reliefstele Mays (siehe Abb. 7), bei der zwei trauernde Figuren, eine antikisch gewandete Frauenfigur und ein kindlicher Todesgenius, in eine stille kultische Einheit eingebunden sind.

Einem noch knabenhaften Todesgenius hingegen, dessen Gesicht eigentümlich gealtert erscheint, begegnet der Besucher im Grufthaus Bartholomae

(Abb. 15) als Assistenzfigur einer Friedenskünderin. Die zu Beginn des 20. Jahrhunderts aufgestellte Jünglingsfigur auf dem Grab Knietsch (I/40) wirkt hingegen fast schon heroisch. Hier und da erscheint ein Grabengel: einmal als anmutiger Himmelsbote (Grab Goepfert, Abb. 85), dann im siegreichen Gewand einer antiken Nike (Grab Klotz, Abb. 66), ein anderes Mal als liebenswürdige Beschützerin der Ruhestätte (Grabstätten Gätschenberger, I/4, Kunst/Kurtz, II/39–46 und Geyer/Dorn, Abb. 8) oder als niedlich-rührender Kinderengel (Grabstätten Mock, Abb. 17, und Schlageter, Abb. 60).

Abb. 7. Von einer engen Verbundenheit mit der Antike zeugt die Reliefstele der Familie Jakob Heinrich Mays. Die Darstellung der Trauer findet an diesem von der griechischen Klassik inspirierten Grabmal einen verhaltenen Ausdruck.

Sprechendes Abbild eines sanften Todes sind die auf diesem Friedhof noch recht zahlreich vorhandenen freiplastischen Frauenfiguren, die in allen Variationen – an Säulen gelehnt, zum Grab hingebeugt oder sich niederknieend, mit geneigtem Haupt und melancholischem Blick, rosenstreuend und Blütenkränze tragend – den letzten Ruhestätten einen jeweils eigenen Ausdruck geben sollen. Gleichzeitig scheinen viele dieser besinnlichen Frauengestalten die Trauer der Hinterbliebenen zu verkörpern: wehmütig nachtrauernde Figuren von zeitloser Schönheit (Grab Weißmann/Altmann, Abb. 52) oder auch solche von großer Wirklichkeitsnähe (Grab Remmler, Abb. 9). Bei diesen Darstellungen wird besonders deutlich, daß das Grabmal in seiner Gestaltung also nicht

Abb. 8. Glücklich der Friedhof, der noch Engel hat . . . (I/16–19).

direkt dem Verstorbenen selbst gilt, sondern dazu dient, dem »Tod des anderen«[1] Ausdruck zu verleihen. Einige der sanftmütigen Frauenfiguren legen die Vermutung nahe, daß man sie bewußt in Entsprechung zum Lebensalter einer Verstorbenen ausgewählt hat.

Innerhalb dieser – für die besänftigende Todesauffassung beispielhaft angeführten – Kategorie der plastischen Frauenfiguren soll der auf dem Bergfriedhof nur zweimal vorkommende Typus der Liegenden, einer im Todesschlaf ruhenden Figur nicht unerwähnt bleiben: Dieses alte Leitbild der Grabmalkunst

1 Ausführlich hierzu Ariès, 1989, S. 521–712.

begegnet uns einmal auf dem aus dem frühen 19. Jahrhundert stammenden Grabmal Barion (Abb. 28) in Form einer aufgebahrten Toten, ein anderes Mal auf dem 1920 errichteten Grabmal Marx-Kirsch (Abb. 53), auf dem die Ruhende vom Beschreibend-Abbildhaften losgelöst erscheint, entrückt in eine Dimension jenseits von Raum und Zeit.

Abb. 9. Trauernde an der Ruhestätte Remler (II/47).

Diese wenigen Beispiele mögen verdeutlichen, daß das Grabmal seit dem 19. Jahrhundert seinen Sinn nicht mehr als mahnender Gedenkstein erfüllt, sondern als individuelles, besänftigendes und trostspendendes Erinnerungszeichen dient.

Bis ins 20. Jahrhundert hinein lassen sich die Spuren dieser besänftigenden Auffassung vom Tod in der Grabmalgestaltung verfolgen. Der Zweite Weltkrieg setzte dieser Sicht ein jähes Ende.

Was die stilistische Einordnung der Grabmalkunst des Bergfriedhofs betrifft, so lassen sich an ihr die für die Friedhofskunst des 19. Jahrhunderts charakteristischen Hauptströmungen deutlich ausmachen: Der mit der Hinwendung zur Antike einhergehende Klassizismus, der auf den Formenschatz des antiken griechisch-römischen Denkmälerbestandes zurückgreift, sowie die Romantik

Abb. 10. Eine direkte Übernahme antiken Formenguts zeigt das Relief des palmettenbekrönten Grabpfeilers des klassischen Philologen Albrecht Dieterich. Diese Darstellung mit der sinnenden Pallas Athene, die einem klassischen Weihrelief (Athen, Akropolis-Museum) nachgebildet ist, schmückt auch den Grabstein Gustav Radbruchs (IV/19).

im Kleid der Neugotik, die an die architektonischen Vorbilder des christlichen Spätmittelalters anknüpft[1] (siehe Abbildungen 10 und 11). Beispielhaft für diese letztgenannte Richtung stehen Grabkreuze, Stelen in Art von Altarschrei-

1 Vgl. u. a. Kneile 1979, S. 194.

nen, Grabtriptychons, Polygonalpfeiler und Grabfialen. Demgegenüber finden sich an klassizistischen Grabmalformen häufig Obelisken, Säulen, Pyramiden, Cippen, Ädikulen sowie Urnen und Deckelvasen. Freilich handelt es sich hierbei nur selten um stilistisch reine Ausformungen. Als eine weitere Stilrichtung ist der im letzten Drittel des 19. Jahrhunderts aufkommende Historismus

Abb. 11. Bei den im Geiste der Neugotik geschaffenen Grabmälern, wie hier an der Grabmalgruppe Landfried, handelt es sich nicht um Übernahmen mittelalterlicher Grabmaltypen, sondern um freie Variationen des architektonischen Formenguts jener Zeit.

zu nennen, der scheinbar beliebig eklektizistische Formschöpfungen hervorbringt. Der Bestand an Jugendstilgrabmälern ist hingegen gering, vom Geist des Expressionismus und Konstruktivismus geprägte Grabzeichen sind ganz selten anzutreffen. Im Hinblick auf die drei aufwendigsten Grabbauten des Friedhofs (Grabstätten Bartholomae, Abb. 14, Wilding von Radali, Abb. 80, und von Sachsen-Weimar, Abb. 76), die das Gedenken an die Verstorbenen mit einem betonten Anspruch auf Ewigkeit verbinden, sei schließlich noch angemerkt, daß sich in ihnen architektonische Zielvorstellungen des Jugendstil-Historismus und des Neuklassizismus mit dem Geist der ›Landschaftsgarten-Bewegung‹ verbinden.[1]

Natürlich ließen sich bei der Betrachtung des Grabmälerbestandes des Bergfriedhofs noch weitere für die Friedhofskunst des 19. und 20. Jahrhunderts interessante und bedeutsame Entwicklungsstränge aufzeigen, auf die im Rahmen dieser Ausführungen jedoch nicht näher eingegangen werden kann. So wäre beispielsweise die für das 20. Jahrhundert so folgenschwere industrielle Grabmalproduktion, die sich ab dem 19. Jahrhundert entwickelte, ein lohnender Beschäftigungsgegenstand.[2] In diesem Zusammenhang sei lediglich angemerkt, daß sich Firmen wie z. B. die Galvanoplastische Kunstanstalt Geislingen (heute WMF) darauf spezialisierten und serienmäßig hergestellten Grabschmuck wie Reliefs oder Freiplastiken für einen großen Abnehmerkreis lieferten. Als Gegenwirkung einer solchen großindustriellen Grabmalherstellung entstand die Bewegung ›Zurück zum Handwerk‹, getragen unter anderem vom Deutschen Werkbund und vom Deutschen Bund für Heimatschutz. Diese wandten sich übrigens auch gegen die Grabsteinindustrie, die durch große Steinwerke die Erzeugnisse der Handwerker verdrängte.

Unter diesem Blickwinkel relativiert sich denn auch die Eigenart bereits besprochener Grabplastiken. Viele von diesen stammen nicht aus dem kleinen Handwerksbetrieb, sondern aus der serienmäßigen Produktion der Grabmalindustrie, die allerdings geschickterweise ihre Produkte für ein und denselben Friedhof nur in beschränkter Zahl zur Verfügung stellte.

4. Zur Geschichte des Heidelberger Krematoriums

»Nicht mehr den Würmern ein Raub,
verzehrt uns das heilige Feuer.«

Am 22. Dezember 1891 – vor nunmehr 100 Jahren – wurde das Heidelberger Krematorium eingeweiht und seiner Nutzung übergeben. Die Heidelberger Feuerbestattungsanstalt wurde nach der seit 1878 in Gotha betriebenen als zweite in Deutschland und als erste in Baden in Betrieb genommen, noch vor dem damals schon fertiggestellten Bau des Hamburger Krematoriums.[3]

1 Ausführlich zu der Thematik siehe Evers 1983.

2 Vgl. u. a. Mannheimer Hefte 1986/1, S. 29ff. (M. Lurz).

3 Das am 22. August 1891 eingeweihte Hamburger Krematorium konnte wegen Auseinandersetzungen mit den städtischen Behörden erst am 19. November 1892 in Betrieb genommen werden. (Freundliche Auskunft gab Dr. Hans-Kurt Boehlke von der Arbeitsgemeinschaft Friedhof und Denkmal, Stiftung Zentralinstitut und Museum für Sepulkralkultur, Kassel.) Das älteste Krematorium wurde 1875 in Mailand erbaut, ein Jahr später das zweitälteste, in Washington, Pennsylvania, USA.

Um die historische Bedeutung dieses Ereignisses zu erhellen, bedarf es eines kurzen Rückblicks, bevor wir auf die eigentliche Entstehungsgeschichte des Krematoriums eingehen. Eine kurze Beschreibung zum Bau folgt unter der Rundgangnummer III/4.

Die allmähliche Wiedereinführung der Feuerbestattung seit dem ausgehenden 18. Jahrhundert führte im christlichen Abendland zu einem gewaltigen Bruch mit der Tradition.[1] Die Einäscherung war zu Beginn ihrer neuzeitlichen Geschichte lediglich als Strafe oder bei Seuchengefahr angewendet worden. Erst das Zeitalter der Aufklärung und die sich damals vollziehende Umwandlung der althergebrachten Wertvorstellungen hatten die Voraussetzungen für ihre Wiedereinführung geschaffen. Eine ausdrückliche Würdigung als traditioneller Bestattungsbrauch erfuhr die Feuerbestattung durch die mit der Aufklärung einhergehende Antikenrezeption. Vor allem Freidenker und Intellektuelle waren die Wortführer ihrer Wiederbelebung.

Nicht nur vor diesem weltanschaulich-ideologischen Hintergrund ist die Wiederaufnahme und Verbreitung der modernen Feuerbestattung zu sehen, sondern auch in engem Zusammenhang mit der Entwicklung der Technik. Denn erst der Fortschritt im Zeitalter der Industriellen Revolution ermöglichte die Verbreitung der Feuerbestattung durch die Konstruktion eines Verbrennungsofens, der die Brandbestattung unter modernen hygienischen und ästhetischen Gesichtspunkten technisch einwandfrei gewährleisten konnte.

Offiziell zugelassen wurde die neuzeitliche Feuerbestattung in Frankreich 1797, als sie vom Pariser Revolutionsrat »fakultativ«, d. h. wahlweise, eingeführt wurde. Obwohl die Brandbestattung als ein dem Gemeinwohl dienender Kulturfortschritt propagiert wurde, setzte sie sich vorerst nicht durch.

Dies geht nicht allein, wie man denken sollte, in erster Linie auf Einwände von kirchlicher Seite zurück. Von besonderem Interesse ist hier die Feststellung, daß das Verbot der Feuerbestattung durch die katholische Kirche erst 1886 erfolgte, und zwar nicht mit theologischer Begründung, sondern als »Reaktion auf die antiklerikale Haltung vieler Befürworter der Feuerbestattung« (Boehlke), womit besonders auf die Freimaurer angespielt wurde. Ein wesentlicher Grund für die zögernde Verbreitung der Feuerbestattung ist darin zu sehen, daß die Entwicklung eines einwandfreien Verbrennungsofens noch nicht weit genug gediehen war. Dies änderte sich in den 1870er Jahren: 1873 entwickelte Friedrich Siemens den ersten Regenerativofen, 1876 wurde in Mailand das erste, nach modernen Richtlinien erbaute Krematorium in Betrieb genommen, und nur zwei Jahre später folgte in Gotha das erste deutsche Krematorium. Diesen allgemeinen Aufschwung der Feuerbestattungsbewegung griff Heidelberg auf. Das traditionell liberale Klima der Universitätsstadt hat dafür die besten Voraussetzungen geboten. (Abb. 12.)
Angesichts der starken Zunahme der Feuerbestattung in unseren Tagen ist es von um so größerem Interesse, der damaligen Diskussion um das Für und Wider der Feuerbestattung nachzugehen.

1 Vgl. hierzu und zum folgenden Boehlke 1988. Die Brandbestattung war in den vorchristlichen Jahrtausenden neben der Körperbestattung üblich; erst mit der Ausbreitung des Christentums setzte sich die Körperbestattung in Süd- und Westeuropa sowie im germanischen Raum Mittel- und Nordeuropas durch.

Aus der Argumentation der Feuerbestattungsgegner wird deutlich, als wie schmerzhaft der Bruch mit der traditionellen Körperbestattung empfunden wurde. Man verstand die Einäscherung als Wiederaufleben einer heidnischen

Abb. 12. Umschlagabbildung der 1892 erschienenen Schrift von Karl Leimbach »Die Feuerbestattung in Heidelberg«.

Sitte und als eine atheistische Bestrebung, die »christliches Gefühl und christliche Sitte« aufs empfindlichste verletze – sie sei schlichtweg ein Werk der Ungläubigen. Man brachte die Brandbestattung sogar in Zusammenhang mit den sozialistischen und materialistischen Bestrebungen. Abgesehen vom religiösen Aspekt sah man in der Brandbestattung einen zerstörerischen Eingriff in das Empfinden und die guten alten Sitten des Volkes. Man argumentierte, daß der Vorgang der Verbrennung in laborfabrikähnlichen Krematorien nicht nur dem Gefühl der Pietät widerspreche, sondern sie im Verhältnis zur Beerdigung geradezu mit Selbstmord gegenüber dem natürlichen Tod zu vergleichen sei![1] So wurde die Ablehnung der Feuerbestattung vor allem im Interesse der »Sittlichkeit des Volkes« gefordert. Aber auch im Interesse der »Justizpflege« sei diese Bestattungsart abzulehnen, denn in der Beseitigung aller Spuren des Menschen liege nicht zuletzt auch »eine Anreizung zum Mord«. Außerdem meinte man befürchten zu müssen, daß sich die Friedhöfe durch die Einführung der Feuerbestattung in vergnügliche Parkanlagen verwandeln würden.

An einen empfindlichen Punkt, der in der Vorstellung der Gleichheit aller Menschen vor dem Tode lag, rührte der Vorwurf, die Kremation sei allein eine Luxusbestattung der Reichen, denn wegen der hohen Unkosten der damals nur wenigen Krematorien war eine zusätzliche Gebühr für Einäscherung neben den üblichen Bestattungskosten nicht zu vermeiden.

Betrachtet man die Argumente der Befürworter der Feuerbestattung, so fällt auf, daß sich in ihrer Haltung oft Fortschrittsglaube mit alten religiös-kultischen Vorstellungen verbindet. Einerseits betonte man den in die Zukunft weisenden Aspekt der Brandbestattung – vor allem vor dem Hintergrund des im 19. Jahrhundert aufgekommenen Bewußtseins der Gesundheitspflege – indem man sie als einen großen Kulturfortschritt deutete, andererseits verwies man auf die Jahrtausende alte Tradition der Leichenverbrennung.[2] Dabei berief man sich auf den uralten Brauch der alten Griechen und Germanen und deren Überzeugung, »daß der Menschenkörper keine würdigere Vernichtung finden könne, als in der lodernden Flamme, die seinen Geist himmelan trage zu den unsterblichen Göttern«.[3]

Daneben bemühte man sich, die Einwände der Kirche sozusagen mit deren eigenen Waffen zu entkräften: In der ganzen Bibel sei nicht eine einzige Stelle zu finden, die die Brandbestattung verbiete, wohl aber Stellen, die das Feuer als Symbol Gottes anführten. Den juristisch-kriminalistischen Einwand wies man mit dem Hinweis zurück, daß ohnehin Pflicht bestünde, eine amtliche Todesbescheinigung vorzulegen. Selbst weniger gewichtige praktische Argumente wurden vorgebracht: So biete die Einäscherung beispielsweise für Beamtenfamilien, deren Wohnsitz aufgrund von Versetzungen wechsele, größten ökonomischen Vorteil durch Einsparung der unerschwinglichen Transportkosten bei Überführung in ein Familiengrab.

Ein bemerkenswerter Aspekt der Entstehungsgeschichte des Heidelberger Krematoriums ist die Tatsache, daß es nicht nur für die Bedürfnisse des Heidelberger Raums, sondern für ganz Südwestdeutschland geplant war. Das zweite Ziel seiner Förderer war – im Interesse der Verbreitung der Kremation

1 Vgl. Die Feuerbestattungs-Debatte im preußischen Abgeordnetenhause. In: Phönix 1900, S. 125 ff.; Besprechung des von Dr. L. Fischer jun. im Zentrumsverein Kath. Casino gehaltenen Vortrags über Leichenverbrennung in Pfälzer Bote vom 20. 12. 1891 (Stadtarchiv Heidelberg AA 9/2).

2 Man konnte aber auch auf bekannte Vorbilder aus der jüngeren Zeitgeschichte verweisen. So hatte Friedrich der Große 1741 die Verbrennung seines Leichnams angeordnet – unter Bezugnahme auf römisch-antike Sitten. Die erste neuzeitliche Feuerbestattung erfolgte 1751 für Markgräfin Sophie von Bayreuth. 1822 folgte die nach römischem Ritus vollzogene Verbrennung des ertrunkenen Shelley durch Lord Byron und Trelawney am Strand von Spezia bei Livorno (Boehlke 1988, S. 85).

3 Vgl. hierzu und zum folgenden: Leimbach 1892, S. 24.

als eine für jedermann zugängliche Bestattungsart – mit der Errichtung der Heidelberger Anstalt einen im Vergleich zu seinen Vorgängern preisgünstigeren Krematoriumsbau zu errichten.

Zur Verwirklichung dieses Vorhabens haben sich in den 1880er Jahren 178 Freunde der Feuerbestattung (darunter fünf Damen) in einem Förderverein (der »Heidelberger freien Vereinigung von Freunden der facultativen Feuerbestattung«) organisiert, um die Heidelberger Feuerbestattungsbewegung, deren Anfänge in die 1870er Jahre zurückreichen, nun durch die Tat voranzutreiben. Zur Durchführung der Vorbereitungen wurde eine »Vereinigung zur Erbauung des Krematoriums« gebildet, für das ein zehnköpfiges Comité federführend war, bestehend aus den Herren Baurat H. Behaghel, Stadtrat Wilh. Hoffmann, Fabrikant F. Landfried jun., Stadtrat K. Leimbach, Geheimer Hofrat G. Meyer, Geheimrat V. Meyer, Prof. A. von Oechelhäuser, Fabrikant E. Reis, Privatmann C. Spitzer und Hofrath K. Zangemeister.

Als treibende Kräfte dieses Ausschusses wie der Feuerbestattungsbewegung überhaupt traten nach dem Wegzug des zuvor in Friedrichsfeld wohnhaften Chemikers Dr. Salzmann nach Amsterdam zwei Männer hervor: der Fabrikant Fritz Landfried jun. als Vorsitzender dieses Comités und der Stadtrat und Landtagsabgeordnete (und ehemalige Besitzer der Hofapotheke) Karl Leimbach. Der Letztgenannte hatte sich als Leiter der städtischen Friedhofskommission besonders um die sanitären Verhältnisse des Friedhofs (Einführung des Leichenhallenzwanges!) und dessen gärtnerische Gestaltung verdient gemacht.[1] Auf städtischer Seite war es unter anderem Oberbürgermeister Wilckens, der dem Vorhaben wohlwollend gegenüberstand.

Die mannigfaltigen Aufgaben des Comités reichten von der Schaffung gesetzlicher Rahmenbedingungen für die Errichtung des Krematoriums, sowohl auf ministerialer als auch auf ortspolizeilicher Ebene[2] über die Fragen des Bauplatzes und der Kapitalbeschaffung für den Bau bis hin zu der Wahl eines geeigneten Bauplans, wobei schon die Frage der Ökonomie des künftigen Bestattungsbetriebes in diese Vorplanung hineinspielte.

Bei der Durchführung ihres Vorhabens waren die Väter der Feuerbestattung stets auf einen einvernehmlichen Umgang mit der Stadtverwaltung bedacht, denn man hatte die Notwendigkeit einer öffentlichen Anerkennung der neuen Bestattungsform schon frühzeitig erkannt.

Ein weiterer interessanter Gesichtspunkt in der Geschichte des Krematoriums ist, daß das Krematorium durch Finanzierung von Privatleuten in Form von zurückzahlbaren, unverzinslichen Anteilscheinen zu je 100 Mark ohne jeden öffentlichen Zuschuß finanziert wurde. Sie allein brachten die für den Bau (einschließlich des Verbrennungsofens) erforderliche Gesamtsumme von

1 Vgl. Nachruf auf Karl Leimbach. In: Phönix 1900, S. 121 ff.; Chronik für das Jahr 1900, S. 106 f.

2 Nachdem schon 1886 eine von Dr. Salzmann unterzeichnete, Heidelberg betreffende Eingabe an Reichskanzler Bismarck, welche der Zulassung der fakultativen Feuerbestattung in Deutschland dienen sollte, erfolgt war, wurde in einem an das Großherzogliche Ministerium des Innern gerichteten Schreiben vom 11. März 1890 die Regierung um Angaben über die hierfür erforderliche Vorgehensweise gebeten (Leimbach 1892, S. 33).

45600 Mark auf.[1] Die Betriebskosten sowie die Amortisation, d. h. allmähliche Schuldtilgung sollten dann durch die Vermietung der im Krematorium untergebrachten Urnennischen und durch die Gebühren für die Verbrennungen gedeckt werden. Es war vorgesehen, daß die auf 20 Mark je Einäscherung festgesetzten Taxen nur so lange in dieser Höhe erhoben werden sollten, bis die Rückzahlung der Anteilscheine erfolgt sei.[2]

Von weitreichender Bedeutung für den zukünftigen Erfolg der neuen Bestattungsform war die Tatsache, daß sich die Stadt bereiterklärte, den Bestattungsbetrieb nach Fertigstellung des Baus zu übernehmen.[3]

Besonderes Gewicht wurde bei der Planung des Krematoriums sowohl auf den ökonomischen als auch auf den ästhetischen Aspekt gelegt. Dies wurde schon bei der Auswahl des Bauplatzes deutlich. Ausgehend von der Vorbedingung, daß das Krematorium innerhalb des städtischen Friedhofsgeländes zu errichten sei – was wegen der Gleichstellung der neuen Bestattungsform besonders wichtig war! –, entschied man sich nach anfänglichen Überlegungen, die Feuerbestattungshalle in unmittelbarer Nähe der Friedhofskapelle zu bauen, für einen Platz an der südwestlichen Seite des Friedhofs, auf dem zu Zwecken der Friedhofserweiterung 1889 neu erworbenen Gelände zwischen dem Kriegerdenkmal und dem israelitischen Friedhof (ursprünglich waren dort Leichenfelder für Kinder geplant). Am Fuße der dunklen, waldigen Anhöhe gelegen – man konnte den Platz über einen von Zierbäumen gesäumten Anweg (den Großen Eisengrainweg) von der Rohrbacher Landstraße aus gut erreichen –, zeichnete sich dieser Platz nicht nur durch seine reizvolle Lage aus, sondern ersparte, wie man betonte, auch Kosten durch problemlose Anfahrtsmöglichkeit sowohl für den Bau als auch für den späteren Bestattungsbetrieb. Großzügigerweise wurde der Bauplatz dem Feuerbestattungsverein von der Stadt unentgeltlich zur Verfügung gestellt,[4] was eine erhebliche Kostenersparnis bedeutete.

Stark beeinflußte der angestrebte ökonomisch-ästhetische Maßstab die Bauplanung. So wurde der erste Plan, der einen größeren geschlossenen Bau im Stil der griechischen Antike, der Kosten von etwa 60000 Mark verursacht

1 Bis Ende April 1891 waren bereits Spenden in Höhe von 39900 Mark eingezahlt worden. Ein besonders großzügiger Spender war ein Herr Securius aus Wiesbaden, der allein 10000 Mark aufgebracht hatte. Er hatte die Bedingung gestellt, daß mit dem Bau noch in demselben Jahr begonnen werde und daß die Kosten für die Einäscherung niedriger als in Gotha – wo sie 150 Mark je Bestattung betrugen – sein sollten (Heidelberger Zeitung vom 29. 4. 1891).

2 Die Rückzahlung sollte jährlich durch ein Losverfahren erfolgen. Bemerkenswert ist weiter der Hinweis, daß die Feuerbestattungskosten den Minderbemittelten erlassen werden konnten (Stadtarchiv Heidelberg UA / 29 / 5).

3 Der Vertrag zwischen der Stadtgemeinde und dem Feuerbestattungsverein / Comité legte in sieben Punkten das Zuständigkeits- und Aufgabengebiet fest (Stadtarchiv Heidelberg, ebd.).

4 Ein entsprechendes Gesuch des Feuerbestattungsvereins an die Stadt, dem sich über 300 Heidelberger angeschlossen hatten, wurde am 15. Dezember 1890 überreicht; am 14. Mai 1891 legte der Stadtrat mit Herrn Oberbürgermeister Wilckens an der Spitze das Gesuch dem Bürgerausschuß vor.

hätte, vorsah, alsbald aufgegeben. Dieser hätte zwar den Vorzug gehabt, mit seiner geräumigen Halle viel Platz zur Unterbringung von Urnen und zugleich einen repräsentativen Rahmen für Trauerfeierlichkeiten zu bieten. Doch wichtiger als dies war dem Verein, das gesetzte Ziel, in Heidelberg eine preisgünstige Musteranstalt für Feuerbestattung zu errichten, nicht aus den Augen zu

Abb. 13. Die 1891 fertiggestellte Feuerbestattungsanstalt in Heidelberg nach einer Radierung von H. Hoffmann. Noch fehlt der prächtige Giebelschmuck, der einer späteren Schenkung von Fritz Landfried jun. zu verdanken ist.

verlieren. So zeigt der zweite Plan des Heidelberger Architekten **Philipp Thomas** (er leitete auch die Ausführung des Baues) eine deutliche Beschränkung der ursprünglich vorgesehenen idealen Baugröße, aber auch durch Ersparnisse am Baumaterial (nur für die Front sollte Sandstein, ansonsten Backstein verwendet werden) konnten die Baukosten auf rund 34 000 Mark gesenkt werden.[1] 10 000 Mark mußten zusätzlich für den Verbrennungsofen aufgebracht werden.

Dem ästhetischen Anspruch wie dem der Pietät wurde man dadurch gerecht, daß eine klare Trennung zwischen der oberirdischen Trauerhalle und dem im Kellergeschoß befindlichen Einäscherungsraum vorgenommen wurde, so daß die Einsegnung ungestört von Geräuschen oder gar belästigendem Rauchgeruch stattfinden konnte.

1 Im Vergleich dazu beliefen sich die Kosten des Hamburger Krematoriums auf insgesamt 129 217 Mark (einschließlich des Grunderwerbs, der Errichtung der Gebäude, des Kaufs der Einrichtung und der Verbrennungsanlage).

Eingehend wurde in der Planung die Frage nach dem geeigneten Ofensystem behandelt. Bei der Wahl der Apparatur hatte der Wirtschaftlichkeitsgedanke um so mehr Gewicht, als man anstrebte, daß die Kremation nicht länger Luxusbestattung der Reichen, sondern für jedermann zugänglich sein sollte. So war nach gründlicher Prüfung ausländischer Fabrikate aus italienischer und schweizerischer Produktion selbst das in Gotha bewährte Siemenssche System als zu kostspielig und daher als für kleinere Städte (wie Heidelberg) ungeeignet ausgeschieden. Man wählte das System des schwedischen Ingenieurs Oberst Klingenstierna, der bereits mit Erfolg Krematorien in Gothaborg und Stockholm gebaut hatte.[1]

Der Bau selbst wurde innerhalb kurzer Zeit errichtet: Knapp fünf Monate nach der Grundsteinlegung (4. August) konnte das Krematorium seinen Betrieb aufnehmen (Abb. 13). Einen Tag nach der Einweihung am 22. Dezember 1891,[2] wurde die erste Einäscherung vorgenommen; es handelte sich dabei nicht um einen Heidelberger, sondern um den Leichnam eines Dr. Friederichs aus Baden-Baden,[3] dem erst als dritter ein Heidelberger, Dr. Wilhelm Röhde, folgte. Die Feuerbestattungen der folgenden Jahre zeigen, daß sich der Anspruch des Heidelberger Krematoriums, für die Bedürfnisse eines größeren Umkreises errichtet worden zu sein, bewährte.[4]

Für den in einer Zeit schnellen technischen Fortschritts lebenden heutigen Leser sei zuletzt daran erinnert, daß der Einäscherungsvorgang von damals eine recht aufwendige Angelegenheit war. Die jeweils erste Verbrennung (inklusive Vorheizen) eines Tages dauerte bei einem Verbrauch von 250 kg Koks fünf Stunden, die darauffolgenden jeweils zwei Stunden 20 Minuten, wobei sich der Koksverbrauch auf 90 kg verringerte (beim heutigen technischen Standard wird dagegen für eine Kremation lediglich etwa eine gute Stunde einschließlich des Vorheizens benötigt).

Trotz dieses Aufwands sollte sich das schwedische Ofensystem, dem man hohe Lebensdauer und Erfüllung der Sicherheitserfordernisse bescheinigte, nahezu hundert Jahre bewähren. Bis 1990 war es in Betrieb, allerdings war

1 Die italienischen Systeme waren zwar billig, doch nicht nur sehr reparaturanfällig, sondern – und das gab den Ausschlag – auch so konzipiert, daß bei der Einäscherung die Flamme die Leiche direkt berührte. Im übrigen seien – so die Meinung des Comités – der in Paris betriebene Apparat wie auch das Zürcher Modell als Varianten der (deutschen) Siemensschen Apparatur mit »Regenerativ-System« aufzufassen. Kostensenkend für die Heidelberger Anstalt war, daß Klingenstierna gleichzeitig den Auftrag zum Bau eines Krematoriums in Offenbach a.M. erhielt.

2 Am selben Tag wurde der Bau von Oberbürgermeister Walz und der Stadtbaukommission im Namen der Stadt übernommen (Leimbach 1892, S. 51).

3 Dr. Karl Friderichs war schon im Juli 1891 verstorben. Bis zu der von ihm selbst gewünschten Feuerbestattung mußte sein Leichnam also einige Monate ›im Wartestand‹ verbringen, bevor er im Beisein einiger Freunde sowie wissenschaftlich Interessierter den Flammen übergeben werden konnte (Leimbach 1892, S. 51 f.).

4 Beispielsweise waren unter den im fünften Betriebsjahr vorgenommenen 96 Einäscherungen 17 Leichen aus Wiesbaden, 16 aus Heidelberg, 9 aus Frankfurt, 7 aus Stuttgart, 6 aus Mannheim, 5 aus Darmstadt, 3 aus Freiburg, ebenso waren 3 aus Karlsruhe; Baden-Baden, Lahr und Mainz waren mit je 2 und 24 weitere Orte mit je einer Feuerbestattung vertreten (Chronik für das Jahr 1896, S. 52).

seine Auslastbarkeit durch einen Umbau um 1900 erheblich verbessert worden, und Anfang der fünfziger Jahre war eine Umstellung des Verbrennungsofens auf Gasbetrieb erfolgt. Infolge des steil angestiegenen Bedarfs an Feuerbestattung – innerhalb der letzten 30 Jahre hat sich der Anteil der Feuerbestattungen in Heidelberg verdoppelt – wurde eine Vergrößerung des Krematoriums durch einen Erweiterungsbau und eine umweltfreundlichere elektrische Befeuerung unumgänglich.[1]

Sicherlich hätten die Väter der Heidelberger Feuerbestattung den späteren Erfolg der Brandbestattung mit Genugtuung aufgenommen, hatten sie doch mit dem Heidelberger Projekt nicht allein den Nutzen ihrer Generation vor Augen, sondern rechtzeitig die Weichen für die ›Demokratisierung‹ der Feuerbestattung als einer für jedermann frei wählbaren Bestattungsart gestellt.

Heute wird das Krematorium nicht mehr wie ehemals in Stadtführern unter den Heidelberger »Sehenswürdigkeiten« genannt. Damals hatte sich als Nebenwirkung eine Steigerung des Fremdenzustroms – verursacht durch den Anteil von Bestattungen Auswärtiger – ergeben, der den Erbauern der Bestattungsanstalt zwar bewußt, von ihnen jedoch nicht beabsichtigt war.

1 Der Anfang 1991 fertiggestellte, unterkellerte Anbau nimmt neben der Verbrennungsanlage Kühlräume sowie Sozialräume auf. Der neue Verbrennungsofen wurde von der Firma ASEA Brown Boveri, Basel, hergestellt. Die Gesamtkosten für den Erweiterungsbau einschließlich der Ofenanlage beliefen sich auf ca. drei Millionen Mark.

Rundgänge

1. Hinweis für den Friedhofsbesucher

Die Vorstellung der ausgewählten Grabstätten erfolgt in vier Rundgängen. Dieses Vorgehen erschien im Hinblick auf die große Anzahl der angeführten Gräber (189 an der Zahl) am zweckmäßigsten, um das Aufsuchen der einzelnen Grabstätten auf der weiträumigen Friedhofsanlage in einem Rahmen zu halten, der etwa einem ausgedehnten Spaziergang entspricht.

Alle vier Rundgänge sind in einem Übersichtsplan eingezeichnet, der hinten im Buch auf dem Vorsatzpapier abgedruckt ist. Für jeden einzelnen Rundgang ist ein eigener Lageplan am Schluß des Buches beigebunden. Das alphabetische Namensverzeichnis der Verstorbenen (Seite 273 ff.) bietet zudem die Möglichkeit, einzelne Grabstätten nach eigener Wahl, unabhängig von dem vorgeschlagenen Weg, aufzusuchen. Die Lagepläne geben dafür die nötige Orientierung.

Der erste und der zweite Rundgang beginnen am unteren Eingang des Steigerweges, der dritte am Eingang Rohrbacher Straße, der vierte am oberen Eingang des Steigerweges (Eingang zur Trauerhalle).

Rundgang I umfaßt 64 Grabstätten in den Friedhofsbereichen Lit. A, B, C, D, E, F, G, Q, R und T.

Rundgang II umfaßt 59 Grabstätten in den Bereichen Lit. D, D_{neu}, H_{neu} und O.

Rundgang III umfaßt 33 Grabstätten in den Bereichen Lit. H, J, K, L, P, U_{neu}, V, V_{neu} sowie das Krematorium in Lit. V und den jüdischen Friedhof auf einer eigenen Anlage im Anschluß an die Bereiche Lit. V, V_{neu} und X.

Rundgang IV umfaßt 33 Grabstätten in den Bereichen Lit. WA, WB, X, Y und Z.

Die Bezeichnung der Grabstätten folgt dem Schema:

III/**23** (Lit. V_{neu}) = Dritter Rundgang, Grabstätte 23 (in der Friedhofsanlage V_{neu})

Für die Bezeichnung der einzelnen Friedhofsabteilungen wird hier der offiziell verwendete Terminus »Litera« (abgekürzt »Lit.«) übernommen.

2. Erster Rundgang

I / 1 (Lit. A)

Familiengrabstätte POSSELT
Grabmalgruppe in gotisierendem Historismus

Wie man aus dem makellosen Erscheinungsbild der Grabmäler leicht ersehen kann, ist das aus neun Grabsteinen bestehende Ensemble aus gelbem Sandstein und hellem Granit unlängst gründlich renoviert und ergänzt worden.[1] Auf liegende Grabsteine folgen zwei stehende Schriftsteine, die ehemals bronzenen Zierurnen als Sockel dienten. Dahinter erheben sich drei aufgesockelte, mit Maßwerkprofilen eingefaßte Stelen, die von dem Bildhauer Heinrich Greiff (1819–1880) geschaffen worden sind. Das älteste, um 1845 errichtete Grabmal, in der Mitte gelegen, mit turmartig herausragendem, satteldachförmig abschließendem Giebel ausgestattet, schmücken über einem Familienwappen plastisch hervortretende Krabben. Die Dachabschlüsse der beiden äußeren Grabmäler, deren Corpusfronten kielbogenförmig auslaufen, zeigen ein charakteristisches Beispiel einer Formkombination des Historismus, wie sie in der Grabmalgestaltung recht häufig anzutreffen ist: ein Pyramidendach mit vorgeblendetem gezinntem Treppengiebel.

Das mittlere Grabmal bewahrt die Erinnerung an den Apotheker und Abgeordneten im Badischen Landtag, **Karl Ludwig Posselt** (1782 Karlsruhe bis 1845 Heidelberg) und seine Frau Karoline, geborene Anderst. Der auch in der Armen- und Waisenpflege tätige Karl Ludwig gehörte jener gemeinderätlichen Friedhofskommission an, die für den neuen Friedhof den Platz ›an der Steige‹ am geeignetsten – anstelle des Neckargeländes – vorschlug; dies geschah in einer Zeit, in der die Stadtplanung das Friedhofswesen einer umfassenden Veränderung unterwarf, die sich im Sinne »weg vom Kirchhof zum außerstädtischen Friedhof« vollzog.

Sein Sohn **Wilhelm Heinrich Posselt** (1806 Weinheim – 1877 Heidelberg), Professor der Kinderheilkunde (s. Inschrift des linken Grabmals) gründete in Heidelberg 1864 die erste private Kinderklinik. An den Stifter der Anlage Posseltslust beim Kohlhof, den Professor der Pharmazie **Louis Posselt** (1817 Heidelberg – 1880 Heidelberg), einen Bruder des vorigen, erinnert die Inschrift des rechten Grabmals. Der Aussichtsturm »Posselts-Lust« im Königstuhlgebiet wurde nach dem testamentarischen Willen seines Stifters 1881 errichtet. Louis Posselt war nach dem Scheitern der 1848er Revolution nach Mexiko

1 Über die Art der Renovierung, die danach strebt, den Gegenstand wie neu erscheinen zu lassen und die »Runzeln der Zeit« zu glätten, urteilt die Fachwelt heute zunehmend kritischer.

ausgewandert und erst später wieder in seine Vaterstadt zurückgekehrt, wo er als Stadtrat auch in der Baukommission tätig war.

Der rechte der beiden kleineren, aufrechten Grabsteine, auf denen ehemals Zierurnen standen, trägt die Inschrift für **Ernst Karl Ludwig Posselt** (1838 Heidelberg – 1907 Berlin), Sohn Wilhelm Heinrich Posselts, der als Zwanzigjähriger eine Textilfabrik in Bradford (England) gründete. Der spätere Textilindustrielle in Riga und Warschau, der einen Beitrag zur Gründung der Posselt-Landfried-Stiftung leistete (seine Frau war eine geborene Landfried), erwarb sich auch als Kunstsammler Verdienste. Seine reich bestückte, 1906 der Stadt überlassene Sammlung zählt zum Grundstock des Kurpfälzischen Museums.[1]

I / 2 (Lit. T) | Repräsentatives Mausoleum für das Ehepaar BARTHOLOMAE

Das sich auf einer geräumigen Anlage erhebende, prächtige Grabhaus ist aus grauen Granitquadern im Stil des antikisierenden Historismus erbaut und mit Bronze- und Marmorskulpturen ausgestattet. Es ist der imposanteste Grabbau des Bergfriedhofes. Der steinernen Architektur wurde einstmals durch die Bepflanzung des Vorhofes mit zwei Pyramidenbäumchen ein stilvoller Akzent verliehen.[2]

Das zweistöckige Grabhaus beherbergt im Untergeschoß die Gruft, deren Eingang von einer schweren Bronzetür verschlossen wird. Die Tür ist mit einem Christusmonogramm geschmückt. Den Weg zu ihr flankiert ein Sphingen-Wächterpaar (ebenfalls aus Bronze), eine Anordnung, die ihre Vorbilder in der ägyptischen Architektur hat. Über dem geschlossenen, ja wehrhaften Untergeschoß führt ein beidseitiger, hoher, der barocken Architektur verwandter Treppenbau zu dem vorderseitig geöffneten Obergeschoß: eine antikisierende Tempelarchitektur mit zwei in den Eingang gestellten ionischen Säulen aus poliertem, gelb-blau meliertem Labrador und mit einer durch Architrav und Triglyphenfries (mit Namensinschrift) gegliederten Gebälkzone. Den vorderen Dachabschluß bildet interessanterweise nicht das Giebeldreieck eines griechisch-antiken Tempels, sondern eine renaissancehaft anmutende Bedeckung in der Art einer von Akroterien bekrönten Attika. Den Mittelpunkt der hoch aufgebauten Tempelkammer bildet eine Figurengruppe, die auf einem Sockel (mit der Inschrift Pax) steht. Die Figuren schreiten auf mohnbewachsenem Gelände: eine klassisch gewandete Frauengestalt, die auf dem Haupte als Zeichen des Sieges über den Tod einen Lorbeerkranz trägt; ihr zur Linken ein Knabe, der als Hinweis auf das ausgelöschte Leben in der linken Hand eine Fackel hält. Ganz aus leuchtend weißem Marmor gehauen und aus der Dunkelheit des Grabmonumentes ins Licht heraustretend, erscheint die

1 Chronik für das Jahr 1907, S. 324 f.
2 Abbildung in: Mushake 1929, S. VIII.

Abb. 14. Mausoleum Bartholomae.

Frauengestalt – über dem Haus der Toten gleichsam schwebend und zugleich zu den Toten weisend – als Verkünderin des himmlischen Friedens.

An der Rückwand der repräsentativ ausgestatteten Tempelkammer (Innenwände aus rotbraunem, poliertem Granit und mit bronzenen Einfassungen) sind die aus weißem Marmor geschaffenen Bildnismedaillons des Ehepaares

Bartholomae (im Profil einander zugewandt) angebracht: rechts das der 1898 verstorbenen **Sophie Bartholomae**, geb. Huck, für die ihr Ehemann Philipp (1837–1901) das stattliche Grabhaus errichten ließ.

Abb. 15. Die weißmarmorne Figurengruppe bildet den Mittelpunkt der hohen Grabkammer. An der Rückwand sind Bildnismedaillons der Eheleute Bartholomae angebracht.

Philipp Bartholomae war ein Heidelberger, der als Bierbrauer in Amerika zu großem Reichtum gelangt war.[1] Für seine Grabstätte hatte er der Stadt eine Stiftung von 50000 Mark gemacht. Diese ansehnliche Stiftung, deren Zinsen zur Grabpflege verwendet werden sollten, ist später gleich anderen Grabstiftungen ganz von der Inflation aufgezehrt worden.

Das prunkvolle Grabhaus wurde von dem Weinheimer Architekten Otto Hasslinger entworfen und ist in Zusammenarbeit mit den Granitwerken Bensheim und der Erzgießerei Stotz in Stuttgart ausgeführt worden. Die Marmorskulptur stammt von dem italienischen Bildhauer Raffaello Romanelli. Die Medaillonbildnisse wurden ebenfalls von einem italienischen Künstler, dem Bildhauer Emilio Dies, geschaffen.

1 Chronik für das Jahr 1901, S. 127. Wahrscheinlich besteht eine Verwandtschaft mit George Hieronymus Bartholomae, ebenfalls Brauereibesitzer in Amerika. Vgl. Grabstätte Lassig/Ohlinger/Bartholomae auf dem Bergfriedhof nordöstlich der Kapelle.

Abb. 16. Sphingen bewachen den Grufteingang Bartholomae – einzigartig auf den Heidelberger Friedhöfen.

I / 3
(Lit. F)

Familiengrabstätte JOB / HALLER / NEITZEL

Kaspar JOB
(geb. und gest. am 19. Mai 1844)
Der erste auf dem Friedhof

Besonders innig mit der Anfangsgeschichte des Friedhofs ist diese Grabstätte verbunden. Die Sockeltafel der emporragenden Stele hält die Erinnerung an **Kaspar Job** wach, der bereits am Tage seiner Geburt starb und – wie die Grabinschrift angibt – als erster auf dem Friedhof beigesetzt wurde. Zusammen mit einer Zwillingsschwester war er dem ersten Friedhofsgärtner und Aufseher Kaspar Job geboren worden, dem damit die traurige Aufgabe zufiel, sein eigenes Kind auf der neu angelegten, noch nicht eingeweihten Friedhofsanlage zu bestatten. Die Beisetzung hat wohl in aller Stille stattgefunden, wurde der Friedhof doch erst vier Monate später, am 18. September 1844, offiziell seiner Bestimmung übergeben.

34 Jahre lang betreute der Vater des kleinen Kaspar den Bergfriedhof. An ihn und seine Frau Anna, geborene Heil, erinnert die in die Stelenfront eingelassene weiß-marmorne Schrifttafel, die eine Efeuranke als Sinnbild des ewigen Lebens und der Unsterblichkeit schmückt.

Wie dem links angebrachten Inschriftblock zu entnehmen ist, sind in der Grabstätte weitere Familienmitglieder beigesetzt. Erwähnt sei **Fritz Heinrich Haller**,[1] Oberbaurat und Vorstand des Hochbauamtes von 1914 bis 1939. Er plante im Auftrag des Stadtrats zusammen mit Paul Bonatz, Stuttgart, den 1933–35 angelegten Ehrenfriedhof.

I / 4 (Lit. A) | **Familiengrabstätte GÄTSCHENBERGER**

Neugotische Sandsteinwand mit weißmarmornem Grabengel

Unmittelbar am Eingang zur Kapelle lädt die aus der Frühzeit des Friedhofs stammende, von mächtigen Thujen flankierte Grabwand aus hellem Sandstein zum Verweilen ein. In ihrer Mitte zeigt sie als Blickfang einen mädchenhaften Grabengel aus weiß leuchtendem Marmor, der – obwohl ihm nur wenig Raum zugestanden worden ist – sich als freundlicher Beschützer der Ruhestätte empfiehlt. Das in schlichten gotisierenden Formen gehaltene und mit Maßwerkfries und Krabben geschmückte Grabmal knüpft in seinem dreigegliederten, mittenbetonten Aufbau über einem Sockelgeschoß an die Tradition mittelalterlicher Altarschreine an. Die gleichmäßige Füllung der Figurennische nach flächig-ornamentalen Gesichtspunkten – die Figurenauflage ist in die Mittelwand so genau eingepaßt, daß die Engelsflügel wie angeleimt erscheinen – läßt sich ebenfalls in der spätgotischen Bildsprache nachweisen. In neugotischen Formen gestaltet ist auch das das Grab umfriedende Eisengitter.

Von den vielen hier ruhenden Familienmitgliedern sei **Thomas Gätschenberger** (1792–1866) erwähnt. Er führte ein Spezereigeschäft mit Tabakhandlung in der Heidelberger Hauptstraße. Als Politiker – er wirkte als Zweiter Bürgermeister in Heidelberg (Februar 1847 – Juli 1849) und war einer der siebzehn Vertreter der Stadt im Frankfurter Vorparlament (März 1848) – war er auch während der Badischen Revolution aktiv. Um den zunehmend höheren finanziellen Forderungen der Revolutionäre Gehör zu verschaffen, führte er eine Deputation nach Karlsruhe, wo er bei der Regierung vorstellig wurde. Der Bittgang war erfolgreich: 20000 Gulden aus der Staatskasse – mehr als erwartet – konnte er seinem Bürgermeister Winter in Heidelberg überreichen.[2]

1 Seine Mutter war die Zwillingsschwester des kleinen Kaspar, Elise Job. Sie hatte 1866 den Schlosser Ludwig Haller geheiratet, der als Badhausbesitzer Louis Haller in der Plöck 32a das erste Heidelberger Wannenbad einrichtete: ein ganz spezieller Kundendienst bestand darin, daß er auch Hotelgästen das Baden ermöglichte, indem er mit einem Pferdefuhrwerk Holzbottiche mit heißem Wasser an den gewünschten Ort lieferte (RNZ, 15.4./23.4.1965). Die einstige Familiengrabstätte Haller befand sich in unmittelbarer Nähe des Verwaltungsgebäudes des Friedhofes.

2 Derwein 1958, S. 112.

I / 5 (Lit. B) — Familiengrabstätte ABEL / JOLAS / STEYER

Grabmalensemble im Stil der Neurenaissance

Ein schönes Beispiel für die Gestaltungsart eines mehrstelligen Familiengrabes aus der Frühzeit des Friedhofs zeigt eine Dreiergruppe antikisierender, auf Postamenten stehender Sandsteinstelen mit kastenförmigem Corpus. Die Grabstätte ist mit einer durch Ketten verbundenen Pfosteneinfassung umfriedet.

Die beiden äußeren, von Heinrich Greiff wahrscheinlich in den 50er und 60er Jahren des 19. Jahrhunderts geschaffenen Grabmäler zeigen reiche Profilierungen und üppige Verzierung im Gepräge der Neurenaissance. Im Geiste des Historismus sind in das vorherrschend antike Erscheinungsbild auch Elemente christlicher Tradition eingefügt. Jeweils ein durch schräggestellte Kantenlisenen betonter Corpus (ursprünglich kreuzbekrönt) trägt eine in das blattfriesgerahmte Frontfeld eingelassene weißmarmorne Relieftafel. Diese zeigt eine geflügelte, in ein flatterndes Gewand gehüllte Figur in leicht schwebender Haltung. Als Zeichen des Sieges über den Tod hält sie das antike Ehrenzeichen, den Lorbeerkranz, empor. Damit korrespondieren die Worte aus dem Römerbrief, die im linken Grabmal unterhalb des Reliefs in Frakturschrift eingemeißelt sind. Die Verbundenheit der Gestaltungssprache mit der Antike macht das Ornamentsystem des prächtigen, mehrfach gegliederten Abschlußgebälks augenfällig: Rankenwerk, Zahnschnitt, Kymation, Rosetten-Akroterien.

Der vor dem mittleren Grabstein liegende Granitstein trägt die Namensinschrift des 1906 verstorbenen Altstadtrats **Karl Abel**.

I / 6 (Lit. F) — Hugo SWART

(1885 Kassel – 1952 Heidelberg)
Jurist. Oberbürgermeister der Stadt Heidelberg 1946–1952

Die letzte Ruhestätte des Stadtoberhauptes bezeichnet ein breitlagernder, unterhalb der Friedhofskapelle an den Hang geschmiegter Sandsteinfelsen.

Swart war von 1908 bis 1930 im preußischen Staatsdienst tätig und wirkte dabei u. a. in Thorn, Ratibor, Gumbinnen, Heydekrug und Landsberg a. d. Warthe. Von 1930 bis 1933 war er Landesdirektor der Provinz Brandenburg. 1933 wurde er aufgrund des »Gesetzes zur Wiederherstellung des Berufsbeamtentums« in den Ruhestand versetzt. Bis 1941 lebte er in Mecklenburg und ließ sich dann im hessischen Bensheim nieder.[1] Nach Kriegsende wurde er als Staatssekretär der hessischen Regierung der Heidelberger CDU empfohlen, die damals nach einem geeigneten Oberbürgermeisterkandidaten Ausschau hielt. Mit beeindruckender Mehrheit in sein neues Amt gewählt, wurde er gleich mit

1 Bad. Biogr. NF 2 (1987), S. 272 (R. Benl).

dem drängendsten Problem der damaligen Zeit, der Wohnungsnot, konfrontiert. Der Zustrom von Flüchtlingen in die – bis auf die Brücken – unzerstörte Stadt war groß, darüber hinaus hatte die amerikanische Militärregierung hier ihr Hauptquartier errichtet. Unter dem entscheidungsfreudigen und erfahrenen Swart wurden der Wiederaufbau der Alten Brücke vollendet, die Pläne zur Errichtung eines neuen Bahnhofs wieder aufgenommen und das Tiergarten-Schwimmbad geplant. Auch im kulturellen Bereich – das Theater wurde großzügig gefördert – ist ihm Heidelberg zu Dank verpflichtet.

Ihm zur Seite ruht seine Frau Elsbeth Swart, geb. Barthel (1889–1968).

I / 7
(Lit. F)

Friedrich ARNOLD

(1803 Edenkoben/Rheinpfalz – 1890 Heidelberg)
Anatom und Physiologe

Julius Arnold (1835 Zürich – 1915 Heidelberg)
Anatom

Ein dunkelgranitener Lehnsockel am Kopfende der sich über zwei Grabreihen erstreckenden Familienruhestätte trägt ganz oben die Namensinschrift für Dr. **Friedrich Arnold.** Er war Sohn eines pfälzischen Gutsbesitzers und wurde 1852 an die Universität Heidelberg berufen, um als Nachfolger von Jacob Henle die Professur und die Leitung der Anatomischen und der Physiologischen Anstalten zu übernehmen. Unter seinen wissenschaftlichen Werken ragen das dreibändige *Handbuch der Anatomie des Menschen* und seine makroskopisch-anatomischen Spezialarbeiten heraus.[1]

Der Namensaufschrift seiner Frau Ida, geb. Gock, folgt die Inschrift für den Sohn **Julius Arnold** und dessen Frau Bianca Muth. Dieser trat die berufliche Nachfolge des Vaters an. Nach kurzer Zeit als praktischer Arzt arbeitete er, mittlerweile habilitiert, als Assistent am Anatomischen Institut Heidelberg und wurde hier 1866 zum Professor und Direktor des Pathologischen Instituts ernannt. Arnolds breit angelegte wissenschaftliche Arbeit – u.a. veröffentlichte er *Anatomische Beiträge zu der Lehre von den Schußwunden* – waren insbesondere der Erforschung der Protoplasmastrukturen gewidmet. Seine jahrzehntelange Lehrtätigkeit soll ein besonderer Segen für seine Studenten gewesen sein. Arnold, die »personifizierte Lauterkeit«, habe die Gabe gehabt, selbst das trockene Gebiet der speziellen Pathologischen Anatomie in einem reizvollen Licht erscheinen zu lassen.[2]

In demselben Grab sind weitere Familienmitglieder beigesetzt.

1 NDB 1 (1952), S. 383 (E. Heischkel-Artelt).,
2 Ruperto-Carola 20 (1956), S. 97 (G. Schöne).

I / 8 (Lit. T)

Familiengrabstätte KEHRER

Granitfindling für den Frauenarzt
Ferdinand Adolf KEHRER
(1837 Guntersblum/Rheinhessen – 1914 Heidelberg)

Die von Brockensteinen umrahmte Ruhestätte kennzeichnet ein stattlicher Findling aus grauem Granit. Die meiste Zeit über ist er von immergrünem Efeu umrankt, dem charakteristischen Schmuck eines Waldgrabes. Ein tafelartiges Feld in der Mitte der Steinfront trägt die Namensinschriften und Lebensdaten F. A. Kehrers und seiner Frau Emmy, geb. Frisch.

Ferdinand Adolf Kehrer,[1] der von 1881 bis 1902 Professor an der Medizinischen Fakultät der Universität Heidelberg war, ist die Durchsetzung eines Neubaus der »Entbindungsanstalt« im Bergheimer Klinikum zu verdanken. Der Bau wurde 1883 errichtet. In der Gynäkologie ist er insbesondere durch zwei bahnbrechende Leistungen hervorgetreten: Durch ihn wurde die Methode des Kaiserschnitts grundlegend verbessert und erstmals 1881 bei einer Entbindung in einer Bauernstube in Meckesheim (Kraichgau) angewandt. Dank einer neuen Art der Schnittführung konnte das Infektionsrisiko (damals starben über 30 % der operierten Frauen) erheblich verkleinert werden. Die Grundsätze der von Kehrer eingeführten Methode sind auch heute noch gültig. Seine zweite Neuerung besteht in der tubaren, d. h. durch Eileiterunterbindung erzielte Sterilisierung.

Sein Sohn **Erwin Kehrer** (1874–1959, zusammen mit seiner ersten Frau Antonie, geb. Schönle: zweiter liegender Stein von links) schwankte einige Zeit zwischen Physiologie und Gynäkologie, bevor er sich schließlich für letztere entschied. Erwin Kehrer unterstrich die Bedeutung von seelischen Vorgängen bei der Entstehung und Heilung von Krankheiten – insbesondere im Zusammenhang mit der weiblichen Unfruchtbarkeit –, war aber mit diesem Denken seiner Zeit weit voraus und verzichtete, durch Mangel an Resonanz entmutigt, auf die Ausgestaltung seiner Thesen. Nach langjähriger Tätigkeit als Professor und Leiter der Universitätsfrauenklinik Marburg wurde er 1939 zwangsweise emeritiert. Erwin Kehrer, der für seine Verdienste 1954 mit dem großen Bundesverdienstkreuz ausgezeichnet wurde, verbrachte seinen Lebensabend in Heidelberg.

In dem Familiengrab hat, neben weiteren Familienmitgliedern, auch der gleichnamige Sohn Ferdinand A. Kehrer (1883–1966), Professor der Nervenheilkunde in Münster, mit seiner Frau Erna (1882–1967) seine letzte Ruhestätte gefunden.

1 Vgl. zum folgenden: Ruperto-Carola 29 (1961), S. 208 f. (H. Runge).

I / 9
(Lit. T)

Leopold von WINNING
(1841 Glogau – 1914 Heidelberg)
Preußischer Generalleutnant. Ehrenbürger der Stadt Heidelberg

Wie das Grab Kehrer wird die Familiengrabstätte von Winning durch einen stattlichen Granitfindling gekennzeichnet.

Von häufigen Ortswechseln, wie sie das soldatische Leben erfordern, war der berufliche Werdegang **Winnings** begleitet. In Glogau als Mitglied einer alten Offiziersfamilie geboren und in Kadettenanstalten erzogen, erwarb er sich erste Auszeichnungen im böhmischen Feldzug von 1866 und wurde vom Bataillonsadjutanten zum Premierleutnant befördert. Für Erfolge seiner Kompanie bei Weißenburg und Paris im Kriege von 1870/71 wurde er mit dem Eisernen Kreuz 1. Klasse geehrt. Bei der Kaiserproklamation im Spiegelsaal zu Versailles gehörte er zu der Abordnung seines Regimentes. Stationen seiner Laufbahn waren anschließend Hessen und Baden, wo er von 1882 bis 1886 das Heidelberger Bataillon des Badischen Grenadierregiments Kaiser Wilhelm Nr. 110 befehligte. Als Führer eines Garderegiments zu Berlin wurde von Winning 1888 die ehrenvolle Aufgabe einer Nachtwache am offenen Sarg Wilhelms I. zuteil.

Im Jahre 1895 – als Generalleutnant – setzte er sich in Heidelberg zur Ruhe, wo er seine Lebenserinnerungen verfaßte und die Geschichte seiner Familie erforschte. Darüber hinaus wirkte er in verschiedenen gemeinnützigen Vereinen mit, u. a. im Frauenverein und im Roten Kreuz, wofür ihm 1910 »anläßlich der 40jährigen Wiederkehr der vaterländischen Gedenktage 1870/71« die Ehrenbürgerwürde verliehen wurde.[1]

I / 10–15
(Lit. T)

Beispiele für die Vielfalt alter Grabmalkultur

Grabstätten KAMMERSCHEID, BÜRGER, MOCK, STUDT, SCHMIDER und VOLLMOND

Daß die Bildhauer einst eine breite Formenskala unterschiedlichster Stilrichtungen abzudecken vermochten und entsprechend differenziert auf Kundenwünsche eingehen konnten, zeigen die folgenden, an dieser Weggabelung gelegenen Grabmäler, die – bis auf zwei Ausnahmen – der Hand desselben Bildhauers, Franz Sommer, und der gleichen Zeit, dem zweiten Dezennium des 20. Jahrhunderts, entstammen.

Etwas von der Ruhestätte von Winnig zurückgewandt, in Blickrichtung auf den Berg, trifft man auf eine antikische Tempelfassade, zwischen deren Säulen ein postamentierter, kreuzbekrönter Altarblock die Namensinschrift des Fabrikdirektors **Chlodwig Kammerscheid** trägt. Die neuklassizistische

1 Chronik für das Jahr 1914, S. 128–131.

Muschelkalk-Architektur, die den Portikus-Typ in dorischer Prägung vertritt, nimmt sich trotz ihrer stattlichen Proportionen keineswegs protzig aus. Sie wurde für die Familie Fremerey vermutlich 1913 erbaut, zu welcher u. a. der 1953 verstorbene Bankdirektor **Heinrich Fremerey** gehörte, der verdiente

Abb. 17. Kinderengel auf dem Grab Mock.

Ehrensenator der Universität und Gründer des Vereins Studentenhilfe, nach dem das Studentenwohnheim Hauptstraße 246 benannt ist. Nach Unterlagen des Friedhofsamtes ging die Grabstätte 1956 an C. Kammerscheid über.

Einige Schritte weiter auf derselben Wegseite zeigt die in bescheidenen Proportionen errichtete Muschelkalkstele für **Louise Bürger** Jugendstileinfluß in biedermeierhaften Formen: Das wird etwa im leicht glockenförmigen Stelenabschluß deutlich, an dessen spiralig eingerollten Volutenenden eine Blattgirlande mit glatten, herabhängenden Bändern befestigt ist. Darüber ist formparallel ein ovales Inschriftmedaillon eingefügt. Betont wird dieses Stilempfinden durch die Fronteinfassung mit den abgerundeten Pfosten, die ebenfalls das Medaillon-Ornament tragen.

Hinter der Ruhestätte Bürger erblickt man in der zweiten Reihe einen entzückenden Kinderengel in galvanoplastischer Herstellung.[1] Er wurde 1906

1 Abbildung in: Galvanoplastische Kunstanstalt Geislingen-Steige [Verkaufskatalog]. Grabschmuck. 1903, Nr. 711 a.

zur Erinnerung an die 12jährig verstorbene Amalie, Tochter des Schreinermeisters **Karl Mock** und seiner Ehefrau Friedericke, errichtet. Es ist eine zarte, liebenswürdige Mädchengestalt, sehr wirklichkeitsnah in ihrem Ausdruck, die wie ein Schutzengel an das Grab herantritt, um einen Rosenkranz niederzulegen. Die Engelfigur auf zweistufigem Treppensockel (ohne Signatur) steht auf Granitpostament, dessen Inschrifttafel die Namen der hier Ruhenden nennt.

Von gänzlich anderem Charakter ist die auf der anderen Wegseite sich erhebende großformatige Muschelkalkstele für den Königlich Bayerischen Kommerzienrat **Heinrich Studt** und seine Frau Marie, geb. Heim. Den

Abb. 18. Blick auf die Grabstätten Studt, Vollmond, Schmider und Bürger (von links nach rechts).

Blickfang der obeliskenartigen Jugendstil-Stele, die mit einem eigenwilligen »Zwittergiebel« abschließt, bildet die in die hufeisenförmige, flache Nische eingelassene Reliefplatte aus weißem Marmor. Dargestellt ist ein männlicher Todesgenius, der auf einem Sarkophag eine zarte Rosenknospe niederlegt. Dem Stilempfinden entspricht die Art, wie sich die gegenständliche Darstellung flächendeckend dem Rand anpaßt, ebenso wie die mit Rosen bestückte Lorbeergirlande, die – die Intimität der Szene bewahrend – die Darstellung rahmt.

Wieder der anderen Wegseite zugewandt, sieht man die dem Grabmal Bürger benachbarte, von schmalen Flügelstümpfen flankierte Grabstele **Schmider,** die ebenfalls Jugendstileinfluß verrät, wie dies der gestufte Stelenabschluß mit flächigem Bandornament deutlich zu erkennen gibt. Auf dem vertieft in den Corpus eingelassenen Reliefmedaillon erblickt man eine antikisierend gewandete Frauengestalt, die mit der Linken einen Schleier schwingt und damit einem auf skizzenhaft angedeutetem Hintergrund sich entfernenden

Schiff nachwinkt: eines der vielfach variierten Motive der Darstellung von Abschiedsszenen. In dem Grab ist die Familie des Großherzoglichen Oberbetriebsinspektors **Bertold Schmider** beigesetzt.

Links erhebt sich nun die antikisierende Architektur in Form eines schlichten Tempelportals für die Familie des Kolonialwarenhändlers **Carl Vollmond.** Wie schon die Tempelfront Kammerscheid ist auch dieses Tempelchen dem dorischen Stil nachempfunden und durch sparsame Gestaltungsmittel charakterisiert: Dabei wird die strenge Einfachheit lediglich durch ein über der Frieszone verlaufendes ionisches Kymation aufgelockert.

I / 16–19
(Lit. T)

Beispiele für die Vielfalt alter Grabmalkultur

Grabstätten FISCHER / GRÜN, ULLRICH, OTTO und GEYER / DORN

Wenn man dem nach der Grabstätte Vollmond westwärts verlaufenden Friedhofsweg einige Schritte folgt, trifft man auf die gesockelte Muschelkalkurne der Familie **Grün,** die durch ihr großes Format auffällt. Die antike Grabmalform der Deckelvase hat der Klassizismus neu aufgegriffen und sie nicht nur als beliebtes Schmuckmotiv, sondern auch als selbständiges Grabzeichen verwendet. Dabei wurde sie auch bei Erdbestattungen verwendet und dient nicht in jedem Fall – so wie hier – als Kennzeichnung eines Aschengrabes. Als allseitig gestaltetes, nicht auf eine Schauseite ausgerichtetes Grabzeichen hat diese körperhafte Urne den Vorzug mehrfacher Verwendbarkeit für Inschriften, wie dies die Inschrift der Familie **Carl Fischer** auf der Rückseite der von Blütengirlanden geschmückten Grabvase verdeutlicht. Neben der vorher besprochenen Tempelfassade verdanken wir auch dieses neuklassizistische Grabmal dem Bildhauer Franz Sommer.

Auf der benachbarten Grabstätte **Ullrich** steht eine aus weißem Marmor gestaltete Grabstele mit naturhaft gebrochener Oberkante, die ein figürliches Relief trägt. Ganz anders als die klassisch komponierte, mit dem antiken Totenkult verbundene Trauerdarstellung am Grab Mays (Rundgang II/34; Abb. 7) zeigt dieses Grabrelief eine junge Frau, die die Trauer nicht in vergeistigt-symbolhaftem Bezug verbildlicht, sondern ihr in einer prosaischen Darstellungsweise Ausdruck verleiht, indem sie am dokumentarischen Ort der letzten Ruhe, an eine zeitgenössische Grabstele angelehnt, erscheint. Die am rechten Stelenrand emporkletternde Efeuranke – eine Pflanze des antiken Totenreichs, zugleich Symbol der Auferstehungshoffnung – verklammert die reale Grabstele mit jener der bildlichen Darstellungsebene. Das romantische Grabmal (sein Schöpfer ist unbekannt) wurde für die 1915 verstorbene **Anny Ullrich** errichtet, Ehefrau des Amtsgerichtsrates Dr. August Ullrich, der seine Frau um 31 Jahre überlebte.

In einigem Abstand vom Grab Ullrich sieht man in der zweiten Reihe an der Ruhestätte **Otto** eine vollplastische, an einem Säulenstumpf lehnende weibliche Trauerfigur. Im Schatten einer blauen Scheinzypresse erscheint sie – auf einem Sockel aufragend – als subtiler Mittelpunkt dieses alten Gräberfeldes, in dem die romantische Atmosphäre einer gewachsenen, von Grün durchzogenen, vielgestaltigen Grabanlage kulminiert. Es ist das Zusammenspiel von fransenverziertem Tuch, das die gebrochene ionische Säule bedeckt, bodenlangem Kleid und kopfbedeckendem Schleier, das die anmutige junge Frau in leise Trauer einhüllt. Die kleinformatige Figur ist für die 1916 im Alter von 28 Jahren verstorbene Schneiderin **Marie Franziska**, ledige Tochter des Schuhmacher-

Abb. 19. Ausschnitt eines Gräberfeldes auf Lit. T, im Vordergrund das Grabmal Otto. Die Ansicht zeigt die charakteristische Formenvielfalt des Bergfriedhofes.

meisters Karl Otto, errichtet worden. Das Grabmal (ohne Herstellersignatur) bietet ein Beispiel dafür, wie aus preisgünstigem Kunststein eine täuschende Ähnlichkeit mit Marmor erzielt werden konnte.

An der gegenüberliegenden Grabreihe, auf der Ruhestätte **Geyer/Dorn,** beschließt ein anmutiger, auf hohem Sockel stehender Grabengel die Folge der weiblichen Trauerfiguren in diesem Friedhofsbereich (siehe Abb. 8). Auffallend bei dieser Figur ist der Gegensatz von engelhafter Grazie, wie sie in den prachtvoll hochgerafften Schwingen zum Ausdruck kommt, und der Wirklichkeitsnähe des jungen Gesichts mit den lockigen Haaren, das überraschend profan wirkt. Augenfällig an der Bekleidung ist der modisch mit Bändern verzierte Schulterabschluß des bodenlangen Gewandes, das am Oberkörper sehr kunstvoll hauteng anliegend gearbeitet ist und unten in elegantem Faltenwurf ausschwingt. Die sorgfältige, detaillierte künstlerische Ausarbeitung ist auch besonders deutlich an den Händen zu bemerken, deren Rechte einen Blumenzweig hält, während die Linke das Hüfttuch faßt. Wie beim gerade besprochenen Grabmal Otto ist auch in diesem Fall offensichtlich eine altersmäßige Identität der Grabfigur mit der Verstorbenen, für die sie gesetzt wurde, angestrebt: Das Grabmal wurde 1917 für die zwanzigjährig verstorbene **Maria (»Maja«) Geyer** errichtet, Schwägerin des Prof. Wilhelm Dorn, deren früher Tod auch in der zarten, dichterischen Grabinschrift nach dem bekannten Volkslied »Es fiel ein Reif in der Frühlingsnacht« anklingt.

Die Herkunft der unsignierten Grabfigur ist nicht bekannt, möglicherweise stammt sie aus dem von Heinrich Boppel (siehe Signatur der Schrifttafel) übernommenen Bestand der Firma des akademischen Bildhauers Georg Hess.

I / 20
(Lit. T)

Familiengrabstätte CZERNY

Monumentalsäule für den Chirurgen und Krebsforscher **Vincenz Czerny**
(1842 Trautenau/Böhmen – 1916 Heidelberg)

Hochglänzend und für ein Grabmal[1] von ungewöhnlicher Dimension bezeichnet eine sieben Meter hoch in den Himmel aufragende Säule inmitten einer weiträumigen, efeubewachsenen Anlage die letzte Ruhestätte des namhaften Mediziners. Seine Namensinschrift und Lebensdaten befinden sich auf der im westlichen Winkel der dreieckigen Grabanlage liegenden Grabplatte, zusammen mit denen seiner Frau Luise (1853–1929), einer Tochter des bekannten Arztes Adolf Kußmaul.

Der als Sohn eines Apothekers geborene **Czerny,** der ursprünglich Zoologe werden wollte, sammelte nach umfassenden Studien in Prag und Wien auf dem Gebiet der Augenheilkunde, der Dermatologie und der Inneren Medizin zunächst praktische Erfahrungen in Freiburg und Mannheim; 1877 kam er nach Heidelberg. Hier fand er als Professor und Leiter der neuen Chirurgischen Universitätsklinik (in Bergheim) eine vielversprechende Wirkungsstätte, wo er bald insbesondere im Bereich der Bauchchirurgie und der Gynäkologie glänzende Erfolge erzielte. In den späteren Jahren seiner rund vier Jahrzehnte umfassenden Tätigkeit in Heidelberg widmete sich Czerny, der schon in seiner Wiener Zeit intensiv histologische Studien betrieben hatte, der Erforschung und Bekämpfung von Krebserkrankungen. Zu diesem Zweck ließ er hier – durch Stiftungen dazu in die Lage versetzt – nach dem Vorbild eines Moskauer Krebsspitals das heute noch bestehende Samariterhaus (Czerny-Klinik) für Krebskranke errichten. Es war eine Heimstätte der Experimentellen Krebsfor-

1 Nach Mushake 1929 (S. 94) ist die aus den Granitwerken C. Kreutzer, Bensheim, stammende Säule ursprünglich für ein Berliner Kaufhaus bestimmt gewesen.

schung und in den ersten Jahrzehnten unseres Jahrhunderts zugleich ein Mekka für »Lernbegierige und Hilfesuchende«.[1]

Die Erinnerung an Czerny, einen Wegbereiter der modernen Chirurgie, bewahrt die Stadt Heidelberg in den Namen »Czernybrücke« und »Czernyring«.

Die liegenden Grabplatten links und rechts der großformatigen Grabplatte des Chirurgen tragen die Namensinschriften weiterer Mitglieder der Czernyschen Familie, darunter – aus der jüngeren Generation – die des Malers, Radierers und Akademieprofessors Siegfried Czerny (1889–1979) und seiner Frau Frieda, geb. Moerchen (1895–1985), sowie die des Dirigenten und Musikforschers Prof. Dr. Fritz Stein (1879–1961) und seiner Frau Margarethe (1880–1968), Tochter Czernys.

I / **21** (Lit. D)

Gottfried NADLER
(1809 Heidelberg – 1849 Heidelberg)
Advokat, Pfälzer Mundartdichter

Ein Biedermeier-Kreuz aus heimischem rotem Sandstein hat man für den laut Grabinschrift im Alter von 40 Jahren und sieben Tagen verstorbenen Nadler gesetzt. Die sinnigen Verse im Sockel lauten: »Ist ein Grab dir nach Wunsch – du pfälzer Dichter geworden? Sicher, es ruht sich leicht hier in dem soñichem Berg! Schaue hinauf zu den Höhen, sie sind voll Wein und Kastanien, theile die Zweige nach vorn – das ist die fröhliche Pfalz!«[2]

Vormals war die Grabstätte von einem Ziergitter umfriedet, welches der letzten Ruhestätte des mit dem vormärzlichen Heidelberg verbundenen Dichter eine anheimelnd-idyllische Atmosphäre verlieh.

Der vor allem durch sein »Fröhlich Pfalz, Gott erhalt's« bekannte **Nadler,** dessen satirische Heimatdichtung sich sowohl aus seiner Verbundenheit mit der Romantik wie auch aus seinen Erfahrungen als Advokat speist, leistete zu der entstehenden Mundartdichtung einen bleibenden Beitrag. Als Schüler des namhaften Juristen und Musikliebhabers Thibaut trat Nadler, der – mit zwölf Jahren verwaist – dank seines Vormunds, des Bäckermeisters Stepp, Rechtswissenschaften studieren konnte, auch im musikalischen Leben Heidelbergs hervor; eine aquarellierte Tuschzeichnung von Jacob Götzenberger im Kurpfälzischen Museum führt uns Nadler als Dirigenten des Thibautschen Singvereins in anschaulicher Weise vor Augen.

Von Nadler, einem politischen Widersacher der Revolutionäre, sagte der radikal demokratisch gesinnte Heidelberger Bürgermeister Winter, daß er mit einem Gegner wie Nadler gerne kämpfe, denn er ziele gut, schieße gut, treffe

1 Chronik Ärzte 1985, S. 214.

2 Nach Karl Pfaff stammen die Verse von dem mit Nadler befreundeten Archäologen Julius Braun. Vgl. Chronik für das Jahr 1897, S. 70.

meistens gut, auch tauche er nur selten seine Pfeile in Gift, sondern honetterweise gewöhnlich in den angenehmen Balsam seines heiteren Humors.[1]

An Nadler erinnern in Heidelberg auch die nach ihm benannte Straße, die von Bildhauer Herrmann Volz geschaffene Denkmal-Büste auf dem Krahnen-

Abb. 20. Grabstätte Nadler im heutigen Zustand.

platz (Neckarstaden), die auf den »Brand im Hutzelwald« anspielende Relieftafel am Klingentor sowie die Gedenktafel an seinem Geburtshaus Augustinergasse 7.

Nadlers Ehefrau und weitere Familienmitglieder sind an anderer Stelle auf dem Bergfriedhof bestattet worden.

1 Heidelberger Fremdenblatt 1969, H. 5, S. 4 (W. Schindler).

I / 22 | **Wilhelm FURTWÄNGLER**
(Lit. R) | (1886 Berlin – 1954 Ebersteinburg / Kreis Rastatt)
Dirigent und Komponist

Auf der stillen Waldinsel einer neugestalteten Anlage des Friedhofes – unmittelbar einem rotsandsteinernen Brunnenbecken benachbart – findet sich die letzte Ruhestätte des weltbekannten Musikers. Sie ist gekennzeichnet durch eine aus grünem Porphyr gefertigte liegende Platte, der eine Umschrift mit den Worten aus dem Korintherbrief »Nun aber bleibt Glaube, Hoffnung, Liebe, diese drei, aber die Liebe ist die größte unter ihnen« den wesentlichen Akzent gibt. Das Grab gehört zu den meistbesuchten Stätten des Bergfriedhofes.

Der Sohn des Archäologen Adolf Furtwängler und seiner Ehefrau Adelheid, geb. Wendt, hatte eine vom klassisch-griechischen Bildungsideal bestimmte Erziehung erhalten. Die musikalische Ausbildung des Talentierten (als Siebenjähriger bereits komponierte **Furtwängler** sein op. 1, die »Stückchen von den Tieren«) erfolgte durch namhafte Persönlichkeiten wie Anton Beer-Wallbrunn, Joseph Rheinberger und Max von Schillings. Der ab 1905 als Komponist und Dirigent an verschiedenen Orten tätige Furtwängler wurde 1911 Kapellmeister in Lübeck und stellte nun das Komponieren zugunsten des Dirigierens zurück. Die weiteren Stationen seines steilen beruflichen Aufstiegs waren Mannheim (1915 Hofkapellmeister, 1929 Ehrenbürger), Frankfurt am Main (1920 Leiter der Museumskonzerte), Leipzig (1922–1929 Dirigent des Gewandhausorchesters), Wien (1927 ständiger Dirigent der Philharmoniker), Bayreuth (1931 zusammen mit Arturo Toscanini Gesamtleitung der Festspiele) und vor allem Berlin (1920 Leiter der Staatskapelle, 1922–45 und von 1950 bis zu seinem Tod Leiter der Philharmoniker, 1928 Generalmusikdirektor, 1933 Direktor der Staatsoper und preußischer Staatsrat). Daneben gab Furtwängler erfolgreiche Gastspiele, zum Beispiel 1925/26 in Amerika.

Furtwänglers öffentliches Eintreten für jüdische Künstler und seine Verurteilung der Kultur- und Rassenpolitik der Nationalsozialisten (»Der Fall Hindemith«) führten 1934 vorübergehend zur Niederlegung all seiner Ämter in Berlin und Wien. Die kurze Pause bot ihm die Gelegenheit, Kompositionen, die er aus Zeitmangel nie zu Ende hatte führen können, auszuarbeiten, wie z.B. seine Violinsonaten und das Konzert für Klavier und Orchester (1937),[1] bis er bald wieder öffentlich auftrat. 1940 beendete er seine 1. Symphonie h-Moll, der 1947 die 2. Symphonie e-Moll und 1954 die 3. Symphonie, die unvollendet blieb, folgten. Nach Kriegsende – Furtwängler hatte seit 1945 seinen ständigen Wohnsitz in Clarens/Schweiz – wurde ihm wegen seines Bleibens in Deutschland während der Zeit des Nationalsozialismus bis 1947 Berufsverbot auferlegt. Sein Verbleiben im nationalsozialistischen Deutschland rechtfertigte Furtwängler damit, daß er mit seinen Konzerten den Menschen durch die Vermittlung großer Musik Trost geben konnte. Die Widersprüche, die sich aus seinem Verhalten ergaben, haben wohl nicht zuletzt ihn selbst stark belastet, denn sein

1 Furtwängler 1986, S. 16.

Bemühen um die Trennung von Musik und Politik mußte scheitern. Der bald rehabilitierte Künstler gab noch bis zu seinem Tod Gastspiele in der ganzen Welt und spielte Schallplattenaufnahmen in großer Zahl ein.

Im Zentrum der musikalischen Arbeit Furtwänglers standen vor allem Beethoven, Brahms und Bruckner, der atonalen Musik gegenüber blieb er reserviert.[1] Als einer der hervorragendsten Dirigenten seiner Zeit vermochte er

Abb. 21. Wilhelm Furtwängler (1886–1954).

der Seelensprache der klassisch-romantischen Musik, die auch bei seinen eigenen Kompositionen Leitbild war, durch eine unkonventionelle Dirigiertechnik in höchster Verinnerlichung Ausdruck zu verleihen. Furtwängler leistete nicht nur als Dirigent und Komponist Hervorragendes, sondern er war auch ein ausgezeichneter Klavierspieler »mit samtweichem Anschlag«.[2]

1 Doch hat er die zeitgenössische Musik nicht von Grund auf abgelehnt. Gerade durch seine eigene Komponistentätigkeit erschloß sich ihm der Zugang zu manch einem Werk der Moderne, wie seine Uraufführungen von Werken Schönbergs und Strawinskys zeigen. [Vgl. Bad. Biogr. N. F. 1 (1982), S. 134 (H. Siebler).]

2 Vgl. Geißmar 1985, S. 21.

Die Städte Heidelberg und Mannheim waren für Wilhelm Furtwängler persönlich bedeutsam. Nicht nur verwandtschaftliche Beziehungen führten ihn immer wieder hierher (Mannheim war Wohnsitz von Großmutter und Tante, in Heidelberg lebte ab 1930 seine Mutter), sondern auch die freundschaftliche Verbundenheit mit der Mannheimer Familie Geißmar, die sehr gute Kontakte zum musikalischen Leben ihrer Heimatstadt pflegte.[1] So gab Furtwängler häufig Gastspiele in Heidelberg und wurde 1928 zum Ehrendoktor der Universität ernannt. In Erinnerung an den großen Dirigenten trägt eine Straße im Stadtteil Handschuhsheim seinen Namen.

In der Grabstätte sind auch die Mutter und die Schwester des Komponisten zur letzten Ruhe gebettet, wie es dem kleineren liegenden Grabstein zu entnehmen ist.

Seine Mutter, Adelheid Furtwängler (1862–1944), Tochter des Großherzoglich Badischen Schulrates Gustav Wendt, eines Freundes von Johannes Brahms, besaß hochmusikalische Vorfahren, so hatte z. B. ihre Großtante mit Mozart zusammen konzertiert. Ab 1930 lebte sie in Heidelberg und nahm an den Erfolgen des Sohnes »als Vertreterin des alten geistigen Heidelberg« lebhaften Anteil. Die Schwester des Dirigenten, Märit Furtwängler-Scheler (1891–1971), war verheiratet mit dem Philosophen Max Scheler.

I - 23 (Lit. R) | **Robert WEBER** (1906 Karlsruhe – 1987 Heidelberg) Landgerichtspräsident. Oberbürgermeister der Stadt Heidelberg

Den Inschriftgrabaltar aus Muschelkalk für die Familiengrabstätte Weber bekrönt eine reliefgeschmückte Urne als allgemeines Symbol der Trauer. Der Rand des glockenförmigen Deckels ist perlstabverziert, über kurzen, seitlich angebrachten Knäufen hängt vorder- und rückseitig eine Draperie-Schärpe als typischer Trauerflor.

In den Inschriften an der Altarvorderseite wird die Erinnerung an **Robert Weber,** an seine Ehefrau Gertrud-Karina, geb. Bautsch (1906–1943), und an seine Eltern wachgehalten.

Weber stammte aus Karlsruhe. 1929 trat er der SPD bei; er begann seine Justizlaufbahn 1932 als Staatsanwalt und Amtsgerichtsrat in Wertheim am Main. In der nationalsozialistischen Zeit wurde er zum Sozialgericht in Mann-

1 Die Tochter des musikalischen Anwalts Jakob Geißmar, Berta Geißmar (1892–1949), wurde während ihres Heidelberger Studiums (1910–1920; sie belegte Philosophie, Psychologie und Archäologie) zu einer »Art vertraulicher Sekretärin« des Mannheimer Hofkapellmeisters. 1921, nach ihrer Promotion in Frankfurt (Rickert in Heidelberg hatte ihre Arbeit als zu selbständig angefertigt abgelehnt!) folgte sie dann seiner Empfehlung, in Berlin zu arbeiten: zunächst als seine persönliche Sekretärin, seit 1924 auch für das Philharmonische Orchester. 1935 mußte sie diese Tätigkeit trotz der Widerstände von seiten Furtwänglers aufgeben. Sie emigrierte nach London und wurde als Generalsekretärin des Dirigenten Thomas Beecham tätig (Geißmar 1985). Dort starb sie 1949.

heim versetzt, einer Versetzung zum Sondergericht zog er den Einsatz an der Front vor. 1946 wurde Weber Landgerichtsrat in Heidelberg, im darauffolgenden Jahr Präsident des Landesarbeitsgerichts Nordbaden in Mannheim, ab 1954 hatte er das Amt des Landgerichtspräsidenten in Mannheim inne.

Seine Heidelberger Kandidatur gegen den langjährigen Oberbürgermeister Neinhaus 1958 endete mit seinem Sieg, was als kleine Sensation gewertet wurde: Ein Sozialdemokrat nun an der Spitze der damals noch bürgerlichen Universitätsstadt erschien manchem anstößig. Als Oberbürgermeister trug er zur Durchsetzung der Generalverträge zwischen dem Land und den Universitätsstädten bei, was für den finanziell schwachen Haushalt seiner Stadt von Bedeutung war. Während seiner Amtszeit entstanden viele öffentliche Bauten, auch wurden die Bebauungspläne für das Langgewann, den Boxberg, den Emmertsgrund, Bosseldorn und den Hasenleiser vorbereitet. Durch die Einrichtung von Stadtteilversammlungen versuchte Weber, die Bürger unmittelbar anzusprechen, wie er überhaupt auf Meinungsvielfalt und Liberalität, besonders im kulturellen Leben, großen Wert legte. Seine Liebe zu Heidelberg verpflichtete ihn zu einem Höchstmaß an Sachgerechtigkeit bei allen Entscheidungen, die das historische Erscheinungsbild der Stadt betrafen.[1] Altes und Neues wollte er harmonisch verbinden.

1966 verzichtete Weber auf die Bewerbung um eine zweite Amtsperiode zugunsten eines anderen SPD-Kandidaten, des nachmaligen Oberbürgermeisters Reinhold Zundel, und gründete eine Anwaltskanzlei, in der er bis zu seinem Tode tätig war. Daneben war er ab 1954 Dozent, seit 1979 Honorarprofessor für Arbeitsrecht an der Universität Stuttgart.

I / **24**
(Lit. G)

Ensemble von reliefverzierten Cippen auf der **Familiengrabstätte WINTER**

Christian Friedrich WINTER (1773 Gochsheim / Württemberg – 1858 Neuenheim/Heidelberg)
Buchhändler und Verleger. Bürgermeister in Heidelberg

An dem Hauptweg, der vom zweiten Tor des Steigerweges ausgeht, liegt die Familiengrabstätte Winter, gekennzeichnet von sieben gelbsandsteinernen Cippen. Diese, teilweise kreuzbekrönt, tragen an den Fronten Inschriften und unterschiedlichen Reliefschmuck: Blattkränze, Blütenfestons und mit Palmwedeln oder mit Lorbeerzweigen verzierte aufgeschlagene Bücher. Die einzelnen Grabmäler sind in ihrer Grundform einem bekannten Typus der griechisch-römischen Antike verpflichtet: ein quaderförmiger Altarcorpus, der durch ein allseitig gestaltetes Giebeldach mit Eckakroterien abgeschlossen wird.

1 Verabschiedung des Heidelberger Oberbürgermeisters Robert Weber. In: Ruperto-Carola 40 (1966), S. 377.

Das mittlere Grabmal, leicht zurückversetzt und von dominierender Größe – in der Gesimszone mit Perlstab und wulstigem Kymation geschmückt –, trägt die Namensinschrift für **Christian Friedrich Winter** und seine Frau Luise, geb. Baumann (1775–1864). Es wird von einem prächtigen Eichenlaubkranz geschmückt, einem ehrenden Zeichen für den verdienten und beliebten »Vater Winter«. Mit einem ähnlichen Kranz (Eichen- und Lorbeerblätter aus massivem Silber) – als höchste Anerkennung des Bürgertums – hatte man 1846 das Stadtoberhaupt zu seinem 73. Geburtstag ausgezeichnet.

1815 war der 42jährige Württemberger – ein Pfarrerssohn, der sich autodidaktisch umfangreiche Bildung angeeignet hatte – nach Heidelberg übergesiedelt, um in der Nachfolge seines Jugendfreundes, Johann Georg Zimmer, Teilhaber des angesehenen Romantiker-Verlages Mohr und Zimmer zu werden. Seit 1823 Inhaber eines eigenen Verlags im »Englischen Hof« (Ecke Hauptstraße/Marstallstraße) unterhielt Winter bald Verbindungen zur maßgebenden akademischen Bildungsschicht, zu Persönlichkeiten wie Fries, Voß und Paulus.

Als vielseitige Persönlichkeit mit großem Interesse an Literatur und Kunst nahm Winter auch regen Anteil am gesellschaftlichen Leben (man denke an bürgerliche Vereine wie »Harmonie« und »Liederkranz«). Von Bürgern, Intellektuellen und Arbeitern gleichermaßen hochgeschätzt, wurde der radikal demokratisch gesinnte Winter, der gerne seinen »altdeutschen Rock« trug, zum »Abgott der Studenten«, wie Derwein es ausdrückt.

In der Zeit des Vormärz erwuchs der Stadt Heidelberg in dem politisch wachen Verleger die herausragendste Gestalt der Stadtpolitik. Bereits 1819 war er einer der beiden ersten Heidelberger Vertreter im neuen Badischen Landtag und erhob dort als erster Abgeordneter eines deutschen Parlaments die Forderung nach Pressefreiheit.[1]

Von 1831 bis 1835 erneut Landtagsabgeordneter, wurde der liberale Winter in den politisch bewegten 1840er Jahren an die Spitze der städtischen Verwaltung gewählt: 1843 als Zweiter, 1845 als Erster Bürgermeister.

Ihm, der manches schwierige Jahr glanzvoll gemeistert hatte, gelang es, in den Revolutionsjahren mit Weitsicht die Geschicke der Stadt zu lenken. Die nachfolgenden Jahre der Reaktion mußte der von der »Politik Besessene«, der »tief Unzufriedene«, bitter erleben: 1850 wurde er des Hochverrats beschuldigt. Zwar wurde er freigesprochen, doch verbrachte er von da an seine letzten Jahre zurückgezogen. Winter »wurde das Schicksal derer, die für Ideale geglüht hatten, deren Zeit noch nicht gekommen war«,[2] zuteil. Darauf nimmt der Eichendorff-Vers Bezug: »Wo immer müde Fechter sinken im mutigen Strauss, es kommen frische Geschlechter und fechten es herrlich aus«, der auf dem vor dem Grabmal »Vater Winters« liegenden Inschriftstein zu lesen ist.

Viele andere Familienmitglieder haben hier ihre letzte Ruhestätte gefunden.

1 Heidelberger Fremdenblatt 1958, H. 1, S. 9 (H. Derwein).
2 Ebd., S. 11.

I / 25 (Lit. G) | Familiengrabstätte EISENLOHR

Das Familiengrab bezeichnen zwei schlichte Marmorkreuze auf Inschriftpostamenten, eine gesockelte, neuklassizistisch geprägte Sandsteinstele und davor acht liegende Inschriftsteine.

Die durch einen Volutengiebel oben abgeschlossene Stele bewahrt in ihrem vertieften Frontfeld die Namensinschriften für **August Eisenlohr** (1832 Mannheim – 1902 Heidelberg) und seine erste Frau Franziska Pauline, geb. André (1840–1860). August Eisenlohr ging den ungewöhnlichen Weg vom Chemiker und Fabrikbesitzer (der zudem vorher wegen Krankheit ein Theologiestudium abgebrochen hatte) zum Professor für Ägyptologie an der Universität Heidelberg. Große Verdienste erwarb er sich durch die Erschließung des »Papyrus Harris« und die Herausgabe des »Papyrus Rhind« (eines mathematischen Handbuches der alten Ägypter, 1877); beide Papyri sind wichtige Quellen für die Geschichte Alt-Ägyptens.[1]

Als einer der ersten Heidelberger siedelte sich August Eisenlohr auf der Neuenheimer Neckarseite an, seinen Stadtteil vertrat er lange Jahre im Heidelberger Stadtrat.

Der Bruder des Ägyptologen, **Friedrich Eisenlohr** (1831 Mannheim – 1904 Heidelberg; seine Namensinschrift findet sich mit der seiner ersten Frau Mathilde, geb. Schlehner, 1838–1859, in den Kreuzsockeln) war ab 1872 Professor der Mathematik und Physik in Heidelberg. Auch er setzte sich für kommunalpolitische Belange Heidelbergs ein, ab 1875 als Stadtrat.[2] Seine Verdienste – hier sei auf seinen Einsatz für die Luisenheilanstalt und den Bau der Christuskirche wie auch auf seine Tätigkeit als Vorsitzender der Waldkommission hingewiesen – sind in den Namensbezeichnungen Eisenlohrstraße (Weststadt) und Eisenlohrweg (Stadtwald) gewürdigt worden.

In demselben Grab sind weitere Familienmitglieder beigesetzt.

I / 26 (Lit. G) | Gerhard ANSCHÜTZ
(1867 Halle / Saale – 1948 Heidelberg)
Rechtswissenschaftler

Im Vordergrund einer flachterrassierten, inselartigen Anlage, deren besinnlich-mahnenden Blickfang eine barockisierende Kreuzigungsgruppe[3] bildet, liegt der schlichte Grabstein der Familie Anschütz.

1 NDB 4 (1959), S. 417 (N. Stuloff).
2 Chronik für das Jahr 1904, S. 155 f.
3 Von dem an der St.-Peters-Kirche gelegenen »Kleinen Katholischen Friedhof« wurde die barocke Kreuzigungsgruppe 1858 auf den Bergfriedhof versetzt. Als Stiftung des Ehepaares Jacobus und Katharina Kuhn, das auf dem einstigen Kirchhof vor ihr seine letzte Ruhestätte fand, wurde sie 1767 wahrscheinlich von Johann Michael Düchert geschaffen. 1951 wurden die Figuren durch handwerksmäßige, von Bildhauer Franz Bergner geschaffene Kopien

Der Hallenser Juristensohn fand in Heidelberg seine zweite Heimat. Insgesamt 24 Jahre war Anschütz, ein Anhänger des Rechtspositivismus, an der Heidelberger Universität als Professor für Öffentliches Recht tätig. Im Laufe der Zeit wandelte sich seine politische Einstellung: Aus einem Befürworter des nationalen und liberalen Konstitutionalismus wurde ein überzeugter Demokrat, der mit ganzer Kraft dem Weimarer Staate diente und dessen Lebensarbeit zum überwiegenden Teil der Weimarer Verfassung galt. Sein 1920 veröffentlichtes, in zahlreichen Neuauflagen erschienenes Werk *Die Verfassung des Deutschen Reichs vom 11. VIII. 1919* (1933 in der 14. Auflage) bekundet dies in aller Deutlichkeit ebenso wie seine unvergeßliche Rektoratsrede aus dem Jahre 1922 (Anschütz bekleidete das Amt des Rektors im Studienjahr 1922/23). Die Konsequenz aus seiner demokratischen Gesinnung zog er 1933, als er angesichts der geänderten Machtverhältnisse um seine Emeritierung nachsuchte. Staatsrecht könne nicht losgelöst von politischen Inhalten gelehrt werden und erfordere deshalb immer auch die innere Verbundenheit des Dozenten mit der herrschenden Staatsordnung – so seine Begründung.[1] 1947 wurde ihm von der Universität Heidelberg die Würde eines Ehrensenators verliehen.

I / **27**
(Lit. G)

Albert FRAENKEL

(1864 Mußbach / Rheinpfalz – 1938 Heidelberg)
Internist

Erna FRAENKEL, geb. Thorade

(1873 Oldenburg – 1968 Heidelberg)

Unmittelbar an die Grabstätte Anschütz schließt ohne abgrenzende Einfassung der formgleiche schlichte Grabstein der mit der Familie Anschütz verwandten Familie Fraenkel an.[2]

Die Stadt Heidelberg verdankt dem unvergessenen Arzt **Albert Fraenkel** die Gründung des Sanatoriums Speyerer Hof sowie die Einrichtung des Tuberkulosekrankenhauses in Rohrbach. Fraenkel, der bei der Behandlung seiner Patienten (zu denen u. a. auch Hermann Hesse gehörte) stets ganzheitliche Methoden anwandte – hierfür war er nicht zuletzt durch eigene Erfahrungen als Tuberkulosekranker sensibilisiert worden –, hatte zunächst im bekannten Kurort Badenweiler zwei Heilstätten (eine für Herz- und eine für Lungenerkrankungen) geleitet. Nach Heidelberg kam er anfangs nur während des

ersetzt, die Originale im Chor der alten Johanniskirche am Neuenheimer Marktplatz aufgestellt. Stadtrat Jacobus Kuhn ist durch die testamentarische Stiftung seines Vermögens an die Armen hervorgetreten, dank derer bis zum Ersten Weltkrieg u.a. bedürftige Studenten unterstützt werden konnten, vgl. Heidelberger Fremdenblatt 1970, H. 3, S. 10 (E. J. Vierneisel).

1 Semper apertus 3 (1985), S. 175 (E. Forsthoff).
2 Auch die dahinterliegende Grabstätte Köster ist verwandtschaftlich einbezogen: Albert Fraenkels Tochter Lieselotte war in erster Ehe mit J. Köster, in zweiter Ehe mit Hans Anschütz verheiratet (Grisebach 1981, S. 45).

Winters, um hier am Pharmakologischen Institut mitzuarbeiten. Aus dieser praxisnahen Forschertätigkeit heraus gelang ihm die Entwicklung der intravenösen Strophanthin-Therapie bei Herzerkrankungen. Während des Ersten Weltkrieges ließ er sich endgültig in Heidelberg nieder, wo er als Direktor der von ihm gegründeten Institute, später auch als Honorarprofessor der Universität tätig war. Um dem Entzug der Lehrbefugnis durch die Nationalsozialisten zuvorzukommen, verzichtete Fraenkel, der jüdischer Herkunft war, 1933 freiwillig auf seinen Lehrauftrag.[1]

Albert Fraenkel, einem vorbildlichen Arzt, hatte Karl Jaspers zu dessen 70. Geburtstag folgende Worte gewidmet: »Sie sind, wie Sie wissen, mein einziger wirklicher Arzt gewesen, der mir nicht nur persönlich geholfen, sondern auch gezeigt hat, was ein Arzt sein kann.«[2]

I / **28**
(Lit. R)

Familiengrabstätte ERB
Jugendstilgeprägte Grabwand mit figürlichem Bronzerelief

Wilhelm ERB
(1840 Winnweiler / Pfalz – 1921 Heidelberg)
Internist und Neurologe

Ein Gefühl der Geborgenheit vermittelt die großräumige Grabanlage trotz ihrer kompakten Steingestaltung in Form einer mittebetonenden Wandarchitektur. Die voluminösen Formen sind aus einem weichen Gestein, dem Muschelkalk, gestaltet, die Wandfronten mit Bronzetafeln verkleidet und die niedrigen Seitenflügel um das schwere Mittelstück in gleichsam schützendem Gestus vorgewölbt. Dazu kommt die durchgehende, lediglich an der Front durch eine Treppe geöffnete pfostengestützte Einfriedung des Grabbettes, die mit ihrem geschwungenen, jugendstilgemäßen Seitenverlauf den Eindruck des Geborgenen noch unterstützt.

In dem schalenartig vertieften Rundbild, das in der oberen Hälfte des Mittelstückes angebracht ist, ist die Gestalt der Hygieia, Göttin der Heilkunst, sitzend, nach rechts gewendet, dargestellt; den Blick hat sie am Betrachter vorbei in die Ferne gerichtet. In der Rechten hält sie eine Schriftrolle, im Hintergrund erkennt man auf einem Podest eine Schale, daneben den Aeskulapstab. Das Relief schuf Eduard Beyrer d. J. Der Gestalter des Grabmals ist nicht bekannt.

Die Marmortafel unterhalb der Darstellung der Göttin Hygieia trägt die Namensinschriften für Prof. Dr. Wilhelm Erb, seine zweite Frau Anna (1855–1928; Tochter des Theologen Wilhelm Gass) und ihren jungverstorbenen Sohn Dr. Walter Erb (1876–1907). Auch den frühen Tod der Söhne Hermann (1873–1910) und Friedrich (1883–1914) mußten die Eltern noch

1 Mussgnug 1988, S. 29.
2 Heidelberger Tageblatt, 30. 12. 1960 (S. Seeliger).

erleben. Von weiteren Familienmitgliedern seien die Eltern Wilhelm Erbs erwähnt, der Königliche Forstmeister in Winnweiler in der bayerischen Pfalz Friedrich Erb (1797–1868) und seine Frau Sophie, geb. Hoffmeister (1803–1895): Inschrifttafel am linken Wandflügel.

Abb. 22. Der obere Abschluß der Grabwand Erb trägt ein Bronzerelief, das die sitzende Hygieia, Göttin der Heilkunst, darstellt.

Wilhelm Erb führte in Heidelberg die von seinem Lehrer Nikolaus Friedreich begründete neurologische Tradition fort.[1] Ebenso wie dieser war er ein »Meister der klinischen Empirie«, und die Neurologie verdankt ihm insbesondere die exakte Festlegung klinischer Symptome und Krankheitsbilder. Nach dem Tode Friedreichs übernahm Erb – vorher Professor und Direktor der Medizinischen Poliklinik in Leipzig – als dessen Nachfolger 1882 den Heidelberger Lehrstuhl für Innere Medizin, den er fast 25 Jahre innehatte, und wurde in dieser Zeit zum »Klassiker der Neurologie in Deutschland«. Sein großes Anliegen, das er in Heidelberg durchsetzen konnte, war es, im Rahmen der Inneren Kliniken selbständige Nervenabteilungen zu errichten und die traditionell enge Verbindung zwischen Neurologie und Psychiatrie zu lockern. In jener Zeit setzte sich ja auch die naturwissenschaftliche Richtung in der

1 Heidelberger Jahrbücher 14 (1970), S. 73–84 (P. Vogel).

Medizin durch. Bedeutende Entdeckungen in der Neurologie sind auf Erb zurückzuführen, so z. B. die heute aus keinem Untersuchungszimmer mehr wegzudenkende Kniereflexprobe.

Wilhelm Erb, der sich selbst als Internist, nicht als Neurologe verstand, verdankt die Medizin die Entdeckung der »Erbschen Muskeldystrophie«, womit sich ein neues Feld für die Neurologie eröffnete. Von seinen weit über 200 Veröffentlichungen sei sein vorausschauendes Werk *Über die wachsende Nervösität unserer Zeit* (1894) erwähnt, in dem er kulturkritisch leise Zweifel an der modernen Lebensweise und am Fortschrittsglauben des technisch-industriellen Zeitalters äußert.

I / 29
(Lit. E)

Familiengrabstätte MITTERMAIER
Neugotische Sandsteinwand mit baldachinüberdachter Marmorbüste des Straf- und Staatsrechtlers und Ehrenbürgers **Karl Joseph Anton MITTERMAIER**
(1787 München – 1867 Heidelberg)

Assoziationen an mittelalterliche Flügelaltäre erweckt die von Heinrich Greiff geschaffene mehrgliedrige Wandarchitektur aus weiß-gelblichem Sandstein, die sich an der Rückfront der großen Familiengrabstätte Mittermaier ausdehnt, ihre gesamte Breite einnehmend.

Der siebengliedrige, symmetrische Wandaufbau mit erhöhten Mittelteilen enthält im Zentrum auf vorgelagertem Postament eine baldachinüberdachte Bildnisbüste. Die mit einer prächtigen Zinnenkrone abgeschlossene, auf einem Sockelband aufragende Architektur zeigt an pilastergerahmten Teilwänden Inschriftfelder mit Maßwerkumrahmung für je eine Mittermaier-Familie. Den Blickfang der vornehmen, der Formensprache der Gotik nachempfundenen Grabwand bildet die römisch anmutende, aus weißem Marmor gehauene Bildnisbüste Karl Joseph Anton Mittermaiers: Frontal, in würdevollem Habitus erscheint der bärtige Rechtsgelehrte vor einer säulchengerahmten Rundbogennische. Der geschmückte Baldachin unterstützt wirkungsvoll die Gestaltungssprache der zentrumsbetonten, treppengiebelförmig abschließenden Mittelwand, die auf die altehrwürdige Form des Triptychons zurückgreift.

Der bedeutende Straf- und Staatsrechtler **Karl Joseph Anton Mittermaier** lehrte in Heidelberg während der Blütezeit der juristischen Fakultät. 1821 war er – nach Dozententätigkeit in Landshut und Bonn – als Professor nach Heidelberg gekommen, wo er bis an sein Lebensende blieb. Der »ausgreifende, aufs Praktische angelegte« Mittermaier, »von unermüdlicher Arbeitslust und Arbeitskraft«, las bis zu 25 Stunden in der Woche und deckte dabei ein breites Spektrum ab: Privat- und Strafrecht, Zivil- und Strafprozeß.[1] Als Arbeitsschwerpunkte schälten sich Rechtsvergleich (der sprachbegabte Mittermaier begründete die Vergleichende Rechtswissenschaft) und Strafvollzug heraus.

1 Siehe Classen/Wolgast 1983, S. 47.

Als Pionier der Kriminalistik und der Strafvollzugskunde setzte sich Mittermaier nachdrücklich für eine Reform des Strafprozesses und des Strafrechts unter sozialen Gesichtspunkten ein (*Der gegenwärtige Zustand der Gefängnisfrage*, 1860). Er war einer der frühen Gegner der Todesstrafe. Ein weiterer Arbeitsschwerpunkt war für ihn das Handelsrecht, das er in den *Grundsätzen des gemeinen deutschen Privatrechts* (1824, 7. Aufl. 1847) als erster umfassend darstellte.[1]

Abb. 23. Familiengrabstätte Mittermaier.

Im Gegensatz zu den meisten seiner Kollegen war Mittermaier politisch tätig. Er war unter anderem Mitglied und mehrmaliger Präsident der 2. Badischen Kammer (unter seiner Mitwirkung wurde die Badische Gemeindeordnung geschaffen), Mitglied des Frankfurter Vorparlaments (er führte den Vorsitz) und Abgeordneter in der Deutschen Nationalversammlung des Jahres 1848/49.

1838 wurde K. J. A. Mittermaier zum Ehrenbürger der Stadt Heidelberg ernannt. An ihn erinnern heute die Mittermaierstraße in Bergheim sowie eine Gedenktafel an seinem ehemaligen Wohnhaus am Karlsplatz.

Rechts von K. J. A. Mittermaier ruht seine Ehefrau Margaretha, geb. Walther (1786–1869), Mutter von sieben Kindern. Ihr sind folgende Worte gewidmet: »Über ein halbes Jahrhundert stand sie als treue Gefährtin dem Gatten zur Seite, gemeinsam mit ihm nach erhabenem Ziele strebend, Leid und Freud mit ihm theilend.«

1 Semper apertus 2 (1985), S. 63 (G. Landwehr).

Einer ihrer Söhne ist im Reliefbildnis dargestellt: **Dr. Franz Mittermaier** (1826–1891; verheiratet mit Marie Joppert, 1838–1909) ruht zur Linken des Vaters. Durch ein schweres Lungenleiden zunächst an der Ausübung seines Berufes als Jurist gehindert, betrieb er eine Landwirtschaft auf dem Grenzhof bei Heidelberg. Daneben war er Mitarbeiter der Zeitschrift für das gesamte Handelsrecht und Begründer des Schützenvereins 1860.

Der linke äußere Wandflügel trägt die Namensinschrift eines weiteren Sohnes: **Dr. Karl Mittermaier** (1823–1917), verheiratet mit Wilhelmine Joppert (1831–1918). Er war ein bekannter Arzt, der auch als Mitglied der Fortschrittlichen Volkspartei tätig war. 1913 erhielt er die Ehrenbürgerwürde der Stadt Heidelberg für seine »großen Verdienste auf sanitärem und hygienischem Gebiet«.

Weitere Namensinschriften auf den Wandflügeln und den Lehntafeln auf dem Grab halten die Erinnerung an viele andere, hier nicht erwähnte Familienmitglieder wach.

I / 30
(Lit. Q)

Karl August HEINSHEIMER
(1869 Mannheim – 1929 Heidelberg)
Jurist

Eine bronzene Lehntafel inmitten eines efeubewachsenen Grabbettes trägt die Namensinschrift des Juristen und gibt die wichtigsten Daten seiner Lebensstationen an. Als einziger Schmuck ist in die Tafel ein Gingko-Blatt, das als Sinnbild für bleibende Verbundenheit durch die Liebe steht, eingeprägt.

Heinsheimer, in Mannheim gebürtig, wirkte an der Universität Heidelberg ab 1907 als Professor für Zivilprozeß- und Badisches Landesprivatrecht und hat, aus seiner reichen Erfahrung als ehemaliger badischer Justizbeamter schöpfend, viel »zur Verlebendigung des Lehrbetriebes« beigetragen. Heinsheimers wissenschaftliche Arbeit war von der Verbindung zwischen Rechtspraxis und Rechtstheorie gekennzeichnet. 1917 gründete er ein Seminar für »Rechtswissenschaftliche und Rechtsvergleichende Studien«, dessen Leitung er bis zu seinem Tode innehatte. Er starb während seiner Amtszeit als Rektor der hiesigen Alma mater.

Heinsheimer gilt als einer der Wegbereiter des Wirtschaftsrechts.[1] Seine bedeutendste Leistung, die Gründung der Reihe *Zivilgesetze der Gegenwart,* deren erste Bände er selbst herausgab und die nach seinem Tod vom Kaiser-Wilhelm-Institut in Berlin fortgeführt wurde, spiegelt wider, welch großen Wert er rechtsvergleichenden Studien beimaß.

In der Familiengrabstätte ruhen auch seine Frau, die Frauenrechtlerin Anna Regina Heinsheimer, geb. Dreyfus (1875–1955) und seine Tochter Dr. Elisabeth Anna Amalie Heinsheimer (1898–1955).

1 NDB 8 (1969), S. 440 (E. Wahl).

I / 31
(Lit. Q)

Carl NEINHAUS

(1888 Hoch-Emmerich – 1965 Stuttgart)
Oberbürgermeister in Heidelberg und Landtagspräsident von Baden-Württemberg. Ehrenbürger der Stadt Heidelberg

Ein breit lagernder Muschelkalkstein mit schlichtem lateinischem Kreuz[1] trägt die Namensinschrift und die wichtigsten Lebensdaten des langjährigen Stadtoberhauptes **Carl Neinhaus,** der sein Amt in wirtschaftlich schwerer Zeit antrat. Der konservative Jurist, der zuvor Beigeordneter in Barmen gewesen war, führte die ehemalige Kleinstadt Heidelberg erfolgreich aus der Provinzialität heraus.[2] Die Verringerung der Schuldenlasten während seiner ersten Amtsperiode (1928–45), der Bau von Großmarkthalle, Thermalbad und Fernheizwerk zählen zu seinen Verdiensten. Auch die Schaffung des Tiergartens sowie des Ehrenfriedhofs fallen in seine Amtszeit.

Der als Sohn eines evangelischen Pfarrers am Niederrhein geborene Neinhaus galt als glänzender und geistreicher Redner und würdevoller Repräsentant Heidelbergs. Der Tradition und dem Geist der Stadt fühlte er sich verpflichtet, und diese Werte wollte er durch eine besondere, den Verhältnissen angepaßte Form der Fremdenverkehrspolitik erhalten. Als naturverbundener Mensch – er bewohnte ein kleines Haus am Kohlhof – schätzte er die einzigartige landschaftliche Umgebung Heidelbergs.

Bei Kriegsende hat er es vermocht, »seine« Stadt vor der Bombardierung zu bewahren, was nicht zuletzt ein Grund für seine Wiederwahl nach dem Kriege (weitere Amtszeit: 1952–1958) gewesen ist. Carl Neinhaus, der von 1952 bis 1960 im baden-württembergischen Landtag Abgeordneter der CDU war und während dieser Zeit das Amt des Landtagspräsidenten innehatte, wurde 1958 zum Ehrensenator der Universität, 1963 zum Ehrenbürger der Stadt ernannt.

I / 32
(Lit. B)

Familiengrabstätte LANDFRIED I

Grabmalensemble neugotischer Prägung

Philipp Jakob LANDFRIED

(1788 Heidelberg – 1850 Heidelberg)
Gründer der Landfriedschen Tabakfabrik

Die von einem gußeisernen Stangenzaun umfriedete Grabanlage zeigt in ihrem hinteren Teil eine Reihe von aufgesockelten Stelen, die oben giebelförmig abschließen und an den Vorderseiten als reliefgeschmückte, flache Inschriftnischen

1 Den Entwurf für das von der Stadt Heidelberg in Auftrag gegebene und von Bildhauer Werner Horlbeck in den Steinwerken Bau in Grünsfeld angefertigte Grabmal lieferte Helmut Emil Waldherr.
2 Ruperto-Carola 38 (1965), Anlage, S. 14 (H. Hoepke).

gestaltet sind (siehe Abb. 11). Auf den beiden rechts stehenden Stelen sind unterhalb der Namensinschriften die häufig anzutreffenden Symbole des Glaubens, der Hoffnung und des himmlischen Friedens: Kreuz, Anker und Palmenzweig noch zu erkennen; das Grabmal für den 25jährig verstorbenen Kaufmann Georg Otto Landfried (links innen) zeigt verschnürte Tabakballen mit Lorbeerkranz und einem Hermes-Stab – dieser ist hier ganz offensichtlich als althergebrachtes Sinnbild des Kaufmannsstandes zu verstehen. Auf dem Grabmal für die 7jährige Mathilde Susanne Landfried (links außen) ist eine über einem Grabhügel schwebende jugendliche Figur zu sehen.

Das die Mitte der Grabstätte einnehmende, kielbogenförmig abschließende Grabmal für den Firmengründer und Stadtrat **Philipp Jakob Landfried** – sein Name in Frakturschrift mit goldenen Lettern – ist auch durch seine Größe und die aufwendigere bildhauerische Gestaltung herausgehoben: Die stumpfspitzbogig abschließende flache Inschriftnische, deren Giebelfeld von einer arabeskenhaft verschlungenen Blattranke gefüllt ist, wird von üppigem Blattfries gerahmt, den mit Gesims versehenen Wimperg zieren großblättrige Krabben. Einen stimmungsvollen Akzent setzt die unmittelbar dahinter ihre Äste ausbreitende Traueresche. In der Verwendung ein und desselben Grabmalstypus' wie auch in der starken Betonung des Mittelpunktes äußert sich offenbar ein ausgeprägter Familiensinn, der noch deutlich vom Familienoberhaupt geprägt ist. Die neugotische Grabmalgruppe schuf Bildhauer Heinrich Greiff.

Philipp Jakob Landfried gründete 1810 eine Landesproduktenhandlung und eröffnete 1813 in der Hauptstraße 86 sein erstes Geschäftshaus für »Specerey Waaren en Detail« (Gewürzhandel).[1] Nachdem er Teile des ehemaligen Rigalschen Gartens (zwischen Hauptstraße, Friedrichstraße, Plöck und Märzgasse) erworben hatte, begann er dort mit der Tabak- und Ölfabrikation. Die später von der Firma selbst erbaute Landfriedstraße erinnert noch heute daran.

1846 wurde im ehemaligen Schloß zu Rauenberg die Zigarrenfabrikation aufgenommen, wodurch der Pfälzer Tabak weltweites Ansehen gewann. Im Jahre 1900 verlegte die Firma die Verwaltung und den größten Teil der Fabrikation nach Heidelberg in das neu erbaute Gebäude an der Bergheimer Straße, das als »Landfriedhaus« noch heute besteht und – wenngleich in weit geringerem Ausmaß als früher – auch in unseren Tagen zur Tabakverarbeitung genutzt wird.

Sieben liegende Grabsteine nennen die Namen und Lebensdaten weiterer Angehöriger der Landfriedschen Familie, darunter den der zweiten Ehefrau Philipp Jakob Landfrieds, Katharina Regina, geb. Helwerth (1798–1839). Auf der linken vorderen Grabfläche liegt ein mit Familienwappen geschmückter Rechteckstein für Dr. Paul Schmitthenner, Kultusminister, Universitätsprofessor für Wehrkunde und Geschichte sowie Rektor der Universität Heidelberg in den Jahren 1938 bis 1945. Seine Frau Emma Schmitthenner war eine geborene Grimmel-Landfried.

1 Vgl. Landfried 1910.

I / 33 (Lit. Q)

Familiengrabstätte LANDFRIED II

Weiträumige Grabanlage mit historistischen Granitgrabmälern für Mitglieder der Landfriedschen Familie, darunter den Ehrenbürger der Stadt Heidelberg **Wilhelm Landfried** (1844 Heidelberg – 1922 Heidelberg)

Ein ganz anderes Bild als das am eben besprochenen Familiengrab des Firmengründers vermittelt die Grabgestaltung dieser mehrere Nachfolgegenerationen umfassenden Grabanlage. Im Gegensatz zu dem einheitlichen Erscheinungsbild des neugotischen, aus hellem Sandstein errichteten Grabmalensembles dort ist die Grabstätte hier mit ganz unterschiedlichen, dunkelgranitenen Grabmälern ausgestattet. Es handelt sich um eine mehrachsige, asymmetrische Anordnung eines ädikulaartigen Jugendstilgrabmals mit klassizistischen Obelisken und sarkophagförmigen Inschriftsteinen, die zwar aufgelockert, aber unausgewogen wirkt.

Die Aufmerksamkeit des Besuchers wird hier auf zwei gestalterische Zentren gelenkt. Den ersten Schwerpunkt bildet die im rechten Mittelgrund aufragende Dreiergruppe, die aus zwei herkömmlich gestalteten Obelisken und einem urnenbekrönten Inschriftpostament aus grauschwarzem, auf Hochglanz poliertem Granit besteht. Den zweiten Schwerpunkt, das eigentliche Zentrum der Gestaltung, macht die sich im Hintergrund erhebende hausförmige Grabwand aus, deren Gestaltung dem Architekten Hermann Behaghel zugeschrieben wird. Sie zeigt in der Mitte ein dreigeteiltes Blendfenster mit Kaffgesims, darüber einen Blend-Segmentgiebel, von ionischem Kymation und einem Lorbeerband geschmückt. Die Obelisken, die die Fensterwand flankieren, sind in untraditioneller Weise mit je einem reliefierten riesigen Palmwedel geschmückt; diese Palmwedel kennzeichnen das Grabmal als Haus des himmlischen Friedens. Die Melancholie der letzten Ruhestätte wird durch eine Trauerbuche unterstrichen, die die Grabwand von hinten überwölbt.

Aus der großen Landfried-Familie seien erwähnt: 1) **Karl Peter Friedrich Landfried** (1813–1894; Obelisk rechts), der 1839 in die väterliche Firma eintrat und sie so ausbaute, daß er seit 1850 als erster Zigarren aus der Pfalz nach Nord- und Südamerika exportieren konnte. 2) Kommerzienrat **Philipp Friedrich (»Fritz«) Landfried** (1845–1913; Sarkophag links) war nicht nur in seiner Firma, sondern auch als geschäftsführendes Mitglied im Bürgerausschuß tätig. Vor allem durch seine (zusammen mit seiner Ehefrau **Elisabeth Landfried, geb. Landfried)** 1896 erfolgte reiche Zuwendung an das Landfried-Bürgerstift[1] sowie seine Unterstützung der Kleinkinderanstalt und durch seinen Einsatz für die Luisenheilanstalt erwarb er sich große Verdienste auf

1 Dem 1899 eröffneten einstigen Altenstift »für wenig bemittelte ältere Frauen« in der Dantestraße 7, dessen Grundstock von Emma Landfried in Erinnerung an ihren verstorbenen Mann Jakob Landfried gelegt worden war, kamen Aufwendungen und Zustiftungen mehrerer Landfried-Familien zugute; es wurde später von der Stadt übernommen und besteht heute in Form einer städtischen Altenpflegestätte am selben Ort.

sozialem Gebiet. Erinnert sei auch an seine tatkräftige Unterstützung bei der Einführung der Feuerbestattung in Heidelberg. Maßgeblich beteiligt war er auch am Zustandekommen des Universitäts-Jubiläumszuges von 1886 und beim Erwerb der Heidelberger Hütte durch den Alpenverein. 3) Ebenfalls stiftungsfreudig war **Philipp Jakob Landfried** (1841–1914; urnenbekröntes Postament), der in seinem Todesjahr 1914 zusammen mit seiner Frau **Louise, geb. Mernigk-Dornberger,** die Jakob-und-Luise-Landfried-Stiftung mit 100000 Mark Kapital ins Leben rief.[1] 4) Als Ehrenbürger der Stadt Heidelberg starb 1922 der Geheime Kommerzienrat **Wilhelm Landfried** (1844–1922; Sarkophag rechts), der die Entwicklung der Stadt als Stadtverordnetenvorstand maßgeblich beeinflußte. Der Bau der Landfriedstraße und mehrerer Straßen in der Weststadt und in Neuenheim wurde von der Firma finanziert. Als Vorsitzender der Kameruner Tabakgesellschaft förderte er die Entwicklung der damaligen deutschen Kolonie. Seiner Frau **Lina, geb. Sommer** (1847–1904) sind die beachtenswerten Worte gewidmet: »Viel Geist, viel edler Herzensgaben, des Hauses Glück liegt hier begraben.«

Von stadtgeschichtlicher Bedeutung – gleichzeitig ein gutes Beispiel für gründerzeitlichen Unternehmergeist – ist die Tatsache, daß die erste Telefonleitung Heidelbergs von der Firma Landfried eingerichtet wurde, und zwar 1885 zwischen ihrer Ölmühle in Mauer und dem Heidelberger Geschäftshaus. Auch bei der Erzeugung von elektrischem Strom spielte die Firma eine Vorreiterrolle: Zur 500-Jahr-Feier der Universität in der Festhalle lieferte sie 1886 den Strom (das städtische Elektrizitätswerk nahm erst im Jahr 1900 den Betrieb auf).[2]

I / 34 (Lit. B) | **Julius CURTIUS** (1877 Duisburg – 1948 Heidelberg) Rechtsanwalt. Wirtschafts- und Außenminister in der Weimarer Republik

Eine mit einem reliefierten Familienwappen versehene gesockelte Muschelkalkstele bezeichnet die letzte Ruhestätte des Ehepaares Curtius/Carp. Das Wappen der Familie Curtius zeigt im Schild einen geharnischten Reiter, der von einem Felsen springt, darüber einen Spangenhelm, welcher von einem halbfigurigen Gerippe mit Sense als Symbol des Todes bekrönt wird.

Julius Curtius, der bereits in seiner Heimatstadt Duisburg praktische Erfahrungen als Rechtsanwalt gesammelt hatte, ist 1910 nach Heidelberg übergesiedelt, um hier privaten staatsrechtlichen Studien nachzugehen. Eingehend befaßte er sich dabei mit Fragen der direkten Volksgesetzgebung (Volksentscheid und Volksbegehren), einem damals von nur sehr wenigen, unter ihnen Max Weber, betretenen verfassungspolitischen Neuland. Für die Verfassungsberatungen von 1919 leistete er damit eine wichtige Vorarbeit.

1 Chronik für das Jahr 1914, S. 81.
2 Die Angaben sind entnommen: Landfried 1910; Bad. Biogr. 5 (1906), S. 506 (Gernandt).

Die Grundgedanken seiner *Denkschrift über Referendum und Initiative* (vom 30. Januar 1919) wurden in die Verfassung Badens, der ersten Landesverfassung der Weimarer Republik, übernommen.[1] Auch auf die Reichsverfassung von 1919 hat er über die badische Verfassung mittelbaren Einfluß ausgeübt.

Der breiten Öffentlichkeit ist Curtius aber vor allem als Politiker in Erinnerung geblieben. Er war von 1920 bis zur 1932 erfolgten Auflösung des parlamentarischen Systems als Abgeordneter der Deutschen Volkspartei (deren Ortsvorsitz er in Heidelberg neben seinem Amt als Stadtverordneter innehatte) Mitglied des Reichstages. Im Kabinett Wilhelm Marx übernahm er das Amt des Reichswirtschaftsministers (1926–1929); als solcher konnte er durch seine Maßnahmen die Wirtschaftslage in den Jahren 1926–1928, die heute die »guten Jahre« genannt werden, verbessern. Eine Hauptleistung von Curtius in seinem Amt als Außenminister (1929–1931) in der Nachfolge Stresemanns war sein Einsatz für die Verständigung mit den ehemaligen Gegnern in der Reparationsfrage und in der Frage der Rheinlandräumung sowie sein Einsatz für die Verwirklichung des Young-Plans. Eine große Enttäuschung für alle bedeutete es, als er in der Frage einer reichsdeutsch-österreichischen Zollunion am Widerstand Frankreichs und an einem Urteil des Haager Gerichtshofes scheiterte (1947 dargestellt in seinem Werk *Bemühungen um Österreich)*.

Als Reichskanzler Brüning 1931 auf Druck des Reichspräsidenten Hindenburg sein Kabinett umbildete, nahm Curtius Abschied von der Politik und wurde in Berlin wieder als Rechtsanwalt tätig. Nach der 1946 durchgeführten Enteignung seines mecklenburgischen Gutes übersiedelte er wieder nach Heidelberg. Hier verfaßte Curtius, der seine wirtschaftspolitischen und staatsrechtshistorischen Ansichten bereits in verschiedenen Schriften dargelegt hatte, seine Erinnerungen *Sechs Jahre Minister der Deutschen Republik* (1948).

I / 35 (Lit. Q) | **Gustav HARTUNG (eigtl. May)**

(1887 Bartenstein/Ostpreußen – 1946 Heidelberg)
Regisseur, Gründer und Leiter der Heidelberger Festspiele

Nicht allein Grabmal, sondern zugleich Denkmal soll die weißgeflammte Rotsandstein-Stele für Gustav Hartung, einen der profiliertesten Vertreter des expressionistischen Theaters[2], sein. Der Bildhauer Edzard Hobbing hat sie auf Anregung einiger Freunde geschaffen.[3] In dem expressiven Figurenrelief weist der Künstler auf den Lebensinhalt des Verstorbenen hin: das zeitgenössische und klassische Theater. Es zeigt dichtgedrängt um eine zentrale Jünglingsge-

1 Vgl. hierzu: Zeitschrift für die Geschichte des Oberrheins 120 (1972), S. 437 (R. Schiffers).
2 Hierzu und zum folgenden: NDB 8 (1969), S. 8 (H. Knudsen).
3 Das Grabmal ist eine Stiftung von Kunstfreunden und persönlichen Freunden Hartungs, zu denen u. a. Gustav Hartlaub, Martin Dibelius, Gustav Radbruch, Rudolf Karl Goldschmit-Jentner, Heinrich Köhler-Helffrich und Ernst Leopold Stahl zählten.

stalt maskentragende Männer und Frauen, deren Gestik und Mimik Lebensfreude und Todesnähe ausdrücken, ganz im Sinne der antik-griechischen Vorstellung Heraklits: »Dionysos und Hades sind eins.« Gustav Hartlaub verglich die plastische Sprache Hobbings mit »der gleichfalls hochstilisierten, konzessionslosen und ausdrucksgesteigerten Kunstweise«[1] Hartungs.

Abb. 24. Das Grabmal für den Regisseur Gustav Hartung.

Seine erste Anstellung als Regisseur erhielt der bei Max Reinhardt ausgebildete **Gustav Hartung** 1912–1914 am Bremer Schauspielhaus, bevor er für sechs Jahre an das Schauspielhaus in Frankfurt/M. wechselte. Als Intendant des Hessischen Landestheaters in Darmstadt gelangte er in den folgenden Jahren von 1920 bis 1924 zu künstlerisch hervorragenden Leistungen. Neben expressionistischen Autoren wie Wedekind, Sternheim und Fritz Unruh (mit dessen Schwester Karla er von 1922 bis 1925 in zweiter Ehe verheiratet war) führte Gustav Hartung auch Klassiker, vor allem Shakespeare, gegenwartsbezogen auf. Obwohl bei seinen Inszenierungen die Idee eines Stückes im

1 RNZ vom 9. 10. 1948 (G. Hartlaub).

Vordergrund stand, setzte er stets auf die Kraft der realistischen Darstellung und vermied das rein Abstrakte.

Nach wechselnden Aufenthalten an verschiedenen deutschen Theatern (u. a. 1924–1925 Schauspielhaus Köln, 1928–1930 Direktor des Renaissance-Theaters Berlin, 1931–1933 Generalintendant in Darmstadt) emigrierte Hartung 1933 in die Schweiz. Von dort kehrte er 1945 mit neuen Plänen nach Deutschland zurück, und zwar nach Heidelberg, wo er mit außerordentlichem Erfolg in den Jahren 1926 bis 1929 die – gemeinsam mit Rudolf K. Goldschmit-Jentner ins Leben gerufenen – Festspiele geleitet hatte. Hier gründete er nun die »Heidelberger Kammerspiele«, ein Privattheater, starb jedoch ganz überraschend am Tag der Aufführung seiner ersten Inszenierung, der Uraufführung von Robert Ardreys' »Leuchtfeuer«, am 14. Februar 1946.

I / **36** (Lit. B)

Carl NEUMANN

(1860 Mannheim – 1934 Frankfurt/Main)
Kunsthistoriker

Eine schlichte Muschelkalkstele von monumentaler Größe trägt das von einem Rahmenprofil eingefaßte, als Bronzerelief gestaltete Profilbildnis des Gelehrten.[1]

Auf der Stelenfront rechts unten stehen, blockhaft angeordnet, die aussagekräftigen, bekenntnishaften Worte aus dem Vorwort zur 1. Auflage seines Rembrandt-Buches: »Talent und Genius sind / Gunst und Gnade. Was wir / uns selbst geben können, / ist die Charakterstärke, die der Verführung widersteht.«

Als Nachfolger von Henry Thode auf dem Heidelberger Lehrstuhl für Kunstgeschichte war **Neumann** (Schüler Jakob Burckhardts) 1911–1929 Professor und Direktor des Kunsthistorischen Instituts. Im Gegensatz etwa zu dem herausragenden Kunstwissenschaftler Heinrich Wölfflin kämpfte Neumann gegen die Renaissancegläubigkeit. Mit Nachdruck trat er für eine deutsche Kunst ein, deren Wesen er in seinen Arbeiten über die Spätgotik und vor allem in seinem 1901 erschienenen Hauptwerk *Rembrandt* am innigsten nachspürte. In dieser über 600 Seiten starken Künstlermonographie, die ihn als einen der größten Rembrandt-Forscher in die Geschichte der Kunstwissenschaft eingehen ließ, war es nicht sein Anliegen, eine detaillierte Darstellung der Lebensereignisse Rembrandts, sondern vielmehr »eine psychologische Analyse seiner Kunst« zu liefern.[2] Von Neumanns Engagement für Heidelberger Kunstfragen zeugt der in der Deutschen Rundschau 1903 erschienene Aufsatz *Das Heidelberger Schloß,* mit dem er sich in den Streit um das Heidelberger Schloß einschaltete, davon überzeugt, »das der Kunstwert des jetzigen Zustandes der höchste

1 Geschaffen von Gisela Pütter, Witwe des Heidelberger Physiologen August Pütter; Carl Neumann selbst hatte sie damit beauftragt. Glockner 1969, S. 139.
2 Ruperto-Carola 82 (1990), S. 77 (A. Fink-Madera).

ist gegenüber allen früheren Zuständen«, das Ruinenhafte in eine neue »Einheit der Wirkung« gebracht sei. Die gleiche Sehweise bestimmt sein Werk *Heidelberg als Stadtbild* (1904), in dem der Autor das Wesenhafte des Heidelberger Stadtbildes, seinen klassischen Charakter, als eine Einheit begreift: die zwischen Fluß und Bergen gelagerte Stadt mit ihrer barocken Bebauung auf gotischem Stadtgrundriß.[1]

I / **37** (Lit. B)

Von Obelisken flankierte Granitgrabwand mit bronzener Trauerfigur an der Familiengrabstätte **BLUM**

Ehrenbürger-Paar **Wilhelm BLUM**
(1831 Dorpat – 1904 Heidelberg) und
Anna BLUM, geb. Helwerth
(1843 Heidelberg – 1917 Heidelberg)

Feierlich und anmutig zugleich wirkt dieses grauschwarze Granitgrabmal, dessen Mittelpunkt eine andächtige Frauenfigur bildet. In stiller Haltung, den Körper leicht gebeugt zur Seite gewandt, die gefalteten Hände auf das linke Knie gestützt, verharrt sie, ganz der Trauer hingegeben. Das Formenspiel des faltenreichen Trauergewandes steht dabei in einem beeindruckenden Kontrast zu der glatten Oberfläche der granitenen Architekturteile der Grabanlage.

Die Formensprache der Grabgestaltung zeigt, daß die verschiedenen Gestaltungselemente aus unterschiedlichen Zeitperioden stammen. Die dem Klassizismus verpflichteten Obelisken bilden dabei zusammen mit einem in schwingenden Jugendstil-Konturen gehaltenen Wandaufbau die Rückfront eines mit Steinplatten fast ganz zugedeckten Ruhebettes, dessen Seiteneinfassung die Schwingung des Kopfteils aufnimmt. Ursprünglich stand hier wohl nur der Bildnisobelisk von Franz Sommer d. Ä. für den 1869 verstorbenen russischen Staatsrat und Professor **Carl Ludwig Blum** mit dem kräftig plastischen Bildnismedaillon aus weißem Marmor. 1904 hat man dann den zweiten Obelisken für den Sohn, Dr. Wilhelm Blum, errichtet. In dieser Zeit dürfte auch das die beiden Obelisken miteinander verbindende Mittelteil mit der anmutigen Trauerfigur zur Schaffung einer einheitlichen Grabwand entstanden sein. 1917 schließlich, beim Tod Anna Blums, erhielt die Grabstätte durch die bodenbündige Steingestaltung ihr endgültiges Gepräge. Damit ist die Grabstätte ein schönes Beispiel für eine ›gewachsene‹ Grabmalgestaltung mit ungleichzeitigem Erscheinungsbild.

Der in Estland geborene Arzt und Jurist **Wilhelm Blum,** der auch als liberaler Reichstagsabgeordneter und Gemeinderat politisch tätig war, lebte seit 1865 in Heidelberg. Wegen einer ansehnlichen Stiftung von 30000 Goldmark im Jahre 1896 für die Errichtung eines Neckarbades (bei der heutigen Theodor-Heuß-Brücke nahe des Bismarckplatzes) verlieh ihm die Stadt Hei-

1 Ruperto-Carola 27 (1960), S. 138 (H. G. Evers).

delberg 1901 »als Dank zum 70. Geburtstag« die Ehrenbürgerwürde.[1] Heute erinnert an Wilhelm Blum eine Straße in Neuenheim.

Seine Ehefrau **Anna Blum,** eine gebürtige Heidelbergerin, wirkte in zahlreichen wohltätigen Vereinen mit, u. a. im Roten Kreuz, Fröbelverein und Tuberkulosenverein. Als hochgeachtete Persönlichkeit stand sie durch den Frauenverein, dessen Schriftführerin sie über 25 Jahre lang war, der Großherzogin Luise nahe. Das »Blumsche Freibad«, dessen Besuch für alle Benutzer

Abb. 25. Anna Blum, geb. Helwerth (1843–1917), erste Ehrenbürgerin der Stadt Heidelberg.

und Benutzerinnen kostenlos war, unterstützte sie auch nach dem Tod ihres Mannes mit bedeutenden Summen, wobei sie immer wieder Wert darauf legte, daß es besonders den unteren Bevölkerungsschichten zugänglich blieb.[2] 35 Jahre lang war es in Funktion, bis ein Mai-Hochwasser 1931 die Anlage völlig zerstörte. Auch um die Schenkung an den 1863 gegründeten Arbeiterbildungsverein hatte sich Anna Blum als Nachfolgerin ihres Mannes zu kümmern. In Anerkennung ihrer großen Verdienste auf dem Gebiet der Wohltätigkeit wurde Anna Blum 1913 mit der Ehrenbürgerwürde ausgezeichnet. Das Porträt Anna Blums, das in ihrem einstigen Wohnhaus in der Theaterstraße hängt, hat der bekannte Heidelberger Maler Guido Schmitt nach ihrem Tod – nach fotografischer Vorlage – geschaffen. Zu ihren Lebzeiten hatte die überaus bescheidene Frau es abgelehnt, Modell zu sitzen, mit dem Hinweis, ihre

1 Chronik für das Jahr 1904, S. 152.
2 Lutzmann 1988.

Verdienste seien zu gering! Nach dem testamentarischen Wunsch Anna Blums sollte ihr Wohnhaus in der Theaterstraße 10 als Altenheim für weibliche Dienstboten eingerichtet und zugleich mit einem Salzbad für kranke Kinder ausgestattet werden. Doch dazu ist es in den notvollen Nachkriegsjahren nicht gekommen. Das Haus des Ehepaares, das inzwischen in städtischen Besitz übergegangen ist, beherbergt heute als »Anna-Blum-Haus« den Heidelberger Ortsverband des Deutschen Frauenrings.

I / 38 (Lit. B) — Carl Wilhelm Heinrich CLEMM-LENNIG

(1818 Lich / Gießen – 1887 Heidelberg)
Prächtiger Grabaltar im Gepräge der Neurenaissance für den Chemiker und Industriellen

Die mehrere Gräber umfassende Familiengrabstätte ist ein besonders schönes Beispiel für eine großzügige Grabgestaltung des ausgehenden 19. Jahrhunderts. In ausgesucht stimmungsvoller Hanglage in Form einer erhöhten Geländeter-

Abb. 26. Die Ruhestätte Clemm-Lennig in dem charakteristischen Waldparkumfeld.

rasse errichtet, fügt sich die von einem dichten Efeuteppich überzogene Anlage ganz der einzigartigen Atmosphäre dieses Waldpark-Friedhofes ein. Die Grabmalgestaltung ihrerseits verleiht der Ruhestätte durch den hellsandsteinernen Grabaltar inmitten der Terrasse eine erhabene Ausstrahlung ohne protzigen Beigeschmack. Den Blickfang bildet ein reliefgeschmückter Aufsatz auf einer

Abb. 27. Aufsatz des Grabaltars Clemm-Lennig. Die reliefgeschmückten Sandstein-Säulen wurden im Frühjahr 1990 gestohlen – alle Anzeichen deuten auf professionellen Kunstdiebstahl hin.

mit Marmortafeln ausgestatteten Inschriftbank. Die noch zuvor von kannelierten, girlandenbehängten Säulen[1] flankierte Altartafel zeigt im Relief einen Bildtypus, der in der Grabkultur des 19. Jahrhunderts in vielfacher Nuancierung verwendet wurde: eine schwebende, weibliche Gestalt in antikisierendem, flatterndem Gewand, mit der Rechten Rosen streuend, in der Linken einen Palmwedel haltend. Die christlich umgedeutete antike Eos, als Göttin der Morgenröte die Auferstehungshoffnung darstellend, erscheint hier in Verschmelzung mit dem christlichen Himmelsboten, den ewigen Frieden verkündend. Das reich ornamentierte Gebälk mit einem Segmentgiebel, dessen Giebelfeld das Familienwappen im Reliefmedaillon trägt, wird von einer bauchigen Zierurne bekrönt. Das künstlerisch bedeutende Grabmal schuf Franz Sommer der Ältere (1835–1887), akademischer Bildhauer in Heidelberg, die Reliefgestaltung wird einem Bildhauer namens Sautermeister zugeschrieben.

Carl Clemm war Mitbegründer der Chemischen Industrie Mannheim-Ludwigshafen. Der 1845 promovierte Chemiker erwarb 1849 die Schwefelsäure- und Sodafabrik der Brüder Giulini in Mannheim und gründete die Firma Giulini, Fries & Clemm. 1854 schuf er in Mannheim die erste große chemische Düngerfabrik Süddeutschlands.

Carl Clemm war mit Frau Anna Ottilie, geb. Lennig (1828–1901), verheiratet, Stiefschwester Charles Lennigs, eines chemischen Unternehmers in Bridesburg bei Philadelphia.[2]

1 Im Sommer 1990 sind beide Säulen einem Kunstdiebstahl zum Opfer gefallen.
2 NDB 3 (1957), S. 287 (W. Zorn).

I / 39 (Lit. C)

Von Bildnismedaillons geschmückte Doppelstele für **Hermann (von) SCHULZE-GAEVERNITZ** (1824 Jena – 1888 Heidelberg) Rechtsgelehrter **Luise (von) SCHULZE-GAEVERNITZ, geb. Milde** (1841 Breslau – 1923 Heidelberg)

Das doppelstelenartige Rotsandsteingrabmal ist eines der zwei Beispiele von Grabgestaltung auf dem Bergfriedhof, auf dem die Bildnisse beider Ehepartner als Ausdruck einer innigen Verbundenheit in der Ehegemeinschaft – im Profil einander zugewandt – erscheinen. Die Bronzebildnisse des Ehepaars von Schulze-Gaevernitz schuf Adolf von Donndorf, einer der angesehensten deutschen Bildhauer der zweiten Hälfte des 19. Jahrhunderts. Die Bildnismedaillons sind unterhalb der Akroteriengiebel angebracht, die mit Alpha und Omega, Mohnpflanzen und Rosetten verziert sind. Die Grabstätte wird von einem der heute so selten gewordenen schmiedeeisernen Ziergitter umfriedet.

Hermann von Schulze-Gaevernitz, der auch langjähriges Mitglied des Preußischen Herrenhauses, später der badischen Ersten Kammer und Kronsyndikus war, lehrte an der Heidelberger Universität von 1878 bis 1888. Er verfaßte zahlreiche staats- und völkerrechtliche Abhandlungen, vornehmlich über das Privatrecht der deutschen Fürstenhäuser und das deutsche und das preußische Staatsrecht.[1] Kurz vor seinem Tode vom Großherzog von Baden geadelt, fügte Schulze seinem Namen noch den Namen des väterlichen Gutes, »Gaevernitz«, hinzu.

I / 40 (Lit. C)

Trauernder Genius für den Chemiker Rudolf KNIETSCH (1854 Oppeln / Oberschlesien – 1906 Ludwigshafen/Rhein)

Die lebensgroße, bronzene Gestalt eines Jünglings, der auf der hellen, kalksteinernen Ruhebank kauert, steht in der ikonographischen Tradition des antiken Todesgenius. Der Sinnlichkeit dieser Grabfigur erscheint auch die alte Bezeichnung (vor Lessing) als ›Grab-Eros‹ angemessen. Obwohl sie hier ohne Flügel dargestellt ist, ist sie durch die Attribute als ein solcher zu erkennen. Mit vor Trauer schwerem Haupt lehnt sich der Jüngling an die gesenkte Fackel, die er in der angewinkelten Linken hält, während seine gestreckte Rechte in kräftigem Griff den aus Lorbeer gebundenen Ehrenkranz umfaßt. Das Grabmal stammt aus einer Münchener Werkstatt (vgl. Sockelsignatur). Die mit einem Lendentuch bekleidete Figur hat sich auf einer blockhaften Bank niedergelas-

1 Bad. Biogr. 4 (1891), S. 417–433 (K. F. Heimburger).

sen,[1] deren Front zwei bronzene Schrifttafeln trägt, die Erinnerung an die Familie Knietsch bewahrend.

Rudolf Knietsch ist der Fachwelt vor allem durch die Herstellung des synthetischen Indigos bekannt. Dank des von ihm entwickelten Verfahrens konnte die BASF (Badische Anilin- und Sodafabrik), bei der Knietsch ab 1884 tätig war – von 1904 ab in leitender Position –, die Indigoproduktion aufnehmen. Dem Chemiker gelangen überdies neue technische Herstellungsweisen zur Chlorverflüssigung und zur Erzeugung von Schwefelsäure.[2]

I / **41**
(Lit. E)

Familiengrabstätte GMELIN

Neuklassizistische Stele mit Aufsatz für den Chemiker
Leopold GMELIN
(1788 Göttingen – 1853 Heidelberg)

Das für Leopold Gmelin errichtete, wahrscheinlich von Heinrich Greiff geschaffene Grabmal, bestehend aus einem postamentierten Kastencorpus mit Gebälk-Aufsatz, zeigt eine geläufige Form mit historisierenden Gestaltungselementen aus der Mitte des 19. Jahrhunderts: Eine flächige, rechteckig betonte Rahmung umfaßt ein rundbogig abschließendes Inschriftfeld, das von einem relieferten Akanthusband eingefaßt ist. Das Kranzgesims des schweren Aufsatzes, welcher mit einem flachen Schirmdach abschließt, wird von antiker Ornamentik wie Leisten, ionischem Kymation, Perlstab und Karnies geschmückt. Die Inschrift für den aus einer weitverzweigten Forscherfamilie stammenden Wissenschaftler »Ins Inn're dringen, nach Wahrheit ringen« bezieht sich auf Gmelins wissenschaftliches Ethos und wird seinem ruhigen und gelassenen Charakter wohl gerecht. Damit in Übereinstimmung steht die (heute verdeckte) Sockelinschrift »Das Gedächtnis des Gerechten bleibet in Ehren«.

In Heidelberg erinnert an **Leopold Gmelin** eine Gedenktafel, die an dem von ihm erbauten und bewohnten Haus in der Plöck 54a angebracht ist. Er stand später im Schatten seines berühmteren, von ihm in besonderer Weise geförderten Schülers und Nachfolgers Robert Wilhelm Bunsen. Doch Gmelin war es, der die Chemie in Heidelberg innerhalb der Medizinischen Fakultät zu einer eigenständigen wissenschaftlichen Disziplin erhob und zum ersten Chemieprofessor der Universität ernannt wurde.

In seinem Laboratorium, im ehemaligen Dominikanerkloster, das in der Hauptstraße/Ecke Brunnengasse lag, unternahm er zusammen mit dem Anatomen Tiedemann die berühmt gewordenen physiologisch-chemischen Untersuchungen zur Verdauung, wodurch beide zu Begründern der physiologischen

1 Bei diesem Typus bot die Grabmalindustrie wahlweise die Ruhebank auch in dunklem Material an, vgl. Friedhofskunst 1916, S. 73.
2 NDB 12 (1980), S. 184 (H. Pfitzner).

Chemie wurden.[1] 1822 gelang Gmelin die Entdeckung des roten Blutlaugensalzes (nach ihm ist es auch Gmelinsches Salz benannt). Gmelins bedeutendste Leistung ist wohl seine herausragende dokumentarische Arbeit – auf ihn geht das *Handbuch der anorganischen Chemie (ursprünglich Handbuch der theoretischen Chemie)* zurück, das auch heute noch, mittlerweile zu einem Riesenwerk angewachsen, vom Frankfurter Gmelin-Institut der Max-Planck-Gesellschaft fortgeführt wird.

Ihm zur Seite ruht seine Frau Luise Friederike, geb. Maurer (1794–1863), eine Pfarrerstochter aus Kirchheim. In derselben Grabstätte sind weitere Angehörige der Familie beigesetzt, darunter sein Enkel Adolf Mayer mit seiner Ehefrau Sophie, in deren Grabtafel folgende Inschrift eingemeißelt ist: »Im Sarge des Erdenlebens / bedeckt mit den Blumen der Liebe / in der Wiege seliger Hoffnungen.«

I / 42 (Lit. E) | Mehrfigurige Grabskulpturen auf der Ruhestätte BARION

Die am Fuße des sonnigen Friedhofshanges gelegene Grabanlage wird in der Überlieferung als das »Grab einer Wohltäterin« bezeichnet. Auf einem Steinpodest in naturhafter Quaderung sind vier Figuren in eindrucksvollem Trauerszenarium vereint: Vorne die auf den Knien kauernde Figur eines alten Mannes, mit Überwurftuch bekleidet und barfüßig, der, vor Trauer gebeugt, mit der Rechten verzweifelt das Gesicht angesichts des Todes bedeckt, als dessen Verkörperung die hinter ihm aufgebahrte junge Frau anzusehen ist. In langem, weichfließendem Gewand, die Hände auf der Brust gekreuzt, den Kopf zur Seite geneigt, ruht diese idealisierte Tote in stillem Frieden auf einer tuchbedeckten Liege.

Die Ausdrucksskala des bühnenhaften Gesamtbildes, bei dem die männliche Figur in Trauergebärde den Schauplatz beherrscht (im Sinne der obengenannten Überlieferung könnte sie einen trauernden Bettler darstellen), die halbfigurigen Kindergestalten zu seiten der Bahre mit ihrem klagenden und betenden Gestus den Grundtenor wiederholen und bei der die eigentliche Hauptperson, klassizistischer Tradition gemäß, als sanft Entschlafene erscheint, reicht je nach Lichteinwirkung und Betrachterstandpunkt von Rührseligkeit bis zu übersinnlicher Wirkung.

Ihre Vorbilder findet diese Liegend-Ruhende in dem archaischen Typus der seit dem 12. Jahrhundert bekannten Denkmalform des »gisant«. Dabei ist der Tote als selig Entschlafener dargestellt, so wie er vor dem eigentlichen Leichenbegängnis für die Hinterbliebenen aufgebahrt worden war.[2]

1 NDB 6 (1964), S. 480 (E. Pietsch).
2 Ariès 1989, S. 312.

Das unlängst renovierte, aus gelbem Sandstein gefertigte Mehrfiguren-Grabmal (ohne Signatur [1]), das in seiner Darstellungsform auf dem Bergfriedhof, wie überhaupt auf den Heidelberger Friedhöfen einmalig ist, wurde von dem »Kleinen Katholischen Kirchhof« bei der Auflassung des St.-Peters-

Abb. 28. Von dem nahe beim Peterskirchhof gelegenen »Kleinen katholischen Kirchhof« ist das Grabmal Barion auf den Bergfriedhof überführt worden.

Kirchhofs hierher überführt. Dort ist es wohl für Frau **Franziska Barion** 1822 (geb. Monun?) errichtet worden. Ihr zur Seite hatte wenige Jahre später ihr Gatte, der badische Obergerichtsrat Franz Anton Barion, seine letzte Ruhe gefunden. 1855 erfolgte die Umbettung auf die heutige Grabstätte.

I / **43**
(Lit. E)

Richard BENZ

(1884 Reichenbach / Vogtland – 1966 Heidelberg)
Kulturhistoriker und Essayist. Ehrenbürger der Stadt Heidelberg

Eine schlichte gemauerte Wand aus heimischem Rotsandstein kennzeichnet die letzte Ruhestätte des großen Kunst- und Kulturfreundes. Nur durch das leichte Vortreten des inschrifttragenden Mittelteils gibt sich das zurückhaltende Mau-

1 Mushake 1929 (S. 97) gibt »Greif« als Schöpfer des Grabmals an: diese Angabe bezieht sich wohl auf Julius Greiff, Großherzoglichen Stadtbaumeister.

erwerk – zugleich den Stützmauern des dahinter ansteigenden Hanges angegliedert – als Grabmal zu erkennen: für den der Heidelberger Romantik Verbundenen ein zwar zufälliges, gleichwohl vielsagendes, an das Wesen der umschließenden Mauer der Romantik gemahnendes Zeichen.

Richard Benz, der »Grandseigneur des Geistes«, war einer der letzten Vertreter des Privatgelehrtentums. Als Sohn eines Pfarrers geboren, studierte er in Leipzig, München und Heidelberg Germanistik und Philosophie. Er entschied sich für Heidelberg als lebenslangen Wohnsitz, weil er es als persönliche Verpflichtung empfand, das Vermächtnis dieser alten Stadt zu wahren. Literatur, Musik- und Kulturgeschichte waren seine Forschungsgebiete, die wechselseitige Durchdringung der Künste betrachtete er als Voraussetzung für künstlerische Erscheinungen. Eine besondere Vorliebe hegte Benz für die Romantik. Mehrere Veröffentlichungen zeugen davon (u. a. *Die deutsche Romantik* 1937). Benz entfaltete eine bedeutende Übersetzer- und Herausgebertätigkeit (z. B. *Legenda aurea* 1917–21; *Die deutschen Volksbücher* 1911–24) und trat als Verfasser kenntnisreicher Werke zum Kulturleben in Erscheinung, für die er zahlreiche Preise und Ehrungen erhielt: 1955 Preis für Kulturkritik des Bundesverbandes der deutschen Industrie; 1957 Großer Kulturpreis des Landes Nordrhein-Westfalen; 1959 Honorarprofessor für deutsche Kulturgeschichte an der Universität Heidelberg; 1961 Reuchlin-Preis der Stadt Pforzheim.

In seinem Werk *Heidelberg – Schicksal und Geist* (1961) stellt er die städtische Kulturgeschichte dar. Benz stand mit den einflußreichen Gelehrten seiner Zeit wie Max und Marianne Weber, Henry Thode, Alexander von Bernus in Beziehung.

Nicht nur in guten Zeiten war er seiner Wahlheimat verbunden, auch in der nationalsozialistischen Zeit hielt er Heidelberg die Treue: selbst gefährdet (sein Buch *Geist und Reich* kam 1938 auf die Liste der verbotenen Bücher), setzte er sich mit all seiner Kraft für die Entlassung des von ihm geschätzten Dichters und Freundes Alfred Mombert[1] aus dem Lager Gurs ein – erfolgreich zwar, doch überlebte der geschwächte Dichter die Entlassung nur um einige Monate.

Am Ende seines Lebens wurde dem Gelehrten umfassende Anerkennung zuteil: Den Ehrenbürgerbrief der Stadt Heidelberg erhielt er zu seinem 70. Geburtstag 1954, die Bundesrepublik Deutschland zeichnete ihn 1961 mit dem Großen Verdienstkreuz aus.

Richard Benz zur Seite ruht seine Frau Helene, geb. Kellner (1881–1964). In der Grabstätte sind weitere Familienmitglieder beigesetzt.

1 Benz 1950, S. 203 f.

I / **44** (Lit. C)

Grabvase für den Maler der Spätromantik Guido SCHMITT

(1834 Heidelberg – 1922 Miltenberg)
Ehrenbürger der Stadt Heidelberg

Eine ausgesucht schöne Buntsandstein-Vase in klassizistischer Formgebung hält in der Sockelinschrift die Erinnerung an den bedeutenden Künstler wach. Seine Grabstätte befand sich früher auf der anderen Seite des Hauptweges, dem heutigen Standort des Grabmals gegenüber. Seit 1966 dient sie dem eben erwähnten Gelehrten Richard Benz als Ruhestätte. Nach einer zwischenzeitlichen Aufstellung der Grabvase auf der Grünfläche unweit des Krematoriums wurde sie 1990 in die unmittelbare Nähe der ursprünglichen Grabstätte zurückgebracht. Die als Grabmal verwendete Ziervase hat eine eigene Geschichte. **Guido Schmitt** selbst soll sie bei Niedrigwasser im Neckar gefunden und im kunstvoll angelegten Garten seines Wohnhauses aufgestellt haben.

Hineingeboren in die Familie des bekannten Heidelberger Malers Georg Philipp Schmitt (einst Schüler bei Julius Schnorr von Carolsfeld), wurde das Talent des Sohnes schon früh erkannt und gefördert. Der junge Guido entwikkelte sich zu einem hervorragenden Porträtisten, der sich als 25jähriger entschloß, nach England zu gehen, um dort sein Glück zu machen. Seine Porträts – vorwiegend Kinder- und Frauenbildnisse des englischen Hochadels – wurden wegen ihrer künstlerischen Vollkommenheit sehr geschätzt und hoch bezahlt. Als sogar Queen Victoria sich von ihm porträtieren ließ, hatte er den Gipfel seiner steilen Laufbahn erklommen. Von dem Vermögen, das er sich in kurzer Zeit erarbeitet hatte, konnte er 1862 seinen Eltern und Schwestern ein großes Wohnhaus in der Leopoldstraße 58 (heute Klingenteichstraße 6) erbauen lassen, das ihm selbst von 1886 an als Altersruhesitz diente. Seine Gemäldesammlung und der terrassierte Hang-Garten wurden zu einem besonderen Anziehungspunkt in Heidelberg. Guido Schmitt hatte den Garten am Klingenteich mit zahlreichen Skulpturen seiner Sammlung, deren Grundstock schon von seinem Vater gelegt worden war, museumsartig ausgestaltet. Neben römischen und mittelalterlichen Bildhauerarbeiten fanden sich dort vorwiegend Architektur-Stücke aus der Renaissance- und Barockzeit aus Heidelberg und seiner Umgebung.[1]

Ein reichhaltiger Bestand an Gemälden von Guido Schmitt sowie von seinem Vater befindet sich als Geschenk des Künstlers im Besitz des Kurpfälzischen Museums. 1920 ehrte die Stadt Heidelberg in ihm »den letzten Vertreter einer großen künstlerischen Zeit, die für Heidelberg von besonderer Bedeutung gewesen ist« und verlieh ihm »als Dank für seine zahlreichen Schenkungen an die städtischen Sammlungen« die Ehrenbürgerwürde. Schon 1919 waren Werke von Vater und Sohn Schmitt unter dem Titel »Heidelberger Maler der Romantik« von Karl Lohmeyer ausgestellt worden. Daran schloß sich eine Reihe von Publikationen an, unter denen Lohmeyers Monographie

1 Die Kunstdenkmäler 1913, S. 334 ff.

Heidelberger Maler der Romantik (1935) vor allem empfehlenswert ist. Besonderes Interesse hat in letzter Zeit Guido Schmitts »Allegorie der Ruperto-Carola« erfahren, deren vielschichtiges Bildprogramm Hans-Joachim Zimmermann überzeugend entschlüsselt hat.[1] Dieses Werk hatte der Maler für die Festdekoration der Universität im Jubiläumsjahr 1886 geschaffen.

Zum Gedenken an Guido Schmitt wurde in der Südstadt ein Weg nach ihm benannt.

I / **45** (Lit. E)

Alexander von DUSCH
(1789 Neustadt/Haardt – 1876 Heidelberg)
Badischer Staatsminister

Anna von DUSCH, geb. Freiin von Weiler
(1787 Mannheim – 1858 Heidelberg)

Das Sandsteingrabmal, dessen einziger Schmuck ein siebenstrahliger Stern auf dem Giebelfeld ist, hat eine niedrige, äußerst schlichte Hausform erhalten. Sehr persönlich und gleichsam bekenntnishaft für die ehegemeinschaftliche Verbundenheit ist die unter der schmucklosen Frieszone eingemeißelte Inschrift, die besagt, daß Alexander von Dusch durch die Zuneigung seiner Gattin Maria Anna Leopoldine, mit der er seit dem 22. Mai 1817 vermählt war, »trotz vieler Schicksalsschläge einer der glücklichsten Menschen war / bis zu ihrem Todestage 19. Mai 1858«.

Alexander von Dusch, »ein Mann von aufrichtiger constitutioneller und patriotischer Gesinnung«,[2] so sein späterer enger Freund Häusser, hatte – wie schon sein Vater – nach einem Jurastudium in Heidelberg (1807–1810) die Laufbahn eines badischen Beamten eingeschlagen. Seine liberale Gesinnung und Offenheit für das parlamentarische System, die er bereits 1822 in seiner Schrift »Über das Gewissen eines Deputirten« dargelegt hatte, ließ von Dusch jedoch schon bald in Gegensatz zu den politischen Anschauungen seiner Vorgesetzten treten. So nahm er gerne die Stellung des Geschäftsträgers für Baden in der Schweizer Eidgenossenschaft an, die ihn nach Zürich und Bern führte. 1838 wurde er Vertreter Badens am Deutschen Bundestag.

Zur Wirkung konnte er seine liberalen Grundsätze jedoch erst später kommen lassen, und zwar als Minister des Großherzoglichen Hauses und der Auswärtigen Angelegenheiten seit 1842. Doch das Scheitern der Reichsverfassung, an deren Ausarbeitung er beteiligt gewesen war, beendete bereits wenige Jahre später, 1849, seine Laufbahn. Dusch zog sich 1851 in die Stadt seiner Jugendzeit, nach Heidelberg, zurück, wo er sich wieder jener Kunst zuwandte, die schon während seiner Studienzeit eine bedeutende Rolle in seinem Leben gespielt hatte: der Musik. Erfährt man von dieser frühen, nachhaltigen

1 Zimmermann 1987.
2 Alexander Dusch. In: Bad. Biogr. 1 (1875), S. 203.

Beschäftigung mit der Musik, so nimmt es fast wunder, daß von Dusch ein Mann der Politik wurde. Bereits als Dreizehnjähriger spielte er das Violoncello so gut, daß er selbst das Cellospiel unterrichten und in Konzerten mitwirken konnte. Mit Carl Maria von Weber, den von Dusch über einen seiner Schüler, Gottfried Weber, kennengelernt hatte, verband ihn eine enge Freundschaft: »Wir drei, Carl Maria, Gottfried und ich, jeder seine Gitarre um, durchzogen in warmen Sommernächten die Straßen und sangen vor den Häusern von Bekannten und Freunden...«[1] Als Carl Maria von Weber im Februar 1811 Mannheim verlassen hatte, trat im Leben Alexander von Duschs die Musik in den Hintergrund, und seine politische Laufbahn begann. Brachte diese ihm auch nicht die Erfüllung seiner politischen Ideale, so konnte er doch noch, am Ende seines Lebens, die Einigung der deutschen Staaten, die Reichsgründung von 1871, erleben.

I / **46**
(Lit. E)

Ernst FRIES (1801 Heidelberg – 1833 Karlsruhe)
Giebeldachsarkophag für den Maler der Romantik

und seine Frau Louise FRIES, geb. Stockhausen
(1804 Neckargemünd – 1857 Heidelberg)

Der antikisierende Sarkophag in niedriger Hausform wurde für den bedeutenden Landschaftsmaler Ernst Fries und seine Frau Louise, eine Pfarrerstochter aus Neckargemünd, errichtet.[2] Es handelt sich um eine Kunstharzkopie, die das zerfallene Sandsteinoriginal ersetzt. Der Gestalter des Grabmals ist unbekannt.[3]

Das querformatige Schriftfeld wird von Kantenlisenen gerahmt, welche mit reliefierten, schmalen Henkelvasen geschmückt sind. Der am Abschlußgesims von einem wulstigen Kymation verzierte Corpus trägt einen Dreieckgiebelaufsatz, der an den Seiten in ornamentierte Akroterien übergeht. Diese sind überzogen vom typischen Grabmalschmuck der Antike: großen, geschwungenen Akanthusblättern als Zeichen der Unsterblichkeit und zarten, auf den Todesschlaf hinweisenden Mohnpflanzen. In der Mitte der Giebelfront sind zwölf rautenförmig angeordnete Reliefsterne angebracht: ein symbolisches Motiv, das auf die Vorstellung von den »Gefilden der Seligen« anspielt.

1 Musik in Heidelberg 1777–1885 (1985), S. 69.

2 Die Gebeine des Malers wurden 1857 anläßlich der Beisetzung seiner Frau Louise vom St.-Peters-Kirchhof hierher übertragen. Die ehemalige Grabstätte für die Eltern von Ernst Fries, Christian Adam Fries und Louise geb. Heddaeus, Besitzerin einer Krappfabrik, befand sich in unmittelbarer Nähe an demselben Hauptweg; dort war auch Ernsts Bruder Heinrich bestattet.

3 Vorbild war möglicherweise das Grabmal für Jean-Jacques Rousseau im Park von Ermenonville bei Paris, das nach dem von 1776 stammenden Entwurf des Malers Hubert Robert gefertigt worden war; in ganz Europa bekannt, wurde es vielfach nachgeahmt. Vgl. Wie die Alten den Tod gebildet, 1979, S. 49 f. (H.-K. Boehlke).

Die angelehnten, mit Rahmenprofil gestalteten Inschriftplatten bewahren die Erinnerung an die Töchter des Ehepaares Fries.

Ernst Fries, der neben Carl Philipp Fohr und Carl Rottmann bedeutendste Maler der Heidelberger Romantik, wurde vor allem durch seine hervorragenden Landschaftsbilder berühmt.[1] Heidelberg und das Neckartal mit Stift Neuburg, Salzburg und das Salzkammergut und nicht zuletzt die Umgebung Roms und Neapels (wo er 1826 zusammen mit dem Dichter August Kopisch die Blaue Grotte bei Capri wiederentdeckte) regten ihn zu seinen reifsten malerischen Leistungen an.

Abb. 29. Das an das Grabmonument Jean Jacques Rousseaus erinnernde Grabmal für Ernst und Louise Fries.

Der Frühvollendete, der schon im Hause seines Vaters, eines wohlhabenden und kunstliebenden Bankiers, durch Friedrich Rottmann ersten Zeichenunterricht erhielt, wurde später von Josef Anton Koch, Ludwig Richter und dem schottischen Maler Georg August Wallis beeinflußt. Durch Studien in München und Italien vervollkommnet, wurde er 1831 zum badischen Hofmaler ernannt. Zwei Jahre später, auf der Höhe seines Ruhms, setzte er seinem Leben im Fieber einer Scharlacherkrankung selbst ein Ende. Viele seiner Werke, die schon impressionistische Züge tragen, befinden sich im Kurpfälzischen Museum.

1 Heidelberger Fremdenblatt 1951, Nr. 8, 2. Juliheft, S. 2 (G. Poensgen).

I / 47 (Lit. E) — **Richard SIEBECK**

(1883 Freiburg / Breisgau – 1965 Heidelberg)
Internist

Agnes SIEBECK, geb. Müller (1885 – 1922)

Der ersten Frau des Mediziners, Agnes Siebeck, ist die Rotsandsteintafel gewidmet, der eine Stützmauer als Rückwand dient. Ihr zum Gedenken sind in die rahmenprofilierte, konsolengestützte Tafel, die oberhalb der Namensinschrift ein kranzförmiger Blattzweig im Relief schmückt, folgende Worte des 2. Korintherbriefes eingemeißelt: »Wir wissen aber so unser / irdisch Haus dieser Hütte / zerbrochen wird daß wir / einen Bau haben von Gott / erbauet ein Haus nicht mit / Händen gemacht das / ewig ist im Himmel.«

Eine kleinformatige Bronzetafel im unteren Teil des Mauerwerks trägt die Namensinschrift für Prof. Dr. **Richard Siebeck,** der 1931 für drei Jahre, 1941 für immer nach Heidelberg kam, wo er die Nachfolge des von ihm sehr bewunderten Ludolf von Krehl als Leiter der medizinischen Universitäts-Klinik antrat. Wie dieser war Siebeck Anhänger einer ganzheitlichen medizinischen Betrachtungsweise. Für Siebeck, den Mitbegründer der »anthropologischen Medizin«, stand nicht die Krankheit als isoliertes Phänomen, sondern der ganze Mensch im Mittelpunkt.

Siebecks zweite große Neigung neben der Medizin war die Theologie. Schon als Jugendlicher schwankte er vor dem Studienbeginn zwischen diesen beiden Fächern und verfaßte, nachdem er sich für die Medizin entschieden hatte, nebenher auch theologische Schriften. Auch verband ihn eine enge, 40 Jahre währende Freundschaft mit Karl Barth, dessen theologische Anthropologie in Siebecks Medizin konkrete Gestalt annahm.[1] Siebeck hat den Begriff der medizinischen Wissenschaft über das nur Naturwissenschaftliche hinaus erweitert; die Medizin, als Lehre »aus der ursprünglichen lebendigen Betätigung Helfender am Leidenden entstanden«, muß von dieser Seite her immer wieder hinterfragt werden, ob sie ihre Aufgabe erfüllt.

Sein wohl persönlichstes Werk, *Medizin in Bewegung* (1949), unterstreicht die Vielfalt der Beziehungen zwischen krankem und gesundem Leben. Professor Richard Siebeck, dem u. a. die Ehrendoktorwürde der theologischen Fakultät der Universität Heidelberg zuteil wurde, war Träger der Paracelsus-Medaille der Deutschen Ärzteschaft.

I / 48 (Lit. R) — **Grabdenkmäler für gefallene SOLDATEN von 1849**

Hier stehen, hintereinander aufgereiht, sieben Soldatengrabmäler, die sich ursprünglich in unmittelbarer Nähe auf den Leichenfeldern II und III (heute Lit. E und R) befanden, auf denen zwischen dem 5. Juni und dem 7. Dezember

1 Semper apertus 4 (1985), S. 126–164 (W. Jacob).

1849 insgesamt 74 Soldaten beerdigt geworden waren.[1] Die meisten dieser Gräber waren bescheidene Erdhügel, die bei der 1881 erfolgten Auflösung und Umgestaltung verschwunden sind. Doch die wenigen Gräber, auf denen Steingrabmale aufgestellt waren, beließ man zur Erinnerung an Ort und Stelle, wo sie von dem Bildhauer Boppel 1906 renoviert worden sind.

Abb. 30. Grabdenkmäler für gefallene Soldaten von 1849.

Zu diesen später hier am Wegrand aufgestellten Grabmälern gehören sechs aufrecht stehende Sandsteingrabmale (in unterschiedlicher Färbung): postamentierte Biedermeier-Kreuze, giebelförmig endende Stelen mit architektonischen Profilen, auch schlichte Inschriftsteine mit Kreuzaufsätzen aus Schmiedeeisen sowie ein liegender Granitstein. Sie sind – mit einer Ausnahme – den auf der Seite Preußens kämpfenden Soldaten gewidmet, die »in treuer Pflichterfüllung« »für ihren König gefallen« sind – darunter waren Hessen und Mecklenburger. Dagegen »starben für die Freiheit am 5. Juni 1849 bei Weinheim« (so der Wortlaut der ursprünglichen Inschrift) die badischen Wehrmänner[2] Bolle, Berolla, Brecht, Speckert und Traschütz: Ihre Namen sind auf einem gemein-

1 Einen Plan von 1879, alle hier ruhenden Gebeine zu sammeln und unter einem gemeinsamen Grabstein wieder beizusetzen, gab man angesichts der Vielzahl von Grabstätten aus Kostengründen wieder auf (man hätte mindestens 10 Särge benötigt und beschränkte sich auf die Pflege der wenigen vorhandenen Grabstätten mit Grabmälern; Stadtarchiv Heidelberg UA/28/8).

2 Die ursprünglich neun hier angeführten Soldaten waren an verschiedenen Stellen des Leichenfeldes II beigesetzt und wurden bei der Auflösung dieses Leichenfeldes in einem gemeinsamen Sarg in die hier bestehende Grabstätte Kohlhagen, Reihe 42, Nr. 7, umgebettet. Bei der Umbettungsfeier am Pfingstsonntag 1881 hielt Stadtvikar Schmitthenner eine Ansprache, in der er auf die Revolutionskämpfe von 1848/49 einging.

samen Grabmal verzeichnet. Zu ihnen gehörten nach den Archivakten auch die Freiheitskämpfer Kohlhagen, Förster, Liboner und ein Unbekannter, deren Namen allerdings nicht mehr genannt sind (wahrscheinlich wurden sie bei der Renovierung 1906 wegen Unleserlichkeit nicht mehr erneuert). Die oben erwähnten Zeilen der Inschrift existieren nicht mehr. Schon 1853 mußten sie auf Geheiß der Obrigkeit von dem von Bildhauer Greiff geschaffenen Grabmal entfernt werden. Sie wurden durch die belanglosen Worte »hier ruhen« ersetzt.[1]

Einige dieser Grabsteine sind von »Kameraden« oder »betrübten Eltern« gewidmet worden. Die der mecklenburgischen Musketiere wurden durch eine Stiftung des Großherzogs von Mecklenburg unterhalten.

I / **49**
(Lit. E)

Antikischer Grabpfeiler für den Nationalökonomen, Soziologen und Kulturhistoriker **Max WEBER** (1864 Erfurt – 1920 München) und **Marianne WEBER, geb. Schnitger** (1870 Oerlinghausen / Lippe – 1954 Heidelberg), Schriftstellerin, Repräsentantin der bürgerlichen Frauenbewegung

Der aus weißem Kalkstein errichtete Grabpfeiler des Ehepaares Weber trägt auf dem reliefverzierten Kapitell eine steinerne Aschenkiste nach etruskisch-römischem Vorbild als sinnfälliges Zeichen der Vergänglichkeit. Als inhaltliches Pendant hierzu ist das Pfeilerkapitell an den Seiten mit je einer antiken Opferschale geschmückt, an der Front mit einer ›Oinochoe‹ (antikes Gießgefäß) innerhalb eines Rankenornaments. Als Ergänzung zur Bildsymbolik sind auf der linken Schmalseite des Pfeilers die Worte »Alles Vergängliche ist nur ein Gleichnis« zu lesen. Dem Gedenken an Max Weber gelten die in die rechte Pfeilerseite eingemeißelten Worte »Wir finden nimmer seines Gleichen«. Das Grabmal schuf Bildhauer Arnold Rickert, der älteste Sohn des Philosophen Heinrich Rickert.[2]

Kaum ein anderer hat auf das Heidelberger Geistesleben der ersten beiden Jahrzehnte des 20. Jahrhunderts einen so starken Einfluß ausgeübt wie **Max Weber,** der 1897 als Professor für Nationalökonomie nach Heidelberg, der Stadt seiner Kindheits- und Jugendjahre, berufen worden war. Zur »lenkenden und prägenden Zentralgestalt«[3] wurde er jedoch weniger aufgrund seiner akademischen Lehrtätigkeit (bereits 1903 mußte er diese wegen eines Nervenleidens aufgeben) als vielmehr durch seine fast grenzenlose wissenschaftliche Produktivität. Hier in Heidelberg schuf er den größten Teil seiner bahnbre-

1 GLA Karlsruhe 356/5482; dankenswerten Hinweis hierfür gab Herr Hans-Martin Mumm aus Heidelberg.
2 Glockner 1969, S. 138.
3 Heidelberger Fremdenblatt 1970, H. 6, S. 15 (W. Schindler).

chenden Arbeiten von außergewöhnlich breiter Spannweite, darunter seine bedeutende Abhandlung *Die protestantische Ethik und der Geist des Kapitalismus* (1904/1905).

Max Weber war ein Universalist. Sein Anliegen, sich mit den unterschiedlichsten Weltanschauungen und Lebenseinstellungen auseinanderzusetzen, führte zur Ausprägung der als »Heidelberger Geist« bezeichneten Strömung innerhalb von Philosophie, Geschichte und Soziologie. Nicht zuletzt waren die Sonntagnachmittagstees in seiner Wohnung Ziegelhäuser Landstraße 17 (hier wohnten Max und Marianne Weber von 1910 bis 1919), wo sich junge Wissenschaftler wie Ernst Bloch, Karl Jaspers und Georg Lukács oder ältere Gelehrte wie Eberhard Gothein und Walter Jellinek sowie Literaten und Künstler trafen, Ausdruck seiner geistigen Vielfalt.

Nach Karl Jaspers hat Max Weber »der philosophischen Existenz gegenwärtigen Charakter verschafft«.[1] Doch wollte man ihn nur als Vertreter einer Wissenschaft gelten lassen, so täte man ihm unrecht, denn, so formulierte Jaspers, »es ist diesem großem Manne nicht gemäß, für einen besonderen Beruf oder eine einzelne Wissenschaft in Anspruch genommen zu werden«. Max Weber war Ökonom, war der Schöpfer der modernen Soziologie und nicht zuletzt auch Politiker; für die Parlamentarisierung und Demokratisierung setzte er sich als Mitbegründer der linksliberalen, für die Weimarer Republik später so bedeutenden »Deutschen Demokratischen Partei« (DDP) ein. 1918/19 war er Berater der Verfassungskommission und der deutschen Delegation in Versailles.

Als Max Weber 1920 in München auf der Höhe seines Schaffens einer Lungenentzündung erlag, »wurde das in manchen Kreisen als nationale Tragödie empfunden«.[2] Das geistige Erbe des Verstorbenen bewahrte dessen jüngerer Bruder Alfred Weber (dieser ist nicht in Heidelberg beigesetzt).

Marianne Weber, die ihren Gatten um 34 Jahre überlebte, ist als eine der herausragenden weiblichen Integrationsfiguren des kulturell-gesellschaftlichen Lebens von Heidelberg unvergeßlich geblieben. Sie stand an der Spitze jener wenigen Frauen, die in einer Zeit, als die Anerkennung der intellektuellen Frau im gesellschaftlichen und politischen Leben noch ein Wunschtraum war, den Mut und den Willen zur eigenen Bildung aufbrachten. Aus eigenem Antrieb besuchte sie Vorlesungen bei Kollegen ihres Mannes, z. B. bei Heinrich Rickert,[3] und erwarb so eine der universitären ebenbürtige Bildung.

Nach dem Tod ihres Gatten setzte sie die Tradition ihres Hauses in der Ziegelhäuser Landstraße als Stätte »des geistigen Austausches« fort, indem sie hier ab 1924 drei Jahrzehnte lang Gelehrte und führende Persönlichkeiten an Sonntagnachmittagen im »Kreis akademischer Geselligkeit« zusammenführte. Als Gäste kamen u. a. Karl Jaspers, Martin Dibelius, Friedrich Gundolf, Marie Baum und Richard Benz. Während der nationalsozialistischen Gewaltherrschaft wurden diese Zusammenkünfte zur »geistigen Zufluchtsstätte« im Sinne

1 Ruperto-Carola 34 (1963), S. 77 (K. Jaspers).
2 Semper apertus 3 (1986), S. 218 (H. E. Tödt).
3 Weber 1948, S. 55.

einer »inneren Emigration«.[1] Nach dem Tod Mariannes wurden diese Treffen im Kurpfälzischen Museum als »Marianne-Weber-Kreis« noch ein Jahrzehnt lang fortgesetzt.

Marianne Webers Einsatz galt schon früh der Frauenbewegung. In den Jahren 1919–1923 hatte sie – der Frauenrechtlerin Gertrud Bäumer nahestehend – den Vorsitz im Bund deutscher Frauenvereine inne. Auch in ihren Schriften hat sie zur Rolle der Frau in der Gesellschaft Stellung genommen. Von ihren

Abb. 31. Grabpfeiler für Max und Marianne Weber.

Publikationen zur Ehe sei auf ihr frühes Werk *Ehefrau und Mutter in der Rechtsentwicklung* (1907) hingewiesen, das ihr später den Ehrendoktor der Juristischen Fakultät Heidelberg einbrachte.

Marianne Weber, die das *Lebensbild* ihres Gatten bereits 1926 verfaßt hatte, brachte in ihren *Lebenserinnerungen* (1948) auch ihr erfülltes Leben der Öffentlichkeit nahe.

Zur Erinnerung an Max und Marianne Weber entsteht derzeit in ihrem geschichtsträchtigen Wohnhaus (dem früheren »Haus Fallenstein«) ein Kollegienhaus mit Gedenkstätte.

1 Classen/Wolgast 1983, S. 77.

I / 50 (Lit. E)

Ernst Immanuel BEKKER

(1827 Berlin – 1916 Heidelberg)
Rechtslehrer. Ehrenbürger der Stadt Heidelberg

Für die Grabstätte des 34 Jahre lang mit der Heidelberger Universität verbundenen Rechtsgelehrten und seiner ersten Frau Ottilie wurde ein dunkelgrauer Granitblock, der vorderseitig auf Hochglanz poliert ist, errichtet.

Immanuel Bekker, der enge Verbindungen zu Berliner Gelehrtenkreisen hatte, kam 1874 nach Heidelberg, wo er u. a. durch den ersten Entwurf des deutschen Bürgerlichen Gesetzbuches Bekanntheit erlangte. Bei der 500-Jahr-Feier der Universität trat er durch unermüdlichen Einsatz hervor.

Bekker war ein leidenschaftlicher Gegner der naturrechtlichen Auffassung, hatte jedoch gleichzeitig, obwohl ein Anhänger der historischen Schule, ein kritisch-distanziertes Verhältnis zu Friedrich Karl von Savigny. Von seinen Veröffentlichungen seien erwähnt das zweibändige Werk *System des heutigen Pandektenrechts* (1886–1889) sowie die *Grundbegriffe des Rechts und Mißgriffe der Gesetzgebung,* von Bekker, bereits hochbetagt, im Jahre 1910 erschienen.

Für sein »segensreiches Wirken« in Heidelberg verlieh ihm die Stadt 1899 die Ehrenbürgerschaft, 1903 wurde ihm die höchste akademische Würde »Wirklicher Geheimer Rat« mit dem Prädikat Exzellenz zuteil.

Immanuel Bekker, dessen politischen Standort Gerhard Anschütz als »preußisch konservativ vom Scheitel bis zur Sohle« definiert hat (der ehemalige Berufsoffizier träumte von der Großmachtstellung Deutschlands), war »der letzte der großen Pandektisten«.[1]

I / 51–54 (Lit. E)

Beispiele für die Vielfalt alter Grabmalkultur

Grabstätten ARNOLD, RECH / MÜLLER, GUGLER und WEISS

Die hier anzutreffende Gruppierung von dunkelgranitenen Grabkreuzen stammt aus der Zeit der Jahrhundertwende. Auf den die Inschriften tragenden Postamenten zum hohen, freien Himmel emporragend, bilden sie auf diesem lichtvollen, überaus stimmungsvollen Friedhofsbereich einen friedvoll-mahnenden Dreiklang.

Zur Linken sieht man an den Ruhestätten der beiden katholischen Familien **Arnold** und **Rech / Müller** zwei Kreuze, die nicht allein durch ihre Kreuzform aussagekräftig sind, sondern durch ihre direkte Bildsprache, indem sie den angenagelten Corpus Christi zeigen. Sie sollen den Besucher daran erinnern, daß die Erlösung der Menschheit durch den Opfertod Christi gewonnen worden ist. Die schon zu Beginn des 19. Jahrhunderts häufig gewählte Grab-

1 Bad. Biogr. NF 1 (1982), S. 37 f. (W. Leiser).

malform des Kreuzes erfreute sich in der hier vertretenen Ausführung im ausgehenden 19. Jahrhundert durch industrielle Herstellung einer großen Verbreitung. Das reich sortierte Angebot der Grabmalindustrie umfaßte Postamente und Kreuze in fast jeder erdenklichen Größenkategorie und einer entsprechend variierten Profilausführung. In ebenso großen Variationen standen Christusfiguren zur Verfügung, wenn das Grabkreuz in der Form des

Abb. 32. Weibliche Trauerfigur auf der Ruhestätte Gugler.

Kruzifixes gewünscht wurde: zumeist als Dreinägeltypus, dornenbekrönt und lendentuchbekleidet, in Bronzelegierung. Den Steinmetz- und Bildhauerbetrieben fiel es daher nicht schwer, aus Serienprodukten ein durchaus persönliches Grabmal nach individuellem Maß zusammenzustellen.

Rechts von den beiden Kruzifixus-Grabmälern an der Familienruhestätte des Großherzoglichen Oberingenieurs **Hans Gugler** wird die Aufmerksamkeit des Besuchers weniger durch das hochaufragende, schwere Grabkreuz gefangengenommen als vielmehr durch die lebensgroße weibliche Bronzefigur davor. Diese begegnet uns nicht als eine in diesem Zusammenhang eher zu vermutende, das Grabkreuz tragende Engelsfigur, sondern als eine anmutige, entfernt an die »schöne Madonna« erinnernde Frauengestalt, die, bedeckten Hauptes von leiser Trauer umhüllt, durch ihre lebensnahe Erscheinung den

Hinterbliebenen Trost vermitteln will. Sie lehnt am gestuften Granitpostament, im Zentrum einer breitgelagerten Inschriftwand. Es ist reizvoll, im Detail zu verfolgen, wie sie, in bewegter Ruhe verharrend, ihrer Aufgabe gerecht wird: Deutlich sichtbar ist die Bewegung in dem barocken Faltenspiel, das sich in der Dreiviertelwendung der Figur vollends entfaltet, wenn man die Figur von vorne betrachtet; die linke Seitenansicht dagegen bietet den Aus-

Abb. 33. Christusfigur nach Thorvaldsen auf der Grabstätte Weiss.

druck von konzentrierter Ruhe, in den sich selbst der Handgestus der Rechten mit dem blühenden Rosenzweig einfügen muß. Die aparte Lässigkeit dieser in gekonnt natürlicher Pose ausgeführten Grabfigur wird bis in die Ausgestaltung der Kleidung fortgesetzt, wie es uns die von Sinnlichkeit bestimmte Schauseite der Figur mit dem freizügig entblößten rechten Schulteransatz und Oberarm signalisiert. Die Grabgestaltung mit der neubarock geprägten Jugendstilfigur stammt aus dem ersten Jahrzehnt des 20. Jahrhunderts. Der Karlsruher Bildhauer Hermann Binz soll sie zusammen mit dem Stuttgarter Gießer H. Pelargus geschaffen haben.

Diesem Grab gegenüber, an der Ruhestätte **Weiss,** wird der Kunstfreund sofort erkennen, daß die Christusfigur nach dem direkten Vorbild der von Bertel Thorvaldsen 1821 gefertigten, klassizistischen Skulptur hergestellt wurde. Die Originalstatue befindet sich in der Frauenkirche zu Kopenhagen, sie hat eine sehr große Wirkung auf die Plastik und die religiöse Kunst des 19. Jahrhunderts ausgeübt. Das berühmte Werk stellt den auferstandenen Christus dar, nicht als den überirdischen Sieger über den Tod, sondern als den leidenden Menschen mit den Wundmalen der Kreuzigung. Durch die Armhaltung an das Kreuzzeichen erinnernd, ist zugleich an den Wegführer zum ewigen Leben erinnert, gemäß den Bibelworten »Kommet zu mir alle, die ihr mühselig und beladen seid« (Matth. 11, 28). Für Thorvaldsen selbst stellte die aufrecht stehende, in leichtem Kontrapost ausgeführte Figur mit dem ikonenhaften Haupt »das höchste Urbild unseres Lebens« dar. Die eindeutige Aussage christlichen Glaubens machte sie vor allem in der zweiten Hälfte des 19. Jahrhunderts zu einem besonders beliebten Motiv in der Grabmalgestaltung. Diese Christusfigur ist ein exemplarisches Beispiel für die Übernahme eines bekannten Werkes der akademischen Kunst in den Bereich der von ganz persönlichem Geschmack bestimmten, angewandten Friedhofskunst. Am Grabmal für den Theologen **Johannes Weiss** (1863–1914) erscheint die Skulptur hochpostamentiert auf naturhaft behauenem Granitfelsen als Bronzestandbild. Sie wurde in der Galvanoplastischen Anstalt, Geislingen / Steige, gefertigt.[1]

Der aus Göttingen gekommene Theologe hatte in den Jahren 1908–1914 den Lehrstuhl für Neues Testament in Heidelberg inne. Von seinen Schriften ragt *Die Predigt Jesu vom Reiche Gottes* (1892; 2. Aufl. 1900) hervor. Seine Gattin Auguste (siehe Inschrifttafel) war die Tochter des Göttinger Theologen Albrecht Ritschl. Außer weiteren Familienmitgliedern hat hier auch der Sohn des Vorigen, Albrecht Weiss (1890–1961), der Heidelberger Professor für Sozialrecht und Sozialpolitik, seine letzte Ruhestätte gefunden. Er hatte sich vor allem auch als praxisorientierter Wissenschaftler ausgewiesen: 1938 gründete er als Leiter der Sozialabteilung der BASF die Arbeitsgemeinschaft für betriebliche Altersversorgung.[2]

1 Diese Figur nach Thorvaldsen wurde in fünf verschiedenen Größen angeboten, vgl. Abbildung in: Galvanoplastische Kunstanstalt Geislingen / Steige [Verkaufskatalog]. Grabschmuck 1903, Nr. 730.

2 Ruperto-Carola 30 (1961), S. 164 (H. Jochum).

I / 55 (Lit. C)

Graf Charles de GRAIMBERG
(1774 Schloß Paars bei Château-Thierry – 1864 Heidelberg), Kupferstecher, Kunstsammler. Verdient um die Rettung der Heidelberger Schloßruine

Gräfin Maria von GRAIMBERG
(1879 Bensheim – 1965 Heidelberg)
Gründerin der ersten Katholischen Sozialen Frauenschule im Deutschen Reich. Ehrenbürgerin der Stadt Heidelberg

Die Ruhestätte der gräflichen Familie befindet sich in der äußersten, den ursprünglichen Friedhofsbereich von 1844 begrenzenden Grabreihe, hinter der das hochterrassierte Gelände steil nach Südwesten abfällt. Die aus der Werkstatt von Heinrich Greiffs Nachfolger stammende Grabmalgruppe zeigt ein dreiteiliges, leicht axiales Gesamtbild. Es besteht aus rotsandsteinernen, im Stil der Neurenaissance gestalteten, reliefverzierten Inschriftsteinen, die weißmarmorne Kreuze tragen. In die Front der von architektonischen Profilen eingefaßten Corpora ist je eine Inschrifttafel aus weißem Marmor eingelassen. Vor den stehenden Grabmälern befinden sich liegende Inschriftsteine.

Das mittlere, höchste Grabmal, an dessen Vorderseite unter einer Grafenkrone[1] zwei Familienwappen im Relief dargestellt sind, bezeichnet die letzte Ruhestätte des hochbetagt verstorbenen **Ludwig Karl Franz (Charles) von Graimberg,** der als erster der Familie auf dem Bergfriedhof beigesetzt wurde,[2] zusammen mit seiner Gemahlin Johanna Polyxena, einer geborenen Freiin Pergler von Perglas. Für Graimberg, der, nachdem er wie sein Vater und seine Brüder in einem französischen Emigrantenregiment gedient hatte, sich zum Zeichner und Kupferstecher ausbilden ließ, wurde seine Begegnung mit Heidelberg schicksalbestimmend. Als Graimberg 1810 in der Neckarstadt abstieg, um das Schloß zu besuchen, war er von diesem so hingerissen, daß er von nun an die Rettung des Baudenkmals zu seiner neuen Lebensaufgabe zu machen gedachte. Damals galt das mehrfach zerstörte, als Steinbruch mißbrauchte und von Andenkensammlern ausgebeutete Schloß, in dem man nur »barbarisches Schnörkelwerk« sah, als Denkmal eines schlechtem Geschmack huldigenden Zeitalters. Als wahrer Anwalt der geschändeten Ruine betrieb Graimberg gezielte Öffentlichkeitsarbeit, um das Schloß bekannt zu machen; seine graphischen Blätter mit Schloßansichten, Fachkataloge und Schloßführer fanden große Verbreitung. Schließlich zeigte sich die Großherzoglich-badische Regierung den denkmalschützerischen und erhaltenden Bemühungen des Grafen geneigt und stellte ihn als amtlichen Schloßaufseher an.[3]

1 Der Grafentitel ging 1843 von seinem verstorbenen älteren Bruder Mathieu auf Charles de Graimberg über.
2 Später sind andere Familienmitglieder vom »Kleinen Friedhof«, der nahe bei dem St.-Peters-Kirchhof lag, wie auch von Mannheim auf den Bergfriedhof überführt worden.
3 Ruperto-Carola 36 (1964), S. 71 (E. J. Vierneisel).

Dem Grafen Graimberg, der 1840 das Bürgerrecht der Stadt erhielt, verdankt Heidelberg auch eine Kunstsammlung »Pfälzischer Alterthümer«, die früher in den Schloßräumen wie auch im Graimbergschen Haus am Kornmarkt ausgestellt war. 1879 wurde sie von der Stadtgemeinde käuflich erworben; sie stellt den Grundstock der heutigen Sammlung des Kurpfälzischen Museums dar.

Abb. 34. Die junge Gräfin Maria von Graimberg (1879–1965).

Der mittlere Liegestein trägt die Inschrift für die Enkelin von Charles, **Maria von Graimberg,** das letzte Glied des deutschen Astes der Familie. Maria von Graimberg war die älteste Tochter von Philibert von Graimberg und Anna Maria, einer geborenen Gräfin von Otting-Fünfstetten, die sich beide auf caritativem Gebiet Verdienste erworben haben. Sie gründete 1911 in Heidelberg die erste deutsche katholische Soziale Frauenschule und leitete sie bis 1950.[1] Die Schule war im Palais Graimberg untergebracht; 1977 wurde sie nach Freiburg im Breisgau verlegt. Die Bedeutung des Wirkens von Maria von Graimberg kommt in der Verleihung des päpstlichen Ordens »Pro ecclesia et pontifice« (1931) und des Bundesverdienstkreuzes Erster Klasse (1959) zum Ausdruck. 1965 verlieh ihr die Stadt Heidelberg die Ehrenbürgerwürde.

1 Siehe hierzu Zeller 1989.

Abb. 35. Blick auf ein verschneites Gräberfeld auf Lit. C, rechts die Familiengrabstätte von Graimberg.

I / **56–58**
(Lit. E)

Beispiele für die Vielfalt alter Grabmalkultur
Grabstätten HESS, GÖTZ / AUTH / MORITZ und WERSTEIN / DÖRFFEL

Das Jugendstilgrabmal **Hess,** in dessen Gestaltung noch Biedermeierhaftes nachklingt, zeigt ein ovales Inschriftmedaillon über einer hängenden Lorbeerblattgirlande. Es ist ein typisches Grabzeichen aus der Bildhauerwerkstatt Franz Sommer, die das Grabmal in ihren Werbeinseraten als Markenzeichen abzubilden pflegte.

Dem Formgefühl des jugendstilgemäßen Grabmals entspricht, daß die Kompaktheit der mit einem Segmentbogen abschließenden Stele durch ganz sparsame Einbeziehung der Frontkanten ein wenig aufgelockert wird. Aufmerksamkeit verdient die stilistisch angepaßte Grabeinfassung, die sich von der Einfallslosigkeit der aus sich durchziehenden, starren Balken bestehenden Standardeinfassungen abhebt, indem sie schlicht profilierte Pfosten und Formsteine auf einer in der Höhe abgestuften Seiteneinfassung verwendet. Dieses Grabmal (ehemals das Grabzeichen der Familie des Frankfurter Privatmannes Karl

Ludwig Balzer) blieb dem Friedhof dank der Übernahme durch die Familie Heß erhalten.

Die benachbarte Grabstätte **Götz / Auth / Moritz** kennzeichnet ein hellgranitenes Kreuz auf naturhaftem Inschriftpostament. Ohne jedwedes schmükkendes Beiwerk, allein auf die Aussagekraft der Kreuzform bauend, bekundet es christliche Glaubensverbundenheit und Auferstehungshoffnung. Ganz zwanglos stellt es eine Verbindung zu der schräg dahinter aufragenden, bereits besprochenen Christusfigur her, die, auf hohem Unterbau postamentiert, alle Nachbargräber überragt.

Abb. 36. Grabstätten Hess, Götz / Auth / Moritz und Werstein / Dörffel (von rechts nach links).

Die in Form eines voluminösen Portals gebaute Muschelkalk-Architektur, deren Portalfeld den 1983 verstorbenen Dr. **Erich Dörffel** nennt, wurde für dessen 1924 verstorbenen Schwiegervater **Hermann Werstein** errichtet. Dieser Heidelberger Gastwirt führte das einstige Café Wachter im heutigen Palmbräuhaus (Hauptstraße / Ecke Marktplatz), das in den Erinnerungen Carl Zuckmayers an Heidelberg als ein originelles Stück Alt-Heidelberg erwähnt wird.

Einen besinnlichen Ton in das schlicht historisierende, an die barocke Formensprache anknüpfende Grabmal bringen die Lorbeerzweige haltenden Putti, die auf den seitlichen Stützpfeilern des Portals knien. Sie erscheinen als liebreizendes Wächterpaar dieser Ruhestätte. Durch deren Anordnung an den Portalseiten und die vor den Portalpfeilern aufgesockelten Blumenkörbe mit haubenartiger Bekrönung ist es dem Grabmalgestalter, dem Bildhauer Hans Fries, gelungen, die schwere, geschlossene Form des Grabportals zugunsten einer raumbezogenen, sich gut in die Landschaft einfügenden Architektur aufzulockern. Die Mitte des aus Rechteckpfeilern und kräftigem Dachbalken aufgebauten Grabportals mit dem vertieften Inschriftfeld ist schlicht gestaltet. Offensichtlich kam es hier darauf an, die antike Vorstellung der Grabestür als des Übergangs zum Jenseits anzudeuten. Sinnfälliger Ausdruck dieser Metaphorik ist die von schmückenden Kreuzen flankierte Supraporte, die inmitten eines bandumschlungenen Lorbeerkranzes das Christusmonogramm trägt.

Abb. 37. Das von einer Lyra geschmückte Grabkreuz für die Romantik-Dichterin Elisabetha Auguste Pattberg.

I / **59** (Lit. R)

Elisabetha Auguste PATTBERG, geb. von Kettner

(1769 Neunkirchen / Odenwald – 1850 Heidelberg)
Liedersammlerin und Dichterin der Romantik

Das beliebte Grabzeichen der christlich gefärbten Romantik, ein schlichtes Kreuz – aus heimischem Odenwälder Rotsandstein –, geschmückt mit der Lyra als dem Sinnbild der Dichter und Sänger, bezeichnet das Grab der Dichterin. Wie die in den Kreuzarmen eingemeißelte Inschrift besagt, »weihet dieses Denkmal die kindliche Liebe und Dankbarkeit« dem Andenken der geliebten

Mutter. Als 81jährige war Auguste Pattberg am 4. Juli 1850 in ihrem Heidelberger Zuhause »sanft wie ein Kind« entschlafen und ist an dieser Stelle, am ehemals äußersten Saum der Friedhofsanlage, zur letzten Ruhe gebettet worden.[1] Ihr schon 1829 verstorbener Gatte, der ehemals Leiningsche Verwaltungsbeamte und Hofgerichtsrat Arnold Heinrich Joseph Pattberg, war noch auf dem St.-Anna-Kirchhof beigesetzt worden.

Nach Heidelberg, der Heimatstadt ihrer Mutter, war **Auguste Pattberg** 1822 aus Neckarelz zusammen mit ihrem Mann und ihrer jüngsten Tochter gekommen, wo sie im Haus des Apothekers Fischer, Hauptstraße 114, ihren Lebensabend verbrachte. Auch wenn sie nicht hier, sondern in dem Odenwaldstädtchen Neckarelz als glückliche Ehefrau und Mutter von sechs Kindern die wohl erfülltesten Jahre ihres Lebens verbracht hatte, spielte doch Heidelberg in einer für sie beglückenden Weise in diese Jahre hinein: Der Aufruf des in Heidelberg weilenden Clemens von Brentano im Juni 1806 zur Sammlung alter deutscher Volkslieder fand bei ihr begeisterten Widerhall. Schon in ihrer Kindheit, die sie als Tochter des Kurpfälzischen Forstmeisters Engelhard Wilhelm von Kettner bei Neunkirchen verlebte, hat sie Gedichte verfertigt, darin bestärkt und gefördert von ihrer feingebildeten Mutter.

Auguste Pattberg war es, die zu der Liedersammlung *Des Knaben Wunderhorn* neben mehreren Sagen, Volks- und Kinderliedern die beiden bekannten und vielgesungenen Lieder »Bald gras' ich am Neckar« und »Es steht ein Baum im Odenwald« beisteuerte. Auch das darin – in leicht abgeänderter Form – erschienene volkstümliche »Lenoren-Lied«, das infolge seiner Ähnlichkeit mit der Kunstballade »Leonore« von Bürger manchen Wirbel in Fachkreisen auslöste, hat die Dichterin den Liedersammlern zugesandt. Sie lieferte auch Beiträge für die 1806 von Clemens von Brentano gegründete und von dem Heidelberger Professor für Ästhetik Alois Schreiber herausgegebene *Badische Wochenschrift*.

Unverdienterweise ist ihr Name heute vergessen, nicht zuletzt deswegen, weil zahlreiche von ihr eingesandte Gedichte ohne Nennung ihres Namens in *Des Knaben Wunderhorn* aufgenommen wurden.[2]

Mit Erscheinen des letzten Bandes von Des Knaben Wunderhorn versiegten Auguste Pattbergs Liebe zur Dichtung und ihr literarischer Eifer keineswegs: Einige Gedichtbände mit so klangvollen Titeln wie *Einfache Blumen aus dem Garten der Natur* (1818) und *Blumen gesammelt am einsamen Lebenspfade, ein Festgeschenk für Deutschlands edle Töchter* (1820) hat sie veröffentlicht.

1 Die einst als »ewiges« Grab erworbene Ruhestätte Pattberg wurde um 1980 aufgelöst, das Grabmal ist nach Neckarelz gebracht worden. Dank der intensiven Bemühungen von Herbert Pietsch aus Mosbach konnte der ursprüngliche Zustand der Grabstätte zum 140. Todestag der Dichterin 1990 wiederhergestellt werden: Der fachmännisch renovierte Grabstein wurde auf dem – glücklicherweise noch nicht wiederbelegten – Grab neu aufgestellt.

2 Nicht nur wegen ihrer Beiträge zur romantischen Dichtkunst verdient Auguste Pattberg zum Kreis der Heidelberger Romantiker gezählt zu werden. Sie gehörte auch zu deren Freundeskreis, was auch aus der Tatsache abzulesen ist, daß ihr Brentano nach dem Tod seiner Frau Sophie deren Übersetzung der Boccaccio-Novelle Fiametta zugesandt hatte. Ausführlich hierzu: Steig 1896, S. 62–122.

I / 60 (Lit. R) | **Theodor LEBER** (1840 Karlsruhe – 1917 Heidelberg) Augenarzt, Ophthalmologe

Ein pfeilerhafter Obelisk aus grauem, poliertem Granit trägt die Namensinschrift des Professors für Augenheilkunde und die seiner zweiten Frau Ottilie (genannt Olly), Tochter des Professors für Staats- und Kirchenrecht in Rostock und Göttingen Otto Mejer, sowie die einer weiteren Verwandten, Else Mejer.

Theodor Leber wurde der medizinischen Fachwelt schlagartig ein Begriff, als er 24jährig auf einem Heidelberger Kongreß einen Vortrag über *Das Blutgefäßsystem des Auges* hielt und dadurch die Experimentelle Ophthalmologie begründete. Neuartige Injektionsmethoden hatten ihn bahnbrechende Erkenntnisse über die Anatomie der Gefäßversorgung des Auges gewinnen lassen, die erst in der Mitte unseres Jahrhunderts verfeinert werden konnten.

Bereits während seines Heidelberger Studiums hatte sich Leber, insbesondere unter dem Einfluß Helmholtz', für die Physiologie begeistert, sich dann aber, nicht zuletzt aus materiellen Erwägungen heraus, für die Ophthalmologie entschieden. Ab 1890 wirkte er in Heidelberg als Professor und Direktor der Universitäts-Augenklinik. Durch die Verknüpfung experimentalphysiologischer Methoden und klinischer Beobachtung erzielte Leber bei der Erforschung von Glaukomen (»Grüner Star«), Netzhautleiden sowie Entzündungs- und Infektionsvorgängen große Fortschritte. In der Medizin trägt eine erbliche Form des Sehnervenschwundes, die »Lebersche Opticus-Atrophie«, seinen Namen.[1]

I / 61 (Lit. R) | **Gustav Adolph SCHLOEFFEL** (1828 Landshut / Schlesien – 1849 Waghäusel) Führender badischer Revolutionär

Die Inschrift an der Front des kräftigen Granitblocks bewahrt das Andenken an den jungen Revolutionär, der bei dem entscheidenden Gefecht gegen die preußischen Truppen bei Waghäusel am 21. Juni 1849, erst 21 Jahre alt, fiel. Sein Grab ist als einziges der badischen Revolutionäre bis zum heutigen Tage unverändert erhalten geblieben, da die Grabstätte von seiner Familie als »ewiges« Grab angekauft, d. h. mit entsprechendem Stiftungsvermögen ausgestattet worden ist.

Gustav Adolf Schloeffel, in der Geschichtsschreibung ein nahezu Unbekannter, zählte zu den entschlossensten und tatkräftigsten Männern der Revolution von 1848/49 in Deutschland. Wo immer der Kampf für Demokratie und Freiheit entfacht wurde, ob in Baden, Berlin oder Ungarn, eilte er an den Ort

1 NDB 14 (1985), S. 19 f. (H. M. Koelbing); Semper apertus 2 (1985), S. 321 f. (W. Jaeger).

des Geschehens: ein Freiheitskämpfer, der stets darauf brannte, vom Wort zur Tat zu schreiten.[1]

Im Jahre 1846 hatte es den in einem freisinnigen Elternhaus[2] aufgewachsenen Schloeffel (sein Vater, ein sozial gesinnter Papierfabrikant in Landshut in Schlesien, setzte sich für die notleidenden Weber ein) zum Studium der Philosophie nach Heidelberg gezogen, war doch die Heidelberger Universität

Abb. 38. Die letzte Ruhestätte des jungen Freiheitskämpfers Gustav Adolph Schloeffel.

eines der Zentren der fortschrittlichen bürgerlichen Bewegung. Hier erkannte er, daß die demokratischen Ziele nur durch eine gut organisierte Revolution zu verwirklichen seien. Er wurde Bezirkskommissar für Baden und Schwaben, ihm oblag (zusammen mit Wolf) der Aufbau einer demokratisch-republikanischen Wehrorganisation und die Aufstellung von Freischaren aus süddeutschen Städten mit Hilfe der Turnvereine. Daneben suchte er auch durch publizisti-

1 Vgl. hierzu und zum folgenden Obermann 1970, S. 191–215. Für Literaturhinweise sei an dieser Stelle Herrn Dr. Perens in Heidelberg gedankt.

2 Von der Mutter und Schwester Schloeffels wissen wir, daß sie 1877 und 1879 testamentarisch eine Stiftung für bedürftige Heidelberger Studenten einrichteten. Dabei wurde zwar die Auflage gemacht, daß Theologiestudenten davon ausgeschlossen seien, woran man sich aber nicht gehalten hat. Die langjährige Existenz der Stiftung – sie ist wohl erst in der Inflation 1923 untergegangen, ist für die Heidelberger Stadtgeschichte von nicht geringem Interesse. Diesen Hinweis verdanken wir Herrn Hans-Martin Mumm aus Heidelberg.

sche Aktivitäten zu wirken. Schloeffels revolutionärer Elan bewirkte, daß sein Name bei der Obrigkeit zum Synonym schlechthin für das revolutionäre Heidelberg wurde. Schloeffel hatte schon früh die wichtige Rolle der Arbeiter und Bauern für die Revolution erkannt: Mit Flugblättern und demokratischer Literatur beladen, reiste er durch den Odenwald zu den entlegensten Dörfern; ein Einsatz, den er mit seiner Verweisung von der Heidelberger Universität bezahlen mußte. Er verließ den Heidelberger Raum und begab sich in den Märztagen 1848 nach Berlin, um an dem dortigen Aufstand teilzunehmen: Mit seiner tatkräftigen Unterstützung konnten die Arbeiter ebenso rechnen wie die in den radikal demokratischen Vereinigungen organisierten Studenten. Seinen Enthusiasmus konnte selbst eine sechsmonatige Festungshaft in Magdeburg nicht brechen. Kaum war ihm die Flucht gelungen, stand er schon wieder, diesmal auf der Seite der Husaren in Ungarn, im revolutionären Kampf.

In der Endphase der Badischen Revolution wurde Schloeffel noch einmal in Heidelberg aktiv, diesmal an der Seite seines Vaters, der hier als Oberkriegskommissar bei dem Oberbefehlshaber der Badischen Truppen Mieroslawski wirkte. Als Exekutivkommissar (zusammen mit Th. Nerlingen) hatte der junge Schloeffel das Truppenaufgebot gegen die heranrückenden Preußen zu stellen. In einem siegreichen Gefecht der Avantgarde bei dem Sturm auf die Zuckerfabrik in Waghäusel am 21. Juni – kurz bevor das Kriegsgeschick sich zugunsten der Preußen wendete[1] – verlor der junge Freischarenführer Schloeffel als Fahnenträger seines Bataillons sein Leben: Ein Student »von schlanker Gestalt, bleichen intelligenten Zügen, lebendigen, großen Augen, blondem, halblangem Haar«, der nicht allein als Student für die Freiheitsideale geglüht (im gleichen Jahr hat er mit Karl Marx in Verbindung gestanden!), sondern gleichsam als ein Freund des Volkes sein Leben der Revolution geweiht hatte.

I / 62 (Lit. D) | Gotisierender Polygonalpfeiler für die Familie WEINKAUFF

Das stattliche Sandsteingrabmal aus der Frühzeit des Bergfriedhofs bildet einen schönen Blickfang an dieser Wegekreuzung südlich des »Professoren-Wegs«. Es wurde errichtet für die 1852 verstorbene Susanne **Magdalena Umbstätter,** Tochter des letzten Heidelberger Reiseposthalters Johann Georg Umbstätter und Elisabetha Katharina Weinkauff aus der Familie des Kreuznacher Bürgers Ludwig Anton Weinkauff (1815–1889). Während dieses Ehepaar seine letzte Ruhestätte an einer anderen Stelle des Bergfriedhofs fand, ruht hier ihr Sohn, der Sanitätsrat und Augenarzt Carl Weinkauff (1861–1924) aus Kaiserslautern, mit seiner Ehefrau Lisa, geb. Schuck (1869–1946), und einer seiner Söhne.[2]

1 Noch am Nachmittag wurde auf roten Zetteln, die in der ganzen Stadt Heidelberg verteilt wurden, der Sieg der Badener über die Preußen verkündet (Obermann 1970, S. 114).

2 Dankenswerte Auskunft gab Herr Karl Weinkauff in Heidelberg.

Der neugotische, mit einem prächtigen Baldachin-Fries geschmückte Achteckpfeiler ist ein schönes Beispiel für die romantischen Grabmäler des 19. Jahrhunderts. Trotz seiner Monumentalität wirkt das stabil postamentierte Grabmonument in seiner Schlichtheit weder aufdringlich noch protzig. Besondere Beachtung verdient der sorgfältig gestaltete Maßwerkkranz, der die geschlossene Form des zeltdachförmig abschließenden, in einem Knauf endenden Grabpfeilers auflockert. Aus einem Block gefertigt, zeugt er von der großen Meisterschaft seines Gestalters Heinrich Greiff, der seine Signatur im Postament angebracht hat.[1] Ihm verdankt der Bergfriedhof – neben Franz Sommer d. Ä. – seine schönsten Grabmäler des zweiten Drittels des 19. Jahrhunderts.

Abb. 39. Blick auf ein Grabfeld auf Lit. R, im Vordergrund die Ruhestätte Welcker.

I / **63** (Lit. R) | **Carl Theodor WELCKER**

(1790 Ober-Ofleiden / Hessen – 1869 Heidelberg)
Staatsrechtslehrer und Politiker. Ehrenbürger der Stadt Heidelberg

Ein mächtiger Granitfindling, zu dessen linker Seite ein postamentiertes Sandsteinkreuz (neben einer kleinen Marmorstele) aufragt, bewahrt das Andenken an den »gefeierten Vorkämpfter des Badischen Liberalismus«, der 1846 »auf

1 Das gleiche Grabmal (errichtet um 1830) befindet sich auf dem alten Friedhof in Ludwigsburg, Abbildung in: Deutsche Friedhofskultur 1979, 8, S. 197.

die Bitte vieler Bürger wegen großer Verdienste um das ganze deutsche Vaterland« mit der Heidelberger Ehrenbürgerwürde ausgezeichnet worden war.

Auf diese für den Bergfriedhof charakteristische Gräberanlage, deren Blickfang ein prächtiger Kastanienbaum an einer Kreuzung mehrerer Wege bildet, ist **C. Th. Welcker** erst nach der Auflösung des alten Neuenheimer Friedhofes (Ecke Luther- und Ladenburger Straße) umgebettet worden. Dort hatte er ehemals neben seiner 1844 verstorbenen Gattin Emma, geb. Wiedemann, seine letzte Ruhe gefunden: Er, der lange Jahre in der Neuenheimer Landstraße seinen Wohnsitz hatte, fühlte sich mit Neuenheim immer besonders eng verbunden.

Welcker kam Anfang der 1840er Jahre von Freiburg nach Heidelberg und bezog hier das zuvor von dem Literaturhistoriker Gervinus bewohnte Landhaus am rechten Neckarufer. Damals lagen die unruhigsten Jahre seines Lebens bereits hinter ihm. Zwar stand er auch noch 1848/49 in der Frankfurter Paulskirche in der ersten Reihe der politisch maßgeblichen Persönlichkeiten,[1] doch ließ die Einbindung in die Regierungspolitik ihm nun nicht mehr den Raum für die radikal liberalen Ideen, für die er in seinen früheren Jahren gekämpft hatte.

Schon vom Katheder aus hatte Welcker als Professor für Staats- und Strafrecht seine freisinnigen Vorstellungen zu verbreiten gewußt, was ihn zu häufigem Wechsel der Universität (nach Gießen, Kiel, Heidelberg und Bonn, wo er unter den Demagogenverfolgungen zu leiden hatte, zuletzt Freiburg) zwang. Auch trat er als Politiker und Publizist hervor. Bereits im Jahre 1831, als die Begeisterung für die französische Julirevolution das Großherzogtum Baden erfaßt hatte, forderte er als Mitglied der 2. Badischen Kammer eine deutsche Nationalpräsentation. Ein Jahr zuvor hatte er durch seinen Kampf für die Pressefreiheit Aufsehen erregt. Die Herausgabe der radikal liberalen Tageszeitung »Der Freisinnige« fällt in diese Zeit.

Nachdem 1832 die Zwangspensionierung in Freiburg seiner Universitätslaufbahn ein jähes Ende gesetzt hatte, widmete sich Welcker seit 1834 der Herausgabe jenes grundlegenden Werkes, das man noch heute mit seinem Namen verbindet: dem Staatslexikon. Dieses hatte er zusammen mit seinem ehemaligen Kollegen Karl von Rotteck (auf eine Idee von Friedrich List zurückgehend) »zu einem ausgesprochenen Parteibuch« der süddeutschen Liberalen gemacht, das später in der Frankfurter Nationalversammlung »in den Händen fast jedes Abgeordneten« zu finden war.

Auch mit der Finanzierung der seit 1847 erscheinenden Heidelberger »Deutschen Zeitung« versuchte Welcker liberalnationale Ziele zu verfolgen. Doch das Scheitern der Frankfurter Nationalversammlung und seine persönliche Niederlage als »Kaiserfabrikant«[2] sowie familiäre Schicksalsschläge veranlaß-

1 Siehe hierzu und zum folgenden Schoettler 1985, S. 24.

2 Am 12. März 1849 hatte er in der Frankfurter Nationalversammlung den Antrag gestellt, dem König von Preußen Friedrich Wilhelm IV. die erbliche Kaiserwürde anzutragen (Derwein 1958, S. 98, 102).

ten ihn damals, sich ganz ins Privatleben zurückzuziehen. Erst 1856 begann er wieder publizistisch zu arbeiten und hatte drei Jahre vor seinem Tod noch einmal die Hoffnung, seine vormärzlichen Ideale durch die Gründung der »Deutschen Partei« verwirklichen zu können, was jedoch abermals mißlang.

Weitere Mitglieder der Welckerschen Familie ruhen ebenfalls in dieser Grabstätte.

I / 64 (Lit. R) — Julius Wilhelm BRÜHL

(1850 Warschau – 1911 Heidelberg)
Antikisierende Grabarchitektur für den Chemiker

Im Zentrum dieses für den Bergfriedhof so charakteristischen Grabbereiches, der durch seine inselhafte, ansteigende Lage die Wesenszüge des waldigen Friedhofs en miniature wiedergibt, ragt das baldachinartige Grabhaus aus Muschelkalk auf. Es ist in den Formen römisch-griechischer Tempelarchitektur errichtet.

Der auf drei Seiten rundbogig geöffnete, auf zweistufigem Sockel stehende Bau ist kreuzgratgewölbt. Die Stützen – vorn Rechteckpfeiler, hinten Wandpilaster – tragen über dem Gesims aus ionischem Kymation und konsolengestützter Deckplatte ein Satteldach, das an der Front als Dreieckgiebel ausgebildet ist. Seine aufsteigenden Schenkel sind ebenfalls von ionischem Kymation und Deckplatte auf Konsolen geschmückt. Die Mitte des Giebelfeldes wird von einem sechsstrahligen Stern akzentuiert.

Den beherrschenden Mittelpunkt des Innenraumes bildet die auf altarartigem Postament stehende, feinreliefierte Amphore. Dahinter, im Bogenfeld der Rückwand, sieht man oberhalb der Namensinschriften der Familie Brühl das Profilbildnis Julius Brühls als Bronzemedaillon.

Auf den Beruf des Chemikers weisen die Darstellungen chemischer Instrumente hin, die auf den guttaeverzierten Reliefeldern an den Gebäudekanten unterhalb der Gesimszone angebracht sind. Das Grabhaus schuf der Architekt Franz Sales Kuhn, das Reliefbildnis Bildhauer Rudolf Kowarzik.

Julius Wilhelm Brühl wurde 1888 als Professor für Chemie nach Heidelberg berufen. Sein Aufenthalt in dieser Stadt war nicht ungetrübt – bereits vorher war er an einem schweren Leiden erkrankt, das ihn 1898 dazu zwang, den Universitätsbetrieb bis 1904 zu meiden und sich ausschließlich seinen Privatstudien zu widmen. Nach langjährigem Siechtum schied er 1911 durch Freitod aus dem Leben.

Brühl, der Ehrenmitglied der Royal Institution of Great Britain, Doctor of science Cambridge und Dublin sowie Mitglied der Krakauer Akademie der Wissenschaften war, wurde in der Chemie besonders durch seine Untersuchungen über den Zusammenhang zwischen chemischer Konstitution und physikalischen Eigenschaften bekannt.[1]

Ihm zur Seite ruht seine Frau Lili, geb. Bamberger (1857–1931).

1 NDB 2 (1955), S. 663 (G. F. Sperl).

3. Zweiter Rundgang

II / 1
(Lit. D_{neu})

Otto LOB
(1834 Lindlar/Köln – 1908 Neckargemünd)
Komponist von Liedern der Studentenromantik

Unmittelbar am unteren Friedhofseingang Steigerweg, am Saum der städtischen Grünanlage, ist das Grabmal Lob als Gedenkstein aufgestellt worden. Es zieht trotz seines kleinen Formats durch das leuchtende Weiß die Aufmerksamkeit des Besuchers auf sich. Den Namen und die Lebensdaten des Komponisten trägt eine mit plastischem Rosengebinde geschmückte, schriftrollenartige Tafel,[1] die auf einem sarkophagähnlichen, seitlich rankenverzierten Pultstein aufgelegt ist.

Der Rheinländer **Otto Lob** wanderte nach der Lehrerausbildung und musikalischer Tätigkeit als Chordirigent und Komponist 1864 nach Amerika aus. In Chicago, wo er bei seinem Vetter Ludwig Court Aufnahme fand, gründete er in rascher Folge mehrere Gesangvereine, u. a. den ersten deutschen Männergesangverein in den Vereinigten Staaten. Durch seinen ersten öffentlichen Auftritt geriet er schlagartig ins Rampenlicht, als er nämlich bei der Aufbahrung des ermordeten Abraham Lincoln in Chicago die Trauerfeierstunde von einem schnell zusammengestellten mehrhundertköpfigen Chor umrahmen ließ.

Otto Lob, der in Amerika zweimal sein Vermögen verlor[2] (1871 beim großen Brand Chicagos, 1878 durch einen Bankenkrach), kehrte 1884 trotz seiner großen Erfolge dort, die er als Schöpfer und Verbreiter deutschen Liedgutes errungen hatte, von Heimweh geplagt nach Deutschland zurück und ließ sich in Heidelberg nieder.[3] Die Studentenstadt inspirierte ihn bis zu seinem Tode zur Komposition unzähliger Studenten- und Volkslieder, u. a. »Filia hospitalis«, »Viel volle Becher erklangen«, »O wonnevolle Jugendzeit« und »Heidelberg, du Jugendbronnen«, die heute noch in den Kommersbüchern zu finden sind.

1 Die heutige Inschrifttafel ist Ersatz für das abhanden gekommene Original.
2 Lang 1985.
3 1908 plante die Stadt Heidelberg die Anbringung eines Gedenksteines; dieser Plan wurde nicht verwirklicht (vgl. Chronik für das Jahr 1908, S. 365). In Lobs Geburtsstadt Lindlar wurde 1985 in Anschluß an seinen 150. Geburtstag ein Denkmal enthüllt.

II / 2
(Lit. D_{neu})

Hans BREUER

(1883 Gröbers bei Halle/Saale – 1918
Ornes/Frankreich)
Arzt und Schöpfer des Wandervogel-Liederbuches
Zupfgeigenhansl

Das Grabmal Breuer, dem später sinnbildhaft ein bronzener Singvogel aufgesetzt wurde, hat nach der Auflösung der Originalgrabstätte einen schönen Aufstellungsplatz in dieser städtischen Grünanlage am Eingangsbereich des Friedhofs gefunden.

Wie der Gedenkinschrift der biedermeierhaften, rosenkranzgeschmückten Muschelkalkstele zu entnehmen ist, fand das Leben **Hans Breuers** noch im letzten Kriegsjahr 1918 auf »Frankreichs Erde« sein Ende. Der erst 35jährige Regimentsarzt erlag der Verwundung, die er sich bei Kämpfen am Ornesrükken zugezogen hatte.

Den zu den Pionieren der deutschen Jugendbewegung »Wandervogel« zählenden Breuer, der schon als Gymnasiast in Berlin zum engsten Kreis der 1901 gegründeten neuen Anti-Zivilisationsbewegung gehörte, hatte es als jungen Studenten zu Anfang des Jahrhunderts nach Heidelberg gezogen, wo er sein Studium abschließen wollte. Nach dem Studium eröffnete er eine Praxis im thüringischen Gräfenrode. Im idyllischen Heidelberg der Jahrhundertwende fand Breuer das richtige Klima für sein musisches Schaffen. Zusammen mit seinen Freunden, den »Vaganten«, die sich in seiner Studentenbude im Klingenteich 27 um ihn scharten, sammelte er die zur Klampfe gesungenen Bauern- und Fuhrmannslieder und gab sie 1908 als *Zupfgeigenhansl* heraus.[1] Dieses Volksbüchlein erlebte die sensationell hohe Auflage von über einer Million. Seine weitreichende Bedeutung liegt darin, daß es eine Wiederbelebung des deutschen Volksliedes herbeiführte und das musikalische Schaffen seiner Zeit durchdrang.

Bevor Breuer sich in Thüringen niederließ, hatte er eine Heidelbergerin geheiratet, Elisabeth (»Lies«) Riegler, Tochter des Verwalters der Frauenklinik Philipp Riegler. Doch starb, wie dies die Grabmalinschriften angeben, Elisabeth Breuer 1917 einige Monate nach der Geburt ihres Sohnes Hans-Wolfgang, nur wenige Monate, bevor ihr Mann fiel. Ihr Sohn wuchs bei der Schwester seines Vaters in Königsberg auf, wo er als Achtzehnjähriger an einer unheilbaren Knochenmarkserkrankung starb.

An Hans Breuer, dessen Andenken in der Hans-Breuer-Stiftung zur Pflege des deutschen Liedgutes in Hamburg weiterlebt, erinnert in Heidelberg eine von dem Bildhauer Waldherr geschaffene, in der Jugendherberge stehende Porträtplastik sowie eine am Haus Klingenteichstraße 27 angebrachte Gedenktafel.

1 Heidelberger Fremdenblatt 1954, H. 5, S. 10 (E. Valentin).

II / 3
(Lit. D_{neu})

Grabstätte HEZEL / STEINBACH

Rudolf STEINBACH

(1903 Barmen – 1966 Aachen)
Architekt

Vor einer wohlproportionierten Biedermeier-Pyramide, deren Front ein schleifengebundener, kleinblütiger Reliefkranz schmückt, findet der Besucher einen äußerst schlichten, kleinformatigen, zylindrischen Marmorstein mit den Initialen Rudolf Steinbachs, dessen sterbliche Überreste hier zusammen mit denen des mit ihm befreundeten Stuttgarter Kunsthändlers **Carl Hezel** (1874–1947; siehe Sockelinschrift der Pyramide) in dem gemeinsamen Aschengrab bestattet sind.[1]

Der Wahlheidelberger **Rudolf Steinbach,** zuletzt Ordinarius an der Technischen Hochschule Aachen, war ab den dreißiger Jahren in Heidelberg und Umgebung tätig. Er widmete sich vor allem dem Wohnhausbau (zumeist in Zusammenarbeit mit Hermann Hampe). Neben seiner beruflichen Tätigkeit nahm er am kulturellen Leben der Stadt teil; so gehörte er dem Marianne-Weber-Kreis an und war häufiger Gast in der Abtei Neuburg, wo damals oft Fragen der Bildenden Kunst diskutiert wurden. Noch während des Zweiten Weltkriegs wurde Steinbach als Mitarbeiter des Kirchenbauers Rudolf Schwarz zur Behebung von Kriegsschäden in Lothringen eingesetzt.

Als Spezialist für stilgerechte Erneuerung alter Bauten kehrte er 1945 nach Heidelberg zurück, um gemeinsam mit J. Grobe 1945 / 1947 den Wiederaufbau der Alten Brücke zu leiten. Bei dieser Gelegenheit baute er eine Wohnung in dem bis dahin verwahrlosten Brückentor aus und bewohnte diese bis zu seiner 1951 erfolgten Berufung nach Aachen, was ihm in der Bevölkerung die Bezeichnung »Brückenheiliger« einbrachte. In den Jahren 1946 bis 1950 wurde Rudolf Steinbach die bauliche Erweiterung des Benediktinerklosters Neuburg (u. a. Refektorium, Scheune, Gästehaus) übertragen. In dieser Zeit arbeitete er vorübergehend auch in der städtischen Planung für neue Friedhofsanlagen mit und war als Berater in Fragen für Grabmalgestaltung tätig. Später war Rudolf Steinbach beim Wiederaufbau kriegszerstörter Kirchen (u. a. Johannisberg bei Rüdesheim) – zum Teil abermals gemeinsam mit Rudolf Schwarz – in ganz Deutschland tätig.

Rudolf Steinbach, der in seinem Schaffen umfassendes handwerkliches Können mit künstlerischem Anspruch verband, verstand es, Moderne und Tradition miteinander in Einklang zu bringen. Seine zahlreichen Vorträge sind seinen Heidelberger Freunden heute noch in lebendiger Erinnerung. Der kunstliebende Architekt, der sich auch mit philosophischen Fragen auseinandersetzte, hat auch manches eigene Gedicht verfaßt.[2]

1 Dieses Grab hatte Rudolf Steinbach 1947 für seinen Freund errichten lassen. Das Grabmal wurde vermutlich von Rudolf Steinbach selbst aus dem alten Bestand des St.-Anna-Kirchhofes ausgewählt.
2 Vgl. Steinbach 1990.

II / **4** (Lit. D_{neu})

Gebrochene Sandsteinsäule für den kommunistischen Arbeitsminister der Regierung Württemberg-Baden, **Max BOCK** (1881 Hamburg-Altona – 1946 Heidelberg)

Die auf einem würfelförmigen Inschriftsockel aufragende gebrochene Säule aus rotem Sandstein[1] wurde für den in voller Schaffenskraft vom Tode ereilten Politiker errichtet. Dieser beliebte Grabmaltypus des Klassizismus vermag überzeugend die Endlichkeit des Lebens vor Augen zu führen, den unumkehrbaren Einbruch des Todes in das Leben zu veranschaulichen.

Der gebürtige Hamburger **Max Bock** ist schon früh in der kommunistischen Arbeiterbewegung aktiv gewesen, zunächst in Rußland, dann vor allem in der Schweiz und in Süddeutschland. Als Mitglied der Kommunistischen Partei Deutschlands war er von 1921 bis 1933 Landtagsabgeordneter, später auch Fraktionsvorsitzender im Badischen Landtag. Durch Inhaftierungen in den Konzentrationslagern Kislau, Heuberg, Buchenwald und Dachau, die er zwischen 1933 und 1945 zu erleiden hatte, wurde seine Gesundheit stark angegriffen. Nach Kriegsende wirkte er als Stadtrat und Wohlfahrtsdezernent in Heidelberg, bis ihn der stellvertretende Ministerpräsident Heinrich Köhler wegen seiner Kenntnisse auf dem Gebiet des Arbeitsrechts und der Sozialpolitik als ersten Arbeitsminister des Landes Württemberg-Baden berief. Der mutige Widerstandskämpfer Bock, der sich nur noch wenige Monate für den Neuaufbau Deutschlands einsetzen konnte, wurde durch ein Staatsbegräbnis auf dem Heidelberger Bergfriedhof geehrt.[2]

Die Grabinschrift bewahrt auch das Andenken an seine Ehefrau Maria, geb. Eilers (1895–1943).

II / **5** (Lit. D_{neu})

Rosenzweig legende weibliche Figur auf dem Grab **STRAUB**

Innerhalb der Vielfalt weiblicher Trauerfiguren ist die lebensgroße, auf einem Postament Knieende – anders als etwa die in Trauerpose an Säulen verharrenden Gestalten – ein Beispiel einer in nachvollziehbare Handlung eingebundenen Grabfigur voller Gegenwartsnähe: Zum Grab hin geneigt, ist sie gerade dabei, mit der Rechten einen Rosenzweig niederzulegen, den sie dem üppigen, in ihrem Schoß liegenden Rosenstrauß entnommen hat. Der Rosenzweig als Grabgabe – seit der Antike ein Symbol für ledig und jung Verstorbene – erscheint hier besonders passend: wurde doch die Figur für die 21jährig verstorbene Kaufmannstochter **Adele Lenz** 1923 errichtet.

1 Wiederverwendung eines älteren Grabmals (dem des Freiherrn Oscar Gustav Condalin v. Bibra), 1949 von der Stadt Heidelberg aus den Beständen des alten St.-Anna-Kirchhofes ausgewählt.
2 Erinnerung an Max Bock 1981.

Abb. 40. Galvanoplastische Grabfigur auf der Ruhestätte Straub.

Sinnfällig bringt die still Handelnde die Bedeutung des letzten Ruheortes als einer Stätte liebender Erinnerung zum Ausdruck. Die jung und sanftmütig wirkende Grabfigur in natürlich wirkender Positur, zeitgenössisch anmutender Kleidung und mit gescheitelter, lose zum Knoten gebundener Haartracht entwarf der elsässische Bildhauer Heinrich Waderer. Es ist eine Hohl-Galvanoplastik, die als Industrieprodukt einem breiten Abnehmerkreis angeboten wurde.

II / **6** (Lit. D_{neu})

Figurenfriesgeschmückte Mensa für den Heidelberger Oberbürgermeister und Ehrenbürger **Ernst WALZ** (1859 Heidelberg – 1941 Heidelberg) und seine Ehefrau **Margarethe WALZ, geb. Becker** (1866 Wien – 1932 Halle)

Den Eindruck eines verhalten trauernden Gefolges vermittelt der Relieffries von zwei sich aufeinander zubewegenden Figurenfolgen am Grabmal des Ehepaares. Dieses ist von ihrem Schwiegersohn Renzo Giulini entworfen und von dem Bildhauer Franz Bergner ausgeführt worden.

Die Relieffiguren in antikisierender Gewandung – die Kinderfiguren sind unbekleidet – können folgendermaßen gedeutet werden: Auf der linken Seite steht ein Ehepaar mit Kindern, Personifikation von Liebe und Familie, in der Mitte die Personifikation der Stadt Heidelberg mit dem Stadtwappen, auf der rechten Seite erscheinen außen die Symbolfiguren der Frömmigkeit und Religion, dann die Figur der Justitia mit Schwert und Waage – zugleich Hinweis

Abb. 41. Figürlich reliefiertes Grabmal für den Oberbürgermeister Ernst Walz und seine Frau Margarethe, geb. Becker.

auf den Beruf des Verstorbenen –, an diese anschließend die personifizierte Wissenschaft und zur Mitte hin in gekauerter Stellung die Kunst mit der Leier des Apoll. Das Sockelband der halbrunden Mensa schmückt eine in schönen Antiqua-Lettern gehauene Inschrift »Mors utriusque vitae media« (Der Tod [ist] die Mitte zwischen beiden Leben).

Ernst Walz verbrachte die ungewöhnlich lange Zeit von 42 Jahren im Dienste der Stadt, davon 15 Jahre als Oberbürgermeister (1913–1928). Als Sohn des außerordentlichen Professors der Pharmakologie Georg Friedrich Walz in Heidelberg geboren,[1] studierte er hier Rechtswissenschaften. 1886 wurde er zum Ersten Bürgermeister gewählt. In diesem Amt befaßte sich Walz mit dem städtischen Bauwesen (die Weststadt war gerade im Entstehen), der Gemeindegerichtsbarkeit und dem Fürsorgewesen. Besonders das Erstellen einer zeitgemäßen Bauordnung und von Stadterweiterungsplänen zählen zu

1 Der Vater Georg Friedrich Walz (1813–1861) trat u. a. als Pharmazeut im Allgemeinen Deutschen Apotheker-Verein Süddeutschlands und Gründer eines pharmazeutischen Privatinstituts hervor. Vgl. hierzu Eberhardt 1990. Seine Familiengrabstätte befand sich einstmals in unmittelbarer Nähe des Verwaltungsgebäudes auf dem Bergfriedhof (Lit. D).

seinen Verdiensten.[1] Mit einer Arbeit über *Das Badische Ortsstraßenrecht* habilitierte er sich im Jahre 1900 an der Juristischen Fakultät der Universität Heidelberg. Seit 1902 las Ernst Walz als außerordentlicher Professor über badisches Staats- und Verwaltungsrecht, deutsches Bau- und Wohnrecht und über die Sozialgesetzgebung. Mit seiner 1913 erfolgten Wahl zum Oberbürgermeister beendete er seine Lehrtätigkeit. Von seinen rechtswissenschaftlichen Schriften sei vor allem *Das Staatsrecht des Großherzogtums Baden* (1909) genannt.

Die Zeit Ernst Walz' als Oberbürgermeister war geprägt von den Kriegs- und Nachkriegsjahren mit den großen Problemen der Wohnungsnot und Arbeitslosigkeit. Pfaffengrund, Pfädelsäcker und Atzelhof wurden bebaut, die Schwemmkanalisation durchgeführt und die Wasserversorgung verbessert. Wieblingen, Kirchheim und Rohrbach wurden eingemeindet.[2]

Ernst Walz wirkte darüber hinaus von 1919 bis 1928 als Vorsitzender des Badischen Städtetages und war Vorstandsmitglied des Deutschen Städtetages.

Ihm wurden zahlreiche Auszeichnungen zuteil, darunter 1926 die Ehrenbürgerwürde der Stadt Heidelberg. Im selben Jahr wurde er zum Ehrensenator der Universität ernannt. Die dritte Neckarbrücke trägt seinen Namen.[3]

Margarethe Walz, Tochter des Ophthalmologen Prof. Dr. Otto Becker, trat durch Bildung und geistiges Niveau hervor. Ihr großes Vermögen setzte sie nicht nur zur Repräsentation und zu ausgedehnten Reisen ein, sondern auch zur Fürsorgearbeit zugunsten Bedürftiger.

II / **7** (Lit. D_{neu})

Gotisierende Portalstele für die Familie **Carl Adolph von VANGEROW**

(1808 Schiffelbach / Marburg – 1870 Heidelberg)
Rechtslehrer. Ehrenbürger der Stadt Heidelberg

Das hellsandsteinerne Familiengrabmal von Vangerow, das nach Auflösung der Grabstätte in der städtischen Grünanlage am zweiten Friedhofstor des Steigerwegs aufgestellt worden ist, stammt aus der Mitte des 19. Jahrhunderts. Die auf gotische Architekturformen zurückgreifende Gestaltung erinnert in ihrem Aufbau – die blattkapitellgeschmückten Säulchen und der archivoltierte, stumpfe Spitzbogen deuten es an – an ein gotisches Stufenportal. Das Bogenfeld der Inschriftwand schmückt schlichtes Maßwerk. Im Unterschied zu vielen anderen, in schlanken und spitzen Formen gestalteten neugotischen Grabzeichen, wie z. B. der Fiale, erscheint diese körperhafte Portalstele in ihrem geschlossen-sparsamen Ausdruck spürbar der Frühgotik, fast noch der Romanik verhaftet.

1 Bad. Biogr. NF 2 (1987), S. 305 f. (R. Benl).
2 Zu Walz' Wirken vgl. Ernst Walz 1991.
3 Schon bei ihrer Erbauung 1928 hatte die Brücke den Namen des Oberbürgermeisters erhalten (vgl. Heidelberger Tageblatt – Generalanzeiger vom 14. April 1928); nach 1933 Hindenburgbrücke genannt, wurde sie nach dem Wiederaufbau 1949 abermals nach Ernst Walz benannt (vgl. RNZ vom 24. Januar 1978).

Von Vangerow war 1840 von Marburg an die Universität Heidelberg berufen worden, um hier die Nachfolge des namhaften Rechtslehrers Anton Justus Thibaut anzutreten. Von ihm stammt das in sieben Auflagen erschienene Lehrbuch der Pandekten. Im Laufe seines dreißig Jahre währenden Aufenthalts in Heidelberg wuchs von Vangerow, der eng mit Häusser und Bunsen befreundet war, zu einer der herausragenden Gestalten des universitären Lebens heran: Jurist mit Leib und Seele, verstand er es, die Studenten durch großes pädagogisches Geschick und seine freie Vortragsart zu fesseln. Selbst in den 1850er Jahren, als die Zahl der Studenten infolge der Nachwehen der 48er Revolution an anderen Universitäten sank, konnte er stets gefüllte Hörsäle verzeichnen.[1]

Carl Adolf von Vangerow, »das Haupt und der Fürst der Universität« (G. Weber), wurde 1852 zum Ehrenbürger der Stadt ernannt. An ihn erinnern heute die Vangerowstraße und der Vangerowplatz in Bergheim sowie eine Gedenktafel an dem von ihm ehedem bewohnten Palais von Wieser in der Märzgasse 18.

Die Inschrift der Stelenfront trägt auch den Namen seiner Ehefrau Dorothea Christiane Graff.

Von weiteren Familienangehörigen seien Carl Arwed von Fischer, preußischer General (1825–1897), und seine Frau Mathilde, geborene von Vangerow (1835–1915), erwähnt.

II / **8**
(Lit. D_{neu})

Familiengrabstätte PFEFFER

Ensemble aus einer halbkreisförmigen Grabwand und einer urnenbekrönten Säule im Gepräge des Biedermeier-Klassizismus für die Mitglieder eines Heidelberger Verlags- und Druckhauses

Die unweit des zweiten Steigerwegtores gelegene Ruhestätte verbindet in ihrer Gestaltung die Stimmung des Behaglich-Besinnlichen mit dem Eindruck stiller Würde. Das in seiner Form an die antike Exedra anknüpfende Grabmalarrangement – ehemals von zwei hochgewachsenen Scheinzypressen stimmungsvoll umrahmt – zeigt eine nach vorne halbkreisförmig geöffnete, niedrige Grabwand, die als Träger zahlreicher Namensinschriften dient: An den beiden Stirnwänden, die pilasterartig ausgeführt sind, sieht man biedermeiergemäße Inschriftmedaillons, die oben von Schleifenbändern geschmückt werden. Die Grabwand, die in ihrer umfangenden Form Geborgenheit signalisiert, umschließt ein kreisrundes Podest, das zur Hälfte aus dem Wandaufbau frei hervortritt. Das prägende Gestaltungsmittel bildet eine im Mittelpunkt der ganzen Anlage errichtete gesockelte Säule mit Urnenaufsatz, die der Grabmalgestaltung eine zurückhaltende, leise Feierlichkeit verleiht. Die tuchbedeckte

1 Heidelberger Professoren aus dem 19. Jahrhundert 1 (1903), S. 179 f.

Urne, ein allgemeines, seit dem Klassizismus häufig verwendetes Symbol der Trauer, ist hier das weihevolle Zentrum des Ganzen. Das in der Formensprache des Biedermeier-Klassizismus gestaltete Grabmal – in dieser Art das einzige auf dem Bergfriedhof – stammt von Franz Sommer d. J., akademischem Bildhauer in Heidelberg.[1]

Abb. 42. Das Grabmal der Familie Pfeffer ist ein schönes Beispiel für die vielfältige Grabmalgestaltung des Bildhauers Franz Sommer d. J.

Das Gedenken an **Carl Pfeffer** (1855 Heidelberg – 1945 Heidelberg) und seine Frau Marie, geb. Morgenroth (1855–1920), bewahrt das Inschriftmedaillon am Säulenschaft. Carl Pfeffer, der 1884 eine Buchdruckerei in der Brunnengasse gründete, gebührt die Ehre, der ›Vater‹ des renommierten liberalen »Heidelberger Tageblattes« zu sein, das aus politischen Gründen 1933 kurzfristig, 1937 endgültig verboten wurde.

Der Sohn **Heinrich Pfeffer** (1883–1938 Heidelberg: Inschriftenmedaillon an Wandfront rechts) leitete ab 1908 Firma und Verlag und konnte 1936 mit der Gründung der »Gutenbergdruckerei« mit den Familienmitgliedern als Gesellschaftern den Betrieb erhalten. Der als Heidelberger Publizist und Schriftsteller bekannte Dr. Karl Goldschmit-Jentner, Schwiegersohn des Verlagsgründers und Feuilletonist des alten Tageblattes, erwirkte 1947 die Neugründung desselben (1982 eingestellt).

Der für seine Verdienste als Heidelberger Publizist mit dem Bundesverdienstkreuz ausgezeichnete Sohn des Verlagsgründers Dr. **Otto Pfeffer**

1 Mushake 1929, S. 93.

(1888–1964 Heidelberg; Inschriftmedaillon an der Wandfront links) wirkte von 1919 bis 1933 als Hauptschriftleiter des »Tageblattes«, arbeitete dann auf unpolitischem Gebiet im »Carl-Pfeffer-Verlag« und gründete später drei eigene Verlage.[1]

Die Grabstätte dient weiteren Familienmitgliedern als Ruhestätte.

II / 9
(Lit. D)

Ludwig HÄUSSER

(1818 Kleeburg / Unterelsaß – 1867 Heidelberg)
Hochpostamentierte Bronzebüste für den Historiker, Politiker und Heidelberger Ehrenbürger

Auf dem nördlichen Anlauf des »Professorenweges« trifft der Besucher als erstes auf das Grabdenkmal Häusser, das hier – nach Auflösung der vormaligen Grabstätte, die links von dem Grab Kuno Fischers gelegen hat – seinen neuen Aufstellungsort gefunden hat. Das Grabmal entspricht der traditionellen Denkmalform, wie sie gerne zur Verewigung von verdienten Repräsentanten der Gesellschaft verwendet worden ist. Die Büste des Verstorbenen steht auf einem hohen Unterbau. Dieser ist aus rotem Sandstein pfeilerartig gebildet, die Vorderseite wird von einer plastischen Lorbeerblattgirlande geschmückt, die zwischen zwei Namenstafeln angebracht ist. Dem Verewigten war 1860 zum Dank für seine »Bemühungen als Vorkämpfer für Freiheit, Recht und Licht« die Ehrenbürgerwürde der Stadt Heidelberg verliehen worden.

Die bronzene Bildnisbüste, die den angesehenen Gelehrten mit recht jugendlichen Zügen zeigt – Häusser starb achtundvierzigjährig – wurde nach einem Modell von Bildhauer Konrad Knoll geschaffen.

Das Gedenken an seine Frau Eleonore Häusser (1823–1895, Tochter des Pfarrers Friedrich Ludwig Rettig und seiner Frau Henriette Luisa Müller in Schwetzingen) bewahrt die untere Schrifttafel des Postaments.

Der als Pfarrersohn geborene, in der Pfalz aufgewachsene Historiker **Ludwig Häusser** hat sich durch seine *Geschichte der Rheinischen Pfalz* (1845) als Landeshistoriker einen Namen gemacht. 1845 wurde er in Heidelberg außerordentlicher, von 1849 bis zu seinem frühen Tode war er ordentlicher Professor. Er vertrat hier zusammen mit Gervinus die Geschichtswissenschaft. Auch im Heidelberger Stadtleben hatte dieser humorvolle, »typisch heidelbergische Professor« einen festen Platz inne, nicht zuletzt durch seine Tätigkeit als langjähriger Leiter der Museumsgesellschaft. Große Beachtung fand sein bedeutendes Werk *Deutsche Geschichte vom Tode Friedrichs des Großen bis zur Gründung des Deutschen Bundes* (1854–1857). An ihn erinnert heute die Häusserstraße in der Weststadt.

Häusser, der Schüler Friedrich Christoph Schlossers war, verstand sein Amt immer auch als Auftrag zu politischer Erziehung; sein Katheder war für ihn

1 Freundliche Auskunft gab Frau Ilse Pfeffer in Heidelberg.

»Kanzel und Tribüne in einem«.[1] Im Vorfeld der Badischen Revolution zählte er mit Mathy, Mittermaier und Gervinus zu den Herausgebern der in Heidelberg gegründeten, liberal ausgerichteten »Deutschen Zeitung«. In dem 1850 einberufenen Erfurter Unionsparlament, das sich die kleindeutsche Einheit unter Preußens Führung zum Ziel gesetzt hatte, vertrat er – ein Befürworter der kleindeutschen Lösung – die Stadt Heidelberg. Von 1845 bis 1850 und von 1860 bis 1865 war er Mitglied der badischen Zweiten Kammer.

Als der gesellige Häusser, »gleich eifrig auf dem Katheder wie beim Wein wie im Ständesaal«,[2] an einem Herzleiden starb, nahm das gesamte Land Anteil – angefangen bei Großherzog Friedrich, dessen Mentor und wissenschaftlicher Berater er gewesen war und der ihn als seinen »eigentlichen Lehrer« bezeichnete.

II / 10
(Lit. D)

Sophie METZGER

(1857 Seckenheim/Mannheim – 1912 Heidelberg)
Jugendstilgrabmal mit reliefiertem Christuskopf

Franz KNAUFF (1835 Karlsruhe – 1920 Heidelberg)
Arzt, Hygieniker

»Kommt her zu mir alle die ihr mühselig und beladen seid«, diese Bibelworte (Matth. 11, 28) umrahmen zusammen mit einem Rosengebinde den in ein konkaves Medaillon eingelassenen weißmarmornen Christuskopf, der sich am Grabmal der Wirtschafterin **Sophie Metzger** befindet; Sophie Metzger hat den Haushalt des Professors Franz Knauff geführt. Aus dem schalenartigen Medaillongrund ragt der Kopf in starker Plastizität heraus: Im Ausdruck entschieden und zugleich in sich versunken, dem Diesseits ganz entrückt, entbehrt er nicht einer gewissen Süßlichkeit. Die gedrängte Form des schweren Grabmonuments mit seinem gedrungenen Gebälk-Giebel und seinen stämmigen Säulen an den Korpusseiten scheint die Aussage der Bilddarstellung und die in Worten ausgesprochene Aufforderung Christi noch zu untermauern. Der durch die Signatur »W. L.« bezeichnete Schöpfer des jugendstilgeprägten Grabmals ist bislang unbekannt geblieben.

Im Grab Metzger ruhen auch die sterblichen Überreste des Geheimen Rates Prof. Dr. Franz Knauff – dessen Namensinschrift ein liegender Grabstein trägt – und die seiner Mutter Franziska Knauff; beider sterbliche Überreste sind 1955 von der unmittelbar davor liegenden Grabstätte Knauff hierher übertragen. Wie den älteren Friedhofsführern zu entnehmen ist,[3] zeigte das einstmalige Grabmal Knauff – wohl in Anspielung auf eine Stiftung des Verstorbenen für die Kinderfürsorge – eine Gruppe von Kindern, einen schweren Kranz tragend.

1 NDB 7 (1966), S. 457 (P. Fuchs).
2 Zitiert nach: Classen/Wolgast 1983, S. 50.
3 Mushake 1929, S. 98; Gass 1933, S. 8.

Franz Knauff, von 1892 bis 1909 Ordinarius für Hygiene und Gerichtliche Medizin in Heidelberg, war ein angesehener Arzt, dessen Interesse auch der öffentlichen Gesundheitspflege galt und dessen Name mit der »Popularisierung der Hygiene« verbunden ist. Schon 1865 hatte er einen Lehrauftrag für öffentliche Gesundheitspflege erhalten und 1887 ein privates Hygiene-Institut eingerichtet.[1]

Das Gedenken an Franz Knauff bewahrt eine nach ihm benannte Straße in der Weststadt.

II / 11
(Lit. D)

Familiengrabstätte FRIEDREICH / WINDEL

Nikolaus FRIEDREICH

(1826 Würzburg – 1882 Heidelberg)
Internist und Pathologe. Ehrenbürger der Stadt Heidelberg

Die Grabinschrift für Prof. Dr. Nikolaus Friedreich und seine Frau Josephine, geborene Lauck (1823–1900), findet sich auf der Rückseite des hochgesockelten Granitobelisken für Familie Windel. Das große Familiengrab, das von einem Messing-Ziergeländer aus Rundstäben und pinienbekrönten Säulchen umfriedet wird, ist später durch ein Vermächtnis an die mit Friedreich eng befreundete Medizinerfamilie **Windel** übergegangen.

Friedreichs Wirken fällt in eine Zeit, in der auch in der Medizin streng naturwissenschaftliche Methoden bereits gang und gäbe waren. Der Würzburger Professorensohn, dessen Arbeit insbesondere durch den Pathologen Rudolf Virchow beeinflußt wurde, zeichnete sich durch seine eingehenden Anamnesen und äußerst genauen physikalischen Untersuchungen aus. Die von ihm geleistete Beschreibung der Hereditären Ataxie, auch Friedreichsche Krankheit genannt, steht am Beginn der Heidelberger neurologischen Tradition.

1858 wurde Friedreich als Professor der Pathologie nach Heidelberg berufen und gleichzeitig zum Direktor der hiesigen medizinischen Universitätsklinik ernannt, die damals noch in der Altstadt untergebracht war (im ehemaligen Seminar Carolinum, heute Zentrale Universitätsverwaltung).

In Heidelberg bestand nach Friedreichs Ansicht besonders gute Gelegenheit, chronische Erkrankungsformen zu studieren, da man in dieser Stadt die »seltsamsten Kontraste« zwischen den »lieblichsten landschaftlichen Bildern« und den »scheußlichsten Formen« der verschiedenen pathologischen Erscheinungen beobachten könne.

Für seine Verdienste in der Medizin und als Dank für seine »vielfach bewährte Anhänglichkeit« an die Stadt Heidelberg wurde Friedreich postum 1896 die Ehrenbürgerwürde verliehen. An seinem Wohnhaus, das er sich er-

1 Semper apertus 4 (1985), S. 174 f. (Schaefer/Sontag/Schmidt).

bauen ließ, dem heutigen Deutsch-Amerikanischen' Institut, erinnert eine Gedenktafel an Friedreich, der kurz nach Vollendung des Baus 57jährig an einer langen und schweren Krankheit (Aneurysma der Brust-Aorta) starb.[1]

Abb. 43. Blick auf den ›Professoren-Weg‹ mit den Grabstätten Dibelius, Voß, Hoops, Fischer, Köchly/Hellpach und Stark.

II / **12**
(Lit. D)

Martin DIBELIUS
(1883 Dresden – 1947 Heidelberg)
Protestantischer Theologe

Dorothea DIBELIUS, geb. Wittich
(1883–1960)

Die Verwendung des gleichen Grabmaltyps, eines kreuztragenden Inschriftpostaments, schafft die Verbindung zwischen den hintereinanderliegenden Einzelgräbern des Ehepaares Dibelius. Die aus einer älteren Zeit stammenden, wiederverwendeten Sandsteingrabmäler mit weißmarmornen Kreuzen (aus der Bildhauerwerkstatt Heinrich Greiff) zeigen an den Inschriftfeldern schlichten, gotisierenden Reliefschmuck: Zierliche Rundstäbe als seitliche Umrahmung stellen zugleich Stämmchen dar, aus denen Blattrankenwerk arabeskenhaft herauswächst und das Schriftfeld wie mit einem gerafften Vorhang

1 Chronik Ärzte 1985, S. 223.

abschließt. Dieses abstrahierte Lebensbaummotiv erscheint als sinnfällige Ergänzung der Kreuzform, die als Grabzeichen die christliche Auferstehungshoffnung versinnbildlicht.

Als Forscher von internationalem Ruf wirkte **Dibelius,** ein gebürtiger Dresdener, der als Nachfolger von Johann Weiß den Lehrstuhl für neutestamentliche Exegese und Kritik innehatte, von 1915 bis 1947 an der Universität Heidelberg. Durch seine Arbeit *Die Formgeschichte des Evangeliums* (1919) begründete er die gleichnamige wissenschaftliche Arbeitsmethode. Sein umfassendes wissenschaftliches Wirken fand seinen Niederschlag vor allem in zahlreichen Aufsätzen mit oft fachübergreifender Thematik; ein Hauptgewicht lag dabei auf dem Gebiet der christlichen Ethik: Die Geschichte der urchristlichen Ethik beschäftigte ihn ebenso wie die Frage nach ihrer Gegenwartsbedeutung.[1]

Dibelius hatte auch ein lebhaftes Interesse an Literatur, Theater und Musik – er gehörte zum Kreis um Max und Marianne Weber –, wie seine zahlreichen Aufsätze auch auf diesem Gebiet, u. a. über Schiller, Richard Wagner und Gerhart Hauptmann – den letzteren hatte er 1928 als Rektor der Universität in Heidelberg begrüßen können – bezeugen. Sein Rektorat war geprägt von liberaler und demokratischer Gesinnung mit positiver Einstellung zur Weimarer Republik. Als Mitglied der Deutschen Demokratischen Partei (seit 1918) kandidierte Dibelius in vielen Wahlkämpfen, ohne jedoch ein Mandat zu erhalten. Eine Anerkennung der Forderung nach politischer Öffnung der Universität stellte der »Europäische Kulturkongreß« dar, der im Oktober 1927 in Heidelberg tagte. Im selben Jahr nahm Dibelius am ökumenischen Weltkongreß in Lausanne teil, 1929 war er stellvertretender Vorsitzender der Stockholmer Theologenkommission.

II / 13 (Lit. D) | Familiengrabstätte VOSS

Gotisierende Inschriftstele für den Dichter und Homer-Übersetzer **Johann Heinrich VOSS** (1751 Sommersdorf/Mecklenburg – 1826 Heidelberg)

Eine feinsinnige Widmungsinschrift schmückt das Familiengrabmal Voß, das Frau Ernestine Voß, die Witwe des Dichters, hat setzen lassen. Die giebelförmig abschließende Rotsandsteinstele mit Bogenfries wurde von dem Heidelberger Bildhauer Heinrich Rott geschaffen;[2] 1928 wurde das verwitterte Grabmal durch eine originalgetreue Nachbildung ersetzt.

Seit 1875 ruhen die sterblichen Überreste des Dichters, die vorher im St.-Anna-Friedhof beigesetzt waren, auf dem Bergfriedhof.[3] **Johann Heinrich Voß** hat sich vor allem mit der Übertragung der Werke Homers ins Deutsche

1 NDB 3 (1957), S. 632 (W. G. Kümmel).
2 Stadtarchiv Heidelberg AA/8.
3 Auslöser der Umbettungsaktion war ein am 2. April 1873 in der Kölnischen Zeitung erschienener Artikel über die drohende Auflösung des St.-Anna-Friedhofs mit dem Hin-

(Odyssee 1781, Ilias 1793) einen großen Namen gemacht. Er verfaßte daneben Gedichte, auch Idyllen, deren Thematik die Darstellung des aufgeklärten, bürgerlichen Lebens war. Der klassische Philologe, der unter anderem Goethe stark beeinflußt hat, vertrat einen harten Standpunkt gegenüber der Romantik. Arnims und Brentanos »Wunderhorn« lehnte er, trotz freundlicher Rezension

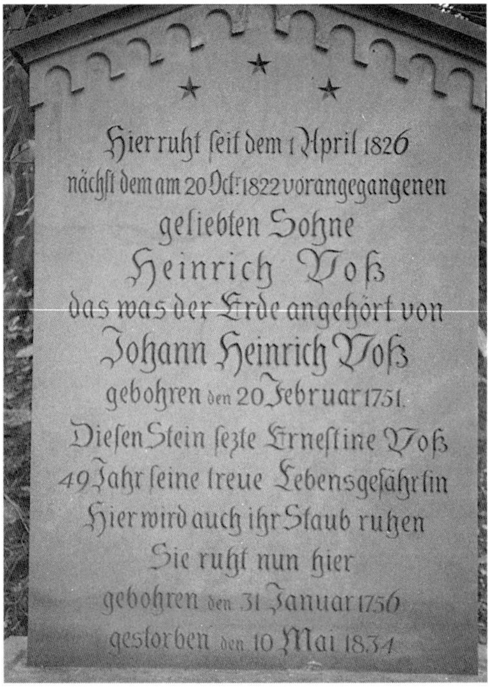

Abb. 44. Originalgetreue Nachbildung des vom St.-Anna-Kirchhof überführten Familiengrabmals des Dichters und Homer-Übersetzes Johann Heinrich Voß.

durch Goethe, ab. Den Kampf gegen die schwärmerisch-mystizistischen Strömungen der Romantik, das »moderne Maulchristentum«, glaubte der Rationalist Voß, »der alte Starrkopf«, auch nachdem die Romantiker Heidelberg verlassen hatten, noch in den Reihen der Universitätsprofessoren fortsetzen zu

[Fortsetzung von Fußnote 3 auf Seite 127:]

weis auf die Gräber Voß und Thibaut, die der Gefahr ausgesetzt seien, verschüttet zu werden. Daraufhin hat sich ein Urenkel des Dichters, Johannes Heinrich Voß aus Düsseldorf, mit einem Rundschreiben an die Nachkommen Voß gewandt, um dem Grab einen auch in Zukunft würdigen und geschützten Standort zu erhalten, was nur durch eine Überführung der Gebeine auf den neuen Friedhof möglich sei. Auch zwei alte Pappeln, die das Grab schmückten, sollten nach Möglichkeit mit übertragen werden oder – falls das nicht möglich sei – sollte wenigstens durch Anpflanzung neuer Pappeln die Erinnerung bewahrt werden. Die Kosten der Überführung übernahm der Engere Senat der Universität, der gemeinsam mit den Gemeinderäten Desaga und Posselt auch die Platzauswahl traf. (Stadtarchiv Heidelberg UA/12).

müssen. Besonders in seinem Alterswerk *Antisymbolik* (2 Bände, 1824-1826), das vornehmlich gegen den ebenfalls in Heidelberg lehrenden Mythenforscher Friedrich Creuzer gerichtet war, zeigt sich seine hartnäckige Verfechtung eines der Aufklärung verpflichteten Protestantismus.

Nach Heidelberg war Voß – zuvor Privatgelehrter in Jena – 1805 gekommen. Er war einem Angebot Karl Friedrichs von Baden gefolgt, der ihm eine jährliche Ehrenpension von 1000 Gulden zugesagt hatte. Obwohl er niemals eine Lehrverpflichtung an der Universität übernehmen mußte, gehörte er zu dem Kreis der Gelehrten, deren persönlicher Ausstrahlung der Aufschwung der neu gegründeten Universität zu verdanken war. Heute trägt im Stadtteil Bergheim eine Straße ihm zu Ehren seinen Namen.

Ernestine Voß (1756 Meldorf – 1834 Heidelberg), Schwester des Dichters Heinrich Christian Boie, dem Begründer des Hainbundes, führte mit ihrem Gatten in dem 1807 erworbenen Anwesen gegenüber der Peterskirche in der Sandgasse ein gastliches Haus, in dem u.a. Thibaut, Schlosser, Tiedemann und Paulus verkehrten. Berühmt war der schöne Garten des Hauses.[1] Ihre Lebenserinnerungen *Aus dem Leben Johann Heinrich Voß* sind 1923, ihre *Vossische Hausidylle* 1925 veröffentlicht worden.

Das Grabmal wahrt auch die Erinnerung an den gleichnamigen Sohn des Homer-Übersetzers, der seinem Vater um vier Jahre in den Tod vorausging. Er war 1807 als außerordentlicher Professor für Klassische Philologie nach Heidelberg berufen worden und wurde zwei Jahre später zum ordentlichen Professor ernannt. Bis zu seinem Tod im Jahre 1822 war er gleichzeitig als Mitarbeiter seines Vaters tätig.[2]

II / **14**
(Lit. D)

Familiengrabstätte HOOPS

Johannes HOOPS

(1865 Rablinghausen / Bremen – 1949 Heidelberg)
Anglist und Altertumskundler

Eine bescheidene, liegende Sandsteinplatte mit dem Spruch »Suchet mich nicht hier / suchet mich in euren Herzen« trägt oben in Bronzelettern die Namensinschriften und Lebensdaten des Ehepaares Johannes und Ida Hoops zusammen mit denen ihrer Tochter Else Mathy. Zwei kleine Inschriftsteine davor sind den beiden Söhnen der Familie gewidmet.[3]

Es war ein wesentliches Anliegen des Heidelberger Gelehrten **Johannes Hoops,** der über ein halbes Jahrhundert an der Heidelberger Universität gelehrt hat, die Abgrenzung der Einzelwissenschaften voneinander zu überwinden, um eine umfassende Kulturgeschichte der Germanen entwerfen zu können.

1 Ruperto-Carola 40 (1966), S. 174 (W. Schoof).
2 ADB 40 (1896/1971), S. 347 (F. Muncke).
3 Hier befand sich vorher die Grabstätte Ludwig Häussers.

Mit seiner Monographie *Waldbäume und Kulturpflanzen im germanischen Altertum* (1905), die von einer seinerzeit ungewöhnlichen Überschreitung fachlicher Grenzen zeugt, hat sich der aus der Nähe Bremens stammende Philologe einen Namen gemacht.

Hoops, ein ausgezeichneter Pädagoge, wirkte ab 1896 an der Heidelberger Universität als Professor für Englische Philologie und Germanische Altertumskunde. Sein organisatorisches Talent, das ihm bei der Herausgabe des vierbändigen *Reallexikon der germanischen Altertumskunde* (1911–1919) zugute kam, stellte er voll in den Dienst seiner Wahluniversität, die zu verlassen ihn kein Ruf, ob aus Frankfurt, Köln, Leipzig oder Bonn, bewegen konnte. Durch eine Spendenaktion, für die er persönlich geworben hat, ermöglichte er 1921, damals war er Rektor der Universität, die Fertigstellung der Mensa. Seine Bemühungen um die große amerikanische Stiftung des Botschafters Schurman führten zur Errichtung des Gebäudes der Neuen Universität 1929–1931.[1] Die Universität dankte ihm mit der Aufstellung seiner Bronzebüste im Senatssaal. Noch als Emeritus hielt Hoops seine Vorlesungen und wurde sogar noch einmal Rektor: Er, der wiederholt in Amerika gelehrt hatte (1926 und 1930 in Berkeley, 1933 in Baltimore), erschien 1945 als der geeignete Mann, die Universität in dieser Zeit des Neuanfangs zu vertreten.

II / **15**
(Lit. D)

Kuno FISCHER

(1824 Groß-Sandewalde/Schlesien – 1907 Heidelberg)
Philosoph. Ehrenbürger der Stadt Heidelberg

Marie FISCHER, geb. Le Mire

(1824 Versailles – 1882 Heidelberg)

Eine schwere, dunkelgranitene Jugendstilstele mit bronzenem (von Hermann Volz geschaffenem) Bildnismedaillon bewahrt die Erinnerung an den bekannten Philosophie- und Literaturprofessor, der als »der Philosoph von Heidelberg« in der zweiten Hälfte des 19. Jahrhunderts die hiesige Universitätsphilosophie prägte.

Die gestalterische Sprache des Grabmonuments, die flachreliefierten Lorbeerzweige und die floral anmutenden schlanken Fackeln, welche mit ihren Flammen bis in die Höhe des Bronzereliefs reichen, sollen die Würde des Philosophen wie wohl auch die Unvergänglichkeit des philosophierenden menschlichen Geistes überhaupt unterstreichen.[2]

Kuno Fischer, bedeutender Fortsetzer des Deutschen Idealismus, der »Wiedererwecker Kants«, wirkte von 1850 bis 1853 und von 1872 bis 1906 an der Heidelberger Alma mater. Sein Ziel war es, die Universität Heidelberg zu einer

1 Neue Heidelberger Jahrbücher, 1950, S. 15–16 (H. M. Flasdieck).
2 Häufiger als auf aufrechte Fackeln trifft man in der Grabmalgestaltung auf den schon in der Antike in diesem Zusammenhang üblichen Typus der gesenkten, gelöschten Fackel als eines Todessymbols.

philosophischen Universität zu machen. Erst im 80. Lebensjahr beendete er seine Lehrtätigkeit. Er ist in die Geschichte der Hochschule als ein »akademischer Kathederfürst« eingegangen, der bemüht war, einer großen Zuhörerschaft die klassische Bildungstradition zu vermitteln.[1]

Seine zwischen 1854 und 1900 erschienene elfbändige *Geschichte der neueren Philosophie* bietet eine Darstellung beispielhaft ausgesuchter philosophischer Systeme von Descartes und Bacon bis Hegel und Schopenhauer. Der erste Band dieses Werkes hatte zu einem Konflikt mit dem badischen Klerus geführt, infolgedessen Fischer den Heidelberger Lehrstuhl räumen mußte; erst 1872 konnte er von Jena als Nachfolger von Eduard Zeller hierher zurückkehren.[2] Als sein bedeutendstes Werk gilt *Logik und Metaphysik* (1852). Durch Schriften wie *Schiller als Philosoph* nahm er auch auf die Literaturwissenschaft Einfluß.

Kuno Fischer war in erster Ehe mit Marie Le Mire verheiratet, Tochter aus einer französischen Offiziersfamilie,[3] die 1839 in die Neckarstadt gezogen war. Zum gastlichen Elternhaus Maries – einer der kulturellen Mittelpunkte des damaligen Heidelbergs – hatte Fischer über seine Jugendschrift *Diotima. Über das Schöne* Zugang gefunden.

Die Erinnerung an den aus Schlesien stammenden Kuno Fischer, dem die Stadt Heidelberg zu seinem 70. Geburtstag »in Anerkennung seiner Verdienste um die Universität und seiner treuen Anhänglichkeit an Heidelberg« die Ehrenbürgerschaft verliehen hat und nach dem eine Straße in Neuenheim benannt ist, haben die Heidelberger auch in manchen Anekdoten bewahrt, war er doch von ausgeprägtem Selbstbewußtsein und auf ein gepflegtes, vornehmes Äußeres bedacht.

II / **16** (Lit. D) | **Johannes MINCKWITZ** (1812 Lückersdorf/Oberlausitz – 1885 Neuenheim/Heidelberg) Philologe

Das erste von drei Grabmälern, die auf der westlichen Seite des »Professoren-Weges« einen neuen Aufstellungsort gefunden haben, hält das Gedenken an den heute fast vergessenen Dichter und Philologen Minckwitz wach. Eine im Flachrelief abgebildete Lyra, das von alters her Apollon und Orpheus zugeordnete Musikinstrument, schmückt die Sandstein-Grabplatte dieses der klassischen Poesie verbundenen Philologen. Die Erinnerung an sein künstlerisches Schaffen bewahrt der unter der Namensinschrift angebrachte Sinnspruch: »Ein Dichter schied dahin, sein Leben es war Gesang nur.«

1 Die Atmosphäre einer solchen Kollegstunde vermittelt das von Johann Marc um 1900 geschaffene Ölgemälde »Fischer Kolleg lesend«, Kurpfälzisches Museum.

2 Ruperto-Carola 21 (1957), S. 100 (E. Hoffmann).

3 Die nach 1972 aufgelöste Familiengrabstätte Le Mire (vgl. Abbildung in: Heidelberger Fremdenblatt 1965, Novemberheft, S. 5) lag unweit der Grabstätte Fischer in der Verlängerung des »Professorenweges«, gegenüber dem Grab Weinkauff.

Minckwitz wählte Heidelberg als Ruhesitz nach einem bewegten akademischen Leben. 1883 ließ er sich mit seiner Familie in dem damaligen Vorort Neuenheim nieder.[1]

Seine Ablehnung der gängigen kritisch-grammatischen Philologie, der er die metrisch-rhythmische Doktrin August Graf von Platens vorzog, hatte Minckwitz in leidenschaftlich geführten Streit und literarische Fehden mit seinen Fachgenossen und vor allem auch mit seinem Doktorvater Gottfried Herrmann geraten lassen. Dies hatte zur Folge, daß er nach seiner Promotion an der Leipziger Universität 1833 keine Aussicht auf eine dort von ihm angestrebte Professur hatte.

Mit um so größerem Eifer widmete sich der Philologe als Privatgelehrter neben theoretischen Arbeiten zur Philologie und eigenen Versuchen in der Dichtkunst seiner Lebensaufgabe, der Übersetzung der großen Werke der griechischen Dichtung ins Deutsche. Seine Übersetzungen, darunter die Werke von Euripides (1834), Sophokles (1835–1843) und Homer (1854–1856), fanden so großen Anklang, daß König Friedrich Wilhelm IV. von Preußen Minckwitz eine jährliche Pension gewährte und Alexander von Humboldt ihn als den »vorzüglichsten Übersetzer der Alten nach J. H. Voß« würdigte.[2] Diese hohe Anerkennung seiner Arbeit brachte ihm endlich doch noch die angestrebte Professur: 1861 wurde er in Leipzig zum außerordentlichen Professor ernannt.

Minckwitz' eigene Dichtungen sind im wesentlichen von August von Platen beeinflußt. Eine Auswahl seiner Gedichte erschien 1876 unter dem Titel *Aus Deutschlands größter Zeit,* 1813–1876; sie sind vorzugsweise in der antiken Form der Oden gehalten, doch hat er auch Sonette und Romanzen geschrieben.

II / 17 (Lit. D) | **Anton Friedrich Justus THIBAUT**

(1772 Hameln – 1840 Heidelberg)
Rechtslehrer und Musikliebhaber. Ehrenbürger der Stadt Heidelberg

Seit 1875 ruht der zu den bedeutendsten deutschen Juristen des 19. Jahrhunderts zählende Thibaut auf dem Bergfriedhof,[3] wo ein schlichtes Inschriftpostament mit maßwerkartig verziertem Kreuz (renoviert und ergänzt) die Erinnerung an ihn bewahrt.

1 Seine Familienangehörigen, darunter seine Tochter, die Romanistin Marie Johanna Minckwitz, sind nicht in Heidelberg beigesetzt.

2 ADB 52 (1906/1971), S. 413 (L. Fränkel).

3 Nach einer feierlichen Übertragung seiner Gebeine (zusammen mit denen seiner Frau Henriette, geb. Ehlers) vom St.-Anna-Kirchhof; die Ruhestätte befand sich ehemals rechts von derjenigen von Johann Heinrich Voß am Professorenweg – schräg gegenüber vom heutigen Standort; in demselben Grab ist auch sein Sohn Carl Ernst (1807–1881) beigesetzt worden.

In **Thibaut** begegnet uns eine der herausragenden Persönlichkeiten des Heidelberger Universitäts- und Kulturlebens der ersten Hälfte des 19. Jahrhunderts. Er verschaffte der Juristischen Fakultät, deren Haupt er später wurde, als namhafter Pandektenrechtler (*System des Pandektenrechts,* 1803, 9. Aufl. 1846) einen glänzenden Ruf.[1] Thibaut steht darüber hinaus in erster Reihe mit denen, die den Aufbau und Aufschwung der Heidelberger Universität, der in der Folge ihrer 1803 vorgenommenen Reorganisation einsetzte, verkörpern: den Philologen Johann Heinrich Voß und Friedrich Creuzer und dem Theologen Heinrich Eberhard Gottlob Paulus. Von zukunftsweisender Bedeutung war Thibauts Forderung von 1814 nach einem allgemeinen bürgerlichen Gesetzbuch, womit er in einer Zeit des nach den Befreiungskriegen verstärkten Nationalgefühls seinen Nachruhm als Jurist begründete. Als geistreicher Lehrer imponierte er seiner überaus großen Schülerschaft durch freie Rede und kompromißlose Wahrheitsliebe.

Diesem Anspruch auf »Reinheit der Gesinnung« entsprach auf musikalischem Gebiet das Streben nach *Reinheit der Tonkunst;* so lautete der Titel seiner berühmten Abhandlung von 1825, die bis 1893 sieben Auflagen erlebte. Sie wurde die Grundlage der kirchenmusikalischen Reform des 19. Jahrhunderts.

Das Haus Thibauts am Fuße des Schloßberges, Karlstraße 16 (früher Unteres Kaltes Tal; an dieser Stelle steht heute der moderne Bau des Praktisch-Theologischen Seminars) wurde zu einer Art »Geburtsstätte der musikalischen Tradition in Heidelberg«. Dort veranstaltete der Wiederentdecker der alten Musik donnerstags seine berühmten Singabende, die das Ziel verfolgten, durch die Pflege der Vokalmusik den musikalischen Geschmack zu bilden und zu einem tieferen musikalischen Verständnis zu verhelfen. Robert Schumann und Felix Mendelssohn Bartholdy äußerten sich begeistert über die Ausstrahlung der Singabende Thibauts. Neben Zuccalmaglio, Zelter und Schumann nahmen auch Hegel, Jean Paul und Louis Spohr daran teil. Selbst Goethe nahm Anteil, indem er Noten schickte.[2]

Thibaut (an ihn erinnert heute die Thibautstraße in Bergheim) wurde 1829 die Ehrenbürgerwürde der Stadt Heidelberg verliehen, vor allem als Dank für seine anregende und befruchtende Tätigkeit im musikalischen Leben.

Eine Bewertung seiner Tätigkeit als Jurist und seiner Hingabe an die Musik gab Thibaut selbst mit folgenden Worten: »Die Jurisprudenz ist mein Geschäft, mein Musiksaal ist mein Tempel . . .«[3]

1 Vgl. Polley 1982, S. 263.
2 Ausführlich hierzu: Musik in Heidelberg 1777–1885 (1985), S. 87; Pfeiffer 1989.
3 Polley ebenda S. 99.

II / 18 (Lit. D) — Harry BRESSLAU

(1848 Dannenberg/Hannover – 1926 Heidelberg)
Historiker

Ein schlichter Granit-Grabstein in Form eines Lehnsockels erinnert an **Harry Bresslau,** einen der herausragenden Geschichtsforscher des 19. Jahrhunderts.

Das Hauptarbeitsgebiet Bresslaus, der lange Jahre an den Universitäten Berlin und Straßburg gelehrt hat, war die Erforschung der mittelalterlichen Urkunden. Sein *Handbuch der Urkundenlehre für Deutschland und Italien* (Bd. 1: 1889, Bd. 2: 1915–1931) wurde zum Ausgangspunkt aller weiteren Forschung auf diesem Gebiet.

Besondere Verdienste hat sich Bresslau als Mitherausgeber der *Monumenta Germaniae Historica* (MGH) erworben; seit 1877 arbeitete er an diesem bedeutenden Quellenwerk zur mittelalterlichen Geschichte Deutschlands mit. Anläßlich des hundertjährigen Jubiläums dieser Unternehmung, das man 1919 beging, schrieb er deren Geschichte.[1] Dem Judentum, dem er entstammte, hat sich Bresslau ebenfalls in seinen Studien gewidmet. Zahlreiche Aufsätze veröffentlichte er in der *Zeitschrift für die Geschichte der Juden in Deutschland.*

Seinen Lebensabend verbrachte Harry Bresslau mit seiner Frau Caroline, geb. Isay (gestorben 1941), in Heidelberg. Seine Tochter Helene war mit Albert Schweitzer verheiratet.

II / 19 (Lit. D) — Theodor VERHAS

(1811 Schwetzingen – 1872 Heidelberg)
Landschaftsmaler und Zeichner

Ein kleiner, naturhafter Steincorpus aus weißem Marmor, welcher von einem schlichten Kreuz bekrönt wird, trägt den Namen des mit dem Heidelberger Malerkreis verbundenen Nachromantiker-Malers.

Der in Schwetzingen als Sohn des großherzoglichen Domänenverwalters geborene **Verhas** hörte nach seinem Schulabschluß 1827 für kurze Zeit Vorlesungen an der Heidelberger Universität, bevor er sich entschloß, einer schon länger gehegten Neigung zur Malerei nachzugeben. Dem Vorbild der Romantiker folgend und unter dem Einfluß der bedeutenden Heidelberger Maler Fohr, Rottmann und den Brüdern Fries stehend, wandte er sich der Landschaftsmalerei zu. Die zauberhaften Lichteffekte seiner Bilder lassen den Einfluß der englischen Maler Turner und Georg August Wallis erkennen, die zu jener Zeit in Heidelberg weilten. Nachdem Verhas in Karlsruhe bei Ernst Fries Unterricht genommen hatte, besuchte er – wie die meisten Heidelberger Romantiker – die Münchner Akademie. Er blieb längere Zeit in dieser zur Kunstmetropole aufsteigenden Großstadt, doch war ihm das rauhe Klima nicht

1 NDB 2 (1955), S. 601 (G. Opitz).

zuträglich. So kehrte er 1856 nach Heidelberg zurück, um sich mit seiner Frau Mina (geb. Lutz) endgültig hier einzurichten. In stimmungsvollen Gemälden und Zeichnungen hat Verhas die enge Verbundenheit mit der Landschaft um Heidelberg zum Ausdruck gebracht. Neben den von Reisenden bevorzugten Heidelberg-Ansichten schuf er auch Gruppen- und Mensurbilder, die besonders bei den Korpsstudenten beliebt waren.[1] Eine Anzahl seiner Werke findet sich im Bestand des Kurpfälzischen Museums.

II / **20** (Lit. D)

Heinrich Eberhard Gottlob PAULUS
(1761 Leonberg / Stuttgart – 1851 Heidelberg)
Evangelischer Theologe. Ehrenbürger der Stadt Heidelberg

Das heute auf dem »Professoren-Weg« aufgestellte Grabmal des Theologen, eine gesockelte, mit schlichten Profilen ausgestattete Sandsteinstele mit rundbogig abschließendem Inschriftfeld und einem sparsamen Reliefschmuck, stammt aus der Frühzeit dieses Friedhofes. Freunde des Verstorbenen haben es gestiftet. H. E. G. Paulus war einst in der Nähe des Posseltschen Grabes am Steigerweg zur letzten Ruhe gebettet worden. Eine unübersehbare Anzahl von Menschen – der Prorektor und andere Universitätsangehörige, Theologen, sämtliche Beamte der Stadt, Studierende und Bürger – begleiteten den von vier schwarzen Pferden gezogenen Leichenwagen.

Aus dem Bewußtsein der meisten Heidelberger Bürger ist der Name Paulus inzwischen fast vollständig verschwunden: An den einstmals berühmten Theologen – neben Voß, Creuzer und Thibaut ein ›Aushängeschild‹ der neu begründeten Universität – und Ehrenbürger der Stadt (1839) erinnert keine Straße und keine Gedenktafel mehr. Nur die Besucher der Alten Aula werden seinen Namen unter vielen anderen in der Wanddekoration entdecken, die zum Universitätsjubiläum 1886 geschaffen worden ist.

Der 1761 als Sohn eines Pfarrers geborene **Paulus** war der bedeutendste Vertreter des theologischen Rationalismus und hat sich als der erste Heidelberger Neutestamentler einen Namen gemacht.[2] Er wurde vor allem bekannt durch seine Versuche, die biblischen Wunder natürlich zu erklären, verfaßt als *Philologisch-kritischer Commentar über das Neue Testament* (4 Bände, 1800–1804). Paulus war seinerzeit Professor für Dogmatik und Exegese in Jena, wo er 1789 als Professor für orientalische Sprachen begonnen hatte. Im Verlauf der Auseinandersetzung um seine Thesen wurde er scharf angegriffen, Herzog Karl August entschied jedoch zugunsten der akademischen Lehrfreiheit und legte den Fall ad acta. Paulus zog es dennoch vor, die Universität zu wechseln, obwohl er zum Kreis der großen Weimarer und Jenaer Persönlichkeiten wie Schiller, Goethe, Wieland, Fichte und Herder gehörte.

1 Vgl. hierzu: Lohmeyer 1935, S. 390 f.
2 Vgl. hierzu und zum folgenden: Semper Apertus 2 (1985), S. 226 (C. Burchard).

Nach einem Intermezzo als Kreis- und Schulrat für protestantische Angelegenheiten in Bayern, erhielt er 1811 auf Betreiben von Voß und Creuzer die lange gewünschte Professur in Heidelberg, die er 33 Jahre innehaben sollte. Als Exeget und Kirchenhistoriker verfaßte er hier einige seiner wissenschaftlichen Hauptwerke, wie *Das Leben Jesu als Grundlage einer reinen Geschichte des Urchristentums* (2 Bände, 1828), und *Exegetisches Handbuch über die drei ersten Evangelien* (3 Bände, 1830–1833).

Darüber hinaus war der streitbare Theologe auch gern publizistisch tätig. Er war langjähriger Herausgeber der Zeitschrift »Sophronizon« – der damals besten politischen Zeitschrift Süddeutschlands – und hat sich zu aktuellen Themen der Tagespolitik geäußert. Wortreich verteidigte er seine Kritik an der badischen Judenemanzipation. Die Revolutionsjahre 1848/49 beurteilte er zurückhaltend. Als Publizist war Paulus bis ins hohe Alter unermüdlich tätig. Ein breitgefächertes Themenspektrum hat der noch auf dem Sterbebett diktierende Wissenschaftler abgehandelt. Seine letzten Jahre – äußerlich immer hagerer geworden – verbrachte er im Landfriedhaus Friedrichstraße 2, einsam wie ein Einsiedler.[1] Seinen Nachlaß (20 000 Gulden und seine kostbare Bibliothek) vermachte er öffentlichen Institutionen.

Vergeblich würde man an dem – heute stark verwitterten – Sandsteingrabmal die Namensinschrift von Frau **Elisabeth Friederike Caroline Paulus,** geb. Paulus (sie war eine Cousine ihres Mannes aus Schorndorf) suchen: Am 11. März 1844 – noch vor der Einweihung des heutigen Friedhofs – gestorben, wurde sie auf dem St.-Anna-Kirchhof zur letzten Ruhe gebettet. Damit begann der Zerfall des »unzertrennlichen Kleeblatts« (so Paulus über sich, seine Gattin und seine Tochter). Caroline Paulus hatte sich als Schriftstellerin einen Namen gemacht. Sie veröffentlichte (teilweise unter dem Pseudonym Eleutheria Holberg) mehrere Romane, unter denen *Wilhelm Dumont* (1805) herausragt, der von Goethe positiv aufgenommen wurde. In den Jenaer Kreisen war Caroline Paulus wegen ihrer geisteswissenschaftlichen und musikalischen Bildung sehr geschätzt.[2]

Drei Jahre nach Caroline Paulus starb ihre schöne Tochter **Sophie**. Diese hatte 1818 den Dichter und Literaturwissenschaftler August Wilhelm Schlegel geheiratet, sich aber nach wenigen Wochen schon von ihm getrennt. Nach ihrer unglücklichen Ehe lebte sie bis zu ihrem Tod 1847 im Hause ihres Vaters. Neben ihrem Grab auf dem Bergfriedhof wurde später H. E. G. Paulus – als letzter des »Kleeblattes« – beigesetzt.[3]

1 Eine Biographie Paulus', des Heidelberger »Erzvaters der Aufklärung«, hat sein intimer Freund Freiherr Karl Alexander von Reichlin-Meldegg (damals Professor der Philosophie an der hiesigen Universität) aus dem ihm überlassenen schriftlichen Nachlaß verfaßt (Weber 1886, S. 169).

2 ADB 25 (1887/1970), S. 294 (Wagenmann).

3 Reichlin-Meldegg 1853, Bd. 2, S. 457.

II / **21** (Lit. D)

Postamentierte Inschrifttafel mit reliefiertem Händepaar für den Heidelberger Rechtsanwalt und Ehrenbürger
Heinrich Albert MAYS
(1818 Heidelberg – 1893 Heidelberg)
und seine Ehefrau **Julie MAYS, geb. Mays**
(1819 Mannheim – 1891 Heidelberg)

Nach einer zeitweiligen Aufbewahrung der Maysschen Marmortafel an einem anderen Ort des Friedhofs konnte sie 1992 an ihre ursprüngliche, inzwischen aufgelassene Ruhestätte zurückversetzt werden; ehemals schmückende Kennzeichnung eines voluminösen Steinblocks, ist sie nunmehr auf einem schlichten Steinsockel angebracht.

Abb. 45. Grabtafel des Ehepaares Julie und Albert Mays.

Die Relieftafel schmückt das in der Grabmalkunst des 19. Jahrhunderts häufiger verwendete Motiv der ineinandergelegten Hände als Sinnbild der innigen Verbundenheit der Ehepartner. Die differenzierte Bearbeitung der weiblichen und der männlichen Hand fällt auf. Eine Besonderheit ist die über den beiden Händen angebrachte Angabe des Datums der Eheschließung; daraus können wir ersehen, welch eine lange Lebensstrecke das Ehepaar gemeinsam miteinander verbracht hat. Das Motiv des Händepaars gehört zu den seltenen Darstellungen auf diesem Friedhof, die der ehelichen Partnerschaft auf gegenständlich-veranschaulichende Weise Ausdruck verleihen.

Mit der Verleihung der Ehrenbürgerwürde an **Albert Mays** bei der Enthüllung des Denkmals für seinen Dichterfreund Joseph Victor Scheffel 1891 dankte die Stadt Heidelberg einem »altbewährten Freund« und »unermüdlichen Förderer ihrer Interessen« für seine großen Verdienste. Diese Interessen hatte Mays neben seiner hauptberuflichen Tätigkeit als Rechtsanwalt zum einen als Politiker wahrgenommen. Er war zunächst Gemeinderat, dann Stadtverordneter, von 1871 bis 1889 einer der beiden Landtagsabgeordneten Heidelbergs. Zum anderen zeigte sich sein Engagement auf kulturellem Gebiet, vor allem in der Förderung der städtischen Kunstsammlungen; er gab den Anstoß zum Erwerb der Graimbergschen Sammlung und vermachte seine eigenen Kunstschätze der Stadt. Mays widmete sich auch der pfälzischen Altertumskunde und der Erforschung der Heidelberger Stadtgeschichte; eine seiner Veröffentlichungen ist die 1886 zum Universitätsjubiläum erschienene Festschrift *Heidelberg, gefeiert von Dichtern und Denkern seit fünf Jahrhunderten.*

An Albert Mays[1] – er war Enkel des Heidelberger Oberbürgermeisters Georg Daniel Mays – erinnert heute die nach ihm benannte Straße in der Weststadt. Seine Frau Julie war die Tochter des Mannheimer Konditors Heinrich Mays und dessen Ehefrau Luise Wilhelmine, geb. Guttenberger.

II / **22** (Lit. D) | **Hermann KÖCHLY**

(1815 Leipzig – 1876 Triest)
Neuklassizistischer Grabpfeiler für den Klassischen Philologen

Der hochaufragende, schmale Pfeiler aus geschliffenem, weißem Marmor mit seinem doppelseitig reliefgeschmückten Aufsatz, den große akanthusverzierte Palmetten schmücken, ist ein unmittelbarer Rückgriff auf griechisches Formengut.

Hermann Köchly lehrte ab 1863 klassische Philologie in Heidelberg. Neben seiner Arbeit als Wissenschaftler, die er zuvorderst der Übersetzung Cäsars und Ciceros ins Deutsche widmete, hegte Köchly großes Interesse an der Politik. Sein Augenmerk richtete sich hierbei besonders auf eine Reform des Gymnasialunterrichts. Er war republikanisch gesinnt; von 1871 bis 1874 gehörte er als Abgeordneter der Fortschrittspartei dem Deutschen Reichstag an.

Die Pfeilerfront trägt eine griechische Inschrift, die folgendermaßen übersetzt wurde: »Hermann Köchly – was immer er sehnlich begehrte, Athen zu sehen am Lebensabend – sah das Todeslos«. Sie nimmt Bezug auf das Lebensende[2] Köchlys, der an den Folgen eines auf den Gefilden von Marathon

1 Siehe hierzu Chronik für das Jahr 1893, S. 53 f.
2 NDB 12 (1980), S. 294 (P. Wirth).

erlittenen Reitunfalls in Triest starb. Das Grabmonument mit der von Köchly selbst verfaßten Inschrift stiftete sein Schüler, der Erbprinz von Sachsen-Meiningen, als dessen Reisebegleiter Köchly nach Griechenland gegangen war.

Die deutsche Namensinschrift mit den Lebensdaten findet sich an der Rückseite des Pfeilers.

An Köchlys Wohnhaus in der Bergstraße 30 erinnert eine Gedenktafel an den Gelehrten.

Abb. 46. Das Palmettenrelief am Grabpfeiler Köchly ist eine Nachbildung griechischer Reliefplastik an Grabstelen des 4. Jahrhunderts v. Chr.

II / **23**
(Lit. D)

Willy HELLPACH
(1877 Oels / Schlesien – 1955 Heidelberg)
Psychologe, Nervenarzt. Badischer Kultusminister und Staatspräsident

Olga HELLPACH, geb. Klim
(1880 Prag – 1948 Heidelberg)

Unmittelbar vor dem hohen Grabpfeiler für den Altphilologen Hermann Köchly findet man einen bescheidenen, liegenden Grabstein für das Ehepaar Hellpach, das hier »nach innigster, irdischer Lebensgemeinschaft« seine letzte Ruhestätte gefunden hat.

Der in Schlesien geborene **Hellpach,** der – nach eigenen Worten – »die Seelenkunde als Schicksal« entdeckte, interessierte sich schon während seines Studiums bei Wilhelm Wundt für das Grenzgebiet zwischen der Medizin und der Psychologie. 1904 ließ er sich in Karlsruhe als Nervenarzt nieder, später gehörte er dem Lehrkörper der dortigen Technischen Hochschule an, an der er ein Sozialpsychologisches Institut gründete. Als erster in Deutschland hielt Hellpach hier Vorlesungen über Arbeitspsychologie.

In weiten Kreisen bekannt – bis nach Amerika drang sein Ruhm – wurde Hellpach durch sein aufsehenerregendes, 1911 erschienenes Werk *Die geopsychischen Erscheinungen,* in dem er den Einfluß von Klima, Wetter, Boden und Landschaft auf die menschliche Seele darstellte. Angeregt dazu wurde er nicht zuletzt durch seine eigenen schmerzlichen Erfahrungen mit der Wetterfühligkeit, die er 1899 bei seinem ersten Aufenthalt in Heidelberg gemacht hatte.

In den zwanziger Jahren gelang es dem vielseitig interessierten Hellpach, auch in der Politik aktiv mitzuwirken, 1922–1925 als badischer Kultusminister, 1924–1925 als badischer Staatspräsident; 1925 war Hellpach sogar Kandidat der Deutschen Demokratischen Partei für das Amt des Reichspräsidenten.

Nach Heidelberg wurde Hellpach 1926 berufen, als sein Wirken in der »großen« Politik durch eine Regierungskrise beendet worden war. In Heidelberg lehrte er fast 30 Jahre und leitete ab 1942 das neu errichtete Psychologische Institut.

Hellpach war ein fachübergreifend arbeitender Wissenschaftler auf den Gebieten der Sozial-, der Völker-, der Klinischen, der Religions- sowie der Kulturpsychologie. Seine Arbeiten reichen von der deutschen Stammespsychologie bis hin zu den aktuellen Problemen des modernen Großstadtmenschen. Von seinen zahlreichen Publikationen seien die *Einführung in die Völkerpsychologie* (1937–1944; Hellpach übte maßgeblichen Einfluß auf die sich entwickelnde Wissenschaft von der Völkerpsychologie aus) und die kulturpolitische Schrift *Pax futura. Die Erziehung des friedlichen Menschen durch eine Konservative Demokratie* (1949) erwähnt.

Die Frage nach der möglichen Entwicklung, die Deutschland unter seiner Präsidentschaft hätte nehmen können, geht Hellpach in seinen Lebenserinnerungen *Wirken in Wirren* (1948–1949) nach. Die unweit des Bergfriedhofes gelegene Willy-Hellpach-Schule (Handels- und Berufsfachschule) erinnert an die Verdienste Hellpachs um die Erneuerung des badischen Berufsfachschulwesens.[1]

1 Ruperto-Carola 22 (1957), S. 15 f. (W. Witte).

II / 24 (Lit. D) — **Carl Bernhard STARK**

(1824 Jena – 1879 Heidelberg)
Archäologe

Eine weißmarmorne Tafel an der Front des mächtigen Granitgrabmals in Findlingsform trägt die Namensinschrift für den aus Jena stammenden Archäologen und seine Frau Wilhelmine, geb. Walther. Darunter finden sich die Namensinschriften weiterer Familienmitglieder.

Karl Bernhard Stark, der als Begründer des Archäologischen Instituts (1866) in die Heidelberger Universitätsgeschichte eingegangen ist, war 1855 nach Heidelberg gekommen, um den neu geschaffenen Lehrstuhl für Archäologie zu übernehmen. Gleichzeitig wurde Stark, der schon im Kindesalter des Griechischen mächtig war – als Neunjähriger las er bereits die Odyssee – zum Mit-Direktor des Philologischen Seminars ernannt.[1] Daneben hielt er auch Vorlesungen in Kunstgeschichte, zu jener Zeit noch kein eigenständiges Fach.

Zahlreiche weite Reisen, die ihn u. a. nach Frankreich, Italien, Griechenland und in den Vorderen Orient führten, fanden ihren Niederschlag in seinen Werken. Von einer universalhistorischen Betrachtungsweise ausgehend, beschreibt er beispielsweise in *Die Geschichte von Gaza* (1852) die zwischen Orient und Griechenland bestehenden Wechselwirkungen. *Städteleben, Kunst und Altertum in Frankreich* (1855) und *Ladenburg am Neckar und seine römischen Funde* (1868) sind weitere Zeugnisse seiner umfassenden Arbeiten. Die Krönung seines Lebenswerkes sollte ein *Handbuch der Archäologie der Kunst* werden, das aber infolge seines frühen Todes unvollendet blieb.

An ihn erinnert heute eine Tafel an seinem ehemaligen Wohnhaus in der Augustinergasse 7.

II / 25 (Lit. D) — **Familiengrabstätte FUCHS**

Reliefgeschmückte Ädikula im Stil der Neurenaissance
für die Begründer der Fuchsschen Waggonfabrik

Das in Form eines prächtigen Hausportals errichtete Grabmal zeigt einen antiken Grabmaltypus, wie man ihn im 19. Jahrhundert im Zuge einer erneuerten Hinwendung zur Antike häufig verwendete. Im Aufbau an Tempelarchitektur erinnernd, tragen kannelierte Säulen dorisches Gebälk und einen reich verzierten Akroteriengiebel, auf dem eine ornamentgeschmückte Urne aufragt. Die Ornamentmotive sind in der Grabmalsymbolik häufig anzutreffen: das Kranzgebinde als Symbol des geschlossenen Lebenskreises, der Lorbeerzweig als das althergebrachte Ehren- und Siegeszeichen, die Mohnkapseln als Sinnbild des Todesschlafes. Als Schöpfer dieses Grabmals ist laut Sockelinschrift M. Porzelt aus Stuttgart ausgewiesen.

1 Vgl. Archäologenbildnisse 1987, S. 49 f. (T. Hölscher).

Der Name Fuchs ist mit der heimischen Geschichte eng verbunden. Er führt uns in die Zeit des industriellen Aufschwunges im vorigen Jahrhundert, dem sich selbst Heidelberg, die Stadt der Romantik, nicht verschließen konnte. Infolge der Vorreiterrolle Badens beim Eisenbahnbau erhielt Heidelberg schon um 1840 einen Bahnhof.

Die obere Grabmalwand trägt den Namen des Fabrikanten und Stadtrats **Heinrich Fuchs** (1820–1884) und den seiner Frau Elisabeth Spicharz. Heinrich Fuchs begründete durch Übernahme eines in der Weststadt (Häusserstraße) gelegenen älteren Unternehmens 1862 die Fuchssche Waggonfabrik.[1] Damals befand sich die Eisenbahn, das moderne Massenverkehrsmittel, in ausgreifendem Ausbau. Nach dem Tode des Firmengründers Heinrich Fuchs wurde die Firma vom Sohn **Carl Fuchs** (1849–1905) weitergeführt, seit 1899 als Aktiengesellschaft. Um die Jahrhundertwende wurde sie zwecks Vergrößerung nach Rohrbach verlegt. Eine größere Modernisierung der Fabrikanlagen erfolgte durch seinen Sohn Dr. **Heinrich Fuchs** (1883–1970), der viele Jahre Präsident der Industrie- und Handelskammer Heidelberg und Ehrensenator der Universität war. Er baute die Firma zu einem der größten Metallbetriebe der Region aus; 1948 zählte sie über 1500 Beschäftigte.

Die Fuchssche Waggonfabrik, die nach dem Ersten Weltkrieg von der Inflation in Mitleidenschaft gezogen worden war,[2] belieferte mit ihrem reichen Sortiment an Güter-, Spezial- und Personenwagen die Reichsbahn und private Nebenbahngesellschaften und pflegte vor dem Ersten Weltkrieg Geschäftsverbindungen mit Ägypten, Bulgarien, Persien, Indien und dem Osmanischen Reich. Hauptsächlich die hochwertige Holzausstattung der Wagen begründete den weltweit guten Ruf der Firma.

II / **26**
(Lit. D)

Georg JELLINEK

(1851 Leipzig – 1911 Heidelberg)
Staats- und Völkerrechtler

Camilla JELLINEK, geb. Wertheim

(1860 Wien – 1940 Heidelberg)
Engagierte Frauenrechtlerin

Ein stattlicher, formschöner Findling mit schlichter Namenstafel bewahrt die Erinnerung an den um die Jahrhundertwende wirkenden Rechtsgelehrten, der die hohes Ansehen genießende Tradition der Juristen an der Heidelberger Universität des 19. Jahrhunderts in das neue Jahrhundert hinübergeführt hat.

1 In der Anfangszeit des Waggonbaus waren für die Formgestaltung die Pferdekutschen die Vorbilder. Der Firmengründer Heinrich Fuchs hat auch eine namhafte Kutschenfabrik in Offenburg am Main geführt.

2 Die Firma hat ihre Selbständigkeit verloren, sie wurde zunächst in den Konzern der Vereinigten Westdeutschen Waggonfabriken, danach in den Konzern der Dillinger Hüttenwerke eingegliedert, seit 1963 gehört sie der amerikanischen Harvester Company (vgl. Ruperto-Carola 11–12 [1953], S. 193 f. [H. D. Gros]).

Georg Jellinek, zu dessen Gedenken eine Straße und ein Platz im Stadtteil Emmertsgrund benannt sind, galt als einer der bedeutendsten Staatsrechtler seiner Zeit. Daneben befaßte er sich intensiv mit der Rechtsphilosophie. Als Systematiker und Historiker (er hatte auch Philosophie und Kunstgeschichte studiert) verkörperte er den Typus des umfassend gebildeten Gelehrten. Da Jellineks Ernennung zum ordentlichen Professor in Wien wegen seiner jüdischen Herkunft auf Widerspruch gestoßen war, wechselte er 1889 nach Berlin, wo ihn die Juristische Fakultät habilitierte. Gleich danach erhielt er ein Ordinariat in Basel. Seine Berufung nach Heidelberg 1890 leitete eine Zeit fruchtbaren wissenschaftlichen Wirkens ein. Ebenso wie von den ihm nahestehenden Professoren Windelband, Troeltsch, Max Weber und Erwin Rohde gingen von Jellinek, nunmehrigem Professor für Staatsrecht, Völkerrecht und Politik, entscheidende Impulse für das Heidelberger Geistesleben der Jahrhundertwende aus.

Jellineks Hauptwerk ist die mehrfach aufgelegte und in zahlreiche Sprachen übersetzte *Allgemeine Staatslehre* (1900; 7. Aufl. 1960); ebenso erwähnenswert ist das Buch *Die sozialethische Bedeutung von Recht, Unrecht und Strafe,* in dem die berühmte Formel vom Recht als dem »ethischen Minimum« geprägt wird.[1]

Seine Gattin **Camilla Jellinek** war ihm eine ebenbürtige Partnerin. War sie auch nicht Juristin im herkömmlichen Sinne, so war sie doch – um an einen Ausspruch Gustav Radbruchs zu erinnern – Juristin »durch Anlage, durch Selbstbestimmung, durch praktische Ausübung«. Sie setzte sich unermüdlich für die Rechte der Frauen ein, wollte das »Männerrecht« vermenschlichen, u. a. durch die Forderung nach einer Strafrechtsreform und nach Erneuerung des §218; ebenso kämpfte sie für die Rechte des unehelichen Kindes. Für ihr Wirken erhielt sie 1930 die höchste Würde der juristischen Fakultät Heidelbergs: die Würde eines Doktors beider Rechte.[2]

II / **27**
(Lit. D)

Johann Caspar BLUNTSCHLI
(1808 Zürich – 1881 Karlsruhe)
Staatsrechtslehrer, Politiker

Emilie BLUNTSCHLI, geb. Vogel
(1808 Zürich – 1876 Heidelberg)

Ädikula mit Bildnismedaillons beider Eheleute

Das helle Kalksteingrabmal in antiker Hausform für die Eheleute Bluntschli ist das zweite Beispiel der bereits besprochenen Grabgestaltung, auf dem anstelle der Darstellung allein des Mannes als des Repräsentanten der Gesellschaft die Gemeinschaft eines Ehepaares dokumentiert ist. Jedem Ehepartner ist ein bronzenes Reliefmedaillon gewidmet. Diese sind nebeneinander in das rechtek-

1 Kleinheyer/Schröder 1983, S. 141.
2 Ruperto-Carola 28 (1960), S. 16 (G. Radbruch).

kig unterteilte Frontfeld – oberhalb der Namenstafeln – nebeneinander eingelassen. Die Porträtierten erscheinen in gleichwertiger Präsenz im Profil einander zugewandt. Die zu ihrem Gatten hinblickende **Emilie** trägt einen aus einem auffallend sorgfältigen Arrangement von Spitzen und Bändern bestehenden Kopfputz. Die durch ein zahnschnittverziertes Tempeldach abgeschlossene Ädikula, die in der Frieszone die Worte »Frei und gerecht«[1] trägt, entwarf der Sohn des Ehepaares, der Architekt Alfred Bluntschli.

Abb. 47. Bildnismedaillons des Ehepaares Bluntschli.

Der aus protestantischem Zürcher Bürgerhaus stammende **Bluntschli,** der sich in Berlin unter dem Einfluß seines Lehrers Friedrich Carl von Savigny schon früh zum Anhänger der historischen Rechtsschule entwickelt hatte, kam nach seiner Tätigkeit in Zürich und München 1861 als Nachfolger des Staatsrechtlers Robert von Mohl an die Universität Heidelberg. Hier bekleidete er zweimal das Amt des Prorektors (Rektor war der Großherzog). Zur Annahme der Professur in Heidelberg war der politisch ehrgeizige Bluntschli jedoch erst dann bereit, als ihm zugleich eine politische Stellung als Mitglied einer Badischen Kammer zugesichert wurde.[2] Der nationalliberal gesinnte Bluntschli war denn auch nicht nur Abgeordneter der Ersten, sondern auch Mitglied und zeitweilig gar Präsident der Zweiten Badischen Kammer. Das angestrebte Ministeramt blieb ihm hingegen verwehrt. Auch auf die Bewegung des

1 Diese Worte sind ein Hinweis auf den Freimaurer Bluntschli, der 1864 in die Heidelberger Loge »Ruprecht zu den 5 Rosen« aufgenommen wurde, vgl. Bentmann 1932, S. 48. (Den Literaturhinweis gab dankenswerterweise Herr Harald Drös.)

2 Bluntschli 1884, S. 309 f.

Protestantismus nahm Bluntschli – vor allem als Leiter des Deutschen Protestantenvereins und als Präsident der Badischen Generalsynode – gemäß der Forderungen des politischen Freisinns Einfluß.

Zu seinen bedeutendsten Werken zählt die *Lehre vom modernen Staat* in drei Teilen und *Das moderne Völkerrecht der zivilisierten Staaten als Rechtsbuch dargestellt;* beide Werke sind mehrfach neu aufgelegt worden.

Das Gedenken an Bluntschli bewahrt in Heidelberg neben der nach ihm benannten Straße in Bergheim die an seinem ehemaligen Wohnhaus Plöck 68 in der Nähe der Peterskirche angebrachte Tafel. Bluntschli ersteigerte für 10000 Gulden den alten Pfarrgarten (früher Gelände des Peterskirchhofes). Auf diesem Gelände errichtete dann sein Sohn, der Architekt Alfred Bluntschli, ein Haus im Schweizer Landhausstil mit geräumiger Veranda und schöner Aussicht auf den Garten und die dahinterliegenden kastanienbewaldeten Berghänge.

Am 24. Oktober 1881 wurde Bluntschli nach den Trauerfeierlichkeiten in der St.-Peters-Kirche von einer überaus zahlreichen Trauergemeinde unter den Klängen von Beethovens Trauermarsch zu seiner letzten Ruhestätte auf den Bergfriedhof begleitet.[1]

In derselben Grabstätte ruhen weitere Familienmitglieder.

II / **28**
(Lit. D)

Leo KOENIGSBERGER
(1837 Posen – 1921 Heidelberg)
Mathematiker

Sophie KOENIGSBERGER, geb. Kappell
(1848 Charkow – 1938 Heidelberg)

Die schmucklose Granitstele erinnert an **Leo Koenigsberger,** einen bedeutenden Mathematiker, der vor allem durch seine erkenntnistheoretischen und wissenschaftshistorischen Forschungen Geltung erlangte. Sein Wirken fällt in die Zeit des großen Aufschwungs der Naturwissenschaften, wie ihn in Heidelberg die epochemachenden Entdeckungen von Bunsen, Helmholtz und Kirchhoff bezeichnen.

Zwischen diesen drei großen Naturwissenschaftlern (letzterer hatte sich für die Berufung Koenigsbergers nach Heidelberg, die 1869 erfolgte, eingesetzt) und dem Mathematiker bestand eine fruchtbare wechselseitige Verbindung. In zwei Perioden war der aus Posen stammende Wissenschaftler[2] mit der Heidelberger Universität verbunden, zunächst von 1869 bis 1875 und erneut von 1884 bis 1921. Zwischen diesen Jahren lag eine für ihn sehr gehaltvolle Wiener Zeit.

1 Ebd., Bd. 3, S. 494 f.

2 Daß Koenigsberger unverdient im Schatten seiner berühmten Zeitgenossen Bunsen, Kirchhoff und Helmholtz geblieben ist, darauf hat dankenswerterweise Prof. Dr. Otto Haxel in Heidelberg hingewiesen.

Außer durch seine zahlreichen mathematischen Abhandlungen und Lehrbuchveröffentlichungen hat sich Koenigsberger, dazu immer wieder angespornt von seinem Lehrer, dem großen Mathematiker Carl Weierstraß, vor allem durch ausgezeichnete Biographien bedeutender Naturwissenschaftler des 19. Jahrhunderts hervorgetan. Mit dieser schriftstellerischen Tätigkeit knüpfte er an die Tradition seines Heidelberger Kollegen und Freundes Moritz Cantor an. Dieser Mathematikhistoriker ruht ebenfalls auf dem Bergfriedhof (in Lit. Q). Koenigsbergers dreibändige Biographie *Hermann von Helmholtz* (1902–1903) und seine Autobiographie *Mein Leben,* die zwei Jahre vor seinem Tod veröffentlicht wurde, verdienen besondere Würdigung.[1]

Schließlich sei noch daran erinnert, daß die Russin Sonja Kowalewskaja (1850-1891), eine Schriftstellerin und spätere Professorin für Mathematik in Stockholm, seine Schülerin gewesen ist.

II / **29**
(Lit. D)

Max Freiherr von WALDBERG

(1858 Jassy / Rumänien – 1938 Heidelberg)
Literaturhistoriker

Violetta von WALDBERG, geb. Platshek

(1877 Berlin – 1942 Heidelberg)

Das unlängst neu gestaltete Aschengrab des Ehepaares von Waldberg bezeichnet eine vom Eichenblattband geschmückte, schwarzgranitene Urne. Der als Sohn eines jüdischen Fabrikanten und späteren Freiherrn geborene Philologe übernahm 1889 eine Professur in Heidelberg. Hier las er 87 Semester über neuere deutsche Literaturgeschichte.[2] In seiner Literaturbetrachtung wandte **von Waldberg,** unter dessen Hörern sich so glanzvolle Namen wie Friedrich Gundolf und Richard Benz, aber auch Joseph Goebbels,[3] fanden, die positivistische Methode an.

Von seinen Arbeiten seien *Die galante Lyrik* (1885) und *Der empfindsame Roman in Frankreich* (1906) erwähnt. Trotz seiner langjährigen Verbundenheit mit der Heidelberger Universität drohte dem Gelehrten im Dritten Reich der Entzug seiner Lehrbefugnis. Daß seine 1935 ausgesprochene förmliche Amtsenthebung (der er durch freiwilligen Verzicht auf die Lehrtätigkeit zuvorkam) in »Beurlaubung« umgewandelt wurde, lag wohl nicht zuletzt daran, daß er seine etwa 5000 Bände umfassende, an bibliophilen Seltenheiten reiche Bibliothek der Heidelberger Universität vermacht hatte.[4]

1 Bopp 1925, S. 104–112.
2 Ruperto-Carola 42 (1967), S. 229 (J. Lehmann).
3 Goebbels promovierte bei von Waldberg mit einer Arbeit über den heute vergessenen romantischen Dramatiker Wilhelm von Schütz.
4 Mussgnug 1988, S. 32–33; vgl. auch RNZ vom 31. Dezember 1971 (R. Düchting).

Nachdem Max von Waldberg 1938 verstorben war, folgte ihm vier Jahre später seine Frau Violetta in den Tod, die ihrem Leben ein Ende setzte, um dem bevorstehenden Abtransport in das Konzentrationslager Gurs in den Pyrenäen zu entgehen.

II / **30**
(Lit. D)

Franz von LISZT
(1851 Wien – 1919 Seeheim a. d. Bergstraße)
Jurist, Kriminalpolitiker

Rudolfine von LISZT, geb. Drotleff von Friedenfels (1855–1927)

Ein Findling aus grauem Granit trägt die Namensinschriften des Ehepaares. Franz von Liszt war ein Vetter des gleichnamigen Komponisten (dieser hatte seinen Adelstitel 1867 der Familie seines Onkels übertragen).

Nach seiner 1874 in Wien erfolgten Promotion hielt sich **von Liszt** 1875 zu Studienzwecken außer in Göttingen auch in Heidelberg auf. Im selben Jahr begann er seine Lehrtätigkeit in Graz. Es folgten Professuren in Gießen, Marburg, wo er 1888 das »Kriminalistische Seminar« gründete, Halle und zuletzt in Berlin, wo er bis zu seiner 1916 vollzogenen Emeritierung lehrte. Politisch tätig war er ab 1908 als Mitglied des Preußischen Abgeordnetenhauses. 1912 wurde er als Vertreter der Fortschrittlichen Volkspartei in den Reichstag gewählt. Als Begründer und Führer der deutschen Soziologischen Strafrechtsschule wie auch als Völkerrechtler erlangte er internationalen Ruf.

Es war sein Verdienst, daß das Verbrechen als soziales Phänomen zum Gegenstand empirischer Untersuchung wurde. Als Kriminalpolitiker setzte er sich für die Einführung von Methoden zur »Sicherung und Besserung« des Täters ein; vergeltenden Zweck sprach er der Strafe ab.[1] Er war Mitbegründer der »Internationalen kriminalistischen Vereinigung« und der »Zeitschrift für die gesamte Strafrechtswissenschaft«. Eine seiner wichtigsten Veröffentlichungen war das *Lehrbuch des deutschen Strafrechts* (1881, 26. Auflage 1932).

Franz von Liszt verbrachte seinen Lebensabend in Seeheim a. d. Bergstraße, unweit von Heidelberg, wohin er nach seiner Emeritierung übergesiedelt war.

II / **31**
(Lit. D)

Karl BARTSCH
(1832 Sprottau/Schlesien – 1888 Heidelberg)
Germanist und Romanist. Gründer und Leiter des Seminars für Neuere Sprachen

Ein dunkler Granitobelisk trägt auf seiner Rückseite (einstigen Vorderseite) die Namensinschrift für den Philologen, der mit Sophie Marx verheiratet war.

1 Siehe hierzu Kleinheyer/Schröder 1983, S. 165–169.

Karl Bartsch, der in Heidelberg die Nachfolge von Adolf Holtzmann antrat, leitete das von ihm 1873 gegründete Seminar für Neuere Sprachen (seit 1878 Germanisch-Romanisches Seminar) bis zu seinem Tode. Bereits fünfzehn Jahre zuvor hatte er in Rostock ein germanistisches Seminar ins Leben gerufen.[1] Es war das erste seiner Art, das es an einer deutschen Hochschule gab.

Eingehend befaßte sich Bartsch mit der Philologie des Mittelalters. Von seinen Veröffentlichungen seien seine *Untersuchungen über das Nibelungenlied* (1865) und sein Werk *Deutsche Liederdichter des 12.–14. Jahrhunderts* (1879) genannt sowie die textkritische Edition des Rolandsliedes. Erwähnt sei auch, daß die Zeitschrift für Deutsche Altertumskunde »Germania« unter seiner Herausgeberschaft ihre Blütezeit erlebte. Seine *Jugenderinnerungen* sind erst 1966 veröffentlicht worden.

In der Grabstätte ruhen weitere Familienmitglieder.

II / 32 (Lit. D) | Familiengrabstätte BLUM / KÜHNE / GOTTLIEB

Archaisierende Grabgestaltung für drei einander verwandtschaftlich verbundene Gelehrtenfamilien

Wie die Eingangsfront zu einer in die dahinter liegende Hangterrasse eingebetteten Grabkammer mutet die schlichte, monumentalisierende Gestaltung des Dreierensembles an, bestehend aus einer naturhaften Rustika-Portalwand aus gelbem Sandstein, einem Findlingsfelsen und einem urnenbekrönten Pfeiler aus dunklem Granit.

Einen stimmungsvollen Akzent setzt der zierliche, dicht an das Grabportal heranwachsende Gingko-Baum.[2]

Der der Heidelberger Universität lange Jahre verbundene Professor für Mineralogie und Geologie **Reinhard Blum** (1802 Hanau – 1883 Heidelberg; das Grabmal rechts) erschloß mit seinem 1843 erschienenen Werk *Die Pseudomorphosen des Mineralreiches* wissenschaftliches Neuland. Blum war mit Helene Marx verheiratet.

Wilhelm Kühne (1837 Hamburg – 1900 Heidelberg; das Grabmal links), verheiratet mit der Tochter von R. Blum, Helene Amalia Charlotte, wirkte als Nachfolger von Hermann Helmholtz als Professor und Direktor des Physiologischen Instituts ab 1871 in Heidelberg; das neue Gebäude des Physiologischen Instituts in der Akademiestraße konnte er nach seinen Wünschen einrichten. Als Mitbegründer der deutschen Physiologischen Chemie leistete Kühne, der trotz aus Wien und Berlin kommenden Rufen in Heidelberg blieb, Pionierarbeit vor allem auf dem Gebiet der Enzymologie.[3] Als Wissenschaftler von

1 NDB 1 (1953), S. 613 (H. Eggers).
2 Bei all seiner ästhetischen Berechtigung kann ein Baum, der sehr dicht an ein Grabmal heranwächst, eine Gefahr bedeuten; er wäre durchaus imstande, den Stein zu sprengen.
3 Semper apertus 2 (1985), S. 361–370 (Neurath/Zwilling).

großer Vielseitigkeit konnte er bahnbrechende Arbeiten über die Physiologie des Muskels, die Physiologie des Auges und die Chemie der Verdauung vorlegen.

Die obere Inschrifttafel der Portalwand trägt die Namensinschriften des Professors der Pharmakologie **Rudolf Gottlieb** (1864 Wien – 1924 Heidelberg) und seiner Frau Elisabeth, geb. Kühne. Gottlieb war von 1898 bis zu seinem Tode Leiter des Pharmakologischen Instituts in Heidelberg.

In demselben Grab sind weitere Familienmitglieder zur letzten Ruhe gebettet.

II / **33** (Lit. D)

Neuklassizistische Sandstein-Ädikula mit postamentierter Marmorbüste des Chemikers
Karl Friedrich von SCHLIPPE
(1799 Pegau / Sachsen – 1867 Bad Soden)

Das der dorischen Tempelform nachempfundene Grabhaus aus bläulich-rotem Sandstein zeigt eine eigenwillige Verbindung heimischen Materials mit antiker Formensprache. Einzig die Kannelierung der Säulen und der Triglyphenfries verleihen den glatten Flächen des Grabhauses Struktur, was der Schlichtheit des frühantiken Stilwillens entspricht. Hochpostamentiert ist die Büste mit dem eindrucksvollen Kopf des Chemikers von Schlippe, der würdevoll aus dem halbschattigen Tempelinnern in eine zeitlose Ferne blickt. Der feierliche Ernst des Verewigten und die kühle Glätte des weißen, geschliffenen Marmors rufen die Erinnerung an römische Herrscherbildnisse wach. Wie aus der Signatur, die im Postament angebracht ist, hervorgeht, hat Franz Sommer d. Ä. dieses Grabmal geschaffen.

Karl Friedrich von Schlippe ging schon 25jährig als junger Chemiker nach Polen und dann nach Rußland, wo er in Moskau alsbald eine Fabrik gründete und die Schnellessigfabrikation einführte. In den russischen Staatsdienst eingetreten, stieg er nach kurzer Zeit zum Staatsrat auf und wurde 1840 geadelt. Als Entdecker des »Schlippeschen Salzes« (Natriumsulfonantimonat) wurde er bekannt. Schlippe entwickelte außerdem Methoden zur Bearbeitung von Bittersalz und reinem Magnesiumkarbonat, das aus dem russischen Dolomitlager stammte, sowie Methoden zur Verwendung des sibirischen Chromeisensteins.[1] Lebhafte Kontakte unterhielt Karl von Schlippe zur Deutschen Chemischen Gesellschaft; er korrespondierte u. a. mit dem Chemiker Liebig. Er verstarb während eines Kuraufenthaltes in Bad Soden. Seine Grabstätte wurde in Heidelberg, damals auf dem Gebiet der Chemie führend, errichtet.

Wie den Inschriften des liegenden Grabsteins zu entnehmen ist, ist das Grab Ruhestätte auch von Angehörigen der Familie von Schlippe, die sich nach der Russischen Oktoberrevolution in Deutschland, der Heimat ihrer Vorfahren, angesiedelt haben.[2]

1 ADB 31 (1896/1970), S. 520 f. (Lepsius).
2 Freundliche Auskunft gab Herr Georg von Schlippe, München.

II / **34** (Lit. D)

Grabstätte MAYS

Klassizistische Sandsteinstele mit Darstellung einer Allegorie der Trauer

Ein besonders schönes Zeugnis von Antikenverbundenheit stellt die nach griechischem Vorbild gestaltete Reliefstele dar – in ihrer Art die einzige auf dem Bergfriedhof. Sie schmückt das Grab des 1830 verstorbenen Heidelberger Bürgers und »Materialisten« (d. h. Kaufmannes) Jakob Heinrich Mays, der zunächst auf dem St.-Peters-Kirchhof beigesetzt wurde. Das vorzufindende Sandsteingrabmal ist jedoch vermutlich erst nach der später erfolgten Übertragung der Gebeine Mays' auf den Bergfriedhof entstanden – möglicherweise im Zusammenhang mit der Beisetzung seiner Witwe Margaretha, geb. Schaaf, aus Weinheim im Jahre 1866.

Abb. 48. Kindlicher Todesgenius am stark verwitterten Grabmalrelief Mays.

Die aufgesockelte Stele zeigt eine klassisch komponierte Darstellung zweier Figuren in trauernder Haltung vor dem Hintergrund einer hochpostamentierten Urne: Links ein Todesgenius in der Gestalt eines Putto, der seinen gesenkten Kopf auf eine abwärts gerichtete Fackel stützt, rechts eine junge, antikisch gewandete Frauenfigur, die den geneigten Kopf an den Urnenhals schmiegt (Abb. 7). Die hauchdünn reliefierte Urne steht auf einem hohen, mit

Trauerschleiern behängten Postament, hier als Sinnzeichen der Trauer und nicht etwa als Hinweis auf Feuerbestattung. Während der kindliche Genius mit seinem Attribut, der gesenkten Fackel, auf das erloschene Leben hinweist, bringt die bekränzte Frauenfigur trauergeneigten Hauptes dem Verstorbenen den antiken Ehrenpreis, den Lorbeerkranz. An der Urnenfront erscheint das antike Unendlichkeitssymbol der sich in den Schwanz beißenden Schlange.

Einen deutlichen Kontrast zu der still-harmonischen Atmosphäre des Figurenreliefs bildet der kräftige, allseitig gestaltete Akroterienaufsatz über dem perlstab- und kymationverzierten Kranzgesims in seiner der römischen Antike nachempfundenen Ausgestaltung: akanthusgeschmückt, in der Mitte mit volutenunterbundener, voluminöser Palmette. Der Schöpfer des Grabmals ist nicht bekannt.

Jakob Heinrich Mays (1789–1830) gehörte einer stadtgeschichtlich bedeutenden Heidelberger Familie an: Als Sohn des Zinngießers und Handelsmannes Georg Daniel Mays (1749–1820), dem späteren Oberbürgermeister und seiner ersten Ehefrau Anna, geb. Bernhardt, wurde er im Jahr der Französischen Revolution geboren. Er war der Onkel des Heidelberger Geschichtsforschers und Ehrenbürgers Albert Mays.

In dem Grab haben weitere Familienmitglieder ihre letzte Ruhestätte gefunden.

II / **35** (Lit. O) | **Albert SPEER**

(1905 Mannheim – 1981 London)
Architekt und Reichsminister für Rüstung und Kriegsproduktion im Dritten Reich[1]

Ein mächtiger Steinblock aus hellem Marmor auf der Familiengrabstätte Speer/Arnold nennt den Namen des Architekten und Reichsministers sowie den seiner Frau Margarete, geb. Weber (1905–1987).

Ein berühmter Architekt, gar ein »zweiter Schinkel«, hatte **Albert Speer** werden wollen, doch ließ er sich für die politischen Ziele des nationalsozialistischen Staates Hitlers einspannen. Dem aus einer großbürgerlichen Mannheimer Architektenfamilie stammenden Speer war nach seiner Ausbildung wegen der schlechten Wirtschaftslage zu Beginn der dreißiger Jahre zunächst kein Erfolg beschieden. Dies änderte sich schnell, als er – von einer nationalsozialistischen Großkundgebung beeindruckt – der NSDAP beitrat und über einen Parteigenossen 1932 seinen ersten Auftrag erhielt. In nur wenigen Jahren wurde der junge Architekt der Günstling Hitlers, der durch Speer seine eigenen Jugendträume von einer Baumeisterkarriere verwirklichen wollte. Gigantische Bauten, »wie sie seit vier Jahrhunderten nicht mehr entstanden sind«, sollte

1 Wenn die Grabstätte Albert Speers in diesen Band aufgenommen wurde, so soll mit dieser Einzeldarstellung den historischen Tatsachen Rechnung getragen werden, im Sinne eines mahnenden Gedenkens.

Albert Speer für Hitler errichten, teils in Nürnberg, teils in München und Berlin. So war geplant, Berlin – ab 1937 war Speer dort Generalbauinspektor – auf einer über 25 Millionen Quadratmeter großen Baufläche (mit teilweise fast 300 m hohen Gebäuden) zur nationalsozialistischen Weltstadt mit dem Namen »Germania« umzugestalten. Stilistisch greifen Speers Bauten (beeinflußt von seinen Lehrern Troost und Tessenow) den schon vor dem Ersten Weltkrieg entstandenen Neuklassizismus auf, den er jedoch ins Gigantomanische steigerte.

Als Speer 1942 die Nachfolge des tödlich verunglückten Fritz Todt, Reichsminister für Rüstung und Kriegsproduktion, antrat, reizte ihn die Perspektive, in Hitlers Weltregierung einer der angesehensten Männer zu werden. Binnen zweier Jahre gelang ihm, dem »Sachlichkeits- und Effizienzfanatiker« und herausragenden Organisator, das sogenannte Rüstungswunder, das – bei Einsatz von zwei Millionen Fremdarbeitern – die Verlängerung des totalen Krieges ermöglichte.

Erst als Hitler die industrielle Basis Deutschlands selbst zerstören wollte, regten sich Zweifel bei Speer. Das von ihm nach eigenen Angaben geplante Attentat auf Hitler, das er sieben Monate nach dem 20. Juli 1944 erwog, kam nicht zur Ausführung, da er nicht selber auch zum Mörder werden wollte.[1]

In den Nürnberger Prozessen 1945/46 wurde Speer wegen »Kriegsverbrechen und Verbrechen gegen die Menschlichkeit« zu 20 Jahren Gefängnis verurteilt – ein Urteil, in dem seine Widerstandshandlungen und sein Mut zur Sabotage berücksichtigt worden sind.[2] Nach seiner Entlassung aus dem Spandauer Gefängnis 1966 veröffentlichte er mehrere autobiographische Werke, darunter seine *Erinnerungen* (1969) und die *Spandauer Tagebücher* (1975). In den *Erinnerungen* wird die uralte Verstrickung von Macht und Kunst deutlich, in den *Spandauer Tagebüchern* rechnet er moralisch mit Hitler ab. Nach seiner Entlassung hat Speer mit seiner Familie im elterlichen Haus in Heidelberg-Schlierbach gelebt. Er starb im Alter von 76 Jahren in London.

II / **36-38** (Lit. D)

Beispiele für die Vielfalt alter Grabmalkultur

Grabstätten HESS/LAUBERT, KALL und FEIST

Das aus hellem Sandstein gefertigte, mit weißmarmornen Tafeln ausgestattete Jugendstilgrabmal wurde für die Heidelberger Bildhauerfamilie **Hess/Laubert** errichtet. Der glockenförmig einschwingende Corpus trägt oben das von einer plastischen Lorbeergirlande umhängte Medaillonbildnis des 1909 verstorbenen Familienoberhaupts, des Bildhauers Georg Hess. Das vermutlich von dem

1 Vgl. Deutsches Allgemeines Sonntagsblatt, Nr. 43 vom 26. 10. 1969, S. 15 (K. L. Tank); Bad. Biogr. NF 2, 1987 (M. Lurz).

2 Zweitausend Heidelberger Bürger hatten mit ihrer Unterschrift eine Milderung dieser Strafe zu bewirken versucht (Heidelberger Tageblatt vom 19. 3. 1975).

Sohn des Dargestellten, Georg Emil Karl Hess, geschaffene Grabmal ist ein interessantes Beispiel für die Übernahme bekannter künstlerischer Motive – hier aus dem Gebiet der Malerei – in die Grabmalkunst. So zeigt die in den Sockel eingelassene Relieftafel die auf antikes Gedankengut zurückgehende Darstellung der »Toteninsel« Arnold Böcklins. Damit verweist das Grabmal – über seine Aufgabe als individuelles Erinnerungsmal hinausgehend – auch auf die Bestimmung des Friedhofs als einen gemeinsamen Ort der »Dahingegangenen«.

Abb. 49. Blick auf die Grabstätten Hess/Laubert, Kall (erste Reihe von rechts) und Feist (Säule im Hintergrund).

Georg Hess, dessen Nachkommen die Bildhauerwerkstatt bis heute weiterführen, war 1850 als Klempnergeselle nach Amerika ausgewandert, wo er sich mit der Holzbildhauerei beschäftigte; zwischendurch kam er zu einem Studium an der Münchener Akademie nach Deutschland zurück und wurde danach in Amerika ein erfolgreicher Bildhauer. Seinen Lebensabend verbrachte er in Heidelberg (siehe auch Abb. 4).

Links von dem Grab Hess/Laubert breitet sich die Familienruhestätte **Kall** aus. Sie besteht aus einem Dreier-Ensemble von Stelen nach einem von Heinrich Greiff geschaffenen Standardtyp, der aus der Mitte des vorigen Jahrhunderts stammt: eine auf Sockelgeschoß aufragende kastenförmige, mit flachem Volutengiebel abschließende Sandsteinstele mit sparsamer, historisierender Ornamentik, deren rundbogig umspanntes Feld Namensinschriften trägt. Wie den Grabinschriften zu entnehmen ist, war das Familienglück des Holz- und Mühlsteinhändlers August Kall und seiner Frau Luise, geb. Heisser, (an sie erinnert die Sockeltafel) von dem frühen Tod dreier Kinder überschattet.

Hinter der Dreiergruppe Kall ragt die gebrochene Marmorsäule des Grabmales der Familie **Feist** auf. In ihrer eindeutigen Formensprache vermag die im Klassizismus häufig verwendete Grabmalform auf überzeugende Weise die Kürze des Lebens, seine Hinfälligkeit zu versinnbildlichen und das Unabwendbare, das der mitten in das Leben einbrechende Tod bedeutet, bildhaft vor Augen zu führen. Die von Bildhauer Greiff geschaffene, von einem plastischen Blütenkranz umwundene Säule mit ionischer Basis und glattem Schaft erhebt sich auf einem Inschriftpostament, dessen Relieffries den häufig als Grabschmuck gewählten Efeu zeigt: Als Zeichen der Unsterblichkeit bereits bei den Ägyptern verwendet (Osiris-Kult), versinnbildlicht er in der christlichen Symbolik seit dem Mittelalter das Fortleben der Seele über den Tod hinaus. Auch als Zeichen der Treue wird er wegen seines festen Haftens am Untergrund verwendet.

II / **39–46**
(Lit. O)

Beispiele für die Vielfalt alter Grabmalkultur
Grabstätten KUNST / KURTZ und HÜTTENMÜLLER sowie HENN, RITZHAUPT, WERNER / HOEFER, SCHNABL, GUGEL und KRETZ

Unweit vom unteren Steigerweg-Tor am Anfang der sich nach Westen erstreckenden Gräberanlage (Friedhofserweiterungsgebiet von 1868) fällt ein weißmarmorner Grabengel von betont monumentalen Proportionen auf. Der Stuttgarter Bildhauer Emil Kiemlen hat ihn für die Gruftanlage des 1919 verstorbenen Kommerzienrats und Direktors der Badischen Anilin- und Sodafabrik, **Robert Hüttenmüller**, gestaltet. Offensichtlich geht es bei dieser Darstellung um den Versuch, das Repräsentative der klassizistischen Grabmaltradition jugendstilgemäß umzuformen. So verbindet der Grabengel – halb Venus, halb andächtig Trauernde – eine flächenbetonte Gestaltungsweise, wie es die linearen Faltenkaskaden sind, mit einer mehr raumbezogenen, die besonders in den wuchtigen, raumgreifenden Schwingen ihren Ausdruck findet. Die gewollte Monumentalität geht zu Lasten der Subtilität der Aussage, die einer ruhenden, meditativen Trauerfigur zu eigen sein könnte. Die bekannten Symbole der Todessphäre, tuchbedeckte Urne und Mohnkapselbündel, fehlen auch hier nicht.

Stilentsprechend war die Grabstätte einstmals mit einer schönen Umfriedung versehen, bestehend aus einem pfostenflankierten Eisenzauntor und daran anschließender, umlaufender Hecke, geschnitten in nach hinten ansteigendem Profil[1] (siehe Abb. 93).

1 Mushake 1929, Kat. d. Abb. S. II.

Einen reizvollen Kontrast zu der großdimensionierten Marmorfigur bildet links davon der geradezu niedliche, jugendliche Galvano-Engel in der Darstellung der christlichen Tugenden auf der Grabstätte der Familien **Kunst** und **Kurtz.** Mit gegürtetem, üppig gefaltetem Gewand und Hüfttuch bekleidet und mit schönem Gefieder ausgestattet, scheint die stabil aufgebaute Figur – Personifikation der Liebe – in privater Andacht versunken und jeder öffentlichen Aufmerksamkeit abgeneigt zu sein. Als unübersehbares Zeichen des christlichen Glaubens ragt hinter der Figur das Kreuz auf. Mit dem linken Arm

Abb. 50. Überlebensgroße Grabfigur auf der Ruhestätte Hüttenmüller.

stützt sie sich auf einen neben ihr stehenden Anker, das Zeichen für die Hoffnung. Auch hier fehlt das antike Zitat, die Mohnkapseln als Zeichen von Schlaf und Tod, nicht.

Gegenüber anderen, in Bewegung befindlichen Grabengel-Figuren (Himmelsboten), die gerade eben vom Himmel herabzuschweben scheinen, macht diese hochgesockelte, der Versunkenheit hingegebene »Hüterin des Grabes« den Eindruck dauernden Bleibens.

Dieser Engeltyp ist industrieller Herkunft und wurde mit unterschiedlichen Attributen, z. B. auch mit einer Urne anstelle des Ankers, angeboten.[1]

1 Drolshagen 1987, Kat. d. Abb., Nr. 25.

Schräg gegenüber auf der anderen Seite des Weges befindet sich rechter Hand die Familiengrabstätte **Henn** aus der Zeit der Jahrhundertwende: Die häufig verwendete Grabmalform des Klassizismus, eine gebrochene Säule als sinnbildhaftes Zeichen für die Endlichkeit des Lebens bedarf keines weiteren Kommentars. Die Darstellung der gesenkten Fackel am Säulenschaft unterstreicht nochmals diese Aussage. Das aufgeschlagene Marmorbuch am Säulensockel trägt die Namensinschrift und die Lebensdaten von Dr. **Fritz Henn** (1901–1984), einem eng mit dem Heidelberger Musikleben verbundenen Musikpädagogen. Er hatte sich als Leiter der Rundfunksendestelle Heidelberg und Gründer der Heidelberger »Hochschule für Musik und Theater« Verdienste erworben und auch für die »Städtischen Bühnen« Vorbildliches geleistet.[1]

In weiterer Nachbarschaft zieht die hochpostamentierte Grabstele **Ritzhaupt** durch ihr Lebensbaum-Relief mit seinem kunstvoll ausgeführten, üppigen Laubwerk die Aufmerksamkeit des Betrachters auf sich. Auf bildliche Weise führt das vegetabile Motiv – man beachte das verschlungene, aus aufgebrochenem Felsgestein am Postament herauswachsende Wurzelwerk – die Lebenskraft alles Lebendigen vor Augen und verweist zugleich als stilisierte Palme, dies ein frühchristliches Motiv, auf den himmlischen Frieden. Der Bildhauer Philipp Friedrich Hartmann schuf dieses eigenwillige Sandsteingrabmal für die Familie des 1886 verstorbenen Friedrich Ritzhaupt, Mitinhaber der Weinhandlung Ueberle & Ritzhaupt, dessen Vater Georg Ritzhaupt von 1840 bis 1845 Erster Bürgermeister Heidelbergs gewesen war.

Ein paar Schritte weiter rechts erhebt sich die antikisierende, ebenfalls hellsandsteinerne Grabmalwand der Familien **Werner** und **Hoefer.** Die von Heinrich Greiff geschaffene, sehr klar durchgestaltete Architekturfront zeigt einen hochpostamentierten, mit Grabflora geschmückten Pfeiler mit Dreieckgiebel vor einer flachgiebelig abschließenden Wand. Die Formelemente sind dem dorischen Tempelbau entlehnt.

Stille Trauer und Wehmut prägen die auf blockhaftem Unterbau sitzende Bronzefigur am Grabe **Schnabl,** die infolge ihres geringen Abstandes zur Friedhofsmauer und des zusätzlich durch dunkles Nadelgehölz verursachten Schattens oft von dämmrigem Licht umhüllt erscheint. Die lebensgroße Grabfigur, die in ihrem Ausdruck mit der Kopenhagener »See-Jungfrau« verwandt ist, schuf die Bildhauerin und Schülerin Max Regers, Hilda Schnabl (1880–1968), zum Andenken an ihren 1929 verstorbenen Sohn Eduard, wie es auf der Widmungsinschrift am Figurensockel zu lesen ist. Die weibliche Figur, die eine Märchenfigur von Hans Christian Andersen verkörpert, könnte in diesem Zusammenhang die vergebliche Sehnsucht nach Vollkommenheit symbolisieren. Hilda Schnabl war die Ehefrau des Heidelberger Fabrikdirektors Paul Schnabl (1880–1945), der ebenfalls hier begraben ist. Als ungarischer Jude wurde er 1936 gezwungen, aus seiner Firma HAG Eisenbedarf auszuscheiden, die 1938 »arisiert« wurde.[2]

1 Bad. Biogr. NF 2 (1987), S. 126 f. (H. Ferdinand).
2 Weckbecker 1985, S. 115.

Dieser Grabstätte unmittelbar benachbart, sieht man an der Ruhestätte **Gugel** eine Grabgestaltung in der Art prähistorischer, aus aufgeschichteten Steinen bestehender Kultmale, die noch im beginnenden 20. Jahrhundert offenbar eine nicht seltene, schlichte (und kostengünstige) Variante zu den aufwendigeren Steingrabmälern darstellte (vgl. Abb. 4). Diese Form ist heute aus dem Friedhofsbild so gut wie verschwunden; das Exemplar ist eines der wenigen noch erhaltenen Beispiele auf dem Bergfriedhof.

Eine kurze Erwähnung verdient auch die auf der linken Seite anschließende Grabstätte für die Familie des Bücherrevisors **Kretz.** Das Grabmal aus den zwanziger Jahren enthält in einem vasenbekrönten, graugranitenen Rahmenwerk die wie ein Spiegel eingelassene, dünnwandige Inschrifttafel aus dunklem, poliertem Granit.

II / **47**
(Lit. O)

Familiengrabstätte REMLER

Marmorgrabmal mit lebensgroßer, am Grabmal sitzender Frauenfigur für den Baumeister **Johann REMLER** (1847 Heidelberg – 1907 Heidelberg)

Das Grabmonument greift den im 19. Jahrhundert häufig verwendeten Darstellungstypus einer am Grabe sitzenden Figur auf, die die Trauer der Hinterbliebenen stellvertretend zum Ausdruck bringt. Doch im Gegensatz zu einer unpersönlichen Grabfigur – wie sie z. B. auf der unmittelbar gegenüber dem Grab Remler liegenden Ruhestätte Weißmann / Altmann zu sehen ist – ist diese Trauernde durch große Wirklichkeitsnähe ausgezeichnet: Man beachte die Kleidung und die differenzierte Bearbeitung etwa bei der Wiedergabe der hautengen Jacke und der leichten Stoffschuhe (Abb. 51). Die Mimik und Gestik der sinnenden, zum Grab hin gebeugten Figur sind von individuellem und gleichsam intimem Ausdruck (siehe Abb. 9). In der Tat soll in dieser Figur der Trauernden etwas von der jugendlichen Gestalt der Tochter des Baumeisters, **Emma Remler** (1881–1981, siehe Inschrift des dritten liegenden Grabsteins von links) festgehalten worden sein.[1] Die in den Sockel eingemeißelte Bildhauersignatur weist C. Roth aus Wiesbaden als Gestalter des Grabmals aus.

Auf der hochpostamentierten Stele, die hinter der Figur aufragt, erscheinen in einem schleifengebundenen Blütenkranz Zirkel und Winkelmaß, in deren Mitte ein Bildhauerzeichen eingearbeitet ist: nicht allein als Schmuckmotiv, sondern als Hinweis auf die Zugehörigkeit des Baumeisters **Remler** zur Freimaurerloge »Ruprecht zu den fünf Rosen«.

Als einer der bedeutendsten Architekten Heidelbergs in der zweiten Hälfte des 19. Jahrhunderts hat Johann Remler, der ab 1872 ein eigenes Baugeschäft führte, das Stadtbild bis heute geprägt. Sowohl die Errichtung öffentlicher Bauten, darunter Reichspostamt (1884, heute leider abgerissen), Kurfürst-

1 RNZ vom 29. 12. 1971.

Friedrich-Gymnasium (1894) als auch Straßenanlagen und Villenbauten in Neuenheim sowie die östliche Stadterweiterung wurden von ihm ausgeführt. Unübersehbar ist sein eigenes, im Stil der »Schloß-Renaissance« errichtete

Abb. 51. Ausschnitt der sitzenden Grabfigur auf der Ruhestätte Remler. Sorgfältig bis ins Detail ist die wirklichkeitsnahe Ausführung.

Wohnhaus an der Neuen Schloßstraße/Ecke Schloßberg. In Neuenheim, wo er auch als Bauunternehmer tätig war, wurde eine Straße nach ihm benannt.

Ihm zur Seite liegt seine Frau Elisabeth, geb. Klar (1850–1929). In der Grabstätte ruhen auch andere Familienmitglieder.

II / 48 (Lit. O) | Grabstätte WEISSMANN / ALTMANN

An gebrochener Säule lehnende weibliche Trauerfigur

Melancholische Stimmung atmet diese auf einen kannelierten Säulenstumpf gestützte Grabfigur aus dem 19. Jahrhundert.[1]

Die antikisch gewandete Figur verharrt in verhaltenem Ausdruck, den linken Ellbogen auf die Säule gestützt, den Kopf mit verschleiertem Blick in die Hand geschmiegt. Als eine still-wehmütige Personifikation der Trauer

Abb. 52. Grabmal Weißmann / Altmann. Eine typische Grabfigur, wie sie zur Verbildlichung des sanftes Todes im ausgehenden 19. Jahrhundert häufig auf den Friedhöfen Aufstellung fand.

schlechthin – in dem Darstellungstypus der ungeflügelten Grabfigur oftmals auch die trauernden Hinterbliebenen vertretend – entspricht sie der im Klassizismus entstandenen Auffassung vom sanften Tod, die hier ausdrucksmäßig in romantisches Formempfinden übersetzt ist. Die gebrochene Säule als antikes Endlichkeitssymbol dient hier dazu, den spezifischen Stimmungsgehalt der Nachtrauernden zu steigern, indem sie der in Wehmut Befangenen Halt zu bieten vermag.

1 Das Grabmal für die 1924 verstorbene Kaufmannswitwe Antonie Weißmann, geb. Scherer, ist vermutlich von einem in diesem Grabbereich liegenden Grab der 1880er Jahre übernommen worden.

Daß hier die Darstellung der stillen Trauer keineswegs der verborgenen Privatatmosphäre vorbehalten sein soll, wird durch die hohe Postamentierung auf einem dreigegliederten, altarartigen Unterbau verdeutlicht.

Bei näherer Betrachtung der Haartracht der jungen Frau erblickt man den lockeren Kranz von Mohnkapseln in dem halblangen, lockigen Haar: typischer Grabschmuck antiken Ursprungs, der ein auf den Todesschlaf hinweisendes Zeichen ist.

Bei der aus serieller Produktion stammenden Figur aus weiß gefaßtem Kunststein handelt es sich um eine Imitation des wesentlich teureren Marmors in Entsprechung zu den Galvanoplastiken, die an Bronzematerial denken lassen.

Abb. 53. Grabmal für Hedwig Marx-Kirsch.

II / **49** (Lit. O) | Auf einem Sarkophag ruhende weibliche Figur für **Hedwig MARX-KIRSCH** (1884 Karlsruhe – 1920 Heidelberg)

Eine meditative Ausstrahlung umgibt diese aus hellem Gestein gefertigte Grabfigur, die in sich selbst versunken auf einem hohen Sarkophag liegt. Sie vermittelt dem Besucher weniger das Bild einer sanft Entschlafenen als vielmehr einen Eindruck vom Zustand des Ausruhens: Weder lebensnah noch lebensfern, außerhalb von Zeit und Raum, und doch wie von innerer Wachsamkeit durchdrungen, scheint sie im Niemandsland zu ruhen. Die rhythmischen Formationen der lebensgroßen Figur sind ausgeglichen und von einer konstruktivistisch anmutenden Straffheit; der linke Ellbogen ist auf ein Kissen gestützt, die rechte Hand auf das angezogene Knie gelegt. Die vereinfachten Körperformen umspielt ein hauchdünnes, kaum wahrnehmbares Gewand. Es bedarf keines erzählenden Details, keines Attributs, um den inneren Klang dieser Gestalt wahrnehmbar zu machen. Die eigenwillige Form des Figurenunterbaus – der schwungvoll nach oben gewölbte Deckel und die geschwungene Seitenkontur, dank derer er eher an ein elegantes Ruhemöbel als an einen traditionellen Sarkophag erinnert – verleiht der Gesamtkomposition ihre eigentümliche Lebendigkeit.

Ihre ikonographischen Vorbilder hat diese halb aufgerichtet ruhende Figur in den »statues accoudées«, die seit dem 16. Jahrhundert – beeinflußt von etruskisch-römischer Grabplastik – auftreten.[1]

Vermutlich wurde diese aus Kunststein gefertigte Figur von Georg Kolbe entworfen. Dem Bildhauer ist es gelungen, im Geist des nach dem Ersten Weltkrieg geprägten Neuklassizismus eine Grabfigur von überzeugender Formvereinfachung zu entwerfen. Das Grabmal ist einer noch jungen Frau, der 36jährig verstorbenen **Hedwig Marx-Kirsch,** Frau des Mannheimer Bankiers und Hofrats Hermann A. Marx[2] gewidmet. Hedwig Marx-Kirsch (Tochter des Oberlehrers Karl Kirsch und seiner Frau Josefine in Karlsruhe), die eine gute Pianistin gewesen sein soll, starb am 14. Juni 1920 in der Universitätsklinik in Heidelberg.

II / 50 (Lit. O) | Grabstätte DIETRICH

Das Grabmal der Familie des Zahnarztes **Georg Dietrich** mit seiner Reliefdarstellung der Pietà ist eines der wenigen Beispiele einer figürlichen Darstellung mit christlich-biblischer Thematik in der Grabmalkunst auf dem Bergfriedhof. Das Bemerkenswerte ist die durch das künstlerische Mittel der Ausschnitthaftigkeit erreichte Konzentration auf den seelischen Inhalt der Darstellung, auf das Thema von Todesschlaf und Abschied. So ist das bärtige Haupt des in Grabgewänder gehüllten toten Christus als Mittelpunkt in starker Plastizität herausgearbeitet. Die den Sohn umarmende Mutter Gottes erscheint – leicht zurückversetzt – weniger als eine Wehklagende, sondern vielmehr als eine mit dem Entschlafenen innigst Verbundene, selbst dem Diesseits entrückt. Diesem Ausdruckswillen entsprechend sind die Körper stark stilisiert, ihre Anatomie

1 Ariès 1989, S. 313.

2 Am 6. März 1922 erhielt der damals in Berlin lebende Hermann A. Marx die Ehrenbürgerschaft der Universität Heidelberg und wurde am 31. Juli 1922 zu deren Ehrensenator ernannt; Ruperto-Carola 34 (1982), S. 109, 111 (H. Weisert).

ist unwesentlich, sie betonen durch die waagerechte Linienführung lediglich den spezifischen Bildgehalt. Auch das plastisch betonte Detail der kraftlos hingestreckten Hand der Mutter ordnet sich diesem Gesamteindruck unter.

Abb. 54. Relief mit Pietà-Darstellung am Grabmal Dietrich.

Die aus dem beginnenden 20. Jahrhundert stammende Pietà-Darstellung, als deren Schöpfer Karl Hess signiert hat, ist wohl nicht nur ihres religiösen Inhalts wegen von der Familie gewählt worden, sondern offensichtlich auch wegen ihres allgemein menschlichen Gehaltes, um damit der Trauer über den Verlust des 1919 fünfjährig verstorbenen Sohnes der Familie, Carl Heinz Dietrich, einen allgemeingültigen Ausdruck zu verleihen.

II / 51
(Lit. O)

Familiengrabstätte von DUHN / BURGER

Friedrich von DUHN
(1851 Lübeck – 1930 Heidelberg)
Archäologe

Der graue Granitfindling, der die Namensinschriften in Bronzebuchstaben trägt und auf einer bronzenen Reliefplatte den bärtigen Kopf des Archäologen im Profil zeigt, stammt aus unserer Zeit. Ursprünglich stand auf dem Grab eine antikisierende Reliefstele. Die Stele aus Paros-Marmor zeigte die Darstellung eines Mädchens mit zwei Tauben. Diese 1881 für die erste Frau Duhns,

Florence Wolffson, errichtete Stele (geschaffen von Constantin Daub, einem mit Duhn befreundeten Bildhauer in Rom) war die Kopie eines 1875 auf Paros gefundenen antiken Werkes aus der Mitte des 5. Jahrhunderts v. Chr., das man früher für eine Schöpfung des großen griechischen Bildhauers Phidias hielt.[1] Bedauerlicherweise ist die originale Stele in den 1960er Jahren irrtümlicherweise abgeräumt worden und abhandengekommen, das vorzufindende Grabmal ist ein von der Friedhofsverwaltung gestellter Ersatzstein.

Der aus einem vornehmen Hanseatengeschlecht stammende **Friedrich von Duhn** hatte 1880 die Leitung des Archäologischen Instituts in Heidelberg übernommen. Im Gegensatz zu seinem universal ausgerichteten Vorgänger Stark verlagerte er den Schwerpunkt des Instituts während seiner langen Amtszeit auf die Klassische Archäologie und richtete erstmals getrennte Abteilungen für Alte Geschichte und Kunstgeschichte ein. Duhns zielstrebige Erweiterung der Antikensammlung des Archäologischen Instituts in Heidelberg diente dem Ziel eines praxisbezogenen Unterrichts. Von da an bis zu seinem Tod im Jahre 1930 blieb er als Professor der Archäologie der Universität in Lehre und Forschung verbunden, so daß er den Zunamen »der lange Duhn« erhielt.

F. v. Duhn, der in seinem Interesse an der Antike schon früh von Ernst Curtius unterstützt wurde, hatte anschließend an sein Studium in Bonn wertvolle Erfahrungen in der Technik des wissenschaftlichen Grabens sammeln können. Er nahm – auf Schliemanns Spuren – an den Ausgrabungen in Troja teil sowie auch an Grabungen in Italien und Sizilien als Stipendiat des DAI.

Das besondere Interesse von Duhns galt der Erforschung und Auswertung von Grabfunden der frühitalischen Zeit (*Italische Gräberkunde,* 1924; 1939). Duhn sind bedeutende Forschungsergebnisse zu danken, so die Identifizierung des Hermes von Praxiteles und des Reliefs der Ara Pacis.[2]

Wilhelm II. schätzte Friedrich von Duhn als Berater und Reisebegleiter. Seiner Fürsprache beim Monarchen verdankt die Stadt Heidelberg, daß im Heidelberger Schloß nicht, wie vom Kaiser eigentlich geplant, Professorenwohnungen eingerichtet wurden, sondern daß es als ehrwürdiges Monument der Vergangenheit im Zustand der Ruine erhalten blieb.

Sein stattliches Wohnhaus, das von Duhn am steilen Hang oberhalb der Alten Brücke erbauen ließ, war ein geselliger Treffpunkt von internationaler und künstlerischer Atmosphäre.

In der Familiengrabstätte ruht auch die 1991 verstorbene Enkelin Friedrich von Duhns, die Heidelberger Kunsthistorikerin **Lili Fehrle-Burger**. Die 1907 als Tochter des 1916 vor Verdun gefallenen Kunsthistorikers Fritz Burger geborene Wissenschaftlerin prägte durch ihre vielseitigen Begabungen das kulturelle Leben Heidelbergs mit, wobei vor allem ihr Engagement in der Goethe-Gesellschaft hervorgehoben sei.

1 Freundliche Auskunft über die vorherige Grabgestaltung gab Frau Dr. Lili Fehrle-Burger. Vgl. abweichend dazu Mushake 1929, S. 101, wo von einem »kleinen, ovalen Relief« gesprochen wird, und: Gass 1933, S. 45.

2 Bildnisse deutscher Archäologen 1988, S. 101 (T. Hölscher).

II / **52** (Lit. H_{neu})

Maximilian Joseph (von) CHELIUS

(1794 Mannheim – 1876 Heidelberg)
Chirurg und Augenarzt. Ehrenbürger der Stadt Heidelberg
Gotisierendes Grabmal mit Kreuzaufsatz

Das von dem Bildhauer Heinrich Greiff geschaffene Grabmal ist ganz aus weißem Marmor gearbeitet. Der gedrungene Postamentcorpus, der ein lateinisches Kreuz mit gotisierender Randkontur trägt, zeigt auf reliefgeschmückten, beschrifteten Doppeltafeln im Bogenfeld schriftbandumrankte Familienwappen und in der Mittelachse einen beide Tafeln verbindenden Äskulapstab, Sinnbild der Heilkunst. Das Grabmal ist vermutlich für die zehn Jahre vor ihrem Gatten verstorbene Frau Anna errichtet worden. Sie war eine geborene von Sensburg – das »redende« Familienwappen, das einen sensenbekrönten Turm zeigt, weist anschaulich darauf hin –, eine Tochter des badischen Staatsrats Ernst Philipp Freiherrn von Sensburg. Das Schriftband trägt die Inschrift »In certis fortiter« (»Wenn Du [Dir] sicher bist, handle entschlossen«). Dem Gedenken des Großherzoglichen Geheimen Rats und Professors der Chirurgie und Augenheilkunde Maximilian Joseph von Chelius ist die linke Schrifttafel gewidmet. Das Wappen des 1866 geadelten Chelius trägt drei Rosen und im Schriftband als Devise »In dubiis prudenter« (»Wenn Du Zweifel hast, gehe vorsichtig vor«) als inhaltliches Gegenstück zum erstgenannten Schriftband.

Chelius, der neben den Anatomen Henle und Tiedemann die Heidelberger Medizingeschichte in der ersten Hälfte des 19. Jahrhunderts wesentlich prägte, war einer der angesehensten deutschen Chirurgen seiner Zeit. Er hatte die Laufbahn eines Frühreifen durcheilt:[1] Als Vierzehnjähriger schrieb er sich an der Universität ein, mit 18 Jahren promovierte Chelius 1812 zum Doktor der Medizin, 1817 wurde der erst Dreiundzwanzigjährige (der vorher als Regimentsarzt mit den badischen Truppen gegen Napoleon gezogen war) als Professor der Chirurgie und Augenheilkunde an die Heidelberger Universität berufen, im darauffolgenden Jahr wurde er bereits Direktor der Chirurgisch-Ophthalmologischen Klinik, die im Sommer 1818 in der ehemaligen Kaserne am Marstallgebäude eingerichtet wurde. Die Klinik erhielt jährlich den geringen Zuschuß von 2000 Gulden, was einen straffen Tagesablauf erzwang: Noch vor Beginn seiner Vorlesungen über Chirurgie und Augenheilkunde hielt Chelius seinen Operationskurs ab, der im Sommer um 5 Uhr früh stattfand – oft vor schlaftrunkenen Studenten (Kußmaul, Jugenderinnerungen eines alten Arztes).

Chelius, der für seine Verdienste in der Medizin – Einbeziehung der Augenheilkunde in die Chirurgie und sein in elf Sprachen übersetztes Handbuch der Chirurgie – 1841 mit der Ehrenbürgerwürde der Stadt Heidelberg ausgezeichnet wurde, trug dazu bei, die praktizierende Chirurgie zu einer Traditionssäule

1 NDB 3 (1957), S. 196 f. (H. Killian).

der Universität zu machen; viele Persönlichkeiten aus Deutschland wie aus dem Ausland kamen auf den durch ihn begründeten hohen Ruf hin zur Heilungssuche nach Heidelberg.

An der Außenwand des heutigen Kurpfälzischen Museums – das prächtige Barockpalais hatte Chelius als sein Wohnhaus erworben – erinnert eine Gedenktafel an den berühmten Chirurgen.[1]

II / **53–59**
(Lit. H_{neu})

Beispiele für die Vielfalt alter Grabmalkultur

Grabstätten SCHMITT / SCHMIDT, HUBER, BECHTEL sowie die des Ensembles CADENBACH / HIRSCHBRUNN, MENZER, SIMON und HEFFT

Dem geschwungenen Friedhofsweg folgend, trifft man auf eine Reihe von Gräbern aus der Zeit der zweiten Friedhofserweiterung, die Ende der 1860er Jahre erfolgte. In einigem Abstand zu der nachfolgenden dichten Grabmalgruppe fällt das gotisierende Sandsteingrabmal der Familien **Schmitt** und **Schmidt** auf, dessen Kreuzaufsatz von einem plastischen Rosengebinde und einem darin eingebundenen Anker geschmückt wird (Abb. 55). Neben diesen – als Stelenbekrönung unübersehbaren – christlichen Symbolen von Glaube, Hoffnung und Liebe sollen die zierlichen Relief-Schmetterlinge in den Zwickeln der gotisierenden Maßwerkrahmung der Stelenfront nicht unbeachtet bleiben: Als klassizistisches Schmuckmotiv verkörpern sie in Übereinstimmung mit antikrömischen Vorstellungen die Unsterblichkeit der menschlichen Seele, sind aber auch als Symbol für Vergänglichkeit und Auferstehung zu deuten. Wie aus der Steleninschrift hervorgeht, ist das Grabmal eine Stiftung von ehemaligen Schülerinnen und Schülern, die ihrem unvergessenen Lehrer **Johann Jakob Schmitt** damit ein Denkmal setzen wollten.

Ebenfalls von den Formen nachempfundener Gotik geprägt sind die folgenden beiden Sandsteingrabmäler. Die mit Rundbogen abschließende Stele für die Familie **Huber** verwendet in die Kanten eingelegte Taustäbe und »Krabben«-Verzierungen, während das kreuzbekrönte Inschriftpostament der Ruhestätte **Bechtel** mit einem Maßwerk-Spitzbogenfries reliefiert ist und die Arme des lateinischen Kreuzes durch die in der Gotik beliebten »Nasen« geschmückt sind. Dagegen zeigt sich in der Gestaltung des schleifengebundenen Blütenkranzes eine eher renaissancehafte Formensprache.

1 Das Verhältnis der liberalen Heidelberger Bürger zu dem reichen Chelius, der seinen Reichtum auch zeigte (so benutzte er gern ein Vierergespann), ist nicht ganz ungetrübt gewesen, wie Georg Weber in seinen Heidelberger Erinnerungen berichtet, vor allem nachdem Chelius den radikalen Burschenschaftler und Studenten Karl Sand, der den Dichter und russischen Staatsrat August v. Kotzebue ermordet hatte, für gerichtsfähig erklärt hatte (nachdem die Wunde, die Sand sich selbst zugefügt hatte, geheilt war), woraufhin Sand am 20. Mai 1820 in Mannheim hingerichtet worden war (Weber 1886, S. 154 f., 183).

Deutlich der Antike verpflichtet ist die Grabwand, die Heinrich Greiff für die Familie des 1868 verstorbenen **Carl August Cadenbach,** der Direktor und Professor am Großherzoglichen Lyceum gewesen war, in neuklassizistischen Formen errichtet hat. Strenge Gliederung, lineare Profile und sparsam verwendete Ornamentik – Festons, Vasenbekrönungen, Konsolen, Kompositkapitelle, architraviertes Gesims, flache Spiegel – verleihen der hellen Sandsteinarchitektur eine vornehme Eleganz, ein Eindruck, welcher durch den dreiachsigen Aufbau mit erhöhtem Mittelteil voll zur Geltung gelangt. In der hochaufragenden pilastergerahmten Ädikula, die mit Segmentgiebel abschließt, war als Mittelpunkt der Anlage vormals eine anmutige Engelsfigur aufgestellt (vgl. Abb. 56); sie ist im Frühjahr 1990 einem Diebstahl zum Opfer gefallen.

Abb. 55. Das Grabmal Schmitt / Schmidt zeigt beliebte Schmuckmotive christlicher Grabmalkunst: Kreuz, Anker und Rosenkranz als Symbole für Glaube, Hoffnung und Liebe sowie den Schmetterling als ein bereits in der Antike verwendetes Zeichen der unsterblichen Seele.

Die Grabinschriften für Carl August Cadenbach und seine Frau sind am Grabmal nicht mehr erhalten. Der linke Wandflügel bewahrt die Erinnerung an den 1910 verstorbenen Sohn des eben Genannten, den Landesgerichtspräsidenten und langjährigen Vorstand des Museumsvereins, Dr. **Carl Cadenbach**, verheiratet mit Luise Krafft-Ebbing.

Das Grabmal für das Ehepaar **Menzer** – den Bürgermeister in Neckargemünd Julius Friedrich Menzer und seine Frau Mina, geb. Helbling – hat den

Abb. 56. Der in Form einer Ädikula gestaltete erhöhte Mittelteil der klassizistischen Sandstein-Grabwand Cadenbach / Hirschbrunn. Die in der Nische stehende anmutige Engelsfigur fiel im Frühjahr 1990 einem Diebstahl zum Opfer.

Charakter eines Zweier-Mals, ohne abbildhafte Gegenwärtigkeit der Eheleute, wie dies bei den Grabmälern Bluntschli und von Schulze-Gaevernitz der Fall ist. In einer für den Historismus typischen Verfahrensweise verschmelzen in dem wiederum von Heinrich Greiff stammenden, mit Zwillingsbogen abschließenden Grabmal unterschiedliche Stilelemente. So sieht man über einer reliefierten klassizistischen Ornamentik, in deren Mitte sich ein schleifengebundener Eichenlaubkranz befindet, ein gotisierendes Dreipaßkreuz aufragen, welches das Grabmal als Symbol gemeinsamer christlicher Glaubensverbundenheit aller hier Ruhenden bekrönt.

Einen sowohl formalen wie auch materiellen Kontrast zu der Reihe der hellen Sandsteingrabmäler bildet die schwarze Granitsäule des Grabmales **Simon.** Es ist die häufig verwendete Form der gebrochenen Säule, die man hier hochglanzpoliert als Sinnbild des allzu kurzen Lebens auf einem Inschriftpostament aufgestellt hat. Den glatten Schaft der auf ionischer Basis stehenden Säule schmückt ein Eichenlaubgebinde als Ehrenzeichen für den verdienten Wissenschaftler Prof. Dr. **Gustav Simon** (1824–1876), der als Direktor der Chirurgischen Universitätsklinik ab 1867 in Heidelberg wirkte. Großen Ruhm erwarb er sich durch das erstmalige Entfernen einer Niere, ein Experiment, das er in Tierversuchen erprobt hatte.[1]

Dieser Grabstätte unmittelbar benachbart ist das Grabmal für die Familie des Maschinenfabrikanten **Valentin Hefft,** das ebenfalls um 1870 entstanden ist. Es hat die in diesem Zeitraum häufige Grabmalform des aufgesockelten, kastenförmigen Corpus, dessen Front in neugotischer Formensprache als maßwerkgerahmte Inschriftnische mit stumpfspitzbogigem Abschluß gestaltet ist. Neben der tektonischen Ornamentik des Bogenfeldes (Vierpaß über Zwillingsbogen) tritt – als vegetabiles Motiv – der immergrüne Efeu auf: Aus der Nischenrahmung herauswachsend, füllt er filigranartig die Corpuszwickel als Lebensbaum-Motiv, auf die Auferstehung hinweisend. Auch dieses Grabmal hat Heinrich Greiff geschaffen, wie es die Initialen »H. G.« im Sockel erkennen lassen.

1 Classen/Wolgast 1983, S. 57.

III / 1 (Lit. U_{neu})

Harry ROSENBUSCH
(1836 Einbeck – 1914 Heidelberg)
Mineraloge

Die einstige Grabtafel des Mineralogen ist an der Eingangsmauer des Friedhofes an der Rohrbacher Straße angebracht. Sie ist aus weißem Marmor gefertigt und trägt die Namensinschriften von Harry Rosenbusch und seiner Frau Auguste, geb. Müller.

Harry Rosenbusch, Mitglied und Ehrenmitglied zahlreicher wissenschaftlicher Gesellschaften und Akademien, hat als erster die Bedeutung der mikroskopischen Mineralbestimmung für die Gesteinskunde erkannt. Ebenso ist ihm die Verbesserung des Polarisationsmikroskops zu danken.

Der aus einfachen Verhältnissen stammende Rosenbusch hatte zunächst Philologie und Theologie studiert, bis er aus finanziellen Gründen gezwungen war, eine Hauslehrerstelle anzutreten: Fünf Jahre arbeitete er bei einer portugiesischen Familie in Brasilien. 1862 kehrte er in der Stellung eines Erziehers mit drei Schülern nach Deutschland zurück, die an den Universitäten Freiburg und Heidelberg (die wegen des milden Klimas gewählt worden waren) studieren sollten. Er wurde dadurch selbst zum Studium der Naturwissenschaften angeregt, nicht zuletzt durch fachlich hervorragende Lehrer wie z. B. Bunsen.

Der bedeutende Petrograph und Petrologe wirkte von 1877 bis 1908 in Heidelberg als Professor und von 1888 bis 1907 als Direktor des neugeschaffenen Großherzoglich Badischen Geologischen Landesamtes. Er leistete – als letzter, der Geologie und Mineralogie als einheitliches Fach betrieb[1] – wichtige Beiträge zur Erforschung der Geologie Badens.

Die nach ihm benannte Rosenbuschsche Reihe (Ausscheidungsfolge der Minerale in systematischen Gesteinen) erinnert an sein wissenschaftliches Wirken.

III / 2 (Lit. N)

Granitfindling mit bronzenem Reliefbildnis für den Chemiker Viktor MEYER
(1848 Berlin – 1897 Heidelberg)

Die in die Mitte des übermannshohen Granitfelsens eingelassene Reliefplatte zeigt in fensterartiger Vertiefung die nach rechts gewandte Profilbüste des Naturwissenschaftlers, eines bärtigen Mannes mit ernstem Blick in bürgerlicher Kleidung mit Jacke und Hemd. Das Porträt schuf der Bildhauer Joh.

1 Classen/Wolgast 1983, S. 72.

Pfuhl. In der schmalen Inschrifttafel unterhalb des Bildnisses findet sich die Namensinschrift für Meyers Frau Hedwig, geb. Davidson (1851–1936). Der siebenjährig verstorbenen Tochter des Ehepaares ist der kleine marmorne Lehnsockel am Fuße des Findlings gewidmet.

Der angesehene Forscher **Viktor Meyer,** dem insbesondere auf dem Gebiet der organischen Chemie manche Entdeckung gelang, dem aber auch die anorganische Chemie Errungenschaften wie beispielsweise die nach ihm benannte Dampfdichtebestimmung verdankt, war 1888 in der Nachfolge Bunsens nach Heidelberg gekommen. Zuvor war er bereits Bunsens Assistent gewesen, hatte dann aber zwischenzeitlich in Stuttgart (mit 23 Jahren), Zürich und Göttingen als Professor gelehrt. Seine Studenten hörten die Vorlesungen des vielseitig interessierten Mannes (in seiner Freizeit widmete er sich mit Leidenschaft der Goetheforschung) mit Begeisterung, und sein *Lehrbuch der organischen Chemie,* das er zusammen mit Paul Jakobson herausgegeben hat, erfreute sich großen Ansehens. In seinen späteren Jahren immer häufiger von schweren Depressionen heimgesucht, schied Viktor Meyer in einem solchen Anfall freiwillig aus dem Leben.

An seiner einstigen Heidelberger Wirkungsstätte Plöck 55 erinnert eine Gedenktafel an den Gelehrten.

III / 3 (Lit. N) | **Erwin ROHDE** (1845 Hamburg – 1898 Heidelberg) Altphilologe

Für die Ruhestätte des Altphilologen hat man eine beliebte Grabmalform des Klassizismus, den Obelisken, gewählt. In die Front des schlichten Grabmals aus schwarzem, poliertem Granit sind die Namen **Erwin Rohdes** und seiner Frau **Valentine, geb. Framm,** eingemeißelt. Auch der einjährig verstorbene Sohn Hans Adolph liegt hier begraben.

Der in enger Verbindung mit Nietzsche stehende »Philologe der Bismarckzeit«,[1] dessen Leben von großen inneren Unruhen und Spannungen gekennzeichnet war (diese äußerten sich auch in nicht zu diagnostizierenden körperlichen Beschwerden), war 1886 als Professor und Direktor des Philologischen Seminars nach Heidelberg gekommen. Zunächst hatte der gebürtige Hamburger, der zuvor in Kiel, Jena, Tübingen und Leipzig gelehrt hatte, keine guten Worte für seine Fakultät: Die »bummeligen Allüren der Pfälzer Studiosen« ärgerten ihn, das philologische Seminar war ihm eine »elende Fakultät«. Im ländlichen Neuenheim konnte er ein Eigentum erwerben (Klosestraße 1, heute Erwin-Rohde-Straße) und damit seinem früheren Wohnbezirk in der Gaisbergstraße, die damals noch Neubaugebiet war, und dem »miesen Spectacel Altheidelbergs« entfliehen. In Neuenheim fand er ein Zuhause, das ihm den Raum und die Kraft gab, sein Lebenswerk *Psyche. Seelencult und Unsterblich-*

1 Siehe hierzu und zum folgenden: Semper apertus 2 (1985), S. 436–505 (H. Cancik).

keitsglaube der Griechen (1890–1894) zu vollenden. Seine Fähigkeit, den Zeitgenossen das Griechentum in lesbarer und dennoch wissenschaftlich abgesicherter Form nahezubringen, kommt in diesem Werk zum Tragen.

Eine neue Aufgabe, kurz nach Erscheinen der Psyche, fand Rohde in der Herausgabe einiger Briefe Friedrich Creuzers an Karoline von Günderode, die 1894 in die Universitätsbibliothek gelangt waren. Entscheidend für seine geistige Entwicklung war seine Freundschaft mit Nietzsche, die im Laufe der Jahre schwierig wurde. An sie knüpfte er jedoch wieder an, als die Schwester des inzwischen geistig verwirrten großen Philosophen Erwin Rohde bat, ihr beim Aufbau des Nietzsche-Archivs zur Seite zu stehen.

Nur zwölf Jahre hatte der Altphilologe in Heidelberg wirken können, als er – durch ein Herzleiden zunehmend geschwächt – auf der Höhe seiner akademischen Laufbahn im Alter von erst 52 Jahren starb.

III / 4 (Lit. V) | DAS KREMATORIUM

Als das »aus freiwilligen Beiträgen von Freunden der Feuerbestattung« errichtete Krematorium im Dezember 1891 der »Benützung überwiesen wurde« (so die Inschrift an der südlichen Außenwand), sahen nicht nur die Befürworter der Feuerbestattung in Heidelberg, sondern auch deren Anhänger im gesamten südwestdeutschen Raum ihren lang gehegten Wunsch erfüllt, in eigenen Landen eine Feuerbestattungsanstalt zu besitzen. Bis dahin war man auf Gotha angewiesen gewesen, wo 13 Jahre zuvor das erste deutsche Krematorium errichtet worden war. Im Jahre 1891 ist auch der Bau eines Krematoriums in Hamburg fertiggestellt worden; dieses wurde aber erst ein Jahr später in Betrieb genommen.

Ein wesentliches Anliegen der Förderer der Feuerbestattung war es, mit der Heidelberger Anstalt zu zeigen, daß diese Bestattungsart auch kostengünstig sein könne.

Um dieser Zielvorstellung zu entsprechen, hat man einen ersten, aufwendigeren Bauplan für das Krematorium vereinfacht, ohne dabei aber auf eine ästhetisch angemessene Ausstattung und einen guten technischen Standard zu verzichten. Ein kurzer Blick auf den historischen Teil des Krematoriumstraktes läßt bereits erkennen, daß es den Heidelberger Freunden der Feuerbestattung gelungen ist, in Zusammenarbeit mit dem Architekten **Philipp Thomas** – trotz des begrenzten finanziellen Rahmens – einen würdevollen Bau zu schaffen.

Dem aus hellem Keuper-Sandstein errichteten Hauptteil des Gebäudes hat man die Form eines antiken Tempels gegeben (siehe Abb. 57). Es ist ein Antentempel, dessen Giebel von den zu Pilastern ausgearbeiteten Enden der Seitenwände und zwei eingestellten dorischen Säulen getragen wird. Die Helligkeit des Baumaterials verleiht dem Tempelhaus eine südliche Ausstrahlung, die recht bescheidene Größe eine gewisse Privatheit. Der Gesamteindruck ist von vornehmer Freundlichkeit bestimmt.

Den prächtigen Blickfang der Fassade bildet der plastische Schmuck des Giebels. Diesen hat der Fabrikant **Fritz Landfried** jun. einige Jahre nach Vollendung des Baus gestiftet. Die Mitte des Giebels nimmt die Ewige Flamme ein, die aus einer mit Widderköpfen geschmückten Schale, die dem Dreifuß des delphischen Apoll nachempfunden ist, emporsteigt. Dieses zentrale Motiv flankierend, erscheinen auf dem Giebelfeld zwei hingelagerte, einander zugewandte Frauengestalten in Lebensgröße. Die stark plastischen Figuren mit eichenlaubbekränzten Häuptern, in antikisierende Gewänder gehüllt, halten schwere Blumengebinde in den Händen: eine weihevolle Umrahmung der Feuerschale. Unter dem Giebel zieht sich ein Metopen- und Triglyphenfries dorischer Ordnung entlang. Die Metopen zeigen abwechselnd eine geflügelte Sanduhr mit Sichel und eine strahlende Sonne, erstere als Sinnbild für die Vergänglichkeit, den Tod, und letztere für das Leben und die Auferstehungshoffnung. Palmettenakrotere krönen den ausladenden Giebel.

Über eine achtstufige, von zwei reich verzierten steinernen Kandelabern flankierte Freitreppe, der ursprünglich eine kettenverbundene Pfosteneinfriedung vorgestellt war, betritt man das Gebäude. Die überraschend kleinen Räumlichkeiten, die aus einer Vorhalle und einem unmittelbar anschließenden Einsegnungsraum bestehen, lassen sich mühelos überschauen.

Die Ausgestaltung der Vorhalle verbindet die Aufgabe des Bestattungshauses mit der ästhetisch-kultischen Atmosphäre eines antiken Tempels. Die Seitenwände sind mit Kolumbarien zur Aufnahme der Aschenurnen versehen. Die 120 Urnennischen (an jeder Seite 60) sind mit Marmortafeln verschlossen, welche die Grabinschriften tragen. Der Vorraum dient zugleich den Trauergesellschaften als Versammlungsort. Sorgfältig ist die Gebälkzone der Vorhalle behandelt. Wir sehen einen breiten Fries, an dem eine mit Mohnkapseln verzierte Girlande verläuft, über deren Gehängen jeweils ein aus den Flammen aufsteigender Vogel Phönix dargestellt ist, auch er ein altes Symbol der Auferstehungshoffnung. In der Gesimszone erkennt man die klassische Abfolge von Zahnschnitt und ionischem Kymation unter einer weit vorkragenden, konsolengestützten Deckplatte; die Zwischenräume der Konsolen nehmen rosettengefüllte Kassetten ein.

Die Wand zwischen dem Vorraum und dem Einsegnungsraum ist durch einen Rundbogen weit geöffnet. Auf die Gestaltung dieses Teils ist ebenfalls viel Wert gelegt worden. Zwei überlebensgroße, geflügelte weibliche Genien, die ehemals vergoldet waren, sind in die Bogenzwickel eingefügt. Zur Linken erkennt man Clio, die Muse der Geschichtsschreibung, mit ihren Attributen Buch und Griffel. Ihr Haupt ist zum Zeichen der Trauer mit einem Schleier bedeckt. Aufmerksam scheint sie die Vorgänge in der Halle zu beobachten. Die rechte Figur, die in der rechten Hand einen geschwungenen Palmzweig hält, kann als Personifikation der Verklärung gedeutet werden. Mit der linken Hand streift sie das Gewand von der Schulter; dies soll wohl andeuten, daß die irdische Hülle von der Seele abfällt.

Bevor wir den hinteren Raum betreten, werfen wir noch einen Blick auf den Fußboden dieser Vorhalle. Er ist in Terrazzo-Technik ausgeführt und hat eine sparsame Ornamentierung erhalten. Im Zentrum mahnt eine symbolische

Vanitasdarstellung, bestehend aus geflügelter Sanduhr, einem Totenkopf und zwei Schlangen, an die Vergänglichkeit alles Irdischen; es ist das bekannte Motiv des »Memento mori«.

Der anschließende, von einer Halbkuppel überwölbte Einsegnungsraum ist in Form einer großen Nische gestaltet. Bei den Trauerfeierlichkeiten bot dieser Raum, in dem der Sarg aufgebahrt wurde, Platz für den Geistlichen und einen kleinen Kreis engster Angehöriger. Bei aller Bescheidenheit der Mittel hat man doch versucht, dem metaphorischen Aspekt dieses Raumes gerecht zu werden.

Abb. 57. Die Formen des 1891 erbauten Heidelberger Krematoriums wurden antiker Tempelarchitektur nachempfunden.

Die Kuppel erhielt eine Bemalung mit einem blaugrundigen Sternenhimmel, und am Übergang zwischen gelbbräunlicher Wand und Kuppel (Erde und Himmel) ist ein Engelkopffries angebracht. Die im Zentrum des Raumes liegende »Versenkungsbühne« war der feierliche und zugleich funktionale Mittelpunkt.[1] Ursprünglich handelte es sich um eine ausfahrbare Eisenkonstruktion. Dabei konnte der am Boden aufliegende sarkophagähnliche Aufsatz hochgehoben werden, er ruhte dann auf vier Säulchen. In das unter dem Aufsatz befindliche »Gehäuse« wurde der Sarg eingestellt. Der Aufsatz übernahm die Funktion des Sargdeckels, Kränze und Blumen wurden auf ihn gelegt. Beim Versenken des Sarges in den darunter befindlichen Einäsche-

1 Bis in die 1960er Jahre fanden in diesem Raum Trauerfeiern für die katholischen Verstorbenen statt. Bis zur Inbetriebnahme des Erweiterungsbaus des Krematoriums im Jahre 1990/91 war diese Konstruktion zum Versenken des Sarges in den Einäscherungsraum benutzt worden.

rungsraum verschloß der Aufsatz die Öffnung und bot das gleiche Bild wie ein mit Blumen geschmücktes Erdgrab. Hier wurde in der Anfangszeit der modernen Verbrennung bewußt die Illusion vermittelt, als sei die neue Feuerbestattungsart nicht grundsätzlich von der herkömmlichen Erdbestattung verschieden.

Da sich nach dem Zweiten Weltkrieg der Anteil der Feuerbestattungen verdoppelt hat und die Tendenz steigend ist, sah man sich 1990 veranlaßt, den Krematoriumsbau zu erweitern und ihn den heutigen technischen Anforderungen anzupassen.

Beim Verlassen des historischen Bautraktes fällt der Blick auf die folgende Inschrift an der nördlichen Außenwand:

> O weiser Brauch der Alten, das Vollkomm'ne,
> Das ernst und langsam die Natur geknüpft,
> Des Menschenbilds erhab'ne Würde, gleich
> Wenn sich der Geist der wirkende, getrennt,
> Durch reiner Flammen Thätigkeit zu lösen!

Mit diesen Worten Goethes sollte ausgedrückt werden, daß sich in dem Krematoriumsbau zeitgemäßer Fortschritt mit altehrwürdiger Tradition verbunden habe.

III / 5 (Lit. K) | DAS KRIEGERDENKMAL für 1870/71

Keine Klage über Krieg und Leid umweht dieses Denkmal. Die Stadt Heidelberg ließ es für die 157 im Heidelberger Lazarett verstorbenen deutschen Soldaten auf dieser flachen Geländeterrasse am damaligen südlichen Randsaum des Friedhofs errichten und »Dem Andenken der im Jahr 1870–1871 für des Vaterlandes Ehre und Einheit gefallenen und hier bestatteten deutschen Kriegern« (Inschrift) widmen. Das Denkmal, für das 3000 Gulden bereitgestellt worden waren, war im November 1872 vollendet und wurde im Mai 1873 feierlich enthüllt.[1]

Den Stiftern schien das altägyptische Ewigkeitssymbol, der Obelisk, in seiner würdevollen Monumentalität die geeignetste Denkmalform zu sein, um die Erinnerung an die glorreichen Taten während des deutsch-französischen Feldzuges zu verewigen. Man wollte damit den ehrenvollen Kollektivtod verherrlichen sowie das Andenken derer wachhalten, »aus deren Asche das deutsche Reich in seiner Macht, in seinem Glanz und Herrlichkeit entstanden«

1 1881 plante man außerdem ein Denkmal für alle gefallenen Heidelberger Soldaten an der Schloßstraße, bestehend aus einer körperhaften Ädikula, in deren Front eine Inschrifttafel eingelassen werden sollte. (Stadtarchiv Heidelberg UA 158/6).

war.[1] Dieser Ideologie sollte das aus Mühlbacher Keupersandstein errichtete Kriegerdenkmal Ausdruck verleihen. Es wurde bei jedem Verzicht auf christliche Symbolik und transzendentale Hinweise in zeitgemäßem, historisierendem Neuklassizismus ausgeführt.[2] Den politischen Charakter des auf mächtigem Unterbau hochpostamentierten Denkmals verdeutlichen sowohl die traditionelle triumphale Darstellung von Kriegsgerät wie Gewehren, Degen und Pistolen samt einer Pickelhaube auf der Vorderseite des Postaments als auch die Abbildung von Reichsadler mit Zepter und Reichsapfel auf der Rückseite des Postaments; in den gekehlten Obeliskenfuß sind – durch Eichenlaubgirlande miteinander verbunden – acht schwere Kanonenkugeln eingefügt. Die seitlichen Postamentfelder nennen in golden gefaßten Lettern die Namen der aus verschiedenen Gegenden Deutschlands stammenden 161 Soldaten.[3] Die hochaufragende Obeliskenspitze ist von einem Lorbeerblattgebinde umwunden, das auch in der Postamentzone als Sinnbild von Ehre und verdienstvollem Tod vorkommt.

Das Monument wurde von dem evangelischen Kirchenbau-Inspektor Hermann Behaghel entworfen, die Ausführung lag in den Händen des Bildhauers Franz Sommer (d. Ä.), der den Auftrag in Konkurrenz zur Bildhauerwerkstatt Heinrich Greiff erhielt. In diesem Zusammenhang ist aus der Vorgeschichte des Denkmals interessant zu erwähnen, daß sich eine Gemeinderatskommission zunächst mit der Bitte um Mitarbeit für die Gestaltung an den hiesigen Kunstverein gewandt hatte. Dessen Vorstand zeigte jedoch keine Neigung dazu, so daß sich die Kommissionsmitglieder selbst auf die Suche nach möglichen Denkmal-Vorbildern begaben, aber trotz der Durchsicht von mehrbändiger Spezialliteratur nichts Passendes fanden. Gemeinderat Desaga entwarf daraufhin selber ein Denkmal in Form eines Obelisken, welches dann die Entwurfsgrundlage für die Behaghelsche Planung bildete.[4] Die – heute von Eichen bestandene – Anlage mit dem Denkmal und den Soldatengräbern wurde seinerzeit von einer Einfriedung umgeben, die zunächst als provisorisches Geländer bestand und 1873 durch kettenverbundene Eisenpfosten auf Steinsockeln ersetzt wurde.

Ein bescheidener Gedenkstein für neun gefallene französische Soldaten des Krieges 1870/71 befindet sich direkt hinter dem Obeliskendenkmal am rückwärtigen Saum der Anlage. Dort erinnern noch vier weitere Grabsteine an Gefallene jenes Krieges. Darunter befindet sich ein aus gelbem Sandstein gefertigtes, betont christlich geprägtes Denkmal mit einem auf einem Inschriftpostament aufragenden Kleeblattkreuz, das in seinem Zentrum das plastische Haupt Christi in einem Reliefmedaillon trägt. Schöpfer dieses von Familienangehörigen gewünschten Gedenkzeichens ist ebenfalls Franz Sommer.

1 Stadtarchiv Heidelberg UA 158/3, darin: Geschichte und Beschreibung des Kriegerdenkmals in Heidelberg, 1873, S. 13.
2 Siehe hierzu: Juschka 1982, S. 28 ff.
3 Bei den 157 im Lazarett Verstorbenen handelte es sich um 97 Preußen, 22 Bayern, 23 Badener, 6 Sachsen, 5 Württemberger und 4 Hessen. Nach Fertigstellung des Denkmals erlagen vier weitere Soldaten aus Heidelberg ihren Verwundungen; ihre Namen wurden nachträglich eingefügt (Stadtarchiv Heidelberg UA 158/3).
4 Ebd.

III / 6 (Lit. L)

Carl METZ (1818 Feudenheim – 1877 Heidelberg) Hochpostamentierter Sandsteinobelisk mit marmornem Bildnismedaillon für den Begründer der Freiwilligen Feuerwehr

Als einen Menschen mit kräftigen Gesichtszügen präsentiert uns das Reliefmedaillon den gelernten Schlosser **Carl Metz.** Er erlernte das Schlosserhandwerk und übernahm 1841 in Heidelberg die Leitung einer Werkstätte der Badischen Eisenbahn. 1842 gründete er – wahrscheinlich durch die Hamburger Brandkatastrophe von 1842 angeregt – in Heidelberg, und zwar in der Hirschstraße 13 (heute Heiliggeiststraße 11), die erste Spezialfabrik zur Herstellung von »Lösch- und Rettungsgerätschaften«, deren bleibender Erfolg auf genormte Herstellung, Serienproduktion und leichte Transportierbarkeit der Spritzen zurückzuführen ist.[1] Darüber hinaus beschäftigte Metz auch die Frage, wie seine Fabrikate sinnvoll bedient werden könnten: Er suchte Männer, die sich freiwillig einer Ausbildung in der Feuerbekämpfung unterziehen wollten – mit großem Erfolg, nicht zuletzt infolge der Unterstützung durch die Turnvereine Jahns. So entstand die »Freiwillige Feuerwehr«[2] Deutschlands, Vorbild für ähnliche Organisationen in der ganzen Welt. 1880 ehrte ihn der Deutsche Feuerwehr-Ausschuß durch ein Carl-Metz-Denkmal in Heidelberg (nach der 1916 erfolgten Einschmelzung 1920 am Schloßberg wiedererrichtet, wo es sich heute noch befindet). 1849 rettete Metz die Alte Brücke davor, von Anhängern der Badischen Revolution gesprengt zu werden. Daß Carl Metz auch ein begeisterter und erfolgreicher Kunstsammler war, ist heute kaum noch bekannt. In dem von ihm 1868 eingerichteten Hausacker-Museum (östlich des Karlstores) beherbergte er kostbare alte Rüstungen, Waffen, Schmiede- und Schlosserarbeiten, daneben Skulpturen, Porzellan und vieles mehr. 1521 Stücke zählte der Katalog, der 1878 für die Versteigerung, bei der die Sammlung über die ganze Welt verstreut wurde, erstellt wurde; in Heidelberg blieb nur wenig zurück.

Das von seinem Sohn Adolf gestiftete Obeliskengrabmal (siehe Inschrift der linken Postamenttafel) stellt eine auf Würde und Repräsentation bedachte Denkmalform dar, die sich aus dem ägyptischen Altertum herleitet und sich seit dem Klassizismus auch in Europa großer Beliebtheit erfreute. Die Absicht des Metzschen Monuments als eines Erinnerungsmals für den Begründer der modernen Brandbekämpfung verdeutlichen die schmückenden Details: Der mit Eckblättern verzierte Obeliskenfuß ist an der Frontseite mit einer plastischen Lorbeerblattgirlande behängt, und die Obeliskenspitze krönt eine züngelnde Flamme.

1 Die nach dem Tod von C. Metz verkaufte Firma wurde unter dem alten Namen Metz in Karlsruhe weitergeführt, wo sie heute noch besteht.

2 Die erste entstand 1846 in Durlach bei Karlsruhe, vgl. Präger 1982, S. 31; im Todesjahr von C. Metz 1877 gab es in ganz Deutschland 5985 Freiwillige Feuerwehren, vgl. Carl Metz – Pionier der modernen Brandbekämpfung. In: Heidelberger Tageblatt vom 28. Oktober 1977.

III / 7 (Lit. L)

Georg WEBER

(1808 Bergzabern – 1888 Neuenheim / Heidelberg)
Geschichtsschreiber. Ehrenbürger der Stadt Heidelberg und Neuenheims

Die Rotsandsteinstele,[1] die von einem schlichten antikisierenden Akroteriengiebel überdacht wird, trägt über der Namensinschrift den Wahlspruch »Gerecht sein gegen jede aufrichtige Bestrebung ist wahre Humanität«.

Zu seiner Zeit berühmt und volkstümlich durch sein Wissen und seine Veröffentlichungen war der aus ärmlichen Verhältnissen stammende Weber. Nach dem Studium der Philologie und Geschichte, das von Bürgern seiner Heimat finanziert worden war, wurde **Weber,** der 1832 bei Creuzer in Heidelberg promoviert hatte, Leiter der neugegründeten Lateinschule in seiner Geburtsstadt Bergzabern. Ab 1839 war er Lehrer an der Höheren Bürgerschule in Heidelberg, als deren Direktor er von 1848 bis 1872 verdienstvoll wirkte. Er ließ sich in Neuenheim nieder, wo heute eine Straße nach ihm benannt ist.

Von seinen zahlreichen Veröffentlichungen sind vor allem erwähnenswert die 15bändige *Allgemeine Weltgeschichte mit besonderer Berücksichtigung des Geistes und Kulturlebens der Völker* (1857–1880), *Literaturhistorisches Lesebuch* (1851) und – neben verschiedenen autobiographischen Schriften – seine *Heidelberger Erinnerungen* (1886). Sie waren von ihm als ein Vermächtnis für Stadt und Universität[2] gedacht. Als gewissenhafter Chronist der Lokalgeschichte hat Weber hier die gesellschaftlichen und akademischen Ereignisse seiner Zeit notiert und zahlreiche Persönlichkeiten Alt-Heidelbergs durch Anekdoten charakterisiert. Die Stadt Heidelberg hat ihn kurz vor seinem Tode durch die Ehrenbürgerschaft geehrt. Am 25. Januar 1888 erfolgte die Auszeichnung Webers als letzter Ehrenbürger Neuenheims vor der Eingemeindung nach Heidelberg »als Wohltäter der Armen«, »hochverdienter Schulmann« und »berühmter Geschichtsschreiber.«[3] Auch der Weberbrunnen am Philosophenweg erinnert an den Heidelberger »Geschichts-Weber«, der ursprünglich auf dem alten Neuenheimer Friedhof am Marktplatz zur letzten Ruhe gebettet worden ist.

1 Es handelt sich hier um ein Ersatz-Grabmal für das in den 1940er Jahren entwendete Original, das zuvor vom alten Neuenheimer Friedhof auf den Bergfriedhof überführt worden war. Kürzlich ist auch die nachträgliche Übertragung der Gebeine erfolgt.
2 Heidelberger Fremdenblatt 1958, H. 11, S. 6 (W. Eggert).
3 Lurz / Vogt 1990, S. 55.

III / 8
(Lit. S)

Victor GOLDSCHMIDT
(1853 Mainz – 1933 Salzburg)
Mineraloge und Kristallograph, Sammler und Mäzen;
zusammen mit seiner Frau
Leontine GOLDSCHMIDT, geb. von Portheim
(1863–1942)
Gründer der »Josefine-und-Eduard-von-Portheim-Stiftung für Wissenschaft und Kunst«

Die Namen auf dem schlichten Muschelkalkstein erinnern an das Ehepaar, das sich um das kulturelle und wissenschaftliche Leben der Stadt Heidelberg in vielfältiger Weise verdient gemacht hat. Die 1916 gegründete Stiftung – benannt nach der Mutter des Stifters und ihrem Bruder, dem Vater der Stifterin – hatte sich zum Ziel gesetzt, »in der Förderung von Wissenschaft und Kunst der Heidelberger Universität helfend zur Seite zu stehen, durch Schaffung von Instituten, Sammlungen und Forschungsmöglichkeiten auf Gebieten, für welche der Universität die nötigen Mittel nicht zur Verfügung stehen«.[1] So entstanden ein ethnographisches Institut (heute Völkerkundemuseum im Palais Weimar), ein prähistorisch-kristallographisches Privat-Institut, das Goldschmidt zunächst in seinem Wohnhaus Gaisbergstraße 9[2] einrichtete und das ab 1895 im Haus Hauptstraße 48 untergebracht war. 1919 übergab Goldschmidt die Stiftung als großzügige Schenkung dem Freistaat Baden.

Goldschmidt, der ab 1887 als freier Wissenschaftler in Heidelberg lebte – wie seine Frau kam er aus finanziell gesicherten Verhältnissen – erwarb sich als Kristallograph Weltgeltung.[3] Sein Wirken setzte an einem Wendepunkt der kristallographischen Forschungen an: Er unternahm den Versuch, die Morphologie der Kristalle in Entsprechung zur Geschichte der Erde zu deuten. Der von ihm verfaßte neunbändige *Atlas der Kristallformen* (1913–1923) war für lange Zeit das weltweit grundlegende Werk. Goldschmidt, der über 200 Publikationen hinterließ, darunter musiktheoretische, kunstwissenschaftliche und philosophische, glaubte an die Harmonie als ein allgemeines Naturgesetz und versuchte, ihre Wirkung auf den Menschen mathematisch nachzuweisen.

Goldschmidt, mit hohen und höchsten Auszeichnungen geehrt und von allen, die ihn kannten, wegen seiner Menschlichkeit gerühmt, starb 1933 während einer Reise nach Salzburg und entging so dem schweren Schicksal, das seiner Frau **Leontine** – wie ihr Mann einer jüdischen Familie entstammend – bevorstand. Jahrelangen Schikanen der nationalsozialistischen Herrscher ausgesetzt, entzog sie sich schließlich 1942 im Alter von 80 Jahren dem drohenden Abtransport nach Theresienstadt durch den Freitod.

1 Heidelberger Fremdenblatt 1960/61, Nr. 4, S. 5 (E. Walz).
2 Das ehemalige Anwesen Goldschmidts nimmt heute einen Teil der Bebauung der Berufsgenossenschaft der Chemischen Industrie auf.
3 Semper apertus 2 (1985), S. 506–515 (W. Berdesinski).

III / 9
(Lit. H)

Friedrich Christoph SCHLOSSER

(1776 Jever / Wilhelmshaven – 1861 Heidelberg)
Neugotische Stele mit Architekturaufsatz
für den Historiker und Ehrenbürger Heidelbergs

Louise SCHLOSSER, geb. Hoffmann[1]

(1791 – 1862 Heidelberg)

Auf dieser städtischen Grünanlage an einem früheren Friedhofseingang haben vier Grabmäler nach Auflassung der an anderer Stelle des Friedhofs gelegenen Grabstätten einen neuen Aufbewahrungsplatz gefunden. Von diesen trifft der Besucher zuerst auf die maßwerkverzierte Grabstele Schlossers, die aus Rosenheimer »Granitmarmor«[2] angefertigt worden ist. Diese Arbeit des Bildhauers Heinrich Greiff trägt einen mehrgliedrigen Aufsatz, der wie ein Teilstück einer sakralen Architektur anmutet. Der zentrumsbetonte, maßwerkverzierte Baukörper weist einen Abschluß in Satteldachformen auf. Das Grab Schlossers lag ursprünglich auf Lit. C unweit der Ruhestätte von Graimberg.

Schlosser zählt zu den großen Heidelberger Geschichtsschreibern des 19. Jahrhunderts. In seiner 18bändigen *Weltgeschichte für das deutsche Volk* (1843–1856, 10. Aufl. 1870–1874) ging es Schlosser darum, »als subjektiver Schriftsteller«[3] das hohe Ideal der humanen Sittlichkeit zu vertreten, dem liberalen, deutschen Bürgertum den Spiegel vorzuhalten. Die historisch-kritische Methode Rankes lehnte er ab. Die Stadt Heidelberg hat dem »Unzeitgemäßen«, als der er sich selbst empfand, 1852 die Ehrenbürgerwürde verliehen. In dieser Stadt, die der in Jever Geborene als seine zweite Heimat betrachtete, lehrte er 44 Jahre. An seinem ehemaligen Wohnhaus (Grabengasse 9) ist eine Gedenktafel für ihn angebracht.

Schlosser war als jüngstes von zwölf Kindern in einer verarmten Advokatenfamilie aufgewachsen. Nachdem er verschiedene Hauslehrerstellen innegehabt hatte (zuletzt in Frankfurt), wurde er ab 1812 vom Fürstprimas von Dalberg gefördert, der ihn zu Vorlesungen über Geschichte an das Frankfurter Lyceum berief. 1817 erreichte Schlosser – mittlerweile Stadtbibliothekar in Frankfurt – der Ruf auf den Lehrstuhl eines ordentlichen Professors und in das Amt des Direktors der Universitätsbibliothek Heidelberg. Den gesellschaftlichen Umgang mit Menschen mied er; am wohlsten fühlte er sich in kleinem Zirkel und in Gesellschaft junger Frauen. Schlosser, den zahlreiche Ehrungen (u.a. Maximiliansorden für Wissenschaft und Kunst 1854; Dr. jur. h. c. 1857) auszeichneten, gilt als Begründer der »Politischen Geschichtsschreibung in Heidelberg«.[4]

1 An der Stele fälschlicherweise »Guffmann«.
2 Materialbestimmung siehe Lukas 1990, S. 130.
3 Ruperto-Carola 30 (1961), S. 155 (W. P. Fuchs).
4 Semper apertus 2 (1985), S. 158–196 (E. Wolgast).

III / 10 (Lit. H)

Von drapierter Urne bekrönte Inschriftenstele für den Kunstmaler **Carl HAPPEL** (1819 Heidelberg – 1914 Stuttgart)

Das schöne Marmorgrabmal, das nach der Auflassung des Familiengrabes in diesem Ehrenhain aufgestellt worden ist, greift den Grabmaltypus der postamentierten, tuchbedeckten Urne auf, eines seit dem Klassizismus gern verwendeten allgemeinen Sinnbildes der Trauer. Das Grabmal ist in der Formensprache des klassizistischen Jugendstils gehalten. Nicht allein die Gestaltung des kunstvoll gefalteten Tuches zeugt von künstlerischem Feingefühl, die gestalterische Ausführung des Ganzen zeigt die Fähigkeit des akademischen Bildhauers Franz Sommer, Althergebrachtes mit neueren Formen zu verschmelzen. So ist

Abb. 58. Das Motiv der tuchbedeckten Urne auf dem Grabmal Happel ist ebenso wie das des Reliefschmuckes (Mohnkapseln und Schmetterling) antiken Ursprungs.

hier die sonst übliche klassische Quaderform des Postamentaufbaus durch geschwungene Umrißführung aufgelockert und durch formanaloge konsolige Stützen bereichert. Das in der Regel in organischer Form erscheinende Motiv der Mohnpflanzen – das bekannte antike Sinnzeichen des Todesschlafes – ist hier dünn reliefiert als geometrisch stilisiertes Flächenornament gebildet. Als anmutige und zugleich symbolträchtige Anspielung ist über der am Postamentgesims angebrachten Namensinschrift des Künstlers ein Schmetterling angebracht: antikes Sinnbild der unsterblichen Seele sowie Zeichen der Vergänglichkeit und der Auferstehung.

Die einstmals unweit des Krematoriums, in der Abteilung V gelegene Ruhestätte Happel war mit einer Einfassung versehen, die niedrige Pfosten mit kettenverbundenen Zierständern kennzeichneten.

Der als Sohn eines Heidelberger Färbermeisters geborene **Carl Happel** hatte sich an deutschen Kunstschulen und auch in Paris ausbilden lassen, bevor er 1860 nach Amerika übersiedelte. Dort gelang ihm bald der künstlerische Durchbruch, was ihn aber nicht daran hinderte, bereits nach sieben Jahren Überseeaufenthalts in die Heimat zurückzukehren. Als Happel 1914 hochbetagt und fast erblindet in Stuttgart starb, hinterließ er ein umfangreiches Werk von Ölgemälden, Zeichnungen und Skizzenbüchern, das als Schenkung von Familienmitgliedern in den Besitz der städtischen Sammlungen gelangte. Auch der Maler selbst war ein großzügiger Stifter: Er schenkte der Heidelberger Universität noch zu seinen Lebzeiten 250000 Mark zur »Förderung der Sternkunde«. Davon wurde teilweise das erst 1957 fertiggestellte »Happel-Laboratorium für Strahlenmessung« auf dem Königstuhl finanziert.

Als Maler war Carl Happel, dessen künstlerische Entwicklung vom herkömmlichen Figuren- und Genremaler zum biedermeierlich-realistischen Landschaftsmaler und Porträtisten verlief, hierzulande in Vergessenheit geraten. Erst durch die wissenschaftliche Arbeit der amerikanischen Kunsthistorikerin Margret Maranuk und die daraus erwachsene Happel-Retrospektive des Kurpfälzischen Museums von 1976 konnte das Werk einer breiteren Öffentlichkeit vorgestellt und wieder bekannt gemacht werden.[1]

III / 11 (Lit. H) | Max KLINGEL (1838 Heidelberg – 1921 Heidelberg) Ehrenbürger der Stadt Heidelberg

Das nächstfolgende der insgesamt vier Grabmäler, die an dieser Anlage nach Auflassung der andernorts gelegenen Grabstätten ihren neuen Platz gefunden haben, bewahrt die Erinnerung an das Ehepaar Max und Adele Klingel. Es ist ein aus weißem Marmor gestalteter Lehnsockel mit ihren Namensinschriften und Lebensdaten.

Der Stadtverordnete **Max Klingel** hat sich in jahrzehntelanger Tätigkeit um das Gemeinwohl verdient gemacht. Besonders lagen ihm die Umgestaltung der Stadtverwaltung, die in der Mitte der 1880er Jahre nach dem Dienstantritt von Oberbürgermeister Dr. Karl Wilckens erfolgte, und die Pflege des Heidelbergers Stadtwaldes am Herzen. Als Mitbegründer und langjähriger Vorsitzender des Gemeinnützigen Vereins – gegründet 1884, 1920 mit dem Heidelberger Verkehrsverein verschmolzen – setzte er sich für die Aufstellung von

1 Gemälde und Skizzen von Carl Happel 1976.

Ruhebänken und die Errichtung von Schutzhütten im gesamten Stadtwald ein, darunter befand sich die nach ihm benannte »Klingel-Hütte« (1894) am Schlierbacher Hang.[1] Nach Abriß der Hütte (nach 1971) erinnert heute der Straßenname »Klingelhüttenweg« an Max Klingel. 1895 hat er erste Anregungen, die auf die Errichtung eines Bismarckdenkmals zielten, gegeben. Zu seinem 80. Geburtstag erhielt er den Ehrenbürgerbrief der Stadt Heidelberg.

III / **12**
(Lit. H)

Georg Gottfried GERVINUS
(1805 Darmstadt – 1871 Heidelberg)
Postamentierte Marmorbüste für den Literaturhistoriker, Geschichtswissenschaftler und Politiker

Victorie GERVINUS, geb. Schelver
(1820 Heidelberg – 1893 Heidelberg)

Das vierte der an dieser gepflegten Waldpark-Anlage aufgestellten Grabmäler ist das weißmarmorne Grabdenkmal für Gervinus. Die unweit des Bunsen-Grabes gelegene einstige Grabstätte war als steinernes Ruhebett gestaltet, welches ein prächtiges, metallenes Ziergeländer umfriedete (siehe Abb. 92). Die Bildnisbüste auf gedrungenem Pfeiler, dessen oberer Abschluß von ionischem Kymation geschmückt ist, zeigt den bärtigen Kopf des Gelehrten mit lockigen Haaren, fast frontal, würdevoll leicht nach links geneigt mit nachdenklichem Blick.[2]

Der aus Darmstadt stammende gelernte Kaufmann und Buchhändler **Gervinus** hatte bei Friedrich Christoph Schlosser Geschichte studiert, bevor er 1835 eine außerordentliche Professur in Heidelberg erhielt. Im folgenden Jahr als ordentlicher Professor nach Göttingen berufen, wurde er 1837 aufgrund des Protestes gegen den Verfassungsbruch König Ernst Augusts von Hannover als einer der »Göttinger Sieben« abgesetzt und des Landes verwiesen. Sein wichtigstes Werk *Geschichte der poetischen National-Literatur der Deutschen* (1835–1842) entstand während dieser Zeit; als erster stellte er hierin die Dichtung in den Zusammenhang der nationalen Entwicklung. 1844 übernahm er wieder eine Professur in Heidelberg und einige Jahre später die Redaktion der liberalen »Deutschen Zeitung«. 1848 war er Abgeordneter der Frankfurter Nationalversammlung. Als Wortführer des Liberalismus setzte er nach dem Scheitern der Revolution seine Hoffnung auf den Vierten Stand und sagte Deutschland die demokratische Zukunft voraus.[3] Dem unermüdlichen Verkünder demokrati-

1 Stadtarchiv Heidelberg 122/U (I 20), S. 69 f.

2 Doch den Höhenflug edlen Geistes, wie er einer in der Universitätsbibliothek befindlichen Büste eigen ist, vermag die auf dem Grabpfeiler postamentierte, sehr ähnliche Büste nicht wiederzugeben. Als Schöpfer der Grabmalbüste nennt Mushake (S. 99) Heinrich Greiff, in Bad. Biogr. 5 (1906), S. 200 wird sie »Heer« zugeschrieben.

3 NDB 6 (1964), S. 337 (E. Angermann).

scher Ideen – beispielsweise in *Einleitung in die Geschichte des 19. Jahrhunderts* (1853) – hängten seine Gegner einen Hochverratsprozeß an, was zu seiner neuerlichen Amtsenthebung führte.

Gervinus starb, enttäuscht über die politische Entwicklung Deutschlands, zwei Monate nach der Proklamation des Deutschen Kaiserreichs 1871.

In Erinnerung an Gervinus ist eine Gedenktafel in der Friedrich-Ebert-Anlage 5, wo er zuletzt mit seiner Frau gewohnt hatte, angebracht worden.[1]

Victorie Gervinus, Stieftochter des Heidelberger Professors für Botanik Franz Joseph Schelver, war eine große Musikliebhaberin. Angeregt durch Textübertragungen ihres Mannes und durch Einflüsse des Thibautschen Singvereins, dem sie angehörte, setzte sie sich engagiert für die Sammlung und Herausgabe der Werke Händels ein. Nach Thibauts Tod leitete sie einen eigenen Singkreis, in dem sie besonders Händels Musik zur Aufführung brachte.

III / 13 (Lit. J) | Grabmäler um den »ST.-ANNA-STEIN«

Außer den eben besprochenen Grabmälern von Gervinus, Klingel, Happel und Schlosser haben noch andere alte Grabsteine um diesen offenen Platz herum einen schönen Aufstellungsort gefunden. Die für den dicht belegten Bergfriedhof ungewöhnliche Großzügigkeit des Platzes erklärt sich dadurch, daß sich hier eine Zeitlang der von der Rohrbacher Landstraße aus erreichbare Haupteingang des um 1870 nach Westen hin erweiterten Friedhofes befand.

Alle hier aufgestellten Grabdenkmäler stammen von den zuletzt genutzten Friedhöfen innerhalb des Stadtgebietes: dem St.-Anna-Kirchhof und dem St.-Peters-Kirchhof (einschließlich des beim St.-Peters-Kirchhof gelegenen »Kleinen Kirchhof«). Als man diese Kirchhöfe nach der Eröffnung des neuen, damals weit außerhalb der Stadt gelegenen Friedhofes schloß, wurden im Zuge der sich allmählich vollziehenden Auflösung der Grabstätten einige Grabsteine auf den Bergfriedhof überführt. Bei diesen überführten Grabmälern handelt es sich ausschließlich um Grabzeichen, die aus »dauerndem Material«, d. h. aus Stein oder aus Metall, angefertigt worden waren.

Die zunächst an mehreren Standorten einzeln untergebrachten Grabmäler wurden bei einer später, wohl um 1920 erfolgten und vom Stadtrat und Leiter der Friedhofskommission Ernst Atzler geleiteten Umgestaltung des Friedhofes erstmals an diesem Platz in überschaubaren Gruppen aufgestellt. Wir erfahren dies aus einer älteren Veröffentlichung über den Bergfriedhof. So blieb ein

1 Sein eigenes Wohnhaus mit schönem Blick auf Schloß und Stadt, die Villa »im Steinbruch« in der Mitte der Neuenheimer Landstraße, bewohnte er nur drei Jahre. Er verkaufte sein Haus an Karl Theodor Welcker und mietete sich im Haus Fallenstein (heute Max-und-Marianne-Weber-Gedenkstätte) an der Alten Brücke ein (Weber 1886, S. 196 f.).

Kulturgut, das gleich steinernen Zeugen ein bedeutendes Kapitel Heidelberger Friedhofsgeschichte dokumentiert, bis heute erhalten.

Von den vielen an diesem Platz aufbewahrten Grabsteinen[1] sei die Grabmalgruppe mit dem St.-Anna-Stein in ihrer Mitte kurz angesprochen. Sie bildet einen besonders schönen Blickfang am südlichen Saum des Platzes. Die Vielfalt der Formensprache dieser Rotsandstein-Grabmäler gibt gleichsam ein Zeugnis von friedhöflicher Kunst aus der vorindustriellen Zeit: Zur Linken sieht man ganz vorne eine trapezförmige Stele mit Giebel-Abschluß; schräg hinter ihr ein schmuckloses, kräftiges Grabkreuz; diesem folgt ein hoher, reliefkreuzverzierter Dachstein. Zur Rechten ist vorne ein biedermeierliches, mit Randschlag versehenes Kreuz zu sehen, dessen eigenwillig in Form eines Würfels gestaltetes Zentrum ebenfalls wie die Kreuzarme zur Aufnahme von Grabinschriften dient; hinter diesem ein gotisierendes Grabmal in Form einer Fiale, deren von Krabben bekrönter Giebel im Feld von Blendmaßwerk geschmückt wird.[2]

Der in der Mitte der Grabsteingruppe hoch aufragende, durch sein großes Format auffallende Stein, der »St.-Anna-Stein«, hat diesem Platz seinen Namen gegeben. Diese buntsandsteinerne Architektur hat den schlichten Aufbau eines an die Renaissance gemahnenden Portals: Kannelierte Pilaster mit ionischen Kapitellen – oben in der Gebälkzone durch toskanische Kapitellprofile fortgesetzt – rahmen ein rechteckiges Wandfeld mit darin eingespanntem Rundbogen. Den Wandabschluß bildet ein dreigegliedertes Gebälk, bestehend aus Architrav, Fries und Deckplatte. In das Mittelfeld der Portalwand ist die Inschrift (deren Schriftbild dem 19. Jahrhundert entstammen dürfte) »Anna Stifterin dieses Kirchhofes 1500« eingemeißelt. Diese fehlerhaft restaurierte Jahreszahl gibt ein alter Bergfriedhof-Führer von 1929 richtig mit 1590 an. Die Worte beziehen sich auf die Gründung des Begräbnisplatzes bei der ehemaligen St.-Anna-Kirche, die bereits in der ersten Hälfte des 18. Jahrhunderts verfallen gewesen sein soll. Bei der Stifterin dürfte es sich nach Emil J. Vierneisel um die Landgräfin Anna von Hessen (1529–1591), Gemahlin Herzogs Wolfgang von Pfalz-Zweibrücken und Neuburg, handeln; das Grabmal des Ehepaares befindet sich in der Schloßkirche zu Meisenheim am Glan. Anlaß der Friedhofsstiftung war möglicherweise der Tod Elisabeths, Tochter des Kurfürsten August von Sachsen, verheiratet mit dem Kurpfälzischen Administrator Johann Kasimir, der ein Begräbnis in der kurfürstlichen Grablege in der Heiliggeistkirche verwehrt wurde, weil sie lutherischen Glaubens war.[3]

1 An der Nordseite von Lit. L befinden sich die Grabmäler Kiesendahl, von Luels/Pastoir, von Bothmer, Cipriani, Kirschbaum und Apiarius (?); an der Südseite von Lit. H die Grabmäler Oppenheimer, Hagen und Ulrichs. (Den Rückschluß auf die Namensinschriften des Grabmals Luels/Pastoir ermöglichte dankenswerterweise Herr Harald Drös durch die Identifizierung des Familienwappens.)

2 Bis 1987 stand in dieser Reihe noch ein drittes Grabmal, das der Familie des Hofglasermeisters Otto: ein barockes Sandsteinkreuz mit interessanter Reliefdarstellung im Typus der »Schutzmantel-Madonna«. Dieses stark verwitterte Grabmal wird heute im Lapidarium auf dem Friedhof Neuenheim aufbewahrt.

3 Ruperto-Carola 45 (1968), S. 62 ff. (E. J. Vierneisel).

Besondere Beachtung verdienen die Inschriften, die aber leider teilweise stark verwittert und nicht mehr vollständig lesbar sind. Die meisten von ihnen trauern in ergreifend-wehmütiger und gleichsam schöngeistiger Sprache um jungverstorbene Studenten. So beklagt eine Mutter – wie die Inschrift auf dem hohen Dachstein zur Linken der großen Portalwand besagt – den Tod ihres erst

Abb. 59. Eine Gruppe alter Grabmäler, die von aufgelassenen Kirchhöfen Heidelbergs auf den Bergfriedhof überführt wurden. Das große Architekturfragment in der Mitte enthält eine Widmungsinschrift für die Stifterin des St.-Anna-Kirchhofes.

18 Jahre alten Sohnes mit folgenden Worten: »Hier ruhen die Gebeine des Studios / Carl Leisener aus Stettin / geboren den 29. Januar 1812 / gestorben den 20. October 1830 / fern von der Heimaths / theurem Raume / wo dich beweint ein Mutterherz / ruhst du nach kurzem / Lebenstraume« (...). Die in die stämmigen Kreuzarme eingemeißelten Worte auf dem Grabmal daneben lauten: »Wen Gott liebt / den ruft er früh / Ernst S(t)eche / aus / Lübeck / Ihrem unaussprechlich geliebten einzigen Sohne, welcher Ostern / 1831 / zur Ausbildung seines schönen Geistes die hiesige Academie bezog / und am 7.ten May 1833 nach eben vollendetem 21. Lebensalter in / eine bessere Welt hinüberging« (...). Und aus der Gedenkinschrift der fialenförmigen Stele erfährt der Besucher, daß der »hoffnungsvolle Sohn« des Großherzoglich Badischen Medizinalrates Dr. Schwarz ebenfalls »in der Blühte seiner Jahre« entschlafen ist.

III / 14
(Lit. H)

Eduard WAHL

(1903 Frankfurt / Main – 1985 Heidelberg)
Rechtsgelehrter und Politiker

Grabmal in Form eines Lesepults mit aufgelegtem Buch

Das ganz aus weißem Marmor gestaltete, von einer älteren Grabstätte übernommene Grabmal zeigt in gründerzeitlich historisierenden Formen, die klassizistische Züge tragen, einen auf einem stabilen Postament aufgestellten Pultstein, der ein aufgeschlagenes, mit den Lebensdaten der hier Bestatteten versehenes Buch trägt. Es wird von einem kleinen Blumensträußchen verziert. An der Vorderseite des Postaments, dessen hinterer Teil konsolenartig ausschwingt, sind als plastischer Schmuck zwei zum Kranz gelegte Lorbeerzweige und ein dichtblättriger Palmwedel angebracht. Die Vorderkante des ornamentierten Lesepults ist als eingerollter Volutenkörper gearbeitet, die Seiten werden von reliefiertem Rankenwerk geschmückt.

Das wissenschaftliche und politische Wirken von Professor **Eduard Wahl** in Heidelberg fällt in die Zeit der Aufbaujahre nach dem Zweiten Weltkrieg. 1940 war der gebürtige Frankfurter – damals Professor in Göttingen – an die Heidelberger Universität berufen worden, zu deren Wiederbegründern er 1945 zählte. Als Direktor und Professor des Instituts für ausländisches und internationales Privat- und Wirtschaftsrecht gingen von Wahl fruchtbare Anstöße zur Erforschung des Völkerrechts und seiner Grenzgebiete aus. Wahl hat sich auch um den Wiederaufbau als Politiker verdient gemacht. Er war Mitbegründer und langjähriger Kreisvorsitzender der Heidelberger CDU und gehörte von 1949 bis 1969 dem Deutschen Bundestag an. Erinnert sei an die von ihm angeregte Zusammenarbeit der Heidelberger Juristischen Fakultät mit der Rechtsfakultät von Montpellier. Sie war ein zukunftsweisender Entwurf für einen Teilbereich der deutsch-französischen Zusammenarbeit.

Zahlreiche Ehrungen sind Eduard Wahl zuteil geworden, darunter die Verleihung des Großen Bundesverdienstkreuzes mit Stern.[1]

Angehörigen dient diese Grabstätte ebenfalls als letzte Ruhestätte.

III / 15
(Lit. J)

Josef AMANN

(1879 Regenstauf / Oberpfalz – 1971 Heidelberg)
Bürgermeister und Ehrenbürger der Stadt Heidelberg

Ein roter, breitlagernder Sandsteinfelsen bezeichnet die Grabstätte des Altbürgermeisters. **Josef Amann** stammte aus Bayern und erlernte das Bäckerhandwerk. Ab 1904 Mitglied der Sozialdemokratischen Partei, übernahm Amann 1910 seine erste Funktion als Bezirksleiter des Verbandes der Bäcker und

1 Ruperto-Carola 61 (1978), S. 123 (G. Reinhart).

Konditoren in Mannheim, von wo ihn der badische Innenminister Maier 1920 als Parteisekretär nach Heidelberg berief.

1933 wurde Josef Amann in den badischen Landtag gewählt, wo ihm die SPD-Fraktion die schwierige Aufgabe übertrug, die Ablehnung des Ermächtigungsgesetzes vor dem Landtag bekanntzugeben und zu begründen.[1] Inhaftierung, Arbeitslosigkeit und dauernde Überwachung durch die Gestapo waren die Folgen, die ihm weitere politische Aktivitäten unmöglich machten. Eine erneute Verhaftung nach dem Attentat vom 20. Juli 1944 brachte ihn für kurze Zeit in das Konzentrationslager Dachau.

Nach dem Kriegsende nahm Josef Amann seine politische Tätigkeit wieder auf, zunächst als Vorsitzender der SPD-Gemeinderatsfraktion, später, von 1948 bis 1954 als Erster Bürgermeister. Die dringenden Probleme der Nachkriegszeit waren nun zu bewältigen. Mit Nachdruck setzte er sich für die Förderung des sozialen Wohnungsbaus und den Bau neuer Schulen (Bunsengymnasium) ein. Besonders lag ihm der Heidelberger Stadtteil Pfaffengrund am Herzen, in dem er selbst über 30 Jahre lebte. Bis zu seinem Tod fühlte er sich als »Vater des Pfaffengrundes«.[2]

Josef Amann, dem »Kommunalpolitiker aus Leidenschaft«, wurde 1963 die Ehrenbürgerwürde der Stadt Heidelberg für seine Verdienste um das Gemeinwohl in den schweren Nachkriegsjahren verliehen.

In derselben Grabstätte ruhen auch seine Frau Therese Amann, geb. Fischer (1881–1950), und weitere Familienmitglieder.

III / **16**
(Lit. J)

Irma DERWEIN, geb. von DRYGALSKI

(1892 Berlin – 1953 Heidelberg)
Schriftstellerin

Herbert DERWEIN

(1893 Braunschweig – 1961 Heidelberg)
Stadtarchivar

Ein kreuzbekröntes, naturhaftes Grabmal aus grauem Granit trägt die Namensinschriften des Ehepaares Derwein / von Drygalski. Diese Namen sind aufs engste mit Heidelberg und seiner Geschichte verbunden. Irma von Drygalski und Herbert Derwein waren Wahl-Heidelberger, sie lebten und arbeiteten in Handschuhsheim, wo eine Gedenktafel an der Tiefburg an sie erinnert und eine Straße nach Herbert Derwein benannt ist.

Herbert Derwein, der in seiner Jugend ertaubte, trat 1917 durch seine Arbeit *Die Heidelberger Romantik* hervor (erschienen 1922), mit der er einen Wettbewerb der Corps-Suevia-Stiftung gewann. Das Buch *Handschuhsheim und seine Geschichte* veröffentlichte er 1933, *Die Flurnamen von Heidelberg* folgten

1 Vgl. hierzu und zum folgenden: Bad. Biogr. 3 (1990), S. 3 f. (F. Reutter).
2 Nötzoldt 1972, S. 63.

1940. 1940 trat Derwein, der vordem als Privatgelehrter und Heimatforscher ohne materielle Absicherung gearbeitet hatte, in den Dienst der Stadt. Schon bald übernahm er innerhalb der Stadtverwaltung die Aufgabe eines Stadtarchivars.[1] Zahlreiche Veröffentlichungen folgten, unter denen vor allem sein 1958 erschienenes Buch *Heidelberg im Vormärz und in der Revolution 1848/49* besondere Beachtung verdient. Daß er auch Arbeiten zur Friedhofsgeschichte verfaßt hat (1930 zum Heidelberger Begräbniswesen, 1931 zum Christlichen Friedhof in Deutschland), ist hier eigens hervorzuheben.

Irma von Drygalski, als Offizierstochter zu Berlin geboren, unterstützte ihren tauben Mann bei seinen wissenschaftlichen Forschungen (z. B. bei Befragungen alter Handschuhsheimer), daneben aber führte sie – eine gelernte Schauspielerin – ein eigengeprägtes, von Theater und schriftstellerischen Arbeiten erfülltes Leben. Mit der Novellensammlung *Im Schatten des Heiligen Berges* (1925), in der sie Frauengestalten Heidelbergs porträtiert, gelang ihr der literarische Durchbruch.[2] In den dreißiger Jahren rief sie die Burgspiele in der Tiefburg ins Leben, für die sie verschiedene Laienspiele verfaßte, unter denen *Das Wort vom Kreuz – Luther in Heidelberg* (1933) herausragt.

Im selben Grab sind weitere Familienmitglieder bestattet.

III / 17 (Lit. J) | **Friedrich Heinrich Christian SCHWARZ**

(1766 Gießen – 1837 Heidelberg)
Theologe und Pädagoge

Von dem im Stadtgebiet gelegenen einstigen St.-Anna-Kirchhof (Plöck/Sofienstraße) sind die Gebeine des Geheimen Kirchenrats Schwarz 1874 auf den Bergfriedhof übertragen worden.

Sein aus tiefgelbem Sandstein (wie das Nachbargrab Benecke) in Form einer gesockelten, mit kräftigem Stufengesims abschließenden Stele errichtetes Grabmal enthält vorderseitig eine flache Inschriftnische, die von einem Rundbogen mit schlichtem Maßwerk-Dekor überspannt wird. Die obere Nischenhälfte nimmt die Namensinschrift für den Theologen ein.

Der von Großherzog Carl Friedrich 1804 an die Universität Heidelberg berufene Schwiegersohn Jung-Stillings – er hatte 1792 dessen älteste Tochter Hanne geheiratet – begründete hier 1807 zusammen mit Friedrich Creuzer das erste geisteswissenschaftliche Institut der Ruperto-Carola, das Philologisch-Pädagogische Seminar.[3] Humanistisch-philologische Ausbildung sowie Erziehungslehre und Unterrichtstheorie wurden gleichgewichtig vermittelt; 1818 wurden die beiden Abteilungen voneinander getrennt.

Neben der Theorie der Erziehung gehörte die Geschichte der Pädagogik zu Schwarzens Forschungsgebiet; als erster stellte er – gestützt auf gründliches

1 Zeitschrift für die Geschichte des Oberrheins, NF 69 (1960), S. 635 f. (M. Schwaab); Baden-Württembergische Biographien 1 [erscheint voraussichtlich 1992] (R. Benl).

2 Heiberger 1986, S. 165.

3 Heidelberger Jahrbücher 15 (1971), S. 3 (V. Lenhart).

Quellenstudium – die Geschichte der Pädagogik umfassend dar. Heute noch für die Pädagogik als eigenständige Wissenschaft wichtig ist sein Hauptwerk *Erziehungslehre* (1. Auflage 1802–1813), in dem er, von Gedankengängen Herders ausgehend und von Pestalozzi beeinflußt, Humanität als Erziehungsziel beschreibt. Erwähnenswert ist ferner seine Forderung, Mädchen müsse man den gleichen Bildungsanspruch zugestehen wie Knaben, worüber er sich schon 1792 in *Grundriß einer Theorie der Mädchenerziehung* geäußert hat.

Friedrich Schwarz, der von seiner Mutter im Geiste Lockes und Rousseaus erzogen worden war, konnte als Vater von zehn Kindern auch auf eigene pädagogische Erfahrungen zurückgreifen. Zusammen mit seiner Frau Hanne führte er im Haus Plöck 36 ein Geselligkeiten aufgeschlossenes Leben im Kreis bekannter Dichter und Gelehrter wie Friedrich Creuzer, Clemens Brentano, Jean Paul, von Savigny, Caroline von Günderrode.

In demselben Grab ruhen weitere Mitglieder der Schwarzschen Familie, deren Namen dem Grabmal zu entnehmen sind.

III / **18**
(Lit. K)

Grabstätte THOMAS

Philipp THOMAS

(1862 Heidelberg – 1931 Heidelberg)
Architekt

Die Gestaltung der am Fuß des Hanges liegenden Grabanlage läßt die Vorstellung von einem Grab als »Ruhebett« anschaulich werden: Man sieht eine geschlossene, schlicht gerahmte Grabwand, die das stabile Kopfgestell der durchgehend eingefriedeten Ruhestätte bildet. Ein schleifengebundener Lorbeerkranz verleiht der Rückwand, die aus erlesenem, poliertem Labrador besteht, die gesamte Grabbreite einnimmt und die Inschriften trägt, ein unaufdringliches Gepräge. Eine steinerne Sitzbank zur Linken lädt zum Verweilen ein. Die in erstaunlich unaufdringlichen Stilformen der Gründerzeit gehaltene Grabanlage, die ein Messing-Ziergeländer aus pinienzapfenbekrönten, rundstangenverbundenen Ständern umgibt, hat Philipp Thomas anläßlich des 1898 erfolgten Todes seiner ersten Frau als Familiengrabstätte selbst errichtet. Es ruhen hier auch die Eltern des Architekten, der Küfermeister Valentin Thomas aus der Semmelsgasse und seine Ehefrau Elisabeth, geb. Weber.

Der 1931 verstorbene Architekt **Philipp Thomas** verdient besondere Erwähnung, hat er doch als Erbauer des zweitältesten deutschen Krematoriums (1891) an der Gestaltung des Bergfriedhofs Anteil. Auch der Umbau der Kapelle und der Bau ihres Leichenzellentraktes sind sein Werk. Für den Neuenheimer Friedhof schuf er die Leichenhalle. Von den anderen Bauten Philipp Thomas' seien die Gebäude für die Kinderklinik »Luisenheilanstalt« (zwischen 1895 und 1917) und das Wohnhaus für den Astronomen Max Wolf auf dem Königstuhl (1913–1915) erwähnt.[1]

1 Semper apertus 5 (1986), S. 565 (T. Schmidt-Neirynck).

III / 19
(Lit. K)

Karl GEILER

(1878 Schönau / Schwarzwald – 1953 Heidelberg)
Anwalt, Rechtslehrer. Hessischer Ministerpräsident

Ein sechsstufiger Treppenbau führt auf die terrassenförmige Familiengrabanlage (über einer Gruft), die nischenartig in den sonnigen Friedhofshang eingebettet ist. Die efeubehangene Einfassungsmauer trägt an den äußeren Enden die Inschrifttafeln mit den Namen von Karl Geiler und seiner Frau Charlotte, geb. Hirsch.

Der im Südschwarzwald geborene **Geiler** studierte in Freiburg / Br., Berlin und Heidelberg, wohin er 1921 als Professor für Wirtschafts- und Finanzrecht zurückkehrte. Zuvor war er als Dozent an der Mannheimer Handelshochschule tätig. Er war einer der gesuchtesten Wirtschaftsanwälte im Deutschen Reich und leistete bedeutende wissenschaftliche Arbeit auf dem Gebiet des Gesellschafts-, des Konzern- und des Kartellrechts.[1] Wegen der halbjüdischen Herkunft seiner Ehefrau und seiner zahlreichen Kontakte zu jüdischen Kollegen wurde ihm 1939 die Lehrbefugnis entzogen.

Nach dem Zweiten Weltkrieg gehörte Geiler zu den »Männern der ersten Stunde«, für eine Übergangszeit (1945–1947) leitete er die erste Regierung des neugebildeten Landes »Groß-Hessen«. Auch nach Ende seiner Tätigkeit als Ministerpräsident konnte er an entscheidenden Stellen politisch mitwirken.

Von ihm gingen dank seiner Mitgliedschaft in zahlreichen, dem Europa-Gedanken verbundenen Organisationen wertvolle Impulse für den Aufbau eines geeinten Europas aus. Deutschland maß er dabei die politische Mission zu, Mittler und Brücke zwischen den westlichen und östlichen Ländern zu sein.[2]

Die Universität Heidelberg, an der er ab 1947 wieder lehrte (als »Persönlicher Ordinarius« für internationales Recht) und deren Rektor er 1948 / 49 war, verlieh ihm 1953 die Würde eines Ehrensenators; im selben Jahr wurde er zum Ehrenmitglied des Deutschen Juristentages ernannt.

Die Grabstätte dient weiteren Familienangehörigen als letzte Ruhestätte.

III / 20
(Lit. K)

Grabstätte SCHLAGETER / SUTTER / DIHL

Geflügelte Kinderfigur an Baumkreuz

Bis ins Detail von sentimentalen Gefühlswerten geprägt ist die aus weißem Marmor gehauene Grabskulptur des 19. Jahrhunderts, die seit 1933 auf diesem Grab aufgestellt ist. Sie zeigt eine ans Grab geeilte, geflügelte Kinderfigur – den Blick zum Himmel gerichtet, mit traurig fragendem Gesichtsausdruck –, die das Grabkreuz umschlingt, um einen prächtigen Blütenkranz als Zeichen der liebenden Erinnerung daran aufzuhängen. Am Fuße des Kreuzes entrollt sich

1 Ruperto-Carola 61 (1978), S. 127 (K. Duden).
2 Bad. Biogr. NF 3 (1990), S. 102 (P. Feuchte).

ein Schriftband, das die Namen des Ehepaares Schlageter enthält; für dessen erstes Kind, das 1893, noch nicht einjährig, verstorben war, ist die Grabskulptur ehemals in Freiburg errichtet worden. Nach Auskunft der Familie stammt das Bildwerk aus Italien.

Abb. 60. Auf der Grabstätte Schlageter/Sutter/Dihl lehnt sich ein Grabengelchen an ein stämmiges Kreuz.

Bei der naturalistisch aufgefaßten Mädchenfigur handelt es sich um eine verniedlichende Form des in der romantischen und biedermeierlichen Grabmalgestaltung beliebten Putto, der als Grab-Eros seine Wurzeln in der Antike hat.

Nicht nur von vorne ist die vollplastische Figur beeindruckend, besonders reizvoll ist auch die Sinnlichkeit der Rückenansicht mit dem kindlich-runden Kopf und dem zurückgesetzten Füßchen.

Das auf Felsbrocken aufragende, dickstämmige Kreuz ist in seiner Rindenstruktur von gleicher Naturwüchsigkeit wie die barfüßige Kinderfigur im wehenden kurzärmeligen Kleidchen. Es handelt sich um eine Darstellung, die das Motiv des Kreuzes als Lebensbaum variiert: Durch Christi Tod am Kreuz wird denen, die an ihn glauben, das ewige Leben zuteil.

Auch diese Art der volkstümlich-rührseligen Gestaltung – wegen ihrer Landläufigkeit lange Zeit verachtet – gehört in die Kategorie der vielgesichtigen, schützenswerten Grabkultur.

III / **21** (Lit. V)

Monumentale Grabwand im Stil der Dreißiger Jahre für die Familie **Friedrich SCHOTT** (1850 Gundersheim – 1931 Heidelberg) Ehrenbürger der Stadt Heidelberg

Die Namensinschrift des Geheimen Kommerzienrats Dr.-Ing. Friedrich Schott findet sich im oberen Teil des linken Wandflügels, darunter die seiner Ehefrau Emma, geb. Fischer; die Inschrift im unteren Teil dieses Wandflügels ist dem Gedenken des im Ersten Weltkrieg gefallenen Sohnes Dr. Otto Schott gewidmet.

Die Ehrenbürgerwürde ist **Friedrich Schott,** dem langjährigen Präsidenten der Heidelberger Handelskammer, der ab 1895 die Portland-Zementwerke leitete, im Jahre 1925 verliehen worden, und zwar »in Anerkennung seiner Verdienste als langjähriges Mitglied des Bürgerausschusses auf den Gebieten der Kulturpflege und Wohltätigkeit«.[1]

Gleichnishaft für das Wirken des Verstorbenen zeigt die reliefierte Mittelwand die überlebensgroße Aktfigur eines Sämannes, der – den Saatgutbeutel lendentuchartig um die Hüften geschlungen – in mehransichtiger Präsenz kraftvoll nach rechts schreitend dargestellt ist; im Hintergrund unten sind die Gebäude der Leimener Firmenanlage erkennbar. Die im Stil der frühen dreißiger Jahre gestaltete, dreiflügelige Kunststeinwand verbindet nüchterne Tektonik aus Rechteck-Monolithen mit zeittypischer, heroisierender Auffassung des Figurenreliefs, das als Veranschaulichung des Sockelspruchs zu interpretieren ist: »Was der Mensch säet das wird er ernten.«

Die geräumige, seitlich von einer gestutzten Taxushecke gesäumte Grabanlage, deren Front durch eine von viereckigen Blumentrögen flankierte Treppe geöffnet ist, dient weiteren Familienmitgliedern als letzte Ruhestätte, darunter (siehe rechter Wandflügel) dem 1968 verstorbenen Sohn Friedrich Schotts, Dr. **Ehrhart Schott**, Ehrenbürger von Leimen und Ehrensenator der Universität Karlsruhe.

III / **22** (Lit. V)

Hermann LINDRATH (1896 Eisleben – 1960 Mannheim) Bundesschatzminister

Ein breiter, quaderförmiger Stein aus bläulich-weißem Marmor, dessen schmucklose Front die Namensinschrift trägt, bezeichnet die Grabstätte des Politikers Dr. Hermann Lindrath.

Hermann Lindrath fand in Heidelberg seine zweite Heimat. 1951 war er aus Halle, wo er die CDU Sachsen-Anhalt mitbegründet hatte, in die Bundesrepublik geflüchtet, nachdem er mehrmals verhaftet worden war. Der Handwerkerssohn hatte in Staatswissenschaften promoviert, später fand er als

1 Spielmann 1967, S. 366.

Prokurist der Portland-Zementwerke eine neue Aufgabe. Seine politische Tätigkeit nahm er 1953 wieder auf, als er für den Wahlkreis Mannheim-Land in den Bundestag einzog. Nach seiner Wiederwahl im Jahre 1957 wurde er von Bundeskanzler Adenauer zum Bundesschatzminister ernannt, als welcher er die Aufsicht über den wirtschaftlichen Besitz des Bundes innehatte. Während seiner Amtszeit setzte sich Lindrath besonders für eine Steuervereinfachung sowie für die Privatisierung des Bundesvermögens ein. Als »Vater der Volksaktie« entwarf Lindrath das Konzept einer Verteilung des Bundeseigentums auf breite Schichten der Bevölkerung. Ebenso rief er die »Deutsche Stiftung für Entwicklungsländer« ins Leben, die mit einem Vermögen von einer Milliarde DM ausgestattet wurde. Kurz vor seinem plötzlichen Tod hat Lindrath sich noch um die Überführung des Volkswagenwerkes in privaten Besitz bemüht, nachdem unter ihm bereits die Privatisierung der Preussag erfolgt war.[1] Die bald nach seinem Tod gegründete »Hermann-Lindrath-Gesellschaft e.V. – Europäische Vereinigung für Eigentumsbildung« in Hannover sah ihr Hauptziel darin, die Initiativen zur Vermögensbildung in Arbeitnehmerhand weiterhin zu fördern und dadurch in seinem Sinne weiterzuwirken.

III / **23**
(Lit. V_{neu})

Friedrich EBERT
(1871 Heidelberg – 1925 Berlin)
Sozialdemokratischer Politiker, Reichspräsident

Louise EBERT, geb. Rump
(1873 Melchiorshausen / Syke – 1955 Heidelberg)

Als Friedrich Ebert in der Nacht vom 4. auf den 5. März 1925 aus Berlin auf den Heidelberger Bergfriedhof überführt wurde, entsprach man seinem Wunsch, in seiner Heimatstadt zur letzten Ruhe gebettet zu werden. Von dem (damals noch am Seegarten gelegenen) Hauptbahnhof – wo der Leichnam in einem Sonderzug eintraf – setzte sich der feierliche Leichenzug zum Bergfriedhof in Bewegung. Dem Trauerwagen, von vier schwarz behängten Pferden gezogen, folgten nach den Angehörigen Oberbürgermeister Walz und Reichskanzler Luther sowie deutsche und ausländische Regierungsmitglieder.

Es fügte sich, daß die großzügige Anlage oberhalb des Krematoriums, die als stimmungsvoller Ruheplatz für Friedhofsbesucher gedacht und soeben fertiggestellt worden war, nun den Platz für das Grab des großen Sohnes der Stadt bot.[2] Die landschaftlich besonders schön gelegene Stätte am Fuße eines allmählich nach Osten ansteigenden Hanges, die die wärmenden Strahlen der Nachmittagssonne noch lange erreichen, erschien – mit einem langen, zwei Grabterrassen miteinander verbindenden Treppenbau und einem in dessen Hinter-

1 Biographisches Staatshandbuch 2 (1963), S. 773; vgl. hierzu auch RNZ vom 27. 2. 1970.
2 Ursprünglich war eine Grabstätte in unmittelbarer Nähe des Grabes der Mutter Friedrich Eberts vorgesehen (dieses befand sich in einer anderen Reihe desselben Grabfeldes). Dieses Vorhaben wurde aufgegeben, da der Platz nicht repräsentativ genug war.

Abb. 61. Die letzte Ruhestätte des Reichspräsidenten Friedrich Ebert.

grund aufragenden Kruzifixus[1] ausgestattet – hierfür vorzüglich geeignet. Sie bot einen würdigen und zugleich repräsentativen Rahmen für die letzte Ruhestätte des »ersten Mannes im Staat«. Das Grabdenkmal wurde im Auftrag des Reichsministeriums von Peter Behrens geschaffen.

In Form eines schlichten, reliefverzierten Altarcorpus gestaltet – heute steht hier eine originalgetreue Kopie aus Muschelkalk anstelle des ursprünglichen Jurakalkgrabmals –, erscheint an den Eckzonen des Grabmals jeweils ein stilisiertes Adlermotiv, an Front- und Rückseite ist die Losung Eberts »Des Volkes Wohl ist meiner Arbeit Ziel« eingemeißelt. Auf einer bronzenen Namenstafel, die man in der Grabbepflanzung rechts von dem Grabaltar

1 Das Kruzifixus ist eine von Bildhauer Franz Bergner geschaffene Nachbildung eines barocken Originals, das ursprünglich als Wegekreuz am Mannheimer Tor angebracht war und in Zusammenhang mit der Schaffung dieser Treppenanlage 1924 hier aufgestellt wurde.

angebracht hat, sind die wichtigsten Daten und Ereignisse seines Lebens verzeichnet. Zwei liegende Grabplatten hinter dem Grabaltar bewahren das Andenken an andere Familienmitglieder: Die linke Grabplatte erinnert an zwei Söhne, die beide im Ersten Weltkrieg gefallen sind, die rechte Grabplatte an seine 1955 verstorbene Gattin **Louise**, geb. Rump, die noch die schwere Zeit des Dritten Reichs und den Zweiten Weltkrieg miterlebt hat.

Abb. 62. Das Grabdenkmal für Friedrich Ebert schuf Peter Behrens.

Ein weiterer Sohn, Karl Ebert (1899–1975), der nach dem Zweiten Weltkrieg in der Stadtverwaltung Heidelberg tätig war, ist hier ebenfalls beigesetzt. An ihn erinnert ein etwas weiter in der Grabbepflanzung liegender Inschriftstein, der auch den Namen der Mutter des Reichspräsidenten, Katharina, nennt.

Zu einer Zeit, als die lauten Jubelrufe für das soeben gegründete Kaiserreich in den Straßen erklangen, kam **Friedrich Ebert** als Sohn eines Schneidermeisters am 4. Februar 1871 in der Heidelberger Pfaffengasse zur Welt. Fast ein halbes Jahrhundert später, am 9. November 1918, lag das Kaiserreich in Trümmern. Der Weltkrieg war verloren, das Land verarmt, die Menschen hatten keine Arbeit. Nun war die Stunde Friedrich Eberts, der der Sozialdemokratischen Partei zur führenden Rolle verholfen hatte, gekommen: Der letzte kaiserliche Kanzler, Max von Baden, übertrug ihm die Regierungsgeschäfte. In dieser Zeit des Umbruchs und des Neuanfangs wurde der Parteivorsitzende zum Staatsmann, zum Vermittler und zum »Retter im Chaos«.[1]

1 Siehe hierzu und zum folgenden: Reichspräsident-Friedrich-Ebert-Gedenkstätte Heidelberg 1989; Maser 1987; Witt 1987.

Als nur sechs Jahre später eine verschleppte Krankheit (Blinddarmentzündung) dem Leben des Reichspräsidenten Ebert am 28. Februar 1925 ein viel zu frühes Ende setzte, da waren die Fundamente des neuen, unter seiner Führung entstandenen demokratischen Staates noch nicht genügend gesichert, doch befand sich das Land wenigstens in einer Phase relativer Stabilität.

Abb. 63. Eine große Trauergemeinde erwies dem verstorbenen Reichspräsidenten auf dem Bergfriedhof die letzte Ehre.

Die entscheidenden Voraussetzungen für ein demokratisches Deutschland hatte Ebert in seiner nur drei Monate währenden Amtszeit als Kanzler geschaffen: Das Wahlrecht für Frauen sowie die Tarifvertragspflicht zwischen Gewerkschaften und Arbeitgebern, der Acht-Stunden-Tag und eine provisorische Arbeitslosenversicherung waren eingeführt worden, das Dreiklassenwahlrecht in Preußen, das Ebert schon vor dem Krieg bekämpft hatte, abgeschafft. Wesentliche Ziele der Sozialdemokratie waren somit in die Tat umgesetzt. Als Ebert sich aber gezwungen sah, das ehemalige kaiserliche Offizierskorps gegen die Arbeiteraufstände sowie den sogenannten Spartakusaufstand im Januar 1919 einzusetzen, um die innere Ordnung und Ruhe in der neuen Republik wiederherzustellen, brachte ihm dies den Vorwurf des Verrats an der Arbeiterklasse ein.

Noch bevor Ebert in die ›große Politik‹ eingetreten war, hatte er sich zum undogmatischen »Politiker des Machbaren« entwickelt, der die Durchsetzbarkeit politischer Vorhaben durch eigene Lebenserfahrungen einzuschätzen gelernt hatte: Nachdem er als siebzehnjähriger Sattlergeselle auf Wanderschaft gegangen war, hatte er danach die Nöte und Sorgen der »kleinen Leute« zuerst lange Jahre als Gastwirt, später als Arbeitersekretär in Bremen aus nächster Nähe kennengelernt. Diesen Erfahrungshorizont konnte er später – ab 1905 war er Vorstand der Sozialdemokratischen Partei, ab 1912 Abgeordneter im Reichstag und ab 1913 Parteivorsitzender – einbringen, bis ihn sein Schicksal in das höchste Amt des Staates führte.

Während seiner sechsjährigen Amtszeit als Reichspräsident (vom 11. Februar 1919 bis zu seinem Tod) sah sich Ebert vor allem vor das Problem der innenpolitischen Instabilität gestellt. Antidemokratische Kräfte bekämpften seine Reformpolitik, Putschversuche (der Kapp-Lüttwitz-Putsch 1920 und der Hitler-Putsch 1923) sowie eine Welle politischer Morde (der Ermordung Rosa Luxemburgs und Karl Liebknechts 1919 folgten die Morde an Matthias Erzberger 1921 und Walther Rathenau 1922) gefährdeten seine Bemühungen um die weitere Verwirklichung der parlamentarischen Demokratie. Eine schwere innenpolitische Belastung waren vor allem auch die Forderungen des Friedensvertrags von Versailles, die – beschleunigt durch den Widerstand der Arbeiter gegen die Ruhrgebietsbesetzung durch französische und belgische Truppen – eine Inflation von zuvor nie dagewesenem Ausmaß auslösten. Zu einer großen persönlichen Bürde wurden für Ebert, der »Reichspräsident des ganzen Volkes« sein wollte, nicht zuletzt die gegen ihn gerichteten Diffamierungen und der wegen seiner ehemaligen Teilnahme am Munitionsarbeiterstreik gegen ihn erhobene Vorwurf des Landesverrats. Dies hat den Mann, der »im tiefsten Sinne ein deutscher Patriot« war, schwer getroffen.

Im Geburtshaus Friedrich Eberts in Heidelberg, Pfaffengasse 18, ist eine Reichspräsident-Friedrich-Ebert-Gedenkstätte eingerichtet.

III / **24**
(Lit. V_{neu})

Eberhard GOTHEIN
(1853 Neumarkt / Schlesien – 1923 Berlin)
Wirtschafts- und Kulturhistoriker

Marie Luise GOTHEIN, geb. Schroeter
(1863 Possenheim – 1931 Heidelberg)
Kulturhistorikerin, Schriftstellerin

Die von kubistisch-expressionistischer Formensprache geprägte Grabanlage zeigt am Kopfende einer dreieckig verlaufenden Grabumfriedung einen sechsseitigen, unvermittelt waagerecht abbrechenden Grabpfeiler. Percy Gothein, an den hier nur eine Gedenkinschrift erinnert, hatte das Grabmal für seine Eltern selbst entworfen.[1] Weitere Familienmitglieder ruhen ebenfalls in diesem Grab.

Eberhard Gothein, Wirtschafts- und Kulturhistoriker, nahm 1905 einen Ruf an die Heidelberger Universität an, nachdem er vorher in Karlsruhe, Bonn und Köln gewirkt hatte. Als Nachfolger von Max Weber befaßte er sich mit

1 Grisebach 1981, S. 64.

den unterschiedlichsten Gebieten der Geschichtswissenschaft wie der Wirtschafts- und der Kulturgeschichte. Der universalhistorisch gebildete Gothein war einer der besten Kenner der spanischen und der venezianischen Kulturgeschichte, hervorzuheben ist sein Werk *Ignatius von Loyola und die Gegenreformation* (1895).

Gotheins Ehefrau und frühere Schülerin **Marie Luise Gothein,** die neben der Erziehung ihrer vier Söhne ihre geistigen Interessen weiterverfolgte, trat zunächst als Übersetzerin des bis dahin in Deutschland nicht bekannten indischen Nobelpreisträgers Rabindranath Tagore hervor (*Sangesopfer,* 1914). Dieser Arbeit waren im Britischen Museum Studien über Wordsworth und Keats vorausgegangen. 1914 erschien auch ihre *Geschichte der Gartenkunst* (2 Bände), ein umfassendes Werk dieser neuen Forschungsrichtung, das seine Verfasserin weithin bekannt machte. Das Haus des Ehepaares Gothein in der Weberstraße in Neuenheim (in diesem Stadtteil befindet sich heute auch eine Gotheinstraße) war ein Treffpunkt der Intellektuellen des damaligen Heidelberg. Nach dem Tode ihres Mannes unternahm Marie Luise Gothein in den Jahren 1925/26 eine Reise in den Fernen Osten, die sie zu weiteren Publikationen anregte. 1931 wurde ihr die Ehrendoktorwürde der Philosophischen Fakultät der Universität Heidelberg verliehen – die Laudatio hielt der mit ihr befreundete Literaturhistoriker Friedrich Gundolf.[1]

Der schon erwähnte **Percy Gothein** gehörte zum Kreis um Stefan George, den er in *Opus Petri* (1923, Teildruck 1953) beschrieben hat. Nachdem seine Habilitation verhindert worden war, wurde er in Italien tätig, wo er Studien zum Frühhumanismus veröffentlichte. 1943 war Percy gezwungen, nach Deutschland zurückzukehren, wo er im folgenden Jahr im Konzentrationslager Neuengamme bei Hamburg unter unbekannten Umständen gestorben ist.[2]

III / 25
(Lit. V_{neu})

Robert Wilhelm BUNSEN

(1811 Göttingen – 1899 Heidelberg)

Jugendstilgeprägte Grabgestaltung mit Reliefbildnis für den Chemiker und Ehrenbürger Heidelbergs

Eine schwere, steinerne Einfassung, an deren Ecken kugelig bekrönte Pfosten stehen, umfriedet die letzte Ruhestätte des berühmten Naturwissenschaftlers, dessen bronzenes Profilbildnis[3] die Grabstele an der Rückfront der Grabanlage schmückt. Das Reliefbild ist in eine fensterartige Vertiefung eingefügt. Glokkenförmiger Stelenabschluß und konkav ausschwingende Corpusflanken weisen Jugendstileinfluß in der schlicht vornehmen Grabgestaltung auf.

Robert Wilhelm Bunsen verkörpert wie kein anderer den Siegeszug, der den Naturwissenschaften in Heidelberg in der zweiten Hälfte des 19. Jahrhun-

1 Ruperto-Carola 34 (1963), S. 85 (E. Salin).
2 Bad. Biogr. NF 1 (1982), S. 140f. (W. Leiser).
3 Das Reliefbildnis schuf der in Rom tätige Künstler Artur Volkmann.

derts gelang. Er hatte 1852 als Nachfolger Gmelins (er war dessen Wunschkandidat) den Heidelberger Lehrstuhl für Chemie übernommen, nachdem Justus Liebig, der ebenfalls als Kandidat im Gespräch gewesen war, der Universität München den Vorzug gegeben hatte. Eine von Bunsen gestellte Bedingung war die Zusage, man werde ein neues Laboratorium errichten. 1855 wurde der Bau in der Akademiestraße, Ecke Plöck fertiggestellt; er galt seinerzeit als das größte und bestausgestattete Universitäts-Laboratorium und wurde bald zu einem Anziehungspunkt für Studenten aus der ganzen Welt. Eine Reihe

Abb. 64. Robert Wilhelm Bunsen (1811–1899). Die Aufnahme zeigt den 35jährigen Wissenschaftler vor seiner Heidelberger Zeit.

bedeutender Chemiker sind aus dieser Forschungsstätte hervorgegangen. Bunsen selbst, der als »Meister des Experiments« bezeichnet wurde, machte hier die Mehrzahl seiner Entdeckungen. Die bedeutendste unter ihnen ist die zusammen mit Gustav Kirchhoff begründete Spektralanalyse (daran erinnert heute eine Gedenktafel am »Haus zum Riesen«, Hauptstraße 52), dank deren es gelang, die einzelnen chemischen Elemente wesentlich genauer nachzuweisen, die chemische Zusammensetzung der Sonne und aller selbstleuchtenden Gestirne zu ergründen und eine Reihe neuer Elemente (z. B. das 1860 von Bunsen bestimmte Cäsium) zu entdecken. Von seinen weiteren Tätigkeiten auf dem Gebiet der Analyse sei hier noch die von ihm begründete Gasanalyse genannt. Außerdem ersann er zahlreiche Erfindungen auf dem Gebiet des

Gerätebaus, etwa den in keinem chemischen Laboratorium fehlenden Bunsenbrenner. Das bei diesem Brenner angewandte Prinzip war für die Entwicklung der Gasheiztechnik grundlegend.

Der als Sohn eines Göttinger Universitätsprofessors geborene Bunsen, den man wegen seiner Verdienste und seiner Anhänglichkeit an die Stadt Heidelberg 1863 zum Ehrenbürger ernannte, stellte bis ins hohe Alter (er ließ sich erst mit 78 Jahren emeritieren) seine Dienste der Universität zur Verfügung. Ihm ging es im wesentlichen um die praktische Verwendbarkeit seiner wissenschaftlichen Erkenntnisse, was jedoch nicht bedeutet, daß er Gewinn hätte aus seinen Entdeckungen erzielen wollen. Im Gegenteil, dieser »Fürst im Reich der Wissenschaft« meldete nie Patente an.

An Bunsen, den Mitbegründer der physikalischen Chemie in Deutschland,[1] erinnern in Heidelberg eine Gedenktafel am ehemaligen Chemischen Institut (es war zugleich sein Wohnhaus) in der Akademiestraße / Ecke Plöck und eine von dem Bildhauer Hermann Volz geschaffene überlebensgroße Statue im Anatomiegarten in der Hauptstraße; zudem sind eine Straße in der Weststadt und ein Gymnasium in Neuenheim nach Bunsen benannt, der bei den Bürgern Alt-Heidelbergs sehr beliebt war und um den sich manche Anekdote rankt.

III / **26** (Lit. V_{neu}) — Familiengrabstätte Erbach

Hochgetürmte Ädikula mit Bronzedekor
in antikisierendem Jugendstil
für die Familie eines Weinhändlers

Die Muschelkalkarchitektur hat den Charakter einer archaischen Festung. Sie ist vermutlich für die 1902 verstorbene Ehefrau des Weingroßhändlers Jacob Erbach, Cathinca, Tochter des Großherzoglichen Hypothekenbewahrers Dr. G. J. Sieglitz, errichtet worden. Diese war als erst 39jährige aus dem Leben verschieden.

Der in gedrungenen Proportionen ausgeführte, zweigeschossige Grabbau zeigt ein verjüngtes Sockelgeschoß, dessen raumgreifende, an Strebepfeiler erinnernde Vorbauten durch eiserne Flammenstangen vergittert sind. Das dominierende Obergeschoß ist als schlichte, niedrige Ädikula gestaltet: Stämmige Rundpfeiler tragen auf kräftigem Sockelband ein massiges Dreieck-Giebeldach, dessen Front von einer plastischen, an Knäufen hängenden Lorbeerblattgirlande geziert wird. Die dunkelbronzenen Blumentröge wie auch die Namensinschriften des Grabmals sind jugendstilgemäß gestaltet, selbst die Grabeinfassung mit ihrem geschwungenen Frontverlauf paßt sich dem vorgegebenen Formempfinden an.

Den markanten Mittelpunkt der eigenwilligen Grabarchitektur stellt die Ausgestaltung der Nische dar, wo auf wuchtigem Konsolenpostament – das

1 NDB 3 (1957), S. 18 f. (G. Lockemann).

sich aus dem Bauinnern regelrecht herausdrängt – eine bronzene, reliefverzierte Tumba steht. Sie füllt zusammen mit ihrem Unterbau den Innenraum fast bis zum Dach aus, so daß kaum noch Raum bleibt für den weiblichen Todesgenius, der über der Tumba zusammengekauert im Gestus der Verzweiflung das Gesicht bedeckt: sinnfälliger Ausdruck der Trauer. In der Verbindung dieser zierlichen Figur mit der massigen, festungshaften Architektur wird eine bildnerische Absicht wirksam, die für das Formempfinden des Jugendstils bezeichnend ist.

Abb. 65. Das architektonische Grabmal Erbach ist eines der wenigen Jugendstil-Grabmonumente auf dem Bergfriedhof.

Durch die Signatur, die in der rechten Schmalseite des Ädikulasockels angebracht ist, kann eine Münchner Werkstatt als Ursprungsort der originellen Jugendstilschöpfung ausgemacht werden.

III / **27**
(Lit. V_{neu})

Familiengrabstätte KLOTZ
Gründerzeitlich geprägte Grabgestaltung mit hochpostamentiertem Grabengel in Galvanoplastik und mit Pfosteneinfriedung

Inmitten eines breiten Wegedreiecks – am südlichen Saum einer jener Friedhofsanlagen, die im ausgehenden 19. Jahrhundert oberhalb des Krematoriums erschlossen wurden – erstreckt sich die geräumige Ruhestätte einer Fabrikantenfamilie. Sie fällt nicht nur durch die hervorgehobene Insellage ins Auge, sondern vor allem durch eine prächtige Engelsfigur. Durch eine schwere,

Abb. 66. Der Grabengel auf der Familienruhestätte Klotz ist von einer beeindruckenden Plastizität.

granitene Einfassung aus rundstäbig verbundenen Geländerpfosten ist die Ruhestätte aus der Gemeinschaft der Gräbernachbarschaft ausgegrenzt, gleichsam als Privatanlage definiert.

Die geflügelte Frauengestalt vom Typus der antiken Nike ist in ihrer Größendimension ein Ausdruck gründerzeitlich-bürgerlichen Bewußtseins. Sie begegnet uns als eine Figur, die allein durch ihre kunstvolle Erscheinung, ihr würdevolles Gebaren und ihre plastische Fülle beeindruckt: in elegantem

Kontrapost ausgeführt, sandalenbekleidet, mit antikisierendem, bodenlangem Gewand – man beachte die prächtigen Faltenkaskaden –, in der Rechten einen geschwungenen Palmwedel haltend, die Linke gen Himmel gerichtet. Zusammen mit den Armen ergeben die prachtvollen Schwingen ein allseitig beeindruckendes, raumdynamisches Zusammenspiel. Trotz des sanften Gesichtsausdrucks und der betont weiblichen Körperformen erscheint die Hochgesokkelte – von Tannenzweigen umschattet – dennoch über alles Irdische erhaben.

Die nach einem Entwurf von Professor Hirt[1] gefertigte Grabfigur stammt aus der Galvanoplastischen Kunstanstalt Geislingen an der Steige. Sie gehört zu den gebräuchlichen Kerngalvanos, wie sie die Grabmalindustrie des ausgehenden 19. Jahrhunderts in großer Anzahl als preisgünstige Alternative zu Bronzeskulpturen herstellte.

Abb. 67. Grabstätten Moosbrugger, Remmlinger und Henkel (von rechts).

III / **28–30**
(Lit. V)

Beispiele für die Vielfalt alter Grabmalkultur

Grabstätten MOOSBRUGGER, REMMLINGER und HENKEL

Das in Form einer kompakten Ädikula errichtete Grabmal für die Familie des Architekten **Leopold Moosbrugger** verbindet in seiner archaisierenden Gestaltungssprache romanisches mit gotischem Formengut. Niedrige, stäm-

1 Abbildung in: Galvanoplastische Kunstanstalt Geislingen / Steige [Verkaufskatalog]. Grabschmuck. 1903, Nr. 774 b.

mige Säulen mit Kelchkapitellen tragen zusammen mit der geschlossenen Rückwand einen schweren Dreieckgiebel. In den rundbogig geöffneten Giebel ragt die Figurengruppe einer Pietà hinein, die in der Nische des Grabhäuschens geborgen zu sein scheint. Die Darstellung entspricht dem Geiste der auf

Abb. 68. Die sich auf einen Säulenstumpf stützende weibliche Figur am Grab Henkel.

mittelalterliche Formensprache zurückgreifenden christlichen Tradition in der Grabmalkultur. Auffallend betont sind die Wundmale Christi, die dem Körpergestus des Toten einen expressiven Ausdruck verleihen. Das dem Heidelberger Architekten Peter Graf zugeschriebene Grabhäuschen ist aus Ettringer Tuffstein gefertigt, einem Gestein, das auf dem Bergfriedhof selten verwendet worden ist. Die Figurengruppe aus gelblichem Kunststein hat der Bildhauer Wilhelm Rahtz geschaffen.

Eine ›Standardform‹ des antikisierenden Jugendstils zeigt das benachbarte Grabmal **Remmlinger,** bei dem der räumliche Charakter einer typischen Ädikula zugunsten eines flächig gestalteten Grabportals stark zurückgenommen ist. Hier tragen ionische Halbsäulen einen hohen Glockengiebel, dessen reliefierte Frontmitte ein haubenartig mit Rosen gefüllter Korb schmückt. Die klassische Strenge der Säulen-Rahmung wird dem vorgegebenen Formempfinden gemäß in konkaver Schwingung der Wandseiten aufgelöst, die in niedrige

Eckpfosten auslaufen; deren gestuftes Profil mutet allerdings schon expressionistisch an.

Diesen von architektonischen Formen geprägten Ruhestätten Remmlinger und Moosbrugger folgt ein Grab, auf dem eine überlebensgroße weibliche Figur die Aufmerksamkeit des Besuchers auf sich lenkt. Die Galvanoplastik, deren Herkunft unbekannt ist, wurde vermutlich für die 1924 im Alter von 29 Jahren verstorbene **Emma Henkel,** Tochter des Bäckermeisters Friedrich Henkel und seiner Frau Louise, aufgestellt. In einer labilen, manieristischen Haltung, den stark gebeugten Körper balancierend, vollführt sie ihren Auftrag, einen Rosenzweig zu dem Grab hinabzureichen – nicht ganz ohne Mühe. Ganz offensichtlich kommt es der mit gegürtetem Chiton bekleideten jungen Frau weniger auf das ›Blumenlegen‹ an – wenn sie auch scheinbar darauf konzentriert ist – als auf ein möglichst reizvolles Spiel der sinnlichen Körpersprache in einer raumgreifenden Pose; dieser gewollten Vorführung dient auch das antike Endlichkeitssymbol der gebrochenen Säule, die hier in einer niedrigen Form des Säulenstumpfes verwendet wird.

III / **31**
(Lit. V)

Familiengrabstätte KUSSMAUL

Bildnisobelisk für **Adolf KUSSMAUL**
(1822 Graben / Karlsruhe – 1902 Heidelberg)
Arzt und Ehrenbürger der Stadt Heidelberg

Der auf hohem Postament aufragende, schwarzgranitene Obelisk trägt in seiner Frontmitte das Reliefbildnis des bekannten Mediziners als Bronzemedaillon. Dieses zeigt den bärtigen Kopf des Geheimen Rats Kußmaul mit Schulteransatz (mit Jacke und Krawatte) im Profil nach links. Den inneren Rand des Bildnismedaillons des verdienten Arztes schmückt ein zierliches Lorbeerband.

Ihm zur Seite ruhen seine Ehefrau Luise Amanda, geb. Wolf, und weitere Familienmitglieder.

Führte ihn sein beruflicher Werdegang auch in viele süddeutsche Städte, kehrte **Kußmaul** doch stets nach Heidelberg zurück, das er als Student kennengelernt hatte und das er im Ruhestand in seinen *Jugenderinnerungen eines alten Arztes* beschrieb.

> Mußt Du Gram im Herzen tragen
> Und des Alters schwere Last
> Lade Dir aus jungen Tagen
> Die Erinnerung zu Gast.

Diese Zeilen bilden den Auftakt zu den autobiographischen Betrachtungen Kußmauls.

Neben diesem seinerzeit ungemein beliebten Buch (1899, 19. Auflage 1960), das interessante Einblicke in das studentische und das städtisch-bürgerliche Leben des 19. Jahrhunderts erlaubt, hinterließ Kußmaul manch anderen literarischen Versuch. Er erfand zusammen mit seinem Dichterfreund Ludwig

Eichrodt 1855 die parodistische Figur des Schulmeisters Gottlieb Biedermaier; nach ihr erhielt später der Zeitabschnitt zwischen 1815 und 1848 den Stilnamen »Biedermeier«.[1]

Schon früh hatte sich seine später vielgerühmte Menschlichkeit gezeigt – um seinem Vater, einem Wieslocher Landarzt, weitere Kosten zu ersparen, verzichtete Kußmaul darauf, sein Studium mit der Promotion abzuschließen und begnügte sich mit dem Staatsexamen. Zunächst als Militär-, dann als Landarzt

Abb. 69. Der Obelisk für den bekannten Arzt Adolf Kußmaul wurde mit seinem Bildnis in Medaillonform ausgestattet.

tätig, verfügte er schließlich über ausreichende finanzielle Mittel, so daß er 1854 in Würzburg promovieren und sich 1856 in Heidelberg habilitieren konnte. Hier verbrachte er nur eine kurze Zeit als Professor; bald schon folgte er einem Ruf an die Universität Erlangen. Professuren in Freiburg und in Straßburg schlossen sich an.

Kußmauls Wirken als Mediziner besticht durch eine außerordentliche, heute kaum noch vorstellbare Vielseitigkeit: So arbeitete er an der Konstruktion eines Augenspiegels, führte die Methode des Magenauspumpens ein, stellte Untersuchungen über das Seelenleben Neugeborener an und beschäftigte sich mit der

1 Vgl. NDB 13 (1982), S. 345 (H. Wyklicky).

Zuckerkrankheit – Fachleuten ist die »Kußmaulsche Atmung« ein Begriff, ein Phänomen, das im letzten Stadium der Diabetes beobachtet werden kann. Kußmaul war zudem Leibarzt der Großherzöge Friedrich I. und Friedrich II.

1888 beschloß der beliebte Arzt, sich aus dem Berufsleben zurückzuziehen, obwohl ihn die Straßburger Universität nicht ziehen lassen wollte, und in Heidelberg seinen Alterswohnsitz zu nehmen.[1] 1899 wurde er zum Ehrenbürger der Stadt Heidelberg ernannt, der Stadt, die ihm, um mit Scheffels Worten zu reden, »ins Herz geschrieben steht gleich einer Braut«.

III / 32 (Lit. V) | Emil KRAEPELIN

(1856 Neustrelitz / Mecklenburg – 1926 München)
Psychiater

Ein sich nach oben verjüngender Granitfindling bezeichnet die als ›Waldgrab‹ gestaltete letzte Ruhestätte des aus Mecklenburg gebürtigen Kraepelin. Seinem Gedenken sind die unterhalb der Namensinschrift angebrachten Worte gewidmet: »Dein Name mag vergehen, bleibt nur dein Werk bestehen.«

In Fachkreisen ist **Emil Kraepelin,** der von 1891 bis 1903 die Heidelberger Professur für Psychiatrie innehatte und gleichzeitig Leiter der Akademischen Irrenklinik war, insbesondere durch sein Lehrbuch der Psychiatrie bekannt (1883, 9. Aufl. 1927), in dem er die Geisteskrankheiten grundlegend beschreibt und systematisiert. In diesem Werk trifft er u. a. die heute noch gültige Unterscheidung zwischen manisch-depressiven und schizophrenen Seelenstörungen.

Für die damalige Zeit sehr fortschrittlich war seine Schrift *Die Abschaffung des Strafmaßes. Ein Vorschlag zur Reform der heutigen Strafrechtspflege,* in dem sich der vierundzwanzigjährige Kraepelin aus der Sicht des Psychologen mit der Kriminalpolitik beschäftigte.[2] Kraepelin ist überdies Schöpfer der lyrischen Gedichtsammlung *Werden, Sein, Vergehen.*

Kraepelin, der vor seiner Heidelberger Zeit bereits in Würzburg, München und Leipzig (dort in enger Verbindung mit dem Psychologen Wilhelm Wundt) tätig gewesen war, zog es 1903 wieder nach München, wo er die Leitung der psychiatrischen Klinik übernahm; 1917 gründete er die Deutsche Forschungsanstalt für Psychiatrie, die heute unter dem Namen »Max-Planck-Institut für Psychiatrie« ein Begriff ist. Von diesem Institut wird in unregelmäßigen Abständen eine Kraepelin-Medaille verliehen.

In dem Grab ruhen weitere Familienmitglieder, darunter seine Frau Ina Marie Wilhelmine Kraepelin, geb. Schwabe (1863–1944).

1 In der Plöck 48/50 erinnert eine Gedenktafel an Kußmaul, ebenso trägt eine Straße in Neuenheim seinen Namen.
2 Ruperto-Carola 19 (1956), S. 111 (W. R. v. Baeyer).

III / 33 | DER JÜDISCHE FRIEDHOF

Der jüdischen Begräbnisstätte ist ein eigenes Kapitel gewidmet, siehe Seite 254 f.

Abb. 70. Ein Blick in den Eingangsbereich des Jüdischen Friedhofes.

III / 34 (Lit. P)

Grabstätte GOERDELER / MEYER-KRAHMER
mit Gedenkstein für die Widerstandskämpfer

Carl GOERDELER
(1884 Schneidemühl – 1945 hingerichtet Berlin-Plötzensee), Oberbürgermeister von Leipzig

Fritz GOERDELER
(1886 Schneidemühl – 1945 hingerichtet Berlin-Plötzensee), Stadtkämmerer in Königsberg

Drei schlichte Grabsteine aus weißem Kalkstein kennzeichnen die Familiengrabstätte Goerdeler. Die beiden äußeren Inschriftsteine bewahren das Andenken an die Brüder **Carl und Fritz Goerdeler** und je einen ihrer Söhne. Carl und Fritz Goerdeler waren am Widerstand gegen Hitler aktiv beteiligt. Ihren mutigen Einsatz mußten beide mit dem Leben bezahlen: Wenige Monate vor dem Zusammenbruch der nationalsozialistischen Herrschaft wurden sie hingerichtet.

Carl Goerdeler war die zentrale Figur jener bürgerlichen Widerstandsbewegung, die eine »politische Lösung« anstrebte. Zunächst tat sich der national gesinnte Ostpreuße (von Haus aus war er promovierter Jurist) als erfolgreicher Kommunalpolitiker hervor: Von 1920 bis 1930 war er Zweiter Bürgermeister in Königsberg; ein Jahr nach der Übernahme des Oberbürgermeisteramtes in Leipzig berief ihn Brüning 1931 zum Reichskommissar. Seine vorrangige Aufgabe in diesem Amt war es, die Staats- und Wirtschaftskrise zu bekämpfen. Auch als Kandidat für das Reichskanzleramt war Goerdeler im Gespräch.

Noch nach der Machtübernahme durch die Nationalsozialisten übte Goerdeler – obwohl er sich weigerte, in die NSDAP einzutreten – das Amt des Oberbürgermeisters aus und wurde 1934 sogar von Hitler selbst erneut zum Wirtschaftsberater berufen. Es ist erstaunlich, daß Goerdeler, der wenige Jahre später sein ganzes Trachten darauf richten sollte, die nationalsozialistischen Machthaber zu stürzen, noch bis 1937 (erst in diesem Jahr legte er sein Oberbürgermeisteramt nieder, wozu ihm die Entfernung des Mendelssohn-Bartholdy-Denkmals endgültig den Anlaß gegeben hatte) im Staatsdienst tätig war. Dies läßt sich am ehesten damit erklären, daß für Goerdeler Politik vor allem die Lösung von Sachproblemen war und daß er deshalb auch den Nationalsozialismus noch lange Zeit für korrigierbar gehalten hatte.[1]

Er hatte schon während seiner Amtszeit die nationalsozialistische Juden- und Kirchenpolitik öffentlich kritisiert, trat aber erst 1937 endgültig dem aktiven Widerstand bei. Unermüdlich warnte er im In- und Ausland vor Hitlers Politik und knüpfte Kontakte zu führenden Männern der Armee, die er von der Notwendigkeit eines Umsturzes zu überzeugen suchte. Schienen seine Bemühungen anfangs noch zu fruchten, scheiterten sie letztlich an der zunächst unentschlossenen und dann doch ablehnenden Haltung der Generäle. Den

1 Vgl. Meyer-Krahmer 1989, S. 75.

einzigen Ausweg sah Goerdeler nunmehr in einem Attentat auf Hitler und schloß sich daher dem Kreis um Staufenberg an. Das Mißlingen des Attentats am 20. Juli 1944 sollte nicht nur für Deutschland, sondern auch für Goerdeler persönlich die schlimmsten Folgen haben: Am 12. August 1944 wurde er nach Wochen des Sich-Versteckens und der Flucht in der Nähe seiner Heimatstadt Marienwerder verhaftet, des Landes- und Hochverrats angeklagt und zum Tode verurteilt. In den langen Monaten des qualvollen Wartens und der absoluten Isolation suchte der Gefangene Goerdeler mit ungebrochenem Willen nach einem Weg, der Nachwelt seine Ideale mitzuteilen. Er verfaßte seinen heute visionär anmutenden Entwurf einer europäischen Friedensordnung, nach der sich die europäischen Staaten unter der Devise »Nie wieder Krieg in Europa!« zu einem europäischen Staatenbund zusammenschließen sollten. Seine ganz persönlichen Sorgen und Leiden sind uns in seiner Schrift *Gedanken eines zum Tode Verurteilten* erhalten geblieben. Am 2. Februar 1945 wurde Goerdeler in Berlin-Plötzensee hingerichtet.

Der mittlere Grabstein bezeichnet die letzte Ruhestätte von **Anneliese Goerdeler, geb. Ulrich** (1880–1961), der Witwe Carl Goerdelers. Ab 1951 lebte sie nahe bei ihrer Tochter in Heidelberg. Hier verband sie mit Louise Ebert, der Witwe des Reichspräsidenten, eine späte Freundschaft.

In der Grabstätte ruht auch der Schwiegersohn Carl Goerdelers, Hans-Georg Meyer-Krahmer. Dessen Ehefrau, älteste Tochter Goerdelers, hat den Lebensweg ihres Vaters in Erinnerungen nachgezeichnet, die zugleich als zeitgeschichtliches Dokument lesenswert sind.

III / 35 (Lit. P) | Ehrengrab für die OPFER DER NATIONALSOZIALISTISCHEN JUSTIZ

In der von der Stadt Heidelberg 1950 errichteten Ehrengrabstätte sind 27 Antifaschisten bestattet, die in den Jahren 1942–1944 hingerichtet worden sind. Unter den Opfern waren vier Heidelberger, sieben Mannheimer und sieben Elsässer. Die Herkunft der übrigen neun Opfer ist unbekannt.[1]

Außer den sieben französischen Widerstandskämpfern, für die eine eigene Gedenktafel aufgestellt ist, ist keiner der hier Bestatteten namentlich genannt. Allein die an der Sandsteinmauer angebrachte Ehrentafel ist dem gemeinsamen Gedenken der Opfer gewidmet. Der Efeu, die Pflanze des antiken Totenreiches, aber auch ein tröstlicher Hinweis auf das ewige Leben, umrankt in dichtem Bewuchs die Grabanlage.

Um die zwanzig nicht namentlich erwähnten Beigesetzten ihrer Anonymität zu entreißen, sollen ihre Namen an dieser Stelle genannt werden. Die neun, deren Herkunft unbekannt ist, sind: Jan Schreiber, Martin Ganter, Philipp

1 Namentlich aufgeführt in einer Liste des städtischen Friedhofsamtes. Am 28. 8. 1989 wurde eine zusätzliche Bestattung von Geweberesten möglicher Opfer der NS-Justiz aus der Sammlung des Anatomischen Instituts vorgenommen.

Ullrich, Jakob Bürger, Karl Schmitt, Prinz Max zu Hohenlohe-Langenburg, Johann Tomann, Paul Meunier und Jakob Welter. Die vier ermordeten Heidelberger sind: Der Schlosser Heinrich Fehrentz aus der Altstadt, ein bekannter Arbeitersportler, der als »Rädelsführer« einer siebenköpfigen Gruppe, die »Feindsender« abgehört hatte, verurteilt wurde;[1] Albert Fritz aus Kirchheim,

Abb. 71. Ehrengrabstätte für die Opfer der nationalsozialistischen Justiz.

ein Schiffswerftarbeiter, von Beruf Eisendreher, der als Mitglied der Kommunistischen Partei Deutschlands bei der Säuberung der städtischen Verwaltung sein Mandat im Bürgerausschuß im April 1933 niederlegen mußte und mehrmals ins Konzentrationslager gekommen ist; Albert Fritz gehörte der Mannheimer kommunistischen Widerstandsgruppe um Georg Lechleiter an, wie auch das Rohrbacher Ehepaar Käte und Alfred Seitz (er war Krankenpfleger), das in seinem Wohnhaus in der Karlsruher Straße 46 an der Herstellung der verbotenen Zeitung »Der Vorbote« beteiligt war. In ehrender Erinnerung an alle diese Märtyrer wurden Straßen in den Stadtteilen Bergheim, Kirchheim und Rohrbach benannt.

Die aus Mannheim stammenden, hier bestatteten Mitglieder der Lechleiter-Gruppe sind: Bruno Rüffer, Robert Schmoll, Henriette Wagner, Jakob Faulhaber, Richard Jatzeck, Ludwig Neuschwander sowie Georg Lechleiter selbst. Sie hatten mit der Herstellung und dem Verbreiten der von September 1942 bis

1 Hierzu und zum folgenden wird Bezug genommen auf Schadt / Caroli 1985; auf einen Brief Sophie Berlinghofs, der langjährigen Vorsitzenden der Vereinigung der Verfolgten des Naziregimes und des Bundes der Antifaschisten an die Stadt Heidelberg vom 29. 7. 1979 sowie auf mündliche Mitteilungen Herrn Max Oppenheimers in Wiesloch.

Oktober 1943 herausgegebenen Zeitung »Der Vorbote« zum Widerstand gegen den Nationalsozialismus aufgefordert.

Die Mannheimer und Heidelberger Widerstandskämpfer wurden am 15. September 1942 sowie am 24. Februar und am 22. Dezember 1943 durch das Fallbeil in Stuttgart hingerichtet und ihre Leichen anschließend dem Anatomischen Institut Heidelberg zu Studienzwecken übergeben.[1]

Die Namen der sieben französischen Widerstandskämpfer aus dem Elsaß, die mit Heinrich Fehrentz in Verbindung standen, nennt die von den Hinterbliebenen gestiftete Granittafel auf der linken Grabfläche, die hier nach der in den 1960er Jahren erfolgten namentlichen Identifizierung der Opfer errichtet wurde: René Birr, René Kern, Adolphe Murbach, Eduard Schwartz, Eugène Boeglin, Alphonse Kuntz und August Sontag.

Die Genannten waren nach der Besetzung Frankreichs bei der hiesigen Eisenbahn tätig und gehörten der im Raum Mühlhausen beheimateten »Wodli-Gruppe« an.[2]

Die städtische Ehrengrabanlage für die nach Kriegsende identifizierten Opfer des Nationalsozialismus wurde 1950 als Gemeinschaftsgrab errichtet und 1979 »der Würde des Ortes entsprechend« umgestaltet.

1 Nach Aussage Max Oppenheimers hat Dr. Altmann in der Anatomie noch vor dem Ende des Krieges die präparierten Reste seines einstigen Schulkameraden Faulhaber erkannt. Dies diente der späteren Identifizierung der Opfer.

2 Max Oppenheimer erwähnt, daß die Leiche Heinrich Fehrentz' als einzige ganz erhalten war. Diese Bemerkung stimmt mit der Tatsache überein, daß hier laut städtischer Grabakte eine einzige Erdbestattung vorgenommen wurde, während es sich in den übrigen Fällen um Feuerbestattete handelte.

5. Vierter Rundgang

IV / 1
(Lit. Z)

Familiengrabstätte LASSIG / OLINGER / BARTHOLOMAE

Neuklassizistische Tempelfront im Hintergrund einer geräumigen Gruftanlage

Die Gestalt der in unmittelbarer Nähe der Friedhofskapelle liegenden, aus dem beginnenden 20. Jahrhundert stammenden Familiengrabstätte wird ganz von einer düster-schwarzen Basaltarchitektur geprägt. Vermag dem heutigen Betrachter eine derartig massive und homogene Verwendung von schwarzem Gestein auch befremdlich erscheinen, so galten die dunklen, zumeist importierten Steinarten (in unserem Fall »Schwedisch Schwarz«[1]) seit dem ausgehenden 19. Jahrhundert als vornehme Alternative zu den heimischen Sand- und Kalksteinen.

Die von dem Architekten Philipp Thomas entworfene repräsentative Anlage zeigt eine schattige Gruftterrasse mit monumentalem Treppenaufgang, dahinter eine durch vier dorische, kannelierte Dreiviertelsäulen gegliederte, antikische Tempelfassade, die in den Interkolumnien drei Namenstafeln der verwandtschaftlich miteinander verbundenen Familien trägt. Diese waren wie der Erbauer des in Lit. T befindlichen Prachtmausoleums Bartholomae – wahrscheinlich ebenfalls ein Verwandter – Brauereibesitzer.

Georg Bartholomae (1851–1912), dessen Ehefrau Emma eine geborene Lassig war, wanderte 1870 von Heidelberg nach Amerika aus. Dort konnte er in der Folgezeit einige größere Brauereien erwerben. Nach dem Verkauf seiner ausgedehnten Besitzungen kehrte er nach Heidelberg zurück, um hier – Wohltätigkeit übend – seinen Lebensabend zu verbringen. Er baute für sich und seine Familie ein Haus am Schloß-Wolfsbrunnenweg, das in der Nähe seiner Schwiegereltern, **Moritz** und **Marie Lassig**, lag.

Unterhalb der Namenstafeln sieht man traditionellen Grabmalschmuck aus Bronze: seitlich je ein schleifengebundenes Mohnkapselbündel (Symbol des Todesschlafes), in der Mitte zwei gekreuzte, nach unten gerichtete Fackeln (Symbol des ausgelöschten Lebens). Die Säulen tragen ein schlichtes Gebälk aus schmucklosem Architrav und einem Triglyphenfries mit Namensinschriften. Den Dachabschluß bildet ein Dreieckgiebel, den drei Akroterien bekrönen. Das Tympanon wird geschmückt von einem siebenzackigen Stern mit feldausfüllendem Strahlenkranz.

Auf der geräumigen Gruftterrasse liegen in Zuordnung zu den Wandtafeln drei großformatige Doppelgrabplatten als unmittelbare Kennzeichnung der

1 Materialbestimmung nach Lukas 1990, Anl. Bd. 1, S. 95.

jeweiligen Familienruhestätten. Sie tragen unterhalb der Beschriftung jeweils einen bronzenen Lorbeerkranz mit gekreuzten Palmzweigen als ein in diesem Zusammenhang auf Ehre, Sieg über den Tod und Frieden hinweisendes Zeichen.

IV / 2
(Lit. Z)

Familiengrabstätte HAUSRATH
Adolf HAUSRATH

(1837 Karlsruhe – 1909 Heidelberg)
Kirchenhistoriker, Schriftsteller. Ehrenbürger der Stadt Heidelberg

Auf dem geräumigen Familiengrab, auf dem acht Inschriftsteine in Form schlichter Lehnsockel aufgereiht sind, erhebt sich ein naturhafter, in Findlingsform bossierter, schwarzer Granitblock, der die Namensinschriften für den Geheimrat Adolf Hausrath und seine Frau Henriette trägt, die hier mit Kindern und Kindeskindern ruhen. Henriette Hausrath, geborene Fallenstein (1840–1895), war eine Tochter des Geheimen Finanzrates Friedrich Fallenstein und eine Schwester von Helene Fallenstein, der Mutter von Max und Alfred Weber.

Als **Adolf Hausrath** zu seinem 70. Geburtstag 1907 der Ehrenbürgerbrief der Stadt Heidelberg »für seine Verdienste auf dem Gebiet der Kirchengeschichte und als feinsinniger Schriftsteller« übergeben wurde, konnte er auf eine über 40 Jahre währende Tätigkeit in der Stadt zurückblicken, in der er die überwiegende Zeit als Universitätsprofessor für Kirchengeschichte und Neutestamentliche Exegese wirkte. Bis zu seiner Promotion, die 1861 erfolgte, hatte der Sohn eines Karlsruher Stadtpfarrers in Jena, Göttingen, Berlin und Heidelberg Theologie studiert. Praktische Erfahrungen konnte er als Vikar an der hiesigen Heiliggeistkirche und als Sekretär des von ihm mitbegründeten Protestantenvereins sammeln. Dem kirchlichen Parteileben war er als Abgeordneter der Kirchengemeinde Heidelberg auf der Generalsynode (1864–1867) verbunden, wo er der liberalen Gruppe angehörte.

Als Theologieprofessor wandte Hausrath (ab 1867) sich entschieden gegen den zeitgenössischen dogmatischen und sektiererischen Pietismus. Das kulturgeschichtliche Interesse des Kirchenhistorikers erweist sich in seinem Werk *Neutestamentliche Zeitgeschichte* (1868) und vor allem in seinen tiefschürfenden, gut belegten Biographien bedeutender Persönlichkeiten, so z. B. des Philosophen und Religionskritikers David Friedrich Strauß (1876–1878), des Theologen Richard Rothe (1902–1906) und Martin Luthers (1904, 3. Aufl. 1913).

Für den Romanschriftsteller Hausrath war die wissenschaftliche Beschäftigung mit der Kirchengeschichte gleichsam die Quelle seines schriftstellerischen Schaffens: Aus ihr schöpfte er die Anregung für viele seiner Romangestalten.[1]

1 Hinrichsen 1891 (2. Aufl.); Chronik für das Jahr 1909, S. 378 f.

Abb. 72. Adolf Hausrath (1837–1909).

Einige seiner historischen Romane, die er anfangs unter dem Pseudonym George Taylor veröffentlichte, spielen in und um Heidelberg, die Klytia (1883) in der Zeit der Renaissance, während Jetta (1884) eine Episode der Völkerwanderungszeit behandelt.

IV / **3**
(Lit. X)

Albrecht KOSSEL
(1853 Rostock – 1927 Heidelberg)
Physiologe, Nobelpreisträger

Walther KOSSEL (1882 Berlin – 1956 Kassel)
Physiker

Das aus schwarzem, poliertem Granit in Form einer Breitädikula gestaltete Grabmal läßt sich auf wenige geometrische Grundelemente zurückführen. Niedrige Eckpfeiler auf einfachem Sockelband tragen einen kräftigen, flachdreieckig abschließenden Dachbalken und rahmen in strenger Gliederung die Inschriftwand. An dem Grabmal, das dem sachlichen Stil der zwanziger Jahre entspricht, setzen die schmalen, klammerartigen Konsolen, die an den oberen Schmalseiten des Grabmals angebracht sind, einen leisen Akzent.

Für seine bahnbrechenden Forschungen über die Chemie der Zellkerne erhielt **Albrecht Kossel** 1910 den Nobelpreis für Medizin. Als erster hatte er, die Arbeit seines namhaften Straßburger Lehrers Hoppe-Seylers fortsetzend, die chemische Konstitution der Zellbausteine, insbesondere des Zellkerns, erforscht und sorgfältige Analysen der Nukleinsäuren im besonderen sowie der Zelleiweiße im allgemeinen durchgeführt. Kossel, Sohn eines Rostocker Kaufmanns, hatte zunächst Medizin studiert, wandte sich dann aber dem damals noch recht jungen Gebiet der physiologischen Chemie zu. 1901 übernahm er als Nachfolger Kühnes den Heidelberger Lehrstuhl für Physiologie; er wirkte daneben als Leiter des Physiologischen Instituts. Nach seiner 1923 erfolgten Emeritierung setzte sich dieser unermüdliche Forscher keineswegs zur Ruhe, sondern gründete, unterstützt von dem Fabrikanten Behringer, das Heidelberger Institut für Eiweißforschung, das er bis zu seinem Tode leitete.[1]

Ihm zur Seite ruht seine Ehefrau Luise, geb. Holtzmann (1864–1913), Tochter des Philologen Adolf Holtzmann.

Der Sohn **Walther Kossel** ist als bedeutender Physiker in die Geschichte der Naturwissenschaft eingegangen. Er widmete einen großen Teil seiner umfassenden wissenschaftlichen Arbeit den Röntgenstrahlen, wobei ihm 1934 die Entdeckung des nach ihm benannten Kossel-Effekts (der bei der Beugung von Röntgenstrahlen durch Kristalle auftritt) gelang. Kossel, Träger der Max-Planck-Medaille und der Röntgenplakette, verfügte auch über ein gewisses literarisches Talent, das es ihm ermöglichte, Leben und Wirken großer Persönlichkeiten der Physik anschaulich darzustellen. Er war auch ein geschickter Pädagoge, dessen Vorlesungen die Studenten gerne besuchten.[2] Die Namensinschriften Walther Kossels und seiner Frau Hedwig, geb. Kellner (1888 bis 1953), sind an dem in der Mitte des Grabes liegenden Grabstein angebracht.

IV / 4
(Lit. Y)

Georg KLEBS
(1857 Neidenburg / Ostpreußen – 1918 Heidelberg)
Botaniker

Luise Charlotte KLEBS, geb. von Sigwart
(1865 Tübingen – 1931 Lugano)
Ägyptologin

Ein liegender Inschriftstein aus Muschelkalk, dessen einzigen Schmuck ein blattumrankter Stab im Flachrelief bildet, bezeichnet die Familiengrabstätte Klebs, in der auch die drei Kinder des Ehepaares, die beiden im Ersten Weltkrieg gefallenen Söhne Werner (1889–1914) und Otto (1893–1917) sowie die Tochter Else Charlotte Anna (1891–1970), bestattet sind.

Georg Klebs gilt als »Wegbereiter der botanischen Entwicklungsphysiologie«.[3] Bereits während seiner Baseler Zeit als Professor und zeitweiliger Rektor

1 NDB 12 (1980), S. 616 (H. Walter).
2 NDB 12 (1980), S. 617 (G. Möllenstedt).
3 Semper apertus 3 (1985), S. 73 f. (M. Bopp).

der Universität hatte er wichtige botanische Studien über die Abhängigkeit der Fortpflanzung von Umweltbedingungen angestellt; diese setzte er an der Universität Halle erfolgreich fort, wobei die Frage: »Welche Faktoren sind notwendig, um eine Pflanze zum Blühen und Fruchten zu bringen?« im Vordergrund stand. Ab 1907 wirkte er als Professor und Direktor des Botanischen Instituts an der Universität Heidelberg; während dieser Zeit hatte er Gelegenheit zu ausgedehnten Forschungsreisen, die ihn bis nach Japan und Java führten und auf denen sich ihm die Theorien über die »inneren Bedingungen« der Zelle im wesentlichen bestätigten. Klebs war ein Freund von Kunst und Philosophie; mit Jacob Burkhardt war er eng befreundet. Als er 1918 an einer Grippe starb, befand er sich auf dem Höhepunkt seiner wissenschaftlichen und akademischen Laufbahn: Seine Ernennung zum Prorektor der Universität Heidelberg stand unmittelbar bevor.

Seine Frau **Luise** – Tochter des Professors für Philosophie Christoph von Sigwart und seiner Frau Charlotte, geb. Georgii – war eine anerkannte Ägyptologin: die Universität Tübingen verlieh ihr 1927 den Dr. phil. ehrenhalber.

IV / 5 (Lit. Z) | **Familiengrabstätte von LACHNER**
Bühnenartige Grabarchitektur im Stile eines antikisierenden Jugendstils

Etwas vom Eindruck einer eigenwillig arrangierten Freilichtbühne haftet dieser in den Waldhang oberhalb der Friedhofskapelle gebauten Grabarchitektur an. Aus weiß-grauem Granit, mit Bronzedekor versehen, wurde sie in einer auf Repräsentation bedachten Formensprache für die 1906 verstorbene **Lina von Lachner, geb. Völker**, errichtet. Sie war die Witwe des Gaststättenbesitzers August von Lachner aus Münster in Westfalen und hatte zuletzt in Heidelberg gelebt. Der Grabbau über einer Gruft besteht aus einer mittebetonenden Exedra, die von der Rückfront aus halbkreisförmig nach vorne ausgreift, und einem geräumigen, durch kettenbespannte Pfosten umfriedeten Grufthof, zu dem eine fünfstufige Treppe hinaufführt. Die Rückwand zeigt in der Mitte eine von einem schweren Dreieck-Dachgiebel bekrönte Portalwand, die von stämmigen, hochgesockelten Rundpfeilern gerahmt wird. Die Nische nimmt einen vasenbekrönten Altarbau auf, an dessen Front Inschrifttafeln aus Bronze angebracht sind. Im Hintergrund, an der Nischenrückwand ist die Inschrift »Veritas tibi libertas« (Wahrheit bedeutet für Dich Freiheit) zu lesen.

Das bestimmende Motiv der bühnenhaften Architektur bilden die an das archaisch wirkende Portal angeschlossenen, von Schleifenkränzen geschmückten Flügelbauten: In ihrer schwungvollen, kreisenden Bewegung – im unteren Teil von geschlossener Gestaltungsweise, oben brüstungsartig durchbrochen – verleihen sie dem Grabbau ein ausdrucksstarkes Gepräge.

Den Übergang der aufwendigen Wandarchitektur zur Umfriedung der Grabanlage bilden kleine Geländervorbauten. Die sich anschließende Umfriedung ist in Form von kettenverbundenen Rechteckpfosten ausgeführt. Die Eckpfosten tragen je einen Dreifuß mit einer flachen Feuerschale in Bronze – nach dem berühmten antiken Vorbild im Apollo-Heiligtum in Delphi gestaltet –, während auf den Eingangspfosten, wie auf den Vorbauten der Portalrückwand, bauchige Vasen stehen. Die beeindruckende, in geometrischen Formen errichtete Grabarchitektur schuf der Architekt Philipp Thomas, der auch der Erbauer des Heidelberger Krematoriums ist.

Abb. 73. Die repräsentativ angelegte Familiengrabstätte von Lachner ist in antikisierenden Jugendstilformen errichtet.

Weitere Familienmitglieder sind hier ebenfalls zur letzten Ruhe gebettet, darunter Oberleutnant Dr. **Carl Lachner** (1874–1954; Schrifttafel an Altarfront).

IV / **6** (Lit. Z) | **Familiengrabstätte KRATZERT**
Vor einer grottenhaften Felswand sitzende weibliche Figur

Die Gestaltung dieser Ruhestätte, die zu Beginn des 20. Jahrhunderts auf der schattigen Nordseite des hohen Berggeländes errichtet wurde, ist von Elementen der in der Antike beliebten Grottenarchitektur geprägt. Eine mit einem langen Gewand und einem Hüfttuch bekleidete weibliche Figur sitzt auf dem Vorsprung einer bizarren Felswand, die an der Rückseite der von Steinbrocken eingefaßten Grabstätte aufragt. Der Spediteur **Carl Wilhelm Kratzert** hat das Grabmal mit der galvanoplastischen Figur für seine vierundzwangzigjährig im Jahre 1908 verstorbene Ehefrau **Emilie, geb. Hofmann**, aufstellen lassen.

Abb. 74. Galvanoplastische Grabfigur auf der Ruhestätte Kratzert.

Obwohl die nachdenkliche Figur in ihrem Ausdruck einerseits einer dem Ort angemessenen Melancholie nicht entbehrt, zeigt ihre Haltung andererseits ein gefälliges Gebärdenspiel, wie es die lässig übereinander geschlagenen Beine und die das Kinn stützende Hand zum Ausdruck bringen. Auch die Art und Weise der Kleidung unterstreicht den Liebreiz der Grabfigur. Als Überrest christlicher Symbolik erscheint hier nur noch der Palmwedel.

Es handelt sich um einen Darstellungstypus, der ohne Zweifel auf die Tradition des Quellnymphen-Szenariums in romantischen Gartenanlagen des 18. Jahrhunderts zurückgeht, der aber bereits in der römischen Antike verbreitet war. Die naturverbundene Note der barfüßigen, romantischen Grabfigur entsprach durchaus dem Geist der Zeit, wie er z. B. in der Jugendbewegung zum Ausdruck kam.

Abb. 75. Blick über Gräber auf Lit. Y; links die Grabstätte Salomom-Calvi, im Hintergrund das Grufthaus der fürstlichen Familie von Sachsen-Weimar.

IV / **7**
(Lit. Y)

Grabstätte SALOMON-CALVI
mit Gedenkinschrift für den Geologen und Heidelberger Ehrenbürger **Wilhelm SALOMON-CALVI** (1868 Berlin – 1941 Ankara)

Der große Granitfindling für **Rosalina Salomon, geb. Calvi** (1869–1914), bewahrt die Erinnerung an ihren in Ankara verstorbenen Ehemann, dessen wissenschaftliche Entdeckungen einen bewegten Abschnitt der Heidelberger Stadtgeschichte einleiteten, in dem weite Kreise der Bevölkerung von einer weltbekannten Kurstadt »Bad Heidelberg« träumten. Das Grab **Wilhelm Salomon-Calvis,** für den die türkische Regierung wegen seiner Verdienste um die Wasserversorgung der Hauptstadt ein Staatsbegräbnis angeordnet hatte, befindet sich auf dem Friedhof von Ankara.

1934 war der Geologe, der jüdische Vorfahren hatte, in die Emigration getrieben worden, nachdem er 37 Jahre lang an der Universität Heidelberg gewirkt hatte. Der gebürtige Berliner hatte sich bei Harry Rosenbusch habilitiert und später vor allem die Tektonik des Oberrheingrabens erforscht. Im Jahre 1918 gelang ihm die Erschließung der Radium-Sol-Therme im Heidelberger Stadtteil Bergheim, wofür ihm 1926 die Ehrenbürgerwürde der Stadt verliehen wurde. Er hatte aus dem Vorhandensein einer Neckar-Stromschnelle und aus Forschungen zu der auffallend hohen Wassertemperatur verschiedener Brunnen auf eine Thermalquelle in diesem Gebiet geschlossen. Nachdem vier

Jahre lang auf beiden Ufern gebohrt worden war, von den Anwohnern wegen der Lärmbelästigung nur unter Protest geduldet,[1] kam endlich der Erfolg: Die 27°C warme »Wunderquelle«, die an Radiumsalzen reichste Quelle der Welt, konnte in einer Tiefe von etwa tausend Metern erschlossen werden.[2] Die großangelegten Pläne der Stadt für ein Kurzentrum waren wegen der schlechten Wirtschaftslage nicht zu verwirklichen; nach Plänen von Franz Sales Kuhn entstand lediglich das Badehaus an der Vangerowstraße (heute Amt für öffentliche Ordnung). 1957 ist die Heilquelle, die bei Rheuma und Arthrose mit gutem Erfolg angewendet worden war, durch Fremdwassereinbruch plötzlich versiegt. Eine Wiederherstellung durch neue Bohrungen konnte nicht durchgeführt werden.

An ihren Entdecker Wilhelm Salomon, der später zusätzlich den Mädchennamen seiner verstorbenen Ehefrau Calvi führte, erinnert eine Gedenktafel am »Haus zum Riesen« in der Hauptstraße, der Stätte seines langjährigen Wirkens.

In der Grabstätte ruhen weitere Familienmitglieder.

IV / **8**
(Lit. Y)

Familiengrabstätte SCHOELL / REGENBOGEN

Reliefstele mit Abschiedsdarstellung für den klassischen Philologen **Fritz SCHOELL**
(1850 Weimar – 1919 Rottweil / Neckar)
und seine Ehefrau **Clara SCHOELL, geb. Krieger**
(1857 Neukirch / Schlesien – 1913 Heidelberg)

Ganz auf die Innigkeit der Zweier-Figurengruppe konzentriert ist der gestalterische Ausdruck des Reliefs der Sockelstele, die oben mit dem schlichten Profil der Deckplatte abschließt. Dargestellt ist ein Paar in antikisierenden Gewändern, im Dreiviertelprofil einander zugewandt: Schulter an Schulter, die Köpfe einander zugeneigt. Nur die erhobene Linke des Mannes und seine ausgreifende Schrittbewegung in die Gegenrichtung deuten den Moment des Scheidens an, das jedoch lediglich als vorübergehend verstanden sein will, wie dies die kontrapostisch aufeinander bezogene Körpergestik bis hin zu dem ineinander verschlungenen Händepaar verdeutlicht. Nicht also die Trauer eines Hinterbliebenen, sondern die Verbundenheit zweier Menschen in leiser Wehmut und tiefer Zuneigung ist das eigentliche Thema des Grabreliefs.

Die von der griechischen Frühklassik bestimmte beschauliche Darstellung stammt von dem Bildhauer Benno Elkan.

Gleichfalls auf das Abschieds-Thema bezogen ist die Sockelinschrift mit den Versen von Goethe:[3] »Einsam oder auch selbander / unter Lieben unter Leiden / werden vor und nacheinander / eines mit dem andern scheiden.«

1 Salomon, W.: Die Erbohrung der Heidelberger Radium-Sol-Therme und ihre geologischen Verhältnisse. In: Abhandlungen der Heidelberger Akademie der Wissenschaften, 1927, S. 12 f. (W. Salomon).

2 Heidelberger Fremdenblatt 1958, H. 3, S. 8 (H. Bagusche).

3 Kiefer 1966, S. 13, 21.

Der in Weimar geborene **Fritz Schoell** war an der Universität Heidelberg von 1877 (1890 Prorektor) bis zu seinem Ruhestand 1918 tätig. Unter seinen Werken sei die Mitherausgabe von *Friedrich Nietzsches Briefwechsel mit Erwin Rohde* (1902) erwähnt.

In derselben Grabstätte ruht der Klassische Philologe **Otto Regenbogen** (1891–1966) zusammen mit seiner Frau Dorothea Johanna, Tochter des Philologen Fritz Schoell. Als Nachfolger von Franz Boll 1925 nach Heidelberg berufen, wurde Regenbogen 1935 auf der Höhe seiner wissenschaftlichen Laufbahn seines Amtes enthoben und zwei Jahre später aus rassischen Gründen in den Ruhestand versetzt.[1] Mit größtem Nachdruck setzte er sich nach seiner 1945 erfolgten Wiedereinsetzung für den Neuaufbau der Universität und der Akademie der Wissenschaften ein.

Für die deutsche Philologie des 20. Jahrhunderts hat Regenbogen die römischen Philosophen-Dichter wiederentdeckt. Neben Schriften zur griechischen Medizin und Naturwissenschaft, wie denen über Hippokrates und Theophrast, stehen grundlegende Abhandlungen zu Lukrez und Seneca, dem er sich wesensverwandt fühlte. Eine Sammlung seiner bedeutendsten Aufsätze (und Gedenkreden) erschien 1961 als *Kleine Schriften*. Sie geben ein lebendiges Zeugnis von der Vielseitigkeit eines glänzenden Redners, der mit seiner wortgewaltigen, aufrüttelnden Sprache seine Studenten ebenso zu begeistern wußte wie die Zuhörer des Max-und-Marianne-Weber-Kreises.[2]

IV / 9 (Lit. Y) | Neuklassizistisches Grufthaus für die fürstliche Familie von SACHSEN-WEIMAR

Ganz unvermittelt in der abgeschiedenen, von nördlicher Vegetation bestimmten Atmosphäre trifft man auf diese antikische Grabarchitektur, die aus weißem Granit in den strengen Formen eines antiken Tempels errichtet ist. Der am Fuße der sogenannten Waldabteilungen gelegene Grabbau ist der feierlich-weihevolle Blickfang eines für den Bergfriedhof so charakteristischen Gräberfeldes. Er befand sich zur Zeit seiner Errichtung im Jahre 1914 noch auf dem äußersten Gipfel des Friedhofs. Wenn auch die besondere, zurückgezogene Lage am herben Berghang die Ausstrahlung dieses repräsentativen Grabgebäudes etwas zurücknimmt, so zeugt sie dennoch von dem Herrschaftsanspruch eines fürstlichen Hauses.

Das von dem Heidelberger Architekten Philipp Thomas erbaute Grufthaus – eines der drei Mausoleen des Bergfriedhofs – hat hinter einem geräumigen, von niedrigen Steinwänden umfriedeten Vorhof eine dreiseitig geschlossene Tempelkammer, deren Fassade einem antiken Antentempel gleich gestaltet ist. Die zu Pfeilern ausgearbeiteten Enden der Seitenwände und zwei eingestellte

1 Seine Ehefrau galt als »nicht-arisch«, da ihre Großmutter erst im Alter von 4 oder 5 Jahren getauft worden war (Mußgnug 1988, S. 102).

2 Ruperto-Carola 18 (1966), S. 197 ff. (V. Pöschl).

dorische Säulen stützen den Giebel über einem hohen Gebälk. Die eigentliche Gruftkammer ist unterirdisch, sie beherbergt vier Särge und eine Aschenurne. Zu dem Grabtempel gelangt man über eine fünfstufige Treppe. An der

Abb. 76. Das Grufthaus der fürstlichen Familie von Sachsen-Weimar.

Rückwand des marmorverkleideten, mit einer Kassettendecke ausgestatteten Innenraums sind die Namensinschriften der Bestatteten angebracht: Das linke Wandfeld nennt seine Königliche Hoheit, den **Prinzen Wilhelm von Sachsen-Weimar**, Herzog zu Sachsen, gestorben 1924, und seine Gemahlin **Gerta, Prinzessin von Sachsen-Weimar**, Herzogin zu Sachsen, gestorben 1943. Wohnsitz des fürstlichen Paares war seit den 1890er Jahren bis 1920 das klassizistisch umgebaute Barockhaus, Hauptstraße 235, das heute »Palais Weimar« heißt. In diesem standesgemäßen Anwesen, einem alten Adelshof, führte der Königlich-Preußische Oberstleutnant – er war der Bruder des regierenden Großherzogs – ein repräsentatives Haus, das der Heidelberger Gesellschaft zuweilen besonderen festlichen Glanz verlieh, wenn es zum Beispiel 1906 galt, den König von Siam zu empfangen.[1] Auch als Fahrwart des Heidelberger

1 Stadtarchiv Heidelberg UA/219.

2 Diesen freundlichen Hinweis gab Dr. Neu-Zuber, Universitätsbibliothek Heidelberg.

Rodelklubs[2] – Rodeln war damals Modesport in den gehobenen Kreisen – trug er seinen Teil zum gesellschaftlichen Leben Heidelbergs bei. Die Herzogin engagierte sich nicht nur als Präsidentin im Badischen Frauenverein, sondern unterstützte auch den Tierschutzverein. Doch mit dem Ende des Ersten Weltkrieges mußte die fürstliche Familie sich den veränderten Lebensbedingungen fügen. Sie verkaufte 1921 ihr ehemaliges Domizil und verließ Heidelberg; ihre Mitglieder wurden aber weiterhin hier in der Familiengruft beigesetzt.

Abb. 77. Die an der rechten Seitenwand der Gruftkammer angebrachte Marmortafel enthält ein Bildnismedaillon, das die Gesichtszüge der jung verstorbenen Prinzessin Sophie von Sachsen-Weimar für die Nachwelt bewahrt. Die Tafel hatte ihren Platz früher an der Stirnwand der Kammer (unsere Aufnahme), oberhalb des vom Fürstenhut bekrönten Familienwappens, war doch das Grufthaus anläßlich ihres Todes errichtet worden.

Das Mittelfeld der Tempelrückwand trägt über dem vom Fürstenhut bekrönten Familienwappen im Relief die Namenstafel seiner Königlichen Hoheit, Erbgroßherzog Carl August von Sachsen-Weimar und Eisenach, gestorben 1988. Bis zur Beisetzung des Erbgroßherzogs Carl August war dieses zentrale Wandfeld der **Prinzessin Sofia** (1888–1913) gewidmet, deren hellmarmornes Bildnismedaillon (geschaffen von dem Bildhauer Fritz Behn) nun auf die rechte Seitenwand versetzt worden ist. Ihr zum Gedenken ist das prächtige Grabhaus errichtet worden, als sie unter tragischen Umständen erst fünfundzwanzigjährig aus dem Leben schied.

IV / 10
(Lit. Y)

Familiengrabstätte WILCKENS

Mächtiger Findling für **Karl WILCKENS**
(1851 Tauberbischofsheim – 1914 Heidelberg)
Oberbürgermeister und Ehrenbürger
der Stadt Heidelberg

Als ein archaisch geprägtes Waldgrab ist die letzte Ruhestätte des hervorragenden Oberbürgermeisters gestaltet. Auf der von unterschiedlich großen Sandsteinbrocken umrahmten Grabfläche, die sich der rückwärtigen Hanglage in ihrer unregelmäßigen Form organisch anpaßt, erhebt sich ein grauer Granitfindling von stattlicher Größe, ganz ohne Schmuck.[1] Die Grabstätte ist von dem Bildhauer Franz Sommer[2] gestaltet worden; ihr Platz bezeichnete seinerzeit die oberste Grenze des Friedhofs und bildet heute einen Teil der unteren Grenze der Waldabteilung.

Der 1851 als Sohn eines Oberamtsrichters in Tauberbischofsheim geborene **Wilckens** trat sein Oberbürgermeisteramt am 15. Januar 1885 an; er war der erste Jurist in dieser Stellung. Nach einem Jura-Studium in Heidelberg – u. a. bei Bluntschli, von Vangerow, Windscheid und Zöpfl – trat er in den Dienst des Badischen Staates. 1878 wurde er Amtmann beim Bezirksamt Mannheim, 1879 Amtmann beim Bezirksamt Heidelberg, 1883 Vorstand des Bezirksamtes Bonndorf. Ende 1884 erreichte ihn die Berufung nach Heidelberg. Dreimal wurde Karl Wilckens vom Bürgerausschuß der Stadt Heidelberg mit überwältigender Mehrheit wiedergewählt. 1891 eröffnete sich ihm die Möglichkeit, das Oberbürgermeisteramt in Mannheim zu übernehmen; nach reiflicher Überlegung schlug Wilckens das Angebot aus. Sein Wirken als Stadtoberhaupt war durch die rasche Entwicklung der Stadt geprägt. Die Eingemeindung von Neuenheim und von Handschuhsheim, die Erweiterung der Stadt nach Westen, die Anlage des Neckarstadens, die Durchführung der Kanalisation, die Anlage des Schlacht- und Viehhofs, die Errichtung eines städtischen Elektrizitätswerkes, der Bau der Stadthalle, die Umwandlung der Pferdebahn in eine elektrische Straßenbahn, der Kauf der Molkenkur und des Palais Morass als einer neuen Heimstatt der städtischen Sammlungen, der Bau von Schulgebäuden sowie ganz allgemein die Förderung des kulturellen und des wirtschaftlichen Lebens, all dies ist von Wilckens veranlaßt oder zumindest wesentlich gefördert worden. Als Mitglied der Nationalliberalen Partei war Wilckens auch über die Grenzen Heidelbergs hinaus tätig: U. a. vertrat er von 1887 bis 1909 die Stadt Heidelberg in der 2. Kammer der badischen Ständeversammlung, von 1909 bis zu seinem Tode gehörte er der 1. Kammer der Ständever-

1 Möglicherweise stammt der Findling aus der oberhalb der Ziegelhäuser Landstraße in der Nähe des Haarlaß gelegenen Felsansammlung »Wilckensfelsen«.

2 Ein zuvor von der Heidelberger Architektenschaft intern ausgeschriebener Wettbewerb erbrachte sechs Entwürfe; derjenige des Architekten Franz Kuhn wurde preisgekrönt, jedoch nicht ausgeführt. Statt dessen entschloß sich der Stadtrat am 19. November 1914 zur Aufstellung des genannten Findlings, in dessen oberen Teil man gegebenenfalls später ein Bronzerelief einsetzen werde (Stadtarchiv Heidelberg AA 8/10).

sammlung an. 1906 war er Landtagspräsident, im folgenden Jahr 1. Vizepräsident des Landtages.[1]

Ihrem erfolgreichen Oberbürgermeister, dem zahlreiche Auszeichnungen und Ehrungen, auch aus dem Ausland, zuteil geworden waren, dankte die Stadt Heidelberg 1913 mit der Verleihung der Ehrenbürgerwürde. Zu seinem Gedenken erhielten eine Straße (in Neuenheim) und eine Schule (in Bergheim) seinen Namen.

Ihm zur Seite ruht seine Frau Katharina Wilckens (1857–1928), Tochter des Mannheimer Stadtdirektors Eduard Engelhorn. Auch andere Familienmitglieder sind in der Grabstätte beigesetzt.

IV / 11
(Lit. WB)

Ludolf (von) KREHL
(1861 Leipzig – 1937 Heidelberg)
Internist. Ehrenbürger der Stadt Heidelberg

In der Abgeschiedenheit der schattigen Hochwaldterrasse, entfernt von den breiten Hauptwegen des Friedhofes, hat der namhafte Mediziner, Begründer der Medizinischen Anthropologie, seine letzte Ruhestätte gefunden. In der Mitte der Rückfront des Grabes, das von einer niedrigen Wand umfriedet ist, ragt ein übermannshohes lateinisches Kreuz von asketischer Monumentalität auf, Zeichen für die enge Verbundenheit Krehls mit dem evangelischen Glauben.

Der medizinischen Fachwelt ist **Ludolf Krehl** durch sein epochemachendes Buch *Pathologische Physiologie* (1898, 4. Aufl. 1934) ein Begriff. Dieses Werk, das zahlreiche Erweiterungen und Neubearbeitungen erfahren hat, spiegelt die wissenschaftliche Entwicklung Krehls wider: Von einem Befürworter exakter naturwissenschaftlicher Betrachtungsweisen wandelte er sich zum Begründer einer ganzheitlichen Medizin, der sogenannten »Heidelberger Schule«, bei der es »im eigentlichen Sinne als wirklich Existierendes weder Krankheiten noch kranke Menschen als solche« gibt. »Nur die einzelne bestimmte Persönlichkeit ist krank« – Aufgabe des Arztes sei es, das Individuum in seiner psychischen und physischen Gesamtheit zu betrachten.[2]

Krehl war 1907, nachdem ihn sein berufliches Leben innerhalb kurzer Zeit als Professor u. a. nach Jena, Marburg, Tübingen und Straßburg geführt hatte, nach Heidelberg gekommen, wo er die Nachfolge Wilhelm Erbs als Leiter der Medizinischen Universitäts-Klinik antrat, eine Stellung, die er bis zu seiner Emeritierung innehatte. Während der Feierlichkeiten zur Eröffnung des neuen Klinikgebäudes, das nach Krehls eigenen Vorstellungen konzipiert worden war und nach ihm benannt wurde, erhielt er 1922 die Ehrenbürgerwürde der Stadt Heidelberg. Nach seiner 1930 erfolgten Emeritierung leitete Krehl das Institut für Pathologie des Heidelberger Kaiser-Wilhelm-

1 Chronik für das Jahr 1914, S. 120; Bad. Biogr. NF 3 (1990), S. 292–294 (R. Benl).
2 Semper apertus 3 (1985), S. 133 (G. Schettler).

Instituts für Medizinische Forschung, aus dem drei Nobelpreisträger hervorgegangen sind.

Als Krehl 1937 starb, waren ihm höchste Auszeichnungen zuteil geworden, u. a. 1904 das Ehrenkreuz des Ordens der Württembergischen Krone, womit der persönliche Adel verbunden war. Als tiefreligiöser Mensch maß er der Verleihung der Ehrendoktorwürde der Theologie (1927) besondere Bedeutung bei, 1932 erfolgte die Aufnahme in den Kreis der Träger des Ordens »Pour le mérite«.

IV / **12**
(Lit. WB)

Otto SCHOETENSACK

(1850 Stendal – 1912 Ospedaletti/Italien)
Prähistoriker

Der schlichte Marmorstein aus industrieller Fertigung nennt zuoberst den Namen und die Lebensdaten des Heidelberger Gelehrten Professor **Otto Schoetensack,** dessen Gebeine nach der Beisetzung seiner Ehefrau Maria Luise, geb. Schneider (1856–1938), hierher auf diesen erst nach seinem Tode erschlossenen Teil der Friedhofsanlage umgebettet worden sind.

Den Ursprung des Menschen zu ergründen, war das vornehmliche Ziel dieses Paläontologen, dessen Name untrennbar mit der Entdeckung des »Homo heidelbergensis« verbunden ist. Schon vor seiner Habilitation an der Universität Heidelberg, die im Jahre 1904 erfolgte, hatte das wissenschaftliche Interesse des gelernten Chemikers den Anfängen der Menschheitsgeschichte gegolten. Nach einem Zweitstudium (Zoologie, Paläontologie) lebte er von 1888 bis zu seiner Berufung als Privatgelehrter in Heidelberg. Den Höhepunkt seines wissenschaftlichen Lebens bildete der Fund, der aufgrund seiner eingehenden Vorarbeiten am 21. Oktober 1907 dem Grubenarbeiter Daniel Hartmann gelang: In einer Sandgrube bei Mauer (12 Kilometer südöstlich von Heidelberg) wurde ein fossiler menschlicher Unterkiefer gefunden, den Schoetensack für den Kiefer eines spättertiären Homo erectus hielt. Zwar wird das Fossil heute als nicht so alt eingeschätzt (es stammt eher aus altpleistozäner Zeit und ist somit etwa 500000 Jahre alt), doch kann das Schoetensacks Bedeutung nicht schmälern: Bis heute ist es der einzige gesicherte Beleg dieser Menschenform in Europa und – nach Schoetensacks eigenen Worten – der weiteste Vorstoß hinab in die Morphogenese des Menschenskelettes. An ihm, so meinte der Gelehrte, lasse sich der Urzustand des gemeinsamen Vorfahren der Menschen und der Menschenaffen erkennen. Die systematische Suche nach menschlichen Fossilien gerade an dieser Stelle in Mauer (früher war durch diese einst tropische Gegend der Ur-Neckar geflossen) betrieb der Forscher aufgrund von auffällig vielen Funden von Elephas antiquus in der betreffenden Sandgrube und der nachgewiesenen Koexistenz des Menschen mit diesem Altelefanten.[1]

1 Vgl. hierzu Ruperto-Carola 42 (1967), S. 180 (Kraatz/Querner).

Noch Jahrzehnte nach dem Tod Schoetensacks wurde dort nach Fossilien gesucht. Seiner herausragenden Monographie *Der Unterkiefer des Homo heidelbergensis aus den Sanden von Mauer bei Heidelberg* (1908) folgten zahlreiche, für die Paläontologie wichtige Veröffentlichungen.

IV / 13 (Lit. WB) | **Franz Sales KUHN**

(1864 Ebringen / Freiburg – 1938 München)
Architekt. Ehrenbürger der Stadt Heidelberg

Die schlichte, oben mit einem Gesims abgeschlossene Muschelkalkstele mit christlicher Symbolik (Kreuz mit Alpha, Omega und Weinstock) wurde für den Baumeister **Franz Kuhn** errichtet, der ab 1896 in Heidelberg arbeitete, zunächst als Mitarbeiter des Erzbischöflichen Bauamts, ab 1898 in seinem eigenen sogenannten »Atelier«. Die Werke des Südbadeners zeichnen sich durch handwerkliche Gediegenheit aus. Vielleicht ist dies ein Nachklang seiner Schreinerausbildung, die er infolge eines Arbeitsunfalls abbrechen mußte. Das folgende Architekturstudium durchlief er an der Königlichen Kunstgewerbeschule in München.

Stadtbildprägende Bauten Kuhns – stilistisch dem Historismus, dem Jugendstil oder dem Neuklassizismus verpflichtet – sind die Bonifatiuskirche in der Weststadt (1899/1902), die Albertuskirche in Bergheim (1933/35), das Hallenbad in der Bergheimer Straße (1903/06), das ehemalige Radium-Solbad in der Vangerowstraße (heute Amt für öffentliche Ordnung (1924/28), das Gebäude der Süddeutschen Diskontogesellschaft (heute Deutsche Bank, 1922/23). Von besonderer Bedeutung war der große Rathaus-Umbau (1911/24); dadurch, daß er diesen unter enger Anlehnung an die Formgestaltung des alten Baues durchführte, gewann er den Beifall von allen Seiten. Am Einweihungstag des Rathausneubaus 1924 wurde ihm »in Anerkennung seiner Verdienste in Fragen der Stadterweiterung und Gestaltung des Stadtbildes« die Ehrenbürgerwürde verliehen. In der St.-Vitus-Kirche in Handschuhsheim, die er neu gestaltet hat, erinnert eine Gedenktafel an ihn. Kuhn war auch im weiteren Umkreis von Heidelberg tätig.

Neben einfachen Wohnhäusern, die vielfach im Stil des Neu-Biedermeier gestaltet wurden, schuf Kuhn – Mitglied im Bund Deutscher Architekten und im Deutschen Werkbund – zahlreiche herrschaftliche Villen, so für den Direktor der Hautklinik Siegfried Bettmann, den Bibliotheksdirektor Rudolf Sillib, den Fabrikanten Rudolf Altschüler, den Mineralogen Ernst A. Wülfing, für seinen späteren Schwiegervater, den Kaufmann Charles Regnier, und für den Geologen Wilhelm Salomon-Calvi.[1]

Ihm zur Seite ruhen seine Frau Madeleine, geb. Regnier (1887–1955), und sein Sohn Georg Kuhn (1928–1976).

1 Budde 1983, S. 61–104.

IV / 14
(Lit. WB)

Marie BAUM
(1874 Danzig – 1964 Heidelberg)
Sozialfürsorgerin

Ein schöner Findling aus grauem Granit nennt uns den Namen von Marie Baum. In einmaliger Weise zeigt die Lebensgeschichte dieser Frau, zu welch großartigen Leistungen ein Mensch fähig sein kann, wenn er – vom Zeitgeist unbeirrt – den seinem Wesen und seiner tiefsten Überzeugung entsprechenden Weg geht.

Als junge Frau führte **Marie Baum** der Wunsch zu studieren 1883 nach Zürich, denn damals war den Frauen in Deutschland der Weg zur Universität noch versperrt. Die Begeisterung für die Naturwissenschaften und der damit einhergehende Fortschrittsglaube veranlaßten auch die Arzttochter zum Studium der Chemie, Biologie und Mathematik. In diese Züricher Jahre fällt auch die ihr Leben so prägende Freundschaft mit Ricarda Huch, die ihr im Leben »das Maß« wurde.[1] Der verehrten und geliebten Freundin, mit der sie bis zuletzt innigst verbunden war, widmete Marie Baum neben der Herausgabe ihrer Briefe die schöne Biographie *Leuchtende Spur. Das Leben Ricarda Huchs* (1950).

Nach ihrer Promotion begann Marie Baum in der freien Wirtschaft zu arbeiten. Doch die Tätigkeit in der Patentabteilung der AGFA (Aktiengesellschaft für Anilinfabrikation) in Berlin befriedigte sie wenig, so daß sie sich bereits nach drei Jahren einem gänzlich anderen Gebiet widmete: der Sozialarbeit. In der Umgestaltung der seinerzeit noch familiären Fürsorge zur staatlichen Wohlfahrt[2] fand sie nun ihre sinnerfüllte Lebensaufgabe. Sie hatte erkannt, daß die Industrialisierung so schwerwiegende Folgen wie die Auflösung der Familie und die Entfremdung von der Arbeit mit sich brachte.

Ihre erste Stelle führte sie 1902 als Gewerbeinspektorin (als Nachfolgerin von Dr. Else von Richthofen) nach Karlsruhe, 1907 wurde sie Leiterin des Vereins für Säuglingsfürsorge und Wohlfahrtspflege im Regierungsbezirk Düsseldorf, ab 1916 war sie leitende Mitarbeiterin an der von Gertrud Bäumer gegründeten »Sozialen Frauenschule« in Hamburg; 1919 schließlich trat sie als eine der ersten staatlichen Fürsorgerinnen in das badische Arbeitsministerium ein. Im selben Jahr nahm sie – als eine der ersten deutschen Frauen – an der Weimarer Nationalversammlung teil und war bis 1921 Mitglied des Deutschen Reichstages.

Nach Heidelberg kam Marie Baum 1926. Hier übernahm sie als erste Frau einen Lehrauftrag am Institut für Sozial- und Staatswissenschaften (dem heutigen Alfred-Weber-Institut) an der Universität Heidelberg. Ihre Wohnung im ehemaligen Klostergebäude am Friesenberg wurde zu einer der kulturellen Begegnungsstätten des damaligen Heidelbergs.

Auch in der dunkelsten Zeit ihres Lebens, der Zeit der nationalsozialistischen Diktatur, ist Marie Baum eine »moralische Macht« geblieben. Unerschrocke-

1 Baum 1950, S. 379.
2 Die Studenten 1 (1958/59), S. 1 (C. Meyer-Quante).

Abb. 78. Marie Baum (1874–1964).

nen Mutes setzte sie sich für die verfolgten jüdischen Mitbürger ein. Sie selbst war 1933 aus rassischen Gründen in den Ruhestand versetzt worden, da ihre Großmutter (mütterlicherseits) die Schwester des Komponisten Mendelssohn Bartholdy war. Nach dem Ende des Krieges machte es sich Marie Baum zur Aufgabe, das Werk ihrer im Dritten Reich ermordeten Freundin Elisabeth von Thadden, das Landerziehungsheim im Wieblinger Schloß, durch die Neugründung eines Realgymnasiums fortzusetzen.

Ihren eigenen Lebensweg hat Marie Baum in ihrem 1950 veröffentlichten Buch *Rückblick auf mein Leben* aufgezeichnet. Die bescheidene, doch innerlich so große Frau starb hochbetagt im Alter von 90 Jahren.

IV / **15** (Lit. WB)

Friedrich ENDEMANN
(1857 Fulda – 1936 Heidelberg)
Jurist

Auf der letzten Wegstrecke zum höchsten Gipfel des Friedhofes findet man an der oberen Hangterrasse das schlichte Waldgrab der Familie Endemann, das von einem schönen Granitfindling bezeichnet wird. Zusammen mit Friedrich Endemann ruhen hier seine Frau Emmy, geb. Caspersen, und sein Sohn Helmut Endemann.

Endemann, der vor seiner Berufung an die Juristische Fakultät Heidelbergs in Königsberg und Halle gelehrt hatte, war ein Spezialist für Römisches, später auch für Bürgerliches Recht. Bekannt wurde er durch sein dreibändiges *Lehrbuch des Bürgerlichen Rechts* (1898–99), das noch vor dem Inkrafttreten des Bürgerlichen Gesetzbuchs veröffentlicht worden ist.[1] Das praxisnahe Werk, dessen Schwerpunkt das Erb- und Familienrecht bildet, erlebte neun Auflagen und hat auf die deutsche Rechtswissenschaft großen Einfluß ausgeübt. In Heidelberg war Endemann nicht nur wegen seiner fachlichen Leistungen beliebt und bekannt, sondern auch wegen seines breit gefächerten Interessenspektrums, das u. a. Musik, Literatur, Philosophie und Medizin umfaßte, sowie seiner geselligen und gastfreundlichen Natur. Sein Haus war gleichermaßen Anziehungspunkt für Kollegen wie Studenten.

IV / **16** (Lit. WB)

Richard KUHN
(1900 Wien – 1967 Heidelberg)
Biochemiker. Nobelpreisträger

Ein rotbrauner Quarzfels in Findlingsform bezeichnet die letzte Ruhestätte Richard Kuhns, die am Fuße der höchsten Terrasse der nördlichen Waldabteilung liegt. Ihm zur Seite ruhen seine Frau Daisy, geb. Hartmann, und sein Vater Clemens Kuhn.

Der gebürtige Wiener **Richard Kuhn** war 1929 im Anschluß an eine Lehrtätigkeit als Professor in Zürich an das neugegründete Heidelberger Kaiser-Wilhelm-Institut (späteres Max-Planck-Institut) gekommen, nicht zuletzt deshalb, weil der Berliner Physiologe und Nobelpreisträger Otto Meyerhof ebenfalls einem Ruf hierher folgen wollte.[2] Trotz zahlreicher Angebote aus dem In- und Ausland zog Kuhn es vor, in Heidelberg zu wirken, ab 1937 in der Nachfolge Ludolf von Krehls als Direktor des Instituts für Medizinische Forschung. 1938 wurde Kuhn mit dem Nobelpreis für Chemie ausgezeichnet, und zwar »für seine Arbeiten über Karotinoide und Vitamine«. Kuhn hatte den Aufbau des Vitamins A aus Karotin im lebendigen Organismus entdeckt

1 Ruperto-Carola 21 (1957), S. 33 f. (H. Niederländer).
2 Semper apertus 3 (1985), S. 58 (G. Quadbeck).

(dessen Fehlen z. B. Nachtblindheit zur Folge hat) und somit zum erstenmal den Zusammenhang zwischen Vitaminen und Enzymen geklärt. Da Hitler deutschen Wissenschaftlern die Annahme des Nobelpreises verboten hatte, konnte Kuhn die Auszeichnung erst nach dem Krieg entgegennehmen.

Richard Kuhn, ein Wegbereiter der modernen Biochemie, war ein äußerst produktiver (700 Publikationen), vielseitig gebildeter Wissenschaftler, »einer der letzten, die das Gesamtgebiet der Chemie noch nahezu vollständig überblicken konnten«. Eine außerordentlich hohe Anzahl an deutschen und ausländischen Ehrungen wurden Richard Kuhn zuteil, darunter der Orden »Pour le mérite« (Friedensklasse), das Große Bundesverdienstkreuz der Bundesrepublik Deutschland mit Stern und Schulterband und der Goethepreis.

Die Stadt Heidelberg hat den verdienten Wissenschaftler durch die Benennung einer Straße (in Wieblingen) geehrt.

IV / **17** (Lit. WB) | Mächtiger Granitfelsen für den Chemiker und Nobelpreisträger **Carl BOSCH** (1874 Köln – 1940 Heidelberg)

Von einem halbkreisförmigen Vorplatz, dessen Zugang von einer Kette verschlossen ist, gelangt man über einige Stufen zu der großräumigen Familienruhestätte; sie befindet sich in der hochgelegenen Waldabteilung. Die Rückwand der naturhaften Waldterrasse bildet ein Carl Bosch gewidmeter, ungewöhnlich großer Findling. Symmetrisch aufgereiht, finden sich an den Längsseiten der Anlage kleinere stehende Inschriftsteine, die an weitere Familienmitglieder erinnern, u. a. an Else Bosch, geb. Schilbach (1880–1965).

Als junger Chemiker trat **Carl Bosch,** Neffe des Konzernbegründers Robert Bosch, 1899 in die BASF Ludwigshafen ein, wo er zusammen mit Haber die Ammoniaksynthese, das noch heute angewandte Haber-Bosch-Verfahren, entwickelte. Der große Stickstoffbedarf der Landwirtschaft konnte nun auf kostengünstige Art und Weise gedeckt werden. Für die technische Umsetzung der von Friedrich Bergius entwickelten Kohleverflüssigung erhielt er zusammen mit diesem 1931 den Nobelpreis für Chemie. 1927 nahm die IG Farben-Industrie, der Bosch seit 1925 vorstand, dieses Verfahren auf. 1937 trat Bosch die Nachfolge seines Freundes Max Planck im Präsidium der Kaiser-Wilhelm-Gesellschaft (der späteren Max-Planck-Gesellschaft) an.[1] Nicht unerwähnt bleiben soll seine soziale Einstellung: Schon ab 1930 befürwortete er die Einführung der Fünf-Tage-Woche.

1923 ließ sich Bosch in seiner Wahlheimat Heidelberg am Schloß-Wolfsbrunnenweg eine Villa erbauen. Dieses Haus, eine private Sternwarte und Ausstellungsräume enthaltend, war damals eine Schaltzentrale von Industrie und Wissenschaft; heute beherbergt es ein Studio des Süddeutschen Rundfunks. Mit Heidelberg ist Bosch (nach ihm sind eine Straße und eine Schule

1 NDB 2 (1955), S. 478 f. (F. Klemm).

benannt) besonders durch die Gründung des Tiergartens[1] eng verbunden; von seiten der Stadt und der Witwe Carl Boschs, die dem Tiergarten Geldzuwendungen zukommen ließ, wurde dieser wirkungsvoll gefördert.

Zweifel am Sinn seiner Arbeit (schon während des Ersten Weltkrieges und später beim schrecklichen Explosionsunglück in Oppau 1921) und Sorgen um den Bestand der Forschung in Hitler-Deutschland bewogen Bosch, dem Generalrat der Wirtschaft, für den Hitler ihn gewinnen wollte, nicht beizutreten. Depressionen und düstere Ahnungen überschatteten seine letzten Lebensjahre.

IV / **18**
(Lit. WB)

August GRISEBACH
(1881 Berlin – 1950 Heidelberg)
Kunsthistoriker

Hanna GRISEBACH, geb. Blumenthal
(1899 Berlin – 1988 Heidelberg)
Kunsthistorikerin, Galeristin

Am höchsten Gipfel des Bergfriedhofs, ganz am Ende der nördlichen Waldabteilung, findet der Besucher in stiller Abgeschiedenheit das über einem Brunnen gelegene Aschengrab der Familie Grisebach. Ein kleiner Findling aus rotem Sandstein trägt Namensinschrift und Lebensdaten des Ehepaares.

August Grisebach hielt sich in Rom auf, als an ihn 1930 der Ruf an die Heidelberger Universität als Nachfolger des bekannten Rembrandt-Forschers Carl Neumann erging. Doch schon nach sieben Jahren wurde er seines Lehramtes enthoben. Als Grund diente den Nationalsozialisten die jüdische Abstammung seiner Frau, als Anlaß die geplante Umwandlung seines Lehrstuhls in einen planmäßigen Lehrstuhl für Wehrpolitik und Wehrgeschichte.[2] Als die Familie Grisebach 1946 aus Potsdam nach Heidelberg zurückkehrte, waren August Grisebach nur noch wenige Wirkungsjahre beschieden.

Ein wesentliches Bemühen des Kunsthistorikers war es, die Kunsttheorie seines Lehrers und späteren Freundes Heinrich Wölfflin weiter zu entfalten. Anliegen dieser Theorie war, das Wesen des Kunstwerkes vom Stilcharakter her zu erfassen und die Kunstgeschichte zu einer Wissenschaft zu erweitern, die die Kunstcharaktere in ihrer geisträumlichen Bedingtheit zu erfassen sucht.[3] Grisebach verstand es gleichwohl – die Begrenztheit einer nach rein formalen Kriterien arbeitenden Wissenschaft erkennend –, stets das persönliche Erleben in die Kunstdeutung einzubringen. Von seinen bedeutenden Werken seien erwähnt *Karl Friedrich Schinkel* (1924) und *Die Kunst der deutschen Stämme und Landschaften* (1946). Mit seinem Frühwerk *Der Garten, eine Geschichte seiner*

1 Eine Idee von Prof. Dr. Fehringer aufgreifend.
2 Mussgnug 1988, S. 97.
3 August Grisebach. In: Ruperto-Carola 29 (1961), S. 100.

künstlerischen Gestaltung (1910) hatte er sich einem damals neuen Forschungszweig zugewandt. Schon in seiner Dissertation *Das Deutsche Rathaus der Renaissance* (1907; dafür erhielt er den Hermann-Grimm-Preis) hatte sich Grisebach seinem besonderen Interessengebiet, der Architektur, zugewandt, war doch sein Vater Hans Grisebach ein erfolgreicher Berliner Architekt der Jahrhundertwende.

Die Kunsthistorikerin **Hanna Grisebach** lernte ihren zukünftigen Gatten zunächst als Dozenten kennen: Sie promovierte 1924 in Breslau bei ihm über das *Holländische Stilleben*. Hatte schon August Grisebach in seiner Tätigkeit als Leiter des Heidelberger Kunstvereins auf das hiesige Kunstgeschehen Einfluß genommen, so setzte sie diesen Ansatz, die Kunst der Öffentlichkeit nahezubringen, später als Galeristin fort. Als sie 1951 ihr »Graphisches Kabinett« eröffnete (noch in ihrer Wohnung im Dachgeschoß der Neuenheimer Landstraße 2), war dies der Beginn ihres 25 Jahre währenden Einsatzes zur Förderung der modernen Kunst, vornehmlich der Avantgarde, wofür sie das Bundesverdienstkreuz erhielt. Mit ihren über 100 Ausstellungen (zuletzt in der Hauptstraße 118) hat sie die Heidelberger Kunstszene wesentlich mitgeprägt.[1]

Erinnert sei an Hanna Grisebach auch als Autorin des Buches *Der Heidelberger Bergfriedhof* (1981), durch das sie sich um das städtische Kulturleben verdient gemacht hat.

In derselben Grabstätte sind auch andere Familienmitglieder beigesetzt.

IV / **19**
(Lit. WB)

Familiengrabstätte RADBRUCH

Gustav RADBRUCH

(1878 Lübeck – 1949 Heidelberg)
Jurist, Rechtsphilosoph. Justizminister der Weimarer Republik

Das blockhafte Grabmal aus rotgrauem, bossiertem Quarz zeigt in der eingelassenen Relieftafel die Kopie eines attischen Weihreliefs des 5. Jahrhunderts v. Chr., Pallas Athene darstellend. Im Dreiviertelprofil nach rechts gewendet, lehnt sich die Göttin leicht an den aufgesetzten Speer, den sie in ihrer erhobenen Linken hält; ihr Blick ist sinnend auf eine vor ihr stehende Grabstele gerichtet.

Der in Lübeck geborene **Gustav Radbruch** schloß das Studium der Rechtswissenschaft 1902 mit der Promotion bei Franz von Liszt ab, dessen soziologische Strafrechtsschule ihn stark prägte, und habilitierte sich in Heidelberg, wo er anschließend als Privatdozent und außerordentlicher Professor lehrte. Daneben nahm er einen Lehrauftrag an der Handelshochschule Mannheim wahr. Aus den dort gehaltenen Vorlesungen entstanden das Werk *Einführung in die Rechtswissenschaft* (1910, 12. Aufl. 1969), das in viele Sprachen übersetzt

1 RNZ vom 12. 6. 1984.

wurde, ebenso wie das Buch *Grundzüge der Rechtsphilosophie* (1914, 8. Aufl. 1973).[1]

Seine politische Laufbahn begann der damalige Professor an der Universität in Kiel (1919–26) als Abgeordneter der Sozialdemokraten. Er war Mitglied des Reichstags von 1920 bis 1924 und übernahm während dieser Zeit zweimal das Amt des Reichsjustizministers (1921/22, 1923). Sein Entwurf eines *Allgemeinen deutschen Strafgesetzbuches* (1922) war im Sinne eines humanen Strafrechts zukunftsweisend.

1926 folgte Radbruch einem Ruf als ordentlicher Professor an die Universität Heidelberg, wo er als Anhänger der Wertphilosophie zum »Südwestdeutschen Neukantianismus« gehörte. 1933 wurde er als »politisch Unzuverlässiger« aus dem badischen Staatsdienst entlassen, er blieb aber dennoch – von einem Forschungsaufenthalt in Oxford abgesehen – in Heidelberg. 1945 wurde er wieder in sein Amt eingesetzt.

Zur Erinnerung an ihn erhielten ein Platz in Handschuhsheim und ein Studentenwohnheim in der Altstadt seinen Namen.

Radbruch, der auch historische und künstlerische Interessen hatte, die sich in zahlreichen Veröffentlichungen niederschlugen, befaßte sich intensiv mit Goethes Schaffen. Vor allem in seiner Essay-Sammlung *Gestalten und Gedanken* (1954) kommt seine literarische Begabung zum Ausdruck.

Ihm zur Seite ruhen seine Frau **Lydia Radbruch,** geb. Schenk (1888–1974), die sich um das kulturelle Leben der Stadt Heidelberg verdient machte, indem sie den »Max-und-Marianne-Weber-Folgekreis« im Kurpfälzischen Museum anregte, und seine durch ein Lawinenunglück getötete Tochter Renate Radbruch.[2] Ein Gedenkkreuz erinnert an den 1942 in Südrußland gefallenen Sohn Anselm Radbruch.

IV / **20**
(Lit. WB)

Familiengrabstätte KÜMMEL

Altargrabwand mit Darstellung einer Sandalenlöserin für **Marie KÜMMEL, geb. Ulmann**
(1873 Greifswald – 1915 Heidelberg)

Werner KÜMMEL
(1866 Hildesheim – 1930 Heidelberg)
Professor für Hals-Nasen-Ohren-Heilkunde

Eine stufenreiche Steintreppe führt hinauf zu der Ruhestätte, die reizvoll am Berghang der östlichen Waldabteilung liegt: eine kleine Eremitage, von einer hellen Altargrabwand weihevoll abgeschlossen, mit anmutiger Figurendarstellung.

1 Bad. Biogr. NF 1 (1982), S. 223.
2 Siehe Grisebach 1981, S. 85.

Das für die kunstliebende erste Ehefrau Werner Kümmels errichtete Kunststein-Grabmal[1] trägt eine eingelassene, weißmarmorne Relieftafel mit der Darstellung einer auf einer Bank sitzenden jugendlichen Frauengestalt des antiken Typus der Sandalenlöserin: Der linke Fuß bereits entblößt, ist die mit einem kurzärmeligen Gewand bekleidete Figur gerade im Begriff, am rechten Bein die Sandale zu lösen, eine Darstellung, die das Vergängliche versinnbildlichen will. In Beziehung zu dieser Assoziationsebene stehen die in das Grabmal eingemeißelten Worte aus Goethes »Gesang der Geister über den Wassern«:

Abb. 79. Die ›Sandalenlöserin‹ auf dem Grabmalrelief Kümmel. Unterhalb der Relieftafel sind Worte aus Goethes »Gesang der Geister über den Wassern« zu lesen.

»Seele des Menschen, wie gleichst du dem Wasser, Schicksal des Menschen, wie gleichst du dem Wind.« Seitlich davon sind erhabene ovale Medaillons mit Bündeln von hängenden Ähren angebracht: schmückendes Beiwerk und in der Grabmalgestaltung wiederum Ausdruck von Trauer, stilistisch im Umkreis des Darmstädter Jugendstils anzusiedeln.

Die untere Wandzone trägt die Namensinschriften weiterer Familienmitglieder, darunter die der zweiten Frau Werner Kümmels, Irma, geb. Holtzmann, sowie die des Schwiegersohns, des Architekten Albert Wechssler.

Während der Heidelberger Lehrtätigkeit von **Werner Kümmel** wurden 1908 – für Deutschland erstmalig – die vorher getrennten Disziplinen Otologie und Rhino-Laryngologie vereint, eine zunächst umstrittene Entscheidung, die jedoch später allgemein nachvollzogen wurde.[2] Zur Einbürgerung dieses Spe-

1 Freundliche Auskunft gab Frau Dr. Sigrid Wechssler in Heidelberg.
2 Ruperto-Carola 18 (1955), S. 111 (Schwab/Ey).

zialfachs leisteten die wissenschaftlichen Veröffentlichungen Kümmels selbst – sein zusammen mit von Mikulicz verfaßtes Hauptwerk *Die Krankheiten des Mundes* (1898, 4. Aufl. 1922) verdient besondere Erwähnung – einen bedeutenden Beitrag. Kümmel, dessen Interesse an der Hals-Nasen-Ohren-Heilkunde wohl von seiner eigenen, durch eine Scharlacherkrankung verursachten Schwerhörigkeit herrührte, war 1902 von Breslau nach Heidelberg gekommen, wo er die neue, bald den Ruf der Vorbildlichkeit und einen hohen Bekanntheitsgrad erringende Heidelberger Ohrenklinik in der Voß- und der Thibautstraße vollenden und einweihen konnte. Hier vollzog sich sein ganzes ärztliches Wirken. Außerdem sei daran erinnert, daß er die Heidelberger Landestaubstummenanstalt betreut hat, sowie seines Einsatzes für den Heimat- und Landschaftsschutz gedacht.

IV / **21**
(Lit. WA)

Gustav EHRISMANN
(1855 Pforzheim – 1941 Hamburg-Altona)
Germanist

Auf einem der fast eben verlaufenden Wege, die den südlichen Berghang der hochgelegenen Waldabteilung in bezeichnender Weise durchziehen, trifft man auf die schlichte, brockeneingefaßte Ruhestätte des Philologen Ehrismann. Ein findlingshafter Grabstein trägt seinen Namen zusammen mit dem seiner Frau Emma, geb. Pregizer.

Ehrismann, der im ersten Jahrzehnt unseres Jahrhunderts als Professor an der hiesigen Alma mater lehrte, hatte sich während seiner Heidelberger Studentenzeit unter dem Einfluß des von ihm bewunderten Karl Bartsch der deutschen Philologie zugewandt. Nach seiner Promotion zog er sich lange Jahre als Privatgelehrter in seine Heimatstadt Pforzheim zurück, von wo aus er Aufsätze für die von Bartsch herausgegebene Zeitschrift »Germania« schrieb. Hier fand er Zeit, sich ausgiebig mit dem älteren germanischen und deutschen Schrifttum, mittelalterlicher Philosophie sowie kirchlicher Literatur zu beschäftigen. Dank seiner überlegenen Kenntnisse stellen seine zahlreichen grundlegenden Aufsätze sowie sein Hauptwerk *Geschichte der deutschen Literatur bis zum Ausgang des Mittelalters* (1922–1927) den gelungenen Versuch dar, die Literatur des Mittelalters aus ihrer Zeit heraus zu verstehen.[1]

In demselben Grab ist auch der gleichnamige Sohn Dr. Gustav Ehrismann (verstorben 1971) bestattet.

1 NDB 4 (1959), S. 360 (E. Neumann).

IV / **22**
(Lit. WA)

Friedrich GUNDOLF
(1880 Darmstadt – 1931 Heidelberg)
Literaturhistoriker und Dichter

Äußerst zurückhaltend ist die Gundolfsche Ruhestätte auf dieser stillen, hoch am Berg gelegenen Waldterrasse gestaltet: Ein niedriger Granitquader von streng geometrischer Grundform trägt die Namensinschrift.

Gundolf repräsentiert auf glanzvollste Weise jenes mit den Kreisen der Universität verbundene Geistesleben, das man in den Jahren vor dem Ersten Weltkrieg und erneut in den zwanziger Jahren als den »Heidelberger Geist« rühmte, vertreten auch durch Max Weber, Stefan George, Karl Jaspers sowie Marianne Weber, Marie-Luise Gothein und Camilla Jellinek.

Gundolf, in seinem philosophischen Denken von Dilthey und Bergson angeregt, ist in seiner Lebensauffassung wesentlich von Stefan George, zu dessen engstem Kreis in Heidelberg er zählte, geprägt worden. Die treue Verehrung, die Gundolf für George hegte, seit er ihn als Neunzehnjähriger kennengelernt hatte, bewahrte er diesem auch noch in späteren Jahren nach ihrem persönlichen Zerwürfnis.

Ab 1911 an der Universität Heidelberg lehrend, wies Gundolf (der bis 1927 Gundelfinger hieß) der Literaturwissenschaft einen neuen Weg, indem er sie über die philologischen Grundlagen hinaus zu einer Geschichte der Geisteswissenschaft machte. Den Zeitgenossen galt Gundolf als feinfühliger und gleichsam treffsicherer Deuter literarischer Werke und ihrer Schöpfer. In künstlerisch-philosophischer Sprache verfaßte er Wesensporträts herausragender Schriftsteller, Dichter und bedeutender Gestalten der Historie, »überzeugt davon, daß in der Geschichte sich durch die Werke und Taten großer Menschen ein ›ewiger Sinn‹ darstellt«.[1] Als Beispiele hierfür seien seine Abhandlungen über Stefan George (1913), Goethe (1916) sowie über Caesar (1924) und Paracelsus (1927) erwähnt. In seinem berühmten Spätwerk *Shakespeare. Sein Wesen und Werk* (1928) vollendete Gundolf die bereits in seiner Habilitation begonnenen Arbeiten über diesen Dichter. 1929 wurde er zum ersten Lessing-Preisträger erwählt. Seine heroische Geschichtsauffassung wird von der neueren Literaturwissenschaft abgelehnt, doch bleibt es sein Verdienst, die seinerzeit noch vorherrschende biographische Methode dieser Wissenschaft überwunden zu haben. Aus seinen eigenen Dichtungen spricht tiefes persönliches Erleben.

Auf die studentische Jugend hat Gundolf eine große Wirkung ausgeübt, doch hat er die Bildung einer Jüngerschaft und eines Kultes um seine Person immer abgelehnt.

Gundolf ist 1931 im Alter von nur 50 Jahren an einer schweren Krankheit gestorben. So ist es ihm, von dem das Motto über dem Eingang der Neuen Universität »Dem lebendigen Geist« stammt, erspart geblieben, den deutschen Ungeist und die Verbrennung seiner Schriften als jüdisches Blendwerk zu erleben.

1 NDB 7 (1966), S. 319 (V. Schmitz).

Einer Büste Friedrich Gundolfs (von Ludwig Thormaehlen) begegnet der Besucher der Universitätsbibliothek im dortigen Haupttreppenhaus. Des weiteren erinnert eine nach Gundolf benannte Straße in Neuenheim an den Gelehrten.

Gundolf hat 1926 Elisabeth Salomon (1893–1958) aus Hirschberg im Riesengebirge geheiratet. Ihre letzte Ruhestätte befindet sich nicht neben der ihres Mannes; sie verließ zusammen mit ihrer Tochter Cordelia bald nach Gundolfs Tod Deutschland. Sie sorgte an verschiedenen Orten Europas für die Edition seines Nachlasses, der heute in London von der Gundolf-Gesellschaft betreut wird.[1]

IV / **23**
(Lit. WA)

Familiengrabstätte von SCHUBERT

Hans von SCHUBERT

(1859 Dresden – 1931 Heidelberg)
Kirchenhistoriker

In der stillen Zurückgezogenheit der hochgelegenen Waldterrasse befindet sich die naturbezogen gestaltete Grabarchitektur aus kleinen, bossierten Kalksteinquadern. Die gesamte Rückfront der efeubedeckten Ruhestätte ist in Schichtenmauerwerk errichtet, das nach rechts etwas niedriger wird, in gleichsam bergendem Gestus nach vorn ausgreift und in einem kurzen niedrigen Querarm endet. Die andachtsvolle Stimmung wird durch die Rundbogennische im Zentrum der Grabaltarwand gesteigert, die ein lateinisches Kreuz auf eisernem Ziergitter trägt. Darüber sind die Worte »In Deine Hände« in den Stein eingemeißelt. Die flankierenden, konsolengestützten Inschrifttafeln enthalten außer den Lebensdaten der Verstorbenen auch Wahlsprüche der Familie. Die linke Tafel nennt die Lebensdaten der Ehefrau des Kirchenhistorikers Bertha von Schubert, geb. Köppern (1860–1946), und einer ihrer Töchter, Margarethe von Schubert (1892–1979), der Begründerin der Krankenhausfürsorge in Heidelberg; am unteren Rand der Tafel liest man »Libertas in veritate et fidelitate« (Freiheit in Wahrheit und in Treue). Die rechte Tafel mit dem Wahlspruch »Diligenter et fideliter« (gewissenhaft und treu), die am unteren Rand angebracht ist, bewahrt die Erinnerung an **Hans von Schubert.** Der als Sohn eines Generalleutnants und Militärschriftstellers geborene Kirchenhistoriker begründete in Heidelberg die einflußreiche Tradition der Reformationsgeschichtsforschung,[2] nachdem er 1906 als Nachfolger von Adolf Hausrath den Lehrstuhl für Evangelische Theologie der Universität Heidelberg übernommen hatte. Bis zu seiner 1928 ausgesprochenen Emeritierung wirkte er an dieser Stelle. Zu den bekanntesten Schriften von Schuberts zählen sein mehrfach aufgelegtes Lehrbuch *Grundzüge der Kirchengeschichte* (1904, 11. Aufl. 1950) und seine *Geschichte der christlichen Kirche im Frühmittelalter* (1921). Die

1 Freundliche Auskunft gab Dr. Neu-Zuber von der Universitätsbibliothek Heidelberg.
2 Classen/Wolgast 1983, S. 73.

befruchtenden Impulse, die von seinem Spätwerk für die Reformationsgeschichte ausgegangen sind, bezeugen die von ihm besorgte Edition der Werke des deutschen Humanisten Nikolaus von Kues und die Herausgabe der Wiedertäuferakten. Neben seiner wissenschaftlichen Tätigkeit stellte der Kirchenhistoriker seine Arbeitskraft auch der Heidelberger Akademie der Wissenschaften zur Verfügung, zu deren Gründungsmitgliedern (1909) er zählte und der er als geschäftsführender Sekretär über viele Jahre verbunden war.[1]

In der Grabstätte ruhen weitere Angehörige der Familie, darunter von Schuberts Schwiegersohn, der Professor für Neues Testament und Begründer des Seminars für Christliche Archäologie in Heidelberg **Erich Dinkler** (1909–1981).

IV / 24 (Lit. WA) | Theodor CURTIUS

(1857 Duisburg – 1928 Heidelberg)
Chemiker

An einem stillen Weg der südlichen Waldabteilung, am Fuße einer efeubedeckten Hangterrasse, hat der naturverbundene Chemiker seine letzte Ruhestätte gefunden.[2] Ein niedriger Dachstein aus rotem Sandstein bewahrt die Erinnerung an ihn. Sein bronzenes Reliefbildnis (bärtiger Kopf im Profil nach links) hat der Bildhauer Hermann Volz geschaffen.

Theodor Curtius (an ihn erinnert in Heidelberg eine Gedenktafel am Chemischen Institut Plöck 55, dort befand sich auch seine Dienstwohnung) war in erster Linie ein Vertreter der organischen Chemie. 1898 Professor und in der Nachfolge Viktor Meyers zugleich Direktor des Chemischen Instituts geworden (seine Berufung war die erste von der neuerrichteten naturwissenschaftlich-mathematischen Fakultät ausgesprochene), wirkte er hier 30 Jahre lang. Curtius, der enge Beziehungen zur Industrie unterhielt, kannte Heidelberg bereits aus seinen Studienzeiten, hatte er sich doch hier unter dem Einfluß Bunsens, als dessen letzter Schüler er gilt, endgültig der Chemie zugewandt, nachdem er zuvor auch Musik studiert hatte. Seine Experimentierfreudigkeit auf chemischem Gebiet war von Erfolg gekrönt – besondere Erwähnung verdienen seine Arbeiten zur Chemie der organischen Stickstoffverbindungen sowie die Entdeckung des Diazoessigesters. Durch die nach ihm benannten Verfahren »Buchner-Curtiussche Aldehyd-Alkylierung« und »Säureabbau nach Curtius« ist sein Name auf immer mit seinem Fachgebiet verbunden.

1 Zeitschrift für die Geschichte des Oberrheins 84/NF 45 (1932), S. 492 ff. (W. Köhler).

2 Curtius, in jüngeren Jahren ein geübter Bergsteiger, verbrachte seine Ferien regelmäßig in der Abgeschiedenheit von Sils Maria, wo er ein kleines Sommerhaus besaß, dessen Eingangsinschrift lautete: »Still liegen und einsam sich sonnen ist auch eine wackere Kunst« (Scheffel). Vgl. Ruperto Carola 21 (1957), S. 155 (K. Freudenberg).

IV / **25** (Lit. WA) | **Max WOLF** (1863 Heidelberg – 1932 Heidelberg) Astronom. Ehrenbürger der Stadt Heidelberg

An der Vorderseite des mächtigen Felsblocks aus rotbraunem Quarz zu lesende sinnige Worte bewahren das Gedenken an den unvergessenen Astronomen.

Mit dem gebürtigen Heidelberger **Max Wolf** begann für die Astronomie eine neue Epoche: Er war der erste, der die Photographie in den Dienst der wissenschaftlichen Forschung stellte, ein Unterfangen, das zu der damaligen Zeit mit großen Schwierigkeiten verbunden war, der Wissenschaft aber ganz neue Horizonte eröffnete. Zum erstenmal verfügte die Astronomie nun über objektive Meßverfahren, mit deren Hilfe sie in der Lage war, von den Gestirnen beständige Aufnahmen anzufertigen; darüber hinaus konnten selbst sehr lichtschwache Objekte aufgespürt werden.[1]

Wolf, der bereits als Student im elterlichen Haus Märzgasse 16 eine Privatsternwarte errichten ließ, lehrte nach Studien und Forschungsarbeiten in Straßburg und Stockholm von 1890 bis 1932 an der Heidelberger Universität, die 1896 einen Lehrstuhl für Astronomie einrichtete. Seinem Einsatz und seinen glänzenden wissenschaftlichen Ergebnissen ist es zu verdanken, daß auf dem Königstuhl die in zwei Abteilungen gegliederte Badische Landessternwarte errichtet wurde. Die astrophysikalische Abteilung erlangte unter seiner Leitung schnell Weltruhm. 1909 übernahm er auch die bis dahin von Wilhelm Valentiner geführte astrometrische Abteilung. Wolf, dem die Astronomie die Entdeckung des Amerika- und des Coconnebels verdankt, konzentrierte sich zusammen mit seinen Mitarbeitern insbesondere auf die Erforschung der Planetoiden zwischen Mars und Jupiter, bei deren Aufspürung die Heidelberger Sternwarte weltweit führend war. Einem der entdeckten Himmelskörper gab Max Wolf den Namen seiner Heimatstadt.[2] Viele seiner Veröffentlichungen – z. B. *Die Milchstraße und die kosmischen Nebel* (1925) – gehören auch heute noch zur Grundlagenliteratur der Astronomie.

Neben zahlreichen wissenschaftlichen Ehrungen wurde Max Wolf 1928 die Ehrenbürgerwürde der Stadt Heidelberg verliehen. Außer der Gedenktafel an seinem Elternhaus hält auch die nach ihm benannte Straße in Neuenheim die Erinnerung an ihn wach. Ein 1953 bei der Königstuhl-Sternwarte errichteter Gedenkstein hebt Wolfs wissenschaftliches Streben hervor, »die Gestirne des Weltalls zu entschleiern«.

Ihm zur Seite ruht seine Frau Beata Gisela Hedwig Wolf (1875–1965), Tochter des Theologen Adalbert Merx.

1 Ruperto-Carola 33 (1963), S. 224 f. (H. Elsässer).
2 Heidelberger Tageblatt vom 20. 6. 1963 (H. Schweizer).

IV / **26**
(Lit. Y)

Georg WILDING, Fürst von RADALI
(1826 Hannover – 1898 Schloß Altenburg bei Westerham / Oberbayern)
Neuklassizistisches Grufthaus einer fürstlichen Familie

Das aufwendige Grufthaus hat Georg Wilding, Fürst von Radali, kurz vor seinem Tod als Grablege für die Mitglieder seiner Familie – er selbst war unverheiratet – in Auftrag gegeben: ersichtlich aus der Inschrift im Giebelfeld »D. M. est devotum Georgis Wilding Principis de Radali« (Den göttlichen Manen ist [der Tempel] des Fürsten von Radali Georg Wilding geweiht).

Abb. 80. Das Grufthaus für die fürstliche Familie Wilding von Radali schuf Adolf von Hildebrand.

Die prächtige Architektur aus Muschelkalk, ausgestattet mit Bronzeskulpturen und Schmiedewerk, hat der namhafte Münchener Bildhauer, Architekt und Kunsttheoretiker Adolf von Hildebrand geschaffen. In seiner schlichten Monumentalität verweist der neuklassizistisch geprägte Bau auf die antike Tempelform, erscheint jedoch gleichzeitig durch seine Geschlossenheit mit nordischer Kapellenarchitektur verwandt. Das auf quadratischem Grundriß errichtete Grabhaus öffnet sich an drei Seiten in großen Rundbögen, die mit schmiedeeisernen Gittern versehen sind. Das Portalgitter schmückt das Wildingsche Wappen mit einem Eichenstrunk und drei Eicheln, bekrönt von einem Fürstenhut.

Vor der geschlossenen Rückwand im Innenraum steht – in eine flache Nische eingebettet – ein marmorner Giebelsarkophag, der die Namensinschriften der hier Bestatteten trägt und in seinem Volutendeckel die Inschrift »Was vergangen, kehrt nicht wieder, aber ging es leuchtend nieder, leuchtets lange noch zurück« (Karl Foerster). Darüber, über zwei girlandentragenden Putti, ist eine von Bukranion bekrönte Bronzekartusche mit dem Familienwappen angebracht. Ihre Devise lautet »Virtute et Constantia« (mit Tugend und Standhaf-

Abb. 81. In die plastisch ausgeschmückte Wandnische des Grufthauses Wilding von Radali ist ein als Namensträger dienender Ziersarkophag eingelassen.

tigkeit); damit stimmt die lateinische Friesinschrift an Front und rechter Seite des Außenbaus überein mit den Worten von Horaz »Virtus recludens immeritis mori caelum / negata tentat iter via« (Die Tugend [ist's], die den Himmel aufschließt für die, welche das Sterben nicht verdient haben, und den Weg gehen läßt, auf der sonst versagten Bahn[1]).

Wie schon das Erscheinungsbild des Grabhauses nördliche und südliche Einflüsse miteinander verbindet, so zeigt auch die Familiengeschichte der hier zur letzten Ruhe Gebetteten einerseits Verbundenheit mit Heidelberg, anderer-

1 Für die Ergänzung der von E. Kiefer (1961) nicht vollständig übersetzten Horaz-Worte sei Herrn Prof. Dr. Reinhard Düchting gedankt.

seits interessante internationale Verflechtungen vom Mittelmeer bis nach Rußland.[1]

Georg Wilding, der als das erste Mitglied der fürstlichen Familie am 2. Dezember 1900 in dem soeben fertiggestellten Grufthaus beigesetzt wurde,[2] hatte um die Mitte des vorigen Jahrhunderts in Heidelberg Rechtswissenschaften studiert und war 1852 zum Dr. jur. promoviert worden. Dann diente er in der königlich-sizilianischen Garde als Offizier und wurde später Oberzeremonienmeister und Kammerherr am Hofe des Königs von Sachsen, wo er auch seinen Stammsitz hatte. Wohl aus besonderer Verbundenheit mit Heidelberg, der reizenden Stadt seiner Studienjahre, hatte sich Georg den Heidelberger Bergfriedhof, wo bereits sein Vater Ernst Wilding beigesetzt worden war,[3] zur letzten Ruhestätte gewählt.

Schon **Ernst Wilding** (1792–1874) war ein Weltmann gewesen, der bald in Italien, bald in Deutschland wohnend, auch in Heidelberg zeitweise ein Haus geführt und Beziehungen zu den höchsten gesellschaftlichen Kreisen gepflegt hatte. Aus einer hannoverschen Förster- und Offiziersfamilie stammend, war er als Erbe der sizilianischen Besitztümer seines kinderlosen Bruders Georg Wilding Kammerherr am Hofe des Königs Ferdinand II. zu Neapel geworden. 1842 erhielt er von Ferdinand II., dem König beider Sizilien, den sizilianischen Fürstentitel »Principe di Radali«. Nach Erwerbung der sächsischen Herrschaft Königsbrück, die 1856 erfolgte, wurde Ernst Wilding in den sächsischen erblichen Grafenstand erhoben.

Der besonders romantische Teil der Familiengeschichte dreht sich um den erwähnten älteren Bruder Ernsts, **Georg Wilhelm Carl Wilding** (1790–1841). Er war das älteste von dreizehn Kindern; als junger Leutnant diente er in der Königlich Deutschen Legion in Sizilien, wo er die wegen ihrer Schönheit weit bekannte Donna Caterina di Branciforte, Prinzessin von Butera, heiraten konnte – eine reiche Witwe mit großem Grundbesitz. Ab 1822 durfte Georg Wilding den Titel »Principe Butera di Radali« führen und begann eine Laufbahn als diplomatischer Gesandter; als solcher – nach dem Tod seiner ersten Frau mit einer russischen Prinzessin verheiratet – lebte er später am St. Petersburger Hof. Da er keine Kinder hatte, gingen seine Titel – wie oben erwähnt – auf seinen Bruder Ernst über, für dessen Nachkommen dieses Grabhaus errichtet wurde.

In der Familiengruft ruhen auch eine Schwester des Erbauers, Marie Gräfin Wilding von Radali (1836–1916), und ihre älteste Tochter, Marie Gräfin Wilding von Königsbrück (1859–1928).

1 Heidelberger Fremdenblatt 1952, H. 11, S. 6f. (O. Damman); für ausführliche Auskünfte zur Lebensgeschichte der Familie danken wir Herrn Friedrich Wilhelm Euler vom Institut zur Erforschung historischer Führungsschichten, Bensheim.

2 Georg Wildings Asche wurde zunächst in der Nische 119 am Heidelberger Krematorium bestattet.

3 Beigesetzt Lit. J (heute Lit. L) 42–42a. An ihn erinnerte bis 1979 auf der Gruftanlage eine liegende Grabtafel mit Widmungsinschrift der Söhne (Grabakte des Friedhofsamtes; Kiefer, S. 9).

IV / **27** | **Familiengrabstätte HOFFMANN / GIULINI**
(Lit. Y) | Neuklassizistische Exedra

In landschaftlich besonders reizvoller Lage erhebt sich diese Grabarchitektur griechisch-antiken Gepräges. Sie ist am Beginn der südlichen Waldabteilung als weiträumige, repräsentative Grabterrasse angelegt, ist über eine steile Treppe erreichbar und wird von hohem Gemäuer gestützt. In die stille Atmosphäre eines hochgelegenen Waldhanges eingebettet, unterhalb dessen das Friedhofsgelände nach Westen hin stark abfällt, erscheint die Ruhestätte über alles erhaben: Ein Elysium des Bergfriedhofs, das durch seine besondere Lage und Atmosphäre einen Hauch von antiken Kultstätten spüren läßt.

Abb. 82. Das als Kolonnade errichtete Grabmal der Familie Hoffmann / Giulini.

Das am Ende einer langen Grabterrasse aufragende, weißsandsteinerne Grabmal wurde in Form einer Exedra errichtet. Es zeigt eine aus zwei Eckpfeilern und vier kannelierten Säulen (auf einem Sockelband) bestehende, halbkreisförmige Kolonnade, die ein dorisierendes Gebälk mit ausladendem Gesims trägt. Antiken Vorbildern ist auch die zwischen den beiden mittleren Säulen aufgestellte Amphore nachempfunden, deren Henkel mit reliefierten Schwanenköpfen verziert sind. Wie durch die Amphore leise angedeutet wird, handelt es sich hier um eine Aschenurnengruft: Die Gruftkammer befindet sich unter dem plattengedeckten Boden der Exedra.

Das architektonische Grabmal wurde von den Brüdern Renzo und Mario Giulini für ihren Stiefvater, den 1919 verstorbenen Neurologen **Johann Hoffmann** (1857 Hahnheim/Hessen – 1919 Heidelberg) entworfen; die Ausführung stammt möglicherweise von Franz Sommer.[1] Auf Hoffmann weist die Inschrift des Sockelbandes unterhalb der Amphore hin. Neben Friedreich und Erb zählte er zu den namhaften Vertretern der Heidelberger Neurologischen Schule. Mehrere Entdeckungen – die neurale Muskelatrophie, die spinale Muskelatrophie des frühen Kindesalters und die heute so genannte myotomische Dystrophie – begründeten das hohe wissenschaftliche Ansehen Hoffmanns.[2]

Ihm zur Seite ruht seine Ehefrau **Luise Johannette Giulini, geb. Clemm** (1865–1945), die in erster Ehe mit dem Mannheimer und Ludwigshafener Industriellen Paul Giulini verheiratet war. Die Grabanlage dient auch ihren Söhnen sowie weiteren Familienmitgliedern als letzte Ruhestätte, unter ihnen Dr. Renzo Giulini (1884–1961) mit seiner Frau Ilse Giulini (1893–1975), Tochter des Oberbürgermeisters Ernst Walz.

Die Familie Giulini, die ihre Wohnung in Heidelberg, Neuenheimer Landstraße 2 und 4, hatte, führte vor dem Zweiten Weltkrieg und auch danach ein kulturell offenes Haus (das Anwesen Neuenheimer Landstraße 2 beherbergt heute das evangelische Petersstift).

IV / **28** (Lit. Y) | Klassizistischer Grabpfeiler für den Klassischen Philologen **Albrecht DIETERICH** (1866 Hersfeld – 1908 Heidelberg)

Das Grabmal des Philologen – ein hochaufragender Pfeiler aus weißem Marmor – ist ganz der Antike verpflichtet. Dies bekundet der prächtige Akroter-Aufsatz, gebildet durch eine zwischen zwei nach außen gedrehten Voluten stehende Palmette, ebenso wie die Reliefdarstellung der Pallas Athene auf dem Stelenschaft (Abb. 10). Die gleiche Darstellung der sinnenden Pallas Athene hat der aufmerksame Besucher schon am Grab Radbruchs (siehe IV / 19) bemerkt.

Albrecht Dieterich verstand sich nicht nur als Philologe, sondern auch als Religionswissenschaftler. Für ihn blieb die Klassische Philologie nicht auf das Studium der Dichtung beschränkt, sondern umfaßte die ganze Volkskultur. Den Volksglauben begriff er als religionsgeschichtliche Quelle. Seine *Mithrasliturgie,* in der er das Verhältnis des primitiven Menschen zur Gottheit eingehend untersucht hat, war bereits im Jahre seiner Berufung nach Heidelberg, 1903, erschienen. Aus seinem Werk ragt die für die Auslegung der alten griechischen Religion bedeutende Arbeit *Mutter Erde. Ein Versuch über Volksreligion* (1905, 3. Aufl. 1925) besonders hervor. Auch die Herausgabe des *Archiv für Religionswissenschaft* fällt in seine Heidelberger Zeit.[3]

Albrecht Dieterich, dessen Name für die religions-historische Schule steht, ist schon mit 42 Jahren aus dem Leben verschieden. Neben ihm ruhen seine Ehefrau Marie Dieterich, geb. Usener (1867–1931), eine Nichte des Philosophen Wilhelm Dilthey, und weitere Familienangehörige.

1 Freundliche Auskunft gab Berto Giulini aus Heidelberg.
2 Heidelberger Jahrbücher 14 (1970), S. 81–84 (P. Vogel).
3 NDB 3 (1957), S. 669 (P. R. Franke).

IV / 29 (Lit. Y) | Knieende weibliche Figur am Grab der Familie WILSER

Unter den Grabfiguren, die in Lebensgröße der Trauer der Hinterbliebenen Ausdruck verleihen, trägt diese ihr Anliegen ganz leise, in verhaltenem Ton vor. Die auf dem hohen Granitpostament knieende Bronzefigur zeichnet eine natürliche, überzeugende Trauermimik aus. Ihr, der »von Trauer Erfaßten«, ist auch jede gewollte Gefälligkeit fremd: Unpathetisch führt sie die ihr auferlegte Aufgabe, Blumen auf das Grab zu legen, aus, wie dies die linke, auf

Abb. 83. Kniende Bronzefigur am Grab Wilser.

die Brust gelegte Hand, der leicht geneigte Kopf mit gesenkten Lidern und die zum Grab hingestreckte Hand mit den heute nur noch als Relikt erhaltenen Mohnzweigen als Ausdrucksträgern anschaulich machen.

Bei solchen vollplastischen, für den freien Landschaftsraum geschaffenen Grabfiguren muß nicht immer die Vorderansicht – bei all ihrer handlungsgemäßen Betontheit – die anmutigste sein, wie es diese Knieende beweist: Betrachtet man sie nämlich schräg von hinten (was wegen der Hanglage vor Ort nur schwer möglich ist, durch Abb. 83 aber gezeigt sein möge), so werden sich die besondere Grazie dieser Figur und ihre sinnliche Schönheit erst voll erschließen.

Die von dem Berliner Bildhauer Hans Damman geschaffene Bronzefigur wurde vermutlich für die jung verstorbenen Söhne des Arztes Dr. **Ludwig Wilser**, von denen einer im Ersten Weltkrieg gefallen ist, errichtet.

IV / 30 (Lit. X)

Wilhelm WINDELBAND
(1848 Potsdam – 1915 Heidelberg)
Philosoph

Ein kleiner liegender Granitstein trägt die Namensinschriften Wilhelm Windelbands und seiner Gattin Martha, geb. Wichgraf, sowie die ihrer Tochter Elly Stutz.

Abb. 84. Ein sehr bescheidener Grabstein kennzeichnet die letzte Ruhestätte des Philosophen Wilhelm Windelband.

Windelband hatte bereits an den Universitäten Zürich, Freiburg und Straßburg gelehrt, bevor er 1903 einem Ruf auf den Lehrstuhl der Universität Heidelberg folgte. Hier wirkte er bis zu seinem Tod 1915. Er trat die Nachfolge Kuno Fischers an, der neben Hermann Lotze zu den akademischen Lehrern gehörte, die den stärksten Einfluß auf ihn gehabt hatten. In der Tradition dieser Männer stehend, ging Windelband vom kantischen Kritizismus aus,[1] machte jedoch eine neue Einteilung der Geistes- und Naturwissen-

1 Vgl. hierzu und zum folgenden: Ruperto-Carola 9/10 (1953), S. 64 ff. (F. J. Brecht); Deutsches Biographisches Jahrbuch 1, 1914–1916 (1925), S. 182 ff.

schaften zur Grundlage seiner Wissenschaftslehre. »Kant verstehen heißt über ihn hinausgehen«, dieses berühmt gewordene Wort des Philosophiehistorikers und Begründers des Neukantianismus fand seine Verwirklichung in dem Entwurf einer Unterscheidung der Geistes- und Naturwissenschaften nach ihrer Methode, für die er die Begriffe »Gesetzeswissenschaften« und »Ereigniswissenschaften« prägte. Mit diesem Ansatz geht Windelband über die Anwendung der Kantschen Erkenntnislehre nur auf das mathematisch-naturwissenschaftliche Gebiet hinaus. Das Wissen von den Ereignissen, das die Geschichte vermittelt, hatte dabei für Windelband Vorrang vor dem Wissen um die Naturgesetze, denn »der Mensch ist das Tier, welches Geschichte hat«. Windelbands Ansätze eines philosophischen Systems wurden von seinem Schüler Heinrich Rickert zu einer Kulturphilosophie weiterentwickelt.

Neben Windelbands umfassenden Darstellungen der abendländischen Philosophie (sein *Lehrbuch der Geschichte der Philosophie* von 1898 wurde 1980 zum 17. Mal aufgelegt) sei an seine hervorragenden Lebensbilder künstlerischer und philosophischer Persönlichkeiten erinnert, unter denen Spinoza, Sokrates und Schiller, aber auch sein Lehrer Kuno Fischer zu finden sind.

IV / 31 (Lit. X) | **Familiengrabstätte GOEPFERT**

Grabengel in Galvanoplastik auf Inschriftpostament in romantisierendem Historismus

Ein prägender Akzent der parkalleeähnlichen Wegstrecke dieser besinnlichen Hangterrasse ist die hochpostamentierte, mit ausgebreiteten Schwingen ausgestattete Engelgestalt. Sie ist für den 1905 verstorbenen Tabakhändler **Albert Goepfert** aus Speyer errichtet worden.

Als Beispiel der Kategorie der geschlechtslosen Grabengel tritt er hier als geflügelter Himmelsbote auf, als Verkündiger des göttlichen Willens. In seinen Gebärden erhaben und bestimmt, ist er in geneigter Vorderansicht als stattliche Erscheinung mit antikisierender Gewandung dargestellt. Er trägt in der erhobenen, weit vorgestreckten Rechten einen Rosenzweig (Symbol der Liebe), in der angewinkelten, zum Herzen geführten Linken ein Kreuz (Symbol des Glaubens). Von ganz besonderem Reiz ist der konzentrierte Bewegungsablauf; es ist der Moment des gerade schwungvoll erfolgten Niedersteigens festgehalten, man sieht, wie das gegürtete, am Saum ornamentierte Gewand noch um die Beine wirbelt. In Korrespondenz zu der bildlichen Aussage der Grabfigur steht die lateinische Inschrift an der Sockelfront »Limes vitae non amoris« (Grenze des Lebens, aber nicht der Liebe). Das stimmungsvolle Gegengewicht zu der Engelfigur bildet die hinter einem benachbarten Grabstein aufragende Trauerweide mit ihrem wehmütigen und gleichsam tröstenden Ausdruck.

Interessanterweise hat dieser den Rosenzweig haltende Grabengel – neben seiner allgemein bekannten ikonographischen Zuordnung – eine ganz eigene Botschaft aus dem persönlichen Leben des eingangs erwähnten Kaufmanns zu vermitteln: Albert Goepfert, der in seinem Heimatort ein gastliches Haus mit großer Musiktradition[1] führte, hatte man den schönen Beinamen »Rosenkönig« gegeben, weil er mit einem Arm voller Rosen aus seinem bezaubernden Rosengarten, in dem oft große Rosenfeste gefeiert wurden, sich gerne vor seinem »Weißen Haus« aufstellte, um den vorübergehenden Frauen Sträuße zu überreichen.

Abb. 85. Grabengel auf der Ruhestätte Goepfert.

Der in der Galvanoplastischen Kunstanstalt Geislingen / Steige hergestellte Grabengel ist zwar eine industriell gefertigte Figur, wie sie seit der Erfindung der Galvano-Technik um die Mitte des 19. Jahrhunderts einem größeren Abnehmerkreis angeboten wurde, doch nimmt sein künstlerischer Entwurf in individuellen Wünschen des Kunden seinen Ausgang. Der witterungsgeschädigte Grabengel zählt zu den Kerngalvanos, die im Gegensatz zu den Hohlgalvanofiguren einen festen Kern, z. B. Gips, besitzen.

Von weiteren Mitgliedern der Familie Goepfert sei der 1969 verstorbene **Hermann Goepfert** mit seiner Ehefrau Maria, geb. Holtkott, erwähnt: Der Träger des Bundesverdienstkreuzes am Band zählt zu den Pionieren des deutschen Rohtabakbaus.[2]

1 Der Großvater Albert Goepferts, Carl Andreas Goepfert, war Hofkapellmeister des Herzogs von Sachsen-Meiningen und ein bekannter Komponist seiner Zeit. Einem Ruf an die Wiener Hofkapelle als Nachfolger seines Lehrers Wolfgang Amadeus Mozart konnte er nicht folgen, da der Herzog seinen »Star« nicht freigab. Freundliche Auskunft zur Familiengeschichte und zum Grabmal erteilten Frau und Herr Dr. Goepfert aus Bad Sachsa.

2 Heidelberger Fremdenblatt 1964/65, H. 4/1 (Einlage nach S. 8).

IV / 32 | **Adolf SCHMITTHENNER**
(Lit. X) | (1854 Neckarbischofsheim – 1907 Heidelberg)
Pfarrer und Heimatdichter

Ein schlichtes Sandsteinkreuz auf einem findlingshaften Granitblock kennzeichnet das Pfarrergrab als sinnfälliges Zeichen persönlicher und beruflicher Glaubensverbundenheit.

Der evangelische Theologe **Adolf Schmitthenner** aus alter Pfarrersfamilie war 1893 nach Heidelberg in die Heiliggeistgemeinde berufen worden;[1] zuvor hatte er als Nachfolger seines Vaters in seiner Geburtsstadt Neckarbischofsheim gewirkt. Mit Heidelberg, wo er seine Ehefrau Aline Wagner (1857–1922, s. Inschrifttafel des Grabsteins) gefunden hatte, war Schmitthenner bereits durch die letzten Jahre seines Vikariats verbunden. Neben seiner Tätigkeit als Pfarrer (außer an der Heiliggeistkirche auch an der Christuskirche) wirkte er als Lehrer und später als Leiter des evangelischen theologischen Predigerseminars, was ihm – inzwischen war er ein wortgewaltiger Prediger und beliebter Festredner – ein Weitergeben seiner Erfahrungen aus der praktischen Gemeindearbeit und der Tätigkeit als Seelsorger in seinem pädagogisch-wissenschaftlichen Schaffen ermöglichte.

Mit ähnlich stark ausgeprägter Hingabe wie seinen praktischen Arbeiten widmete sich Schmitthenner dem Schriftstellertum. Als Verfasser von drei Romanen und rund 30 Novellen und Märchen schuf er in volkstümlicher Sprache – die sich oft des heimischen Dialekts bediente – eine bunte Bilderwelt, die das Bürgerleben in der Kleinstadt mit historischem Hintergrund verschmelzen läßt; eine Dichtung, die auf dem Boden seiner Heimat spielt, des Kraichgaus und Heidelbergs, die ihn urgewaltig in den Bann geschlagen hatte.[2] Als eine seiner bemerkenswertesten Novellen gilt *Die Frühglocke,* deren Hauptfigur Kurfürst Ott-Heinrich ist. Seinen großen historischen Roman *Das deutsche Herz* (1908; zuletzt 1988 aufgelegt), der die Geschichte des tragischen Endes zweier Geschlechter, derer von Hirschhorn und derer von Handschuhsheim, darstellt, hatte der dichtende Pfarrer, dessen »seltsame Predigten« in der Heiliggeistkirche »oft vollendete Dichtungen«[3] waren, im Manuskript fertiggestellt, als ihn der Tod hinwegraffte.

Die Grabstätte dient weiteren Familienmitgliedern als Ruhestätte.

1 An seiner ehemaligen Wirkungs- und Wohnstätte, dem »Schmitthenner-Haus« in der Heiliggeiststraße (früher Hirschstraße), erinnert eine Gedenktafel an ihn.
2 Ruperto-Carola 21 (1957), S. 28 (H. Maas).
3 Ebd.

IV / 33 (Lit. X) — Monumentale Nischenstele mit weiblicher Trauerfigur für die Familie des Architekten Friedrich EBERT (1850–1914)

Noch stark dem Geist der Gründerzeit verhaftet ist dieses Grabmal, dessen Blickfang eine auf einem tuchbedeckten Sarkophag sitzende Frauenfigur bildet. Diese erscheint in der Verborgenheit der Nische des Grabmals als eine friedfertige Hüterin der Ruhestätte: In nahezu vollplastischer Bearbeitung ist sie in Lebensgröße, dem Betrachter zugewandt, dargestellt; der Blick der Sanftmütigen ist zum Grab hin gerichtet. An dem Abschlußbogen der Nischenstele sind – in unübersehbar großen Lettern – die Worte »Ruhe in Frieden« angebracht.

Abb. 86. Ausschnitt vom Grabmal für die Familie des Architekten Friedrich Ebert. Auch im Detail zeigt sich das handwerkliche Können des Bildhauers.

Das figürlich gestaltete Grabmal wurde 1903 von dem Bildhauer Rudolf Comel anläßlich des Todes von Karoline Ebert, geb. Grimm, der Ehefrau des Architekten Friedrich Ebert, geschaffen.

In ihrem historisierenden Erscheinungsbild einerseits altertümlich-mittelalterlich anmutend, ist die madonnenhafte Figur andererseits doch auch von einer wirklichkeitsnahen Sinnlichkeit und läßt einen gewissen Antikenbezug anklingen, wenn sich dieser auch eher in einem volkstümlich-ländlichen Naturalismus äußert. Dies wird etwa in der Barfüßigkeit und dem die Schultern unbedeckt lassenden Gewand anschaulich sowie in dem eher alltäglich wirkenden weichen Gesicht der Dargestellten. Wie so oft, besteht auch hier der auf die Trauer verweisende florale Grabschmuck aus Rosen und Mohnkapseln. Der Trauerschleier, der den Kopf der Figur bedeckt, gehört ebenfalls in diesen Zusammenhang. Bemerkenswertes Detail der historisierenden Gestaltungsart ist der als Sitzbank dienende Sarkophag mit Löwenfüßen und Löwenkopf, ein aus der Todessymbolik ägyptisch-griechischer Tradition stammendes Zubehör.

Das heutige Stadtbild der Altstadt von Heidelberg ist durch mehrere Bauwerke von **Friedrich Ebert** geprägt. Nach der Ausbildung am Karlsruher Polytechnikum war er ab 1875 in Heidelberg als Architekt tätig. Er war Mitinhaber der Firma Henkenhaf und als solcher am Bau der Stadthalle (1905) beteiligt, die als sein bedeutendstes Werk gilt.[1] Die Bauvergabe war unter Umgehung eines öffentlichen Wettbewerbs erfolgt, was die Heidelberger Architektenschaft zu Protestkundgebungen veranlaßte.

Er erbaute zahlreiche Villen in Neuenheim und der Weststadt, das Gasthaus »Perkeo« (vor 1897) in der Hauptstraße und leitete die Generalrestaurierung des Hotels »Ritter« (1904/1907); der ebenfalls von ihm erbaute »Rodensteiner« in der Sandgasse ist beim Bau der neuen Universitätsgebäude abgerissen worden. Ebert genoß internationales Ansehen und hat Bauten u. a. in Amsterdam und Scheveningen errichtet. Er war auch kommunalpolitisch tätig und wirkte zuletzt als Sachverständiger der Kommission für den Rathausneubau.

Weitere Familienmitglieder haben hier ebenfalls ihre letzte Ruhe gefunden.

1 Chronik der Stadt Heidelberg für das Jahr 1914, S. 164 f.

6. Der Jüdische Friedhof

Die jüdische Begräbnisstätte wurde am 1. Oktober 1876, fünfzehn Jahre vor der Erbauung des Heidelberger Krematoriums, als eigenständige Anlage neben dem städtischen Friedhof eröffnet.[1] Ein Anerbieten der Stadt, der jüdischen Gemeinde »auf dem christlichen Friedhofe einen gesonderten Raum« oder »das allgemeine Leichenfeld« zu ihrer Verfügung bereitzustellen,[2] wurde aus kultischen Gründen nicht wahrgenommen. Ein Gutachten des Bezirks-Rabbinats

Abb. 87. Das Grabmal Baer aus dem Jahre 1877.

vom 29. März 1875 lehnte das Angebot unter anderem wegen der erfolgten christlichen Weihe des Friedhofsgeländes ab. Anlaß für die Schließung des alten jüdischen Friedhofs im Klingenteich war ein Antrag von Bewohnern des

1 Im Rahmen der folgenden Ausführungen wird weder auf einzelne Grabstätten noch auf Personengeschichte eingegangen werden. Die Angaben stützen sich auf Unterlagen des Stadtarchivs Heidelberg und der Friedhofsverwaltung; vgl. auch die die jüdischen Begräbnisstätten betreffenden Kapitel in Mushake 1929, S. 31-34; 120-123.

2 Vgl. hierzu und zum folgenden: Stadtarchiv Heidelberg, UA 153/2.

Klingenteichs vom 10. Dezember 1874 gewesen, die sich dabei vor allem auf gesundheitliche Erfordernisse beriefen. Der Synagogenrat erhoffte von der Stadt Heidelberg die kostenlose Bereitstellung von Gelände für den neuen Friedhof. Diese Erwartung wurde nicht erfüllt, worauf die Jüdische Gemeinde selbst ehemaliges Weinberggelände im »Kissel« erwarb.

Abb. 88. Stille und frühherbstliche Melancholie.

Die Arbeiten zur Anlage des israelitischen Friedhofs waren am 21. Mai 1876 so weit fortgeschritten, daß die Erstellung der Einfriedung erfolgen konnte. Den Zugang zu der umfriedeten Anlage bildete ein abschließbares Tor in der Nähe des heutigen Krematoriums. Im Jahre 1904, nach einer Erweiterung des Jüdischen Friedhofs in die höheren Hanglagen (Feld IV), ersuchte man um ein zweites Tor; ein solches wurde dann in der Verlängerung des Weges vom Steigerweg auf Kosten der Jüdischen Gemeinde erstellt. Eine schlichte Leichenhalle aus der Anfangszeit wurde 1907 durch ein etwas geräumigeres Ziegelsteingebäude ersetzt. Zur ursprünglich recht kleinen Begräbnisstätte mußte im 20. Jahrhundert neues Gelände zugewonnen werden: 1916 wurde sie bereits um das 10. Leichenfeld vergrößert, 1922 erfolgte eine zusätzliche Erweiterung.[1]

Während der Zeit des Nationalsozialismus wurde das jüdische Friedhofswesen bestimmten Einschränkungen unterworfen: Städtische Totengräber und

1 Im Zuge dieser Erweiterung war ein Enteignungsverfahren notwendig geworden; die betroffene Grundbesitzerin wurde finanziell entschädigt (Stadtarchiv Heidelberg, UA 10/13).

Leichenbegleiter durften ab dem 1. Juni 1938 bei jüdischen Begräbnissen nicht mehr eingesetzt werden. Weiterhin wurde jüdischen Bürgern und ihren Angehörigen, die nicht Mitglieder der Jüdischen Gemeinde waren, nach einer Verordnung von 1937 die Nutzung eines schon vorhandenen Kaufgrabes auf dem Bergfriedhof willkürlich verweigert und stattdessen eine Beisetzung auf abgesonderten »Nichtarierfeldern« aufgezwungen. Am 7. Oktober 1940 wurde zwischen der Stadt Heidelberg (diese hatte einige Monate zuvor die dringliche Notwendigkeit einer Erweiterung des Bergfriedhofs festgestellt) und der Jüdischen Gemeinde ein Kaufvertrag über einen 50 Ar großen Teil des Jüdischen Friedhofs (ein 12 Ar großes Wiesenstück bei der Leichenhalle und ein

Abb. 89. Ausdrucksstark und von einer großen Formenvielfalt geprägt ist dieser an den Hauptweg angrenzende Grabbereich sowohl in seiner Grabmalgestaltung als auch im Bild seines landschaftlichen Umfeldes.

Waldstück von 38 Ar am Hang im Osten) geschlossen. Der Kaufpreis von 4894 Reichsmark gelangte jedoch nie zur Auszahlung, sondern wurde vom Reichsführer der SS, Himmler, einbehalten. Zwei Jahre später, 1942, wurde auch der alte Jüdische Friedhof an der Klingenteichstraße von der Stadt »übernommen« (der nie ausbezahlte »Kaufpreis« betrug 9830 Reichsmark), die darauf eine öffentliche Grünanlage schaffen wollte. Die bei Kriegsende völlig verwahrlosten, zum Teil mutwillig beschädigten und geplünderten Begräbnisstätten wurden zunächst von der Stadt Heidelberg notdürftig instandgesetzt (was die Pflege der Gesamtanlage, nicht jedoch die einzelnen Grabmäler, betraf), bis im Zuge der Wiedergutmachung 1951 die Besitzverhältnisse neu geregelt wurden. Der Klingenteichfriedhof wurde wieder in die Pflege der Jüdischen Kultusgemeinde übergeben.

Die Besitzverhältnisse des Jüdischen Friedhofs beim Bergfriedhof wurden in einem Vergleich 1954 dahingehend geklärt, daß die Stadt das 1940 erworbene Gelände sowie ein weiteres Geländestück erhielt und sich im Gegenzug verpflichtete, die Pflege des Jüdischen Friedhofes (ausschließlich der Grabstätten) bis 1970 zu übernehmen und an der Grenze zum Bergfriedhof eine lebende Hecke zu unterhalten. 1956 wurde die Instandsetzung der Leichenhalle

Abb. 90. Das Grabmal des Heidelberger Bezirksrabbiners Dr. Hermann Pinkuss und seiner Frau Olga, geb. Mayer (Ausschnitt).

beschlossen. An ihrer Außenwand ist 1952 von der Jüdischen Gemeinde eine Tafel angebracht worden, die folgende Inschrift trägt:

> *»Zum ewigen Gedenken an unsere Brüder und Schwestern, die in den Jahren 1933–1945 aus der Landgemeinde und der Stadt Heidelberg deportiert wurden und fern der Heimat für ihr Judentum den Märtyrertod erlitten haben.«*

Unterhalb der Schrifttafel befindet sich vor der Halle ein rotes quaderförmiges Steinmal, das die Stadt Heidelberg 1948 am alten Synagogenstandort in der Großen Mantelgasse hatte aufstellen lassen. An seiner Front stehen die Worte: »An dieser Stelle stand die am 10. November 1938 von frevelhafter Hand zerstörte Heidelberger Synagoge«; an der linken Schmalseite des Gedenksteins steht das Bibelzitat (Sprüche Salomos XI, 19): »Wahre Gerechtigkeit führt zum Leben. Doch wer dem Bösen nacheilt, eilt zum Tode.«

Die auch nach 1970 fortgeführte Pflege der Friedhofsanlage durch die Stadt dauert (mit Zuschüssen des Landes) bis heute an und erstreckt sich auf beide jüdische Begräbnisstätten.

Das heutige Erscheinungsbild der nach Osten hin etwa in Form eines langgezogenen Rechteckes aufsteigenden 0,8 ha großen Friedhofsanlage ist von einzigartiger Schönheit. In ihrem Landschaftsbild vereint sie den Eindruck des von Menschenhand Gestalteten mit dem des Organisch-Gewachsenen. Die von dem Hauptweg aus zugänglichen, sich in die Breite staffelnden einzelnen Grabfelder erscheinen in ihrer unregelmäßigen Struktur wie in eine zwanglose Einheit eingeordnet, wobei die mauergestützten Geländeterrassen den Begräbnisplatz konstruktiv gliedern.

Die reichhaltige Vegetation – eine artenreiche Mischung von Laub- und Nadelbäumen sowie unterschiedlichen Sträuchern – verleiht dieser Ruhestätte, welche im Bereich der oberen Gräberfelder in einen schattigen Fichtenwald übergeht, ihr schwermütiges Gepräge. Im landschaftsarchitektonischen Sinne bildet sie ein Gegengewicht zu der herben Atmosphäre der steil aufsteigenden Begräbnisanlage.

Die einzelnen Grabstätten, die einmal streng nebeneinandergereiht angelegt sind, ein anderes Mal naturhafte Strukturen bilden, werden gleichmäßig von einer Rasendecke überzogen. Diese 1977 durchgeführte Gestaltungsmaßnahme entspringt zwar vorrangig der Forderung nach einem vertretbaren Pflegeaufwand, doch vermag sie – obwohl nicht der ursprünglichen Bepflanzungsart entsprechend –, zugleich als verbindendes, die Gesamtstruktur prägendes Gestaltungselement auch den Charakter der Begräbnisstätte als einer ›Gemeinschafts-Anlage‹ zu unterstreichen. Diese Ruhestätte, die sich dem Besucher von ihrem an der Westflanke befindlichen Haupteingang durch einen serpentinenartig verlaufenden Hauptweg erschließt, ist von einladend-schwermütiger Feierlichkeit (siehe Abbildungen). Hier muten die im Gedenken an die Verstorbenen gesetzten Erinnerungszeichen wie steinerne Wachen an, die zu dauernder Besinnung mahnen.

Hinsichtlich der das gestalterische Erscheinungsbild des Friedhofes prägenden Grabzeichen bietet diese Begräbnisstätte ein selten geschlossenes Bild. Dies erklärt sich dadurch, daß alle Ruhestätten dem jüdischen Kultus gemäß als ›ewige‹ angelegt sind und nicht wie die christlichen Gräber nach einer gewissen Zeit abgeräumt werden. Als Orte besonderer Heiligkeit werden sie erhalten, was auch in der hebräischen Bezeichnung Bet ha-olam, »ewiges Haus«, zum Ausdruck kommt.[1] Dieser Tatsache ist es zu verdanken, daß uns eine große Formenvielfalt an Grabmälern erhalten geblieben ist (vgl. Abbildungen), darunter eine beträchtliche Anzahl von Jugendstil-Grabmälern, deren es auf dem Bergfriedhof nur noch wenige gibt.

Bei der Betrachtung der Gedenkzeichen fällt weiterhin auf, daß die aus der Frühzeit des Friedhofs stammenden Grabsteine (im Kerngebiet des alten Friedhofs in Höhe der ersten Wegebiegung) fast ausschließlich aus den heimischen Sandsteinsorten gefertigt sind, wohingegen diejenigen der späteren Generatio-

1 Jüdische Friedhöfe 1988, S. 9.

nen immer mehr den wetterbeständigeren Granit bevorzugen. Während bei den älteren Grabmälern die Inschriften noch gelegentlich hebräisch bzw. zweisprachig (hebräisch/deutsch) verfaßt sind, weisen die neueren Grabsteine fast ausschließlich deutsche Inschriften auf. In der Wahl anderer Grabmalformen als der der traditionellen Gesetztafeln, wie z. B. der Form von Obelisken,

Abb. 91. Blick auf ein Gräberfeld in hoher Hanganlage, die Grabmäler stammen aus der Zeit um 1930.

Säulen, reliefgeschmückten Stelen und Portalen, zeigt sich sicherlich auch das Bestreben nach Emanzipation, die ja in Baden mit dem 1862 erlassenen Gesetz zur bürgerlichen Gleichstellung der Juden möglich war. Dafür spricht auch die Wahl des Platzes in Nachbarschaft zum städtischen Bergfriedhof.[1]

1 Vgl. Ruperto-Carola 72/73 (1985), S. 172 (G. Heinemann).

Erhaltung des ›Kulturgutes Bergfriedhof‹ als Verpflichtung gegenüber den nachkommenden Generationen

Anmerkungen zur denkmalpflegerischen Praxis

Ist ein Grab dir nach Wunsch – du pfälzer Dichter geworden? Sicher, es ruht sich leicht hier in dem soñichen Berg! Schaue hinauf zu den Höhen, sie sind voll Wein und Kastanien, theile die Zweige nach vorn – das ist die fröhliche Pfalz!

In dieser Grabinschrift für den 1849 verstorbenen Pfälzer Mundartdichter Carl Christian Gottfried Nadler wird der »neue Friedhof an der Steige« so charakterisiert, wie er sich in seinen Anfangsjahren dargestellt hat. Vor dem inneren Auge erscheint das Bild eines pfälzischen ›Paradiesgartens‹. Nadler selbst wurde in Blickrichtung auf den gegenüberliegenden Spital-Weinberg von St. Anna unweit des Steigerweges zur letzten Ruhe gebettet.

Etwas von dieser heiteren Ausstrahlung schwingt heute noch in der Atmosphäre des Bergfriedhofs nach, wenn sich auch sein Erscheinungsbild seit den Tagen der Eröffnung im Jahre 1844 grundlegend geändert hat. Aus einem von Bäumen und Sträuchern umfriedeten hügeligen Garten, auf dessen damals höchstem Gipfel die Kapelle errichtet wurde und dessen Haupteingang am Steigerweg lag, ist im Laufe von anderthalb Jahrhunderten ein großräumiger Waldpark entstanden. Immer noch vermag der Betrachter den tiefen Frieden zu erspüren, welcher seine alten Begräbnisanlagen stimmungsvoll umweht. Das Einswerden von Geschichte, Natur und Grabmalkunst nimmt auf den alten Grabbereichen – sowohl was das Bild einer einzelnen Grabstätte betrifft, als auch in der organisch gewachsenen Gesamtstruktur der Anlage – in besonders sinnfälliger Weise Gestalt an. Das Nebeneinander von alten und neuen Gräbern vermittelt dort einen vielfältigen, spannungsvoll-lebendigen Gesamteindruck.

Ob allerdings dieser Friedhof als wertvolles Dokument der Geschichte für die Zukunft erhalten werden kann oder ob er infolge der hohen Belegungsdichte als Hauptfriedhof Heidelbergs einem unumkehrbaren Vorgang des Verschwindens von historischer Substanz unterliegt, wird in starkem Maße davon abhängen, welchen Stellenwert ihm die Verantwortlichen innerhalb der städtischen Kulturpflege einräumen werden.[1]

1 »Der Umgang mit historischen Friedhöfen« (so der Titel einer 1984 veröffentlichten Schrift der Arbeitsgemeinschaft Friedhof und Denkmal e. V., Kassel) ist seit langem ein Leitthema nicht nur in der Fachliteratur, sondern auch in regelmäßig stattfindenden Arbeitskreisen und Fachtagungen, was den Stellenwert der Problematik deutlich macht. In den Fachzeitschriften des Steinmetz- und Bildhauerhandwerks wird diese Frage ebenfalls seit vielen Jahren lebhaft diskutiert.

Die Grundvoraussetzungen für den künftigen Umgang mit der historischen Grabkultur des Bergfriedhofs wurden vom städtischen Landschaftsamt bereits geschaffen, indem eine Erfassung erhaltungs- und denkmalschutzwürdiger[1] Grabstätten durchgeführt wurde. Nun gilt es, die aus dieser Arbeit gewonnenen Erkenntnisse zügig in die denkmalpflegerische Praxis umzusetzen. Ein solcher Umgang sollte vor allem die Eigenart der Stätte wahren sowie Geschichtlichkeit dokumentieren und nicht nach rein ästhetischen Gesichtspunkten vorgehen. Im Hinblick auf die Objekterfassung bedeutet dies zum einen, daß nicht nur Grabmäler und Grabausstattungen, d. h. das gestalterische Erscheinungsbild eines Grabes allein, sondern auch der Ort einer Grabstelle aus historischen Gründen als schutzwürdig gelten können. Das letztere trifft z. B. im Falle jener Grabstätten zu, die von personengeschichtlicher Bedeutung sind. Zum anderen schließt dies ein, daß neben künstlerisch oder kunsthistorisch bedeutsamen Grabdenkmälern mitunter auch bescheidenere, sozusagen ›typische‹ Grabzeichen (u. a. auch Findlinge) erhaltenswürdig sind, dank deren ein getreueres und somit zugleich lebendigeres Gesamtbild eines Grabbereiches vermittelt werden kann. Ferner sind – und dies ist ein weiterer, dritter Gesichtspunkt – die schützenswerten Grabstätten grundsätzlich in ihrem umfassenden Gestaltungsbild, d. h. einschließlich der Grabeinfassung und prägenden Grabbepflanzung, zu erhalten.

Hinsichtlich des Erhaltungsortes von Grabdenkmälern gilt, daß sie grundsätzlich an ›Ort und Stelle‹, d. h. am dokumentarischen Ort der letzten Ruhe, belassen werden sollten, stellen doch das Grab und das Grabmal naturgemäß eine unzertrennbare Einheit dar. Nur dann, wenn diese Identität bewahrt wird, kann man von Erhaltung der Grabkultur im denkmalpflegerischen Sinne sprechen. Natürlich gibt es Ausnahmefälle, bei denen die Versetzung eines Grabdenkmals hingenommen werden kann. Doch hat die Versetzung von Grabmälern – ob sie nun auf eine gärtnerisch gestaltete Grünfläche des Friedhofs oder in ein Lapidarium gelangen – immer nur eine ›museale‹ Aufbewahrung zur Folge, bei der die Identitätswahrung des letzten Ruheortes aufgegeben wird. Dieses Vorgehen wurde auch auf dem Heidelberger Bergfriedhof beobachtet, wie die Auflösung so bedeutender Gräber wie jener von Paulus, Thibaut, Häusser, Gervinus, Schlosser und Guido Schmitt belegt. Freilich handelte dabei die Friedhofsverwaltung – der üblichen Auffassung entsprechend – in dem Glauben, daß allein schon durch die Aufbewahrung der Grabmäler der denkmalpflegerischen Verantwortung Rechnung getragen werde. Dieses Vorgehen schien unter verwalterischen Gesichtspunkten sinnvoll, da dadurch neue Belegungsflächen gewonnen und die Kosten für eine dauernde Grabpflege eingespart werden konnten.

1 Das Denkmalschutzgesetz Baden-Württemberg (vom 25. 5. 1971; zuletzt geändert durch Gesetz vom 27. 7. 1987) definiert Kulturdenkmale als »Sachen, Sachgesamtheiten und Teile von Sachen, an deren Erhaltung aus wissenschaftlichen, künstlerischen oder heimatgeschichtlichen Gründen ein öffentliches Interesse besteht«. Für eine Entscheidung, ob an einem Gegenstand ein öffentliches Interesse besteht, gibt es zwar allgemeine Richtlinien, doch kann sie durch kein schematisches Nachschlagewerk oder Handbuch getroffen werden. Eine Beurteilung des konkreten Objektes kann nur aus der fundierten Beschäftigung mit dem zugrundeliegenden Material erwachsen.

Mit dem erwähnten Grundsatz der Identitätswahrung und Dokumentation ist in verantwortungsvollem Umgang mit Grabkultur ein weiterer eng verknüpft: Der Denkmalschutz auf einem historischen Friedhof beschränkt sich nicht auf einzelne Grabstätten oder Grabsteingruppen, sondern er kann größere Grabbereiche bzw. sogar ganze Friedhofsteile einschließlich ihrer landschaftsarchitektonischen Struktur, die etwa durch die Wegeführung, die Platzgestaltung, das gärtnerische Bild und prägende Bauten bestimmt ist, als denkmalpflegerische Gesamtanlage umfassen. Gerade in diesem Bereich, wo es sich um

Abb. 92. Die ehemalige Ruhestätte Gervinus.

die Wahrung besonders charakteristischer Eigenarten einer historischen Kulturlandschaft handelt – hier berühren sich die Interessen des Denkmal- und die des Naturschutzes –, sollte auch die gartendenkmalpflegerische Sicht stärker als bislang in den Umgang mit dem historischen Bergfriedhof integriert werden. Größte Vorsicht ist deshalb vor allem dort geboten, wo es darum geht, das historische Erscheinungsbild des Friedhofs auf ›zeitgemäßen‹ Stand – sei es unter betriebstechnischen oder unter ästhetischen Gesichtspunkten – zu bringen, denn eben solche Modernisierungsmaßnahmen können ›gewachsene Strukturen‹ empfindlich schädigen oder gar zerstören.

Als ein Beispiel für den Verlust historischer Grabkultur und damit auch für schleichende Veränderungen im Erscheinungsbild des Bergfriedhofs kann die aufgelöste Grabstätte Gervinus (siehe Abb. 92) gelten, deren versetztes Grabmal mit der Büste des Gelehrten heute nichts mehr von der ursprünglichen Wirkung erahnen läßt. Negative Veränderungen zeigen sich aber auch an der Grabstätte Nadler (Abb. 20) insofern, als das eiserne Umfriedungsgitter beseitigt wurde und das ursprüngliche Schriftbild, wie es am Grabkreuz noch vorhanden ist, im Falle der Sockelinschrift einem modernen, lesbaren (!) weichen mußte; ebenso an der Jugendstilgrabanlage Hüttenmüller (Abb. 93), deren ursprünglich intime Atmosphäre durch die Auflassung der prächtigen, gestutzten Hecke und das Entfernen eines eigenen Eingangstores verlorenging. Ähnliche, durch das Auswildern der Grabbepflanzung verursachte Verluste hinsichtlich der gärtnerischen Charakteristik zeigen sich an der Grabstätte Bartholomae, wo einst kegelförmig geschnittene Bäumchen ihren Teil zu der künstlerisch gestalteten Grabanlage beitrugen.

Auch jene strukturellen Veränderungen, die als Folge der Umwandlung von aufgelassenen, in der ersten Reihe liegenden, mehrstelligen Familiengräbern in einstellige Grabstätten auftreten, formen das Erscheinungsbild eines historischen Grabfeldes nachhaltig um. Dieses Verfahren sollte in denkmalschutzwürdigen Friedhofsbereichen unterbleiben. Dadurch könnten die wenigen noch vorhandenen, inselhaften, historischen Grabbereiche, für deren gewachsene Struktur gerade die uneinheitliche Größe der Gräber charakteristisch ist, in ihrer Wirkung erhalten bleiben. Angesichts solcher, das Bild ganzer Friedhofsbereiche betreffenden Umgestaltungen wäre auch zu überdenken, ob es nicht für die asphaltierten Friedhofswege, die in krassem Widerspruch zu der stillen Würde des Ortes stehen (und für die eine Ausführung als wassergebundene Wege aus verkehrstechnischen Gründen nicht in Betracht kommt), eine naturhafte Alternative gibt. Eine Pflasterung von Plätzen und Wegen in der Art der Fußgängerzonen erscheint für einen Friedhof wie den Bergfriedhof ebenfalls unpassend. Diese wenigen Beispiele mögen veranschaulichen, wie bereits durch vermeintlich unwesentliche Eingriffe die historische Substanz nachhaltig geschädigt werden kann.

Denkmalerhaltende Maßnahmen am Grabmal selbst bedürfen – daran sei an dieser Stelle erinnert – sorgfältigster Überlegungen. Denn nicht nur natürliche Verwitterung[1] und umweltverursachte Schäden führen zu Substanzverlust, sondern auch unfachmännisch durchgeführte Renovierungen können Beeinträchtigungen nach sich ziehen. Aus diesem Grund wird im Regelfall geraten, das schutzbedürftige Grabdenkmal in seinem ›Jetzt-Zustand‹ zu konservieren, statt es zu renovieren. Eine beschönigende Kopie entspricht nicht dem Grundsatz der Erhaltung authentischer historischer Substanz.

Anderen Zerstörungsfaktoren, der heute immer mehr um sich greifenden blinden Zerstörungswut und dem geradezu berufsmäßig betriebenen Kunstdiebstahl steht man bislang allerdings weitgehend hilflos gegenüber. Ferner geht Grabkultur in Einzelfällen auch durch Unverständnis verloren, wenn nämlich die Nutzungsberechtigten einer Grabstätte diese schon vor Ablauf der Nutzungsrechte auflösen und die Grabausstattungen ohne vorherige Rücksprache mit dem Friedhofsamt abräumen und beseitigen lassen.

Ein weiterer wesentlicher Gesichtspunkt beim erhaltenden Umgang mit der Grabkultur des Bergfriedhofs – dessen Erscheinungsbild als Folge der Neubelegung tagtäglich sein ›Gesicht‹ verändert – ist die »Neugestaltung im histori-

1 Es liegen neue Untersuchungsergebnisse hinsichtlich der Steinverwitterung an ausgewählten baden-württembergischen Friedhöfen vor, darunter Angaben zum Bergfriedhof und dem jüdischen Friedhof am Klingenteich zu Heidelberg: Lukas 1990.

schen Umfeld«. Hier bedarf es dringend eines Wandels in der Gestaltung, wobei die denkmalpflegerische Zielsetzung, die beachtet werden muß, um eine positive Veränderung – weg von einer rein kommerziell bestimmten, inhaltsleeren Grabgestaltung hin zu einer sinnstiftenden, sanfteren Gestaltungsart – herbeizuführen. Um dies zu erreichen, sollte man zum einen die herkömmliche Gestaltungsweise, die leider auch auf dem Bergfriedhof zu dem heute so typischen Bild von massiv wirkenden, sinnentleerten ›Steinkarteien‹, anonymen Steinwänden und mit trostlosen Abdeckplatten ›gestalteten‹ Gräbern, sozusagen zur Versteinerung der Begräbnisstätte geführt hat, ganz untersagen.

Abb. 93. Die Grabanlage des Direktors der Badischen Anilin- und Sodafabrik Robert Hüttenmüller mit einer heute nicht mehr bestehenden Heckenumfriedung und einem Eingangstor (Aufnahme um 1929).

Zum anderen gilt es zugleich, eine neue Gestaltungsart zu fördern, die der Würde eines Grabes als letzter Ruhestätte und persönlichen Besinnungsortes Rechnung trägt. Ein Grabmal, das dieser Vorstellung von einer leiseren und persönlichen Grabgestaltung entspricht, bedarf keines Aufwandes; es kann allein schon durch seine klare und schlichte Form überzeugen. Ein Charakteristikum eines solchen Grabmals ist seine naturhafte, sich in die Landschaft einfügende Oberflächenbeschaffenheit (z. B. in handwerklicher Bearbeitung).[1]

1 Solche Vorstellungen sind spätestens seit der umfassenden Reformbewegung der Jahrhundertwende immer wieder lebendig. Eine Diskussion über eine ›verunstaltende‹ Grabgestaltung des Bergfriedhofs von 1924, bei der von einer »wüsten Steinsammlung« auf dem alten

Eine in diesem Sinne gestaltete Grabstätte braucht keine massive, abgrenzend wirkende Einfassung. Eine solche Gestaltungsart nimmt von sich aus Rücksicht auf den Charakter einer Friedhofslandschaft als eines freien Naturraumes.

Bei der Durchführung einer solchen Gestaltungsreform gilt es nun, die bereits in Ansätzen wirksam gewordenen Bemühungen um eine feinfühligere Gestaltung unbeirrt fortzusetzen: Die rechtliche Grundlage für den erforderlichen Handlungsrahmen soll eine die Friedhofsordnung ergänzende Gestaltungsvorschrift bilden, die in Kürze in Kraft treten soll. Daß allerdings eine wesentliche Besserung allein mit Paragraphen nicht bewirkt werden kann, daß Gestaltungsvorschriften allenfalls schlimmste Auswüchse im Gestaltungsbild verhindern können, zeigen uns leider Erfahrungen aus den Friedhöfen anderer Städte. Deshalb wäre als zweiter Schritt von großer Wichtigkeit, Alternativen für eine sanftere und zugleich friedhofsfreundlichere Gestaltungspraxis zu entwickeln und diese auch in Form von Vorbildern anschaulich zu machen. Als eine Möglichkeit dazu könnte – der Praxis anderer Städte folgend – die Schaffung einer städtischen Beratungsstelle für gestalterische und denkmalpflegerische Fragen in Betracht gezogen werden, wobei den interessierten Bürgern und ausführenden Handwerkern genaue Orientierungshilfen geboten werden.[1] Eine solche, von wirtschaftlichen Interessen unabhängige Beratungsstelle könnte zusammen mit den Bildhauerbetrieben sinnvolle Alternativen zu den Standard-Grabsteinen aus industrieller Fertigung entwickeln.[2]

An dieser Stelle sei auf das bekannte Problem der Kosten für die zu erhaltende Grabkultur hingewiesen. Hier ist ein Umdenken erforderlich. So bedarf der Unterhalt der Grabdenkmäler als bauliche Bestandteile des Friedhofs in seiner Eigenschaft als städtische Grünanlage – soweit sie nicht einer privaten Unterhaltungspflicht unterliegen[3] – entsprechender öffentlicher Mittel. Diese sollten zu einem wesentlichen Teil von der Gemeinde aufgebracht werden, »da die Erhaltung historisch und künstlerisch wertvoller Denkmäler eine Aufgabe der Allgemeinheit ist«. Zur Beschaffung zusätzlicher Mittel sollte die Möglichkeit der Übernahme von Grabpatenschaften[4] durch Institutionen, Vereine oder

[Fortsetzung von Fußnote 1 auf Seite 267:]

Friedhofsteil die Rede ist, belegt dies ebenso wie eine die Waldabteilungen betreffende Gestaltungsvorschrift von 1928, bei der es sogar heißt, daß poliertes Material und weißer Marmor nicht zulässig seien und die »natürliche Patina« (wie Moosbewuchs) erhalten werden sollte; dies alles zu dem Zweck, »den stimmungsvollen Eindruck der Natur auch mit der Benutzung des Waldes als Friedhof möglichst zu wahren« (Benutzungsbestimmungen für die Waldabteilung des Bergfriedhofs vom 11. 4. 1928).

1 Auch die Forderung ist nicht neu! Um das Niveau des Friedhofs als eines »Kulturmaßstabes« der Stadt zu bewahren, forderte man 1924, »sämtliche Grabmale sollten eine Stelle durchlaufen, welche sie prüft und dem Ersteller mit Rat und Tat zur Hand geht«.

2 Die Gestaltungsreform böte nicht zuletzt dem betroffenen Handwerk selbst eine Chance für die Zukunft. Vgl. u. a. Hafner 1988, S. 2; Boehlke 1986, S. 26 f.

3 Für Erhaltungs- und Restaurierungsmaßnahmen kann ein Zuschußantrag beim Landesdenkmalamt gestellt werden.

4 Bei Grabpatenschaften handelt es sich in der Regel um die Übernahme der Pflege einer erhaltenswürdigen Grabstätte einschließlich der Grabausstattung durch einen an der Grab-

auch Einzelpersonen geschaffen werden, wie dies erfolgreich bereits in mehreren anderen Städten praktiziert wird.

Abschließend sei hinzugefügt, daß es bei der Bewältigung der Aufgabe der Erhaltung des ›Kulturgutes Bergfriedhof‹ ganz wesentlich auf eine gute Zusammenarbeit aller am Friedhof Beteiligten ankommt: Grab-Nutzungsberechtigte, städtische Friedhofsverwaltung, Bildhauer, Friedhofsgärtner sowie Denkmalpfleger etc., sie alle seien zum gemeinsamen Handeln aufgerufen.[1] Wenn ein solches Vorhaben gelingen soll, bedarf es einer langfristigen, weiterführenden Öffentlichkeitsarbeit!

[Fortsetzung von Fußnote 4 auf Seite 268:]

kultur Interessierten, wobei dem ›Paten‹ das Nutzungsrecht im Bedarfsfall übertragen wird. Doch kann auch im Sterbefall ohne vorausgegangene Pflegeleistungen die sofortige Nutzung einer erhaltenswerten Grabstätte eingeräumt werden, wenn die künftige Grabpflege den denkmalpflegerischen Zielsetzungen entsprechend übernommen wird. Dem Bergfriedhof sind auch schon durch frühere Übernahmen ältere Grabmäler, darunter künstlerisch wertvolle, erhalten geblieben. Diese Praxis ist vor allem in wirtschaftlich schlechten Zeiten wie z. B. in den zwanziger Jahren oder nach dem Zweiten Weltkrieg ausgeübt worden.

1 An dieser Stelle sei angemerkt, daß die gleiche Sorgfalt beim Umgang mit historischem Kulturgut selbstverständlich auch den Stadtteilfriedhöfen Heidelbergs gelten sollte.

Anhang

1. Verzeichnis der in den Rundgängen besprochenen Grabstätten

2. Verzeichnis der aufgelassenen bzw. unauffindbaren Grabstätten

Creuzer, Friedrich
1771 Marburg/Lahn – 1858 Heidelberg. Professor für Klassische Philologie (»Symbolik und Mythologie der alten Völker«), Mitbegründer des Philologisch-Pädagogischen Seminariums in Heidelberg (1807). Er hatte eine unglückliche Liebesbeziehung zu der Dichterin Caroline von Günderrode.

Fallenstein, Georg Friedrich
1790 Kleve – 1853 Neuenheim/Heidelberg. Geheimer Finanzrat; Großvater Max Webers, Erbauer des Hauses Ziegelhäuser Landstraße 17 (Max-und-Marianne-Weber-Haus).

Gegenbaur, Karl
1826 Würzburg – 1903 Heidelberg. Langjähriger Professor für Anatomie in Heidelberg, Ehrenbürger der Stadt Heidelberg (1899).

Greiff, Heinrich
um 1819 – 1880 Heidelberg. Bildhauer in Heidelberg. Ihm verdankt der Heidelberger Bergfriedhof einen wesentlichen Grabmalbestand seit seiner Eröffnung.

Issel, Georg Wilhelm
1785 Darmstadt – 1870 Heidelberg. Sohn des ersten hessischen Großherzogs Ludwig I., Landschaftsmaler (»Der Entdecker der schlichten deutschen Landschaft«), Förderer der Kunst.

Kallmorgen, Friedrich
1856 Hamburg-Altona – 1924 Grötzingen / Karlsruhe. Maler und Graphiker (Initiator der Grötzinger Malerkolonie 1888), Professor an der Berliner Hochschule für Bildende Künste (1902–1918).

Koester, Christian Philipp
1784 Friedelsheim/Pfalz – 1851 Heidelberg. Maler der Heidelberger Romantik, Restaurator der Sammlung Boisserée. Sein Grabmal ist in den 1960er Jahren vom Heidelberger Friedhof in den Garten seines Geburtshauses in Friedelsheim überführt worden, dort heute jedoch verschollen.

Leimbach, Karl
um 1837 Tauberbischofsheim – 1900 Heidelberg. Apotheker, Stadtrat und Landtagsabgeordneter. Verdient um das Heidelberger Friedhofswesen, insbesondere auf dem Gebiet der Hygiene; Förderer der Feuerbestattung.

Mohr, Jakob Christian Benjamin
1778 – 1854 Heidelberg. Akademischer Buchhändler, Verleger der Romantiker.

Pagenstecher, Heinrich Alexander
1799 Herborn – 1869 Heidelberg. Arzt, liberaler Politiker, Mitglied der Frankfurter Nationalversammlung (1848), badischer Landtagsabgeordneter (1863).

Pfaff, Karl
1856 Ettlingen – 1908 Heidelberg. Erforscher Heidelberger Geschichte (»Heidelberg und Umgebung«), Konservator der Städtischen Sammlungen.

Rau, Carl Daniel Heinrich
1792 Erlangen – 1870 Heidelberg. Professor für Nationalökonomie, Mitglied des Frankfurter Vorparlaments (1848), Ehrenbürger der Stadt Heidelberg (1862).

Rothe, Richard
1799 Posen – 1867 Heidelberg. Langjähriger Professor für Theologie in Heidelberg. »Der bedeutendste Systematiker der modernen Vermittlungstheologie«. Sein Grabmal befindet sich an der südlichen Außenwand der Peterskirche.

Sommer, Franz d. Ä.
um 1835 – 1887 Heidelberg. Der herausragende akademische Bildhauer in Heidelberg in der zweiten Hälfte des 19. Jahrhunderts. Von ihm stammen bedeutende Grabmäler auf dem Bergfriedhof.

Sommer, Franz d. J.
1874 Heidelberg – 1944 Heidelberg. Bildhauer in Heidelberg. In der Nachfolge seines Vaters schuf er eine große Anzahl von Grabmälern für den Bergfriedhof.

Wassmannsdorff, Karl
1821 Berlin – 1906 Heidelberg. Erforscher der Turngeschichte, erster Universitätssportlehrer in Heidelberg.

Wattenbach, Wilhelm
1819 Rantzau/Holstein – 1897 Frankfurt/Main. Professor für Geschichte in Heidelberg und Berlin, Mitarbeit an *Monumenta Germaniae historica*.

3. Verzeichnis der Bildhauer und sonstigen Künstler

Barth
(Carl Georg Barth, geb. 1859 München?)
I/40

Behag(h)el, Karl Hermann
1839 Heidelberg – 1921 (bestattet Heidelberg); Architekt, Vorstand der evangelischen Kirchenbauinspektion
I/33; III/5 (Entwurf)

Behn, Fritz
1878 Klein-Grabow – 1972; Bildhauer, Medailleur und Akademieprofessor, Gründer einer eigenen Bildhauerschule
IV/9 (Bildnisrelief zugeschrieben)

Behrens, Peter
1868 Hamburg – 1940 Berlin; Architekt, Industriedesigner und Akademieprofessor
III/23

Bergner, Franz
1916 Luditz/Egerland – 1988 Heidelberg; Bildhauer
II/6 (Ausführung)

Beyrer, Eduard d. J.
1866 München – 1934; Bildhauer, Medailleur
I/28

Binz, Hermann
1876 Karlsruhe – 1946 Karlsruhe; Bildhauer, Keramiker
I/51–54 (Modell für Grabfigur Gugler zugeschrieben)

Bluntschli, Alfred
1842 Zürich – 1930 Zürich; Architekt
II/27 (Entwurf)

Comel, Rudolf
Lebensdaten unbekannt; Bildhauer u. a. in Heidelberg
IV/33

Damman(n), Hans
1867 Proskau/Schlesien – 1942 Berlin; Bildhauer
IV/29

Dies, Emilio
geb. 1841 Rom; Bildhauer
I/2 (Bildnisbüsten)

Donndorf, Adolf von
1835 Weimar – 1916 Stuttgart; Bildhauer, Akademieprofessor; Gründer einer Bildhauerschule in Stuttgart
I/39 (Bildnismedaillons)

Elkan, Benno
1877 Dortmund – 1960 London; Bildhauer, Maler und Schriftsteller
IV/8; IV/9

Fries, Hans
1872 Heidelberg – 1955 Heidelberg; Bildhauer, Restaurator
I/56-58 (Grabmal Werstein/Dörffel)

Galvanoplastische Kunstanstalt Geislingen/Steige
I/51-54 (Grabmal Weiß; Herstellung); III/27 (Herstellung); IV/31 (Herstellung)

Giulini, Renzo
1884 Mannheim – 1961 Bühl/Baden
II/6 (Entwurf zugeschrieben); IV/27 (Entwurf [zusammen mit Mario Giulini] zugeschrieben)

Gothein, Percy
1896 Bonn – 1944 Neuengamme/Hamburg; Schriftsteller
III/24 (Entwurf zugeschrieben)

Graf, Peter
1872 Speyer – 1960 Heidelberg; Architekt
III/28-30 (Grabmal Moosbrugger) zugeschrieben

Greiff, Jakob Julius
gest. vor 1864; Stadtbaumeister in Heidelberg
I/42 zugeschrieben

Greiff, Peter Heinrich
um 1819 Aglasterhausen – 1880 Heidelberg; Bildhauer

Grün), 56–58 (Werstein/Dörffel); II/8; III/10; IV/27 (Ausführung zugeschrieben)

Stotz, P.
Erzgießerei in Stuttgart
I/2 (Sphingen)

Thomas, Philipp
1862 Heidelberg – 1931 Heidelberg; Architekt
III/4 und 18; IV/1, 5, 9

Volkmann, Artur Joseph Wilhelm
1851 Leipzig – 1941 Geislingen an der Steige; Bildhauer, Maler und Graphiker
III/25 (Bildnisrelief)

Volz, Hermann
1847 Karlsruhe – 1941 Karlsruhe; Bildhauer, Akademieprofessor; Ehrendoktor der Universität Heidelberg 1908
II/15 (Bildnisrelief)

Waderé, Heinrich
1864 Kolmar – 1950 München; Bildhaüer und Akademieprofessor
II/5

4. Literaturverzeichnis

Es wurden Bestände folgender Archive herangezogen: Stadtarchiv Heidelberg; Evangelisches Kirchenbuchamt Heidelberg; Katholisches Kirchenbuchamt Heidelberg; Generallandesarchiv Karlsruhe.

Abhandlungen der Heidelberger Akademie der Wissenschaften. Mathematisch-Naturwissenschaftliche Klasse. Berlin, Leipzig 1927.

ADB: Allgemeine Deutsche Biographie. 56 Bde. Leipzig 1875–1912.

Angermann, Erich: Gervinus Georg Gottfried. In: NDB 6 (1964), S. 335–338.

Ariès, Philipp: Geschichte des Todes. 4. Aufl. München 1989.

Bad. Biogr.: Badische Biographien. Hrsg. von Friedrich Otto Aristides Weech. 6 T. Karlsruhe, Heidelberg 1875–1935.

Bad. Biogr. NF: Badische Biographien. Neue Folge. Hrsg. von Bernd Ottnad. Bd. 1–. Stuttgart 1982–.

Baeyer, Walter Ritter von: Emil Kraepelin. Zu seinem 100. Geburtstag. In: Ruperto-Carola 19 (1956), S. 110–111.

Bagusche, H.: Erinnerung an Professor Salomon-Calvi. In: Heidelberger Fremdenblatt 1958, H. 3, S. 8.

Baum, Marie: Rückblick auf mein Leben. Heidelberg 1950.

Benl, Rudolf: Wilckens, Adolf Karl Philipp. In: Bad. Biogr. NF 3 (1990), S. 292–294.

Ders.: Herbert Derwein. In: Baden-Württembergische Biographien 1 (erscheint voraussichtlich 1992).

Ders.: Swart, Hugo. In: Bad. Biogr. NF 2 (1987), S. 272–274.

Bentmann, Eugen: Die Geschichte der gerechten und vollkommenen St. Johannis-Loge. Wiesloch 1932.

Benz, Richard: Lebens-Mächte und Bildungswelten meiner Jugend. Dresdner und Heidelberger Erinnerungen. Hamburg 1950.

Bluntschli, Johann Caspar: Denkwürdiges aus meinem Leben. 3 T. Nördlingen 1884.

Boehlke, Hans-Kurt: Bedarf wecken und decken – Mit Grabdenkmalen – Ein neuer »Götzen-Dienst« um ein »Goldenes Kalb«. In: Friedhof & Denkmal, Nr. 1/2, 31. Jg., März 1986.

Ders.: Die Feuerbestattung in kulturhistorischer Perspektive. In: Friedhof & Denkmal, Nr. 5/6, 33. Jg., 1988.

Ders. (Hrsg.): Wie die Alten den Tod gebildet. Wandlungen der Sepulkralkultur 1750–1850. Mainz 1979 (Kasseler Studien zur Sepulkralkultur, Bd. 1).

Bopp, K.: Leo Koenigsberger als Historiker der mathematischen Wissenschaften. In: Jahresbericht der Deutschen Mathematiker-Vereinigung. XXXIII, Leipzig 1925, S. 104–112.

Bopp, Martin: Georg Klebs. Wegbereiter der botanischen Entwicklungsphysiologie. In: Semper apertus 3 (1985), S. 73–96.

Brecht, Franz Josef: Die Philosophie an der Universität Heidelberg seit 1803. In: Ruperto-Carola 9/10 (1953), S. 55–67.

Budde, Kai: Der Architekt Franz Sales Kuhn (1864–1938). Heidelberg 1983 (Veröffentlichungen zur Heidelberger Altstadt, Heft 18).

Burchard, Christoph: H. E. G. Paulus in Heidelberg. In: Semper apertus 2 (1985), S. 222–297.

Cancik, Hubert: Erwin Rohde – ein Philologe der Bismarckzeit. In: Semper apertus 2 (1985), S. 436–505.

Chronik Ärzte: Chronik der Ärzte Heidelbergs. Ein Fragment. Mannheim 1985.

Classen/Wolgast: Classen, Peter/Wolgast, Eike: Kleine Geschichte der Universität. Berlin, Heidelberg u. a. 1983.

Dammann, Oswald: Romantik um ein Grab. In: Heidelberger Fremdenblatt 1952, H. 11, S. 6–7.

Derwein, Herbert: Vom Heidelberger Begräbniswesen in früheren Zeiten. In: Kurpfälzer Jahrbuch 1930, S. 54–68.

Ders.: Geschichte des Christlichen Friedhofs in Deutschland. Frankfurt/Main 1931.

Ders.: Christian Friedrich Winter. In: Heidelberger Fremdenblatt 1958, H. 1, S. 9–11.

Derwein 1958: Derwein, Herbert: Heidelberg im Vormärz und in der Revolution 1848/49. Ein Stück Badischer Bürgergeschichte. Heidelberg 1958.

Deutsche Friedhofskultur. Zeitschrift für das gesamte Friedhofswesen. Hrsg. vom Verband der Friedhofsverwalter Deutschlands e.V. Jg. 4–. Aachen 1952–.

Deutsches Biographisches Jahrbuch. Hrsg. vom Verbande der Deutschen Akademien. Bde 1–5. Berlin, Leipzig 1925–1930. Bde 10–11. Stuttgart, Berlin 1931–32.

Drolshagen, Ebba D.: Der melancholische Garten. Der Frankfurter Hauptfriedhof und seine Grabdenkmäler im 19. Jahrhundert. Frankfurt/M. 1987.

Drüll, Dagmar: Heidelberger Gelehrtenlexikon 1803–1932. Berlin, Heidelberg, New York, Tokyo 1986.

Duden, Konrad: Karl Geiler zum Gedächtnis. In: Ruperto-Carola 61 (1978), S. 126–128.

Düchting, Reinhard: Zur Erinnerung an Max von Waldberg. In: RNZ vom 31. 12. 1971.

Eberhardt, Günter: G. F. Walz (1813–1862). Stuttgart 1990.

Eggers, Hans: Bartsch, Karl Friedrich Adolf Konrad. In: NDB 1 (1953), S. 613.

Elsässer, Hans: In memoriam Max Wolf. Zum 100. Geburtstag des großen Astronomen. In: Ruperto-Carola 33 (1963), S. 224–226.

Erinnerung an Max Bock. Zum 100. Geburtstag des ersten Arbeitsministers nach dem Krieg. In: Heidelberger Amtsanzeiger vom 30.10.1981.

Evers, Bernd: Mausoleen des 17.–19. Jahrhunderts. Typologische Studien zum Grab- und Memorialbau. Diss. Tübingen 1983.

Evers, Hans Gerhard: Carl Neumann zum Gedenken. In: Ruperto-Carola 27 (1960), S. 136–138.

Ferdinand, Horst: Henn, Fritz. In: Bad. Biogr. NF 2 (1987), S. 126–127.

Feuchte, Paul: Karl Geiler. In: Bad. Biogr. NF 3 (1990), S. 99–103.

Fink-Madera, Andrea: Carl Neumann und seine Rembrandt-Monographie von 1901. Zum 130. Geburtstag des Kunsthistorikers. In: Ruperto-Carola 82 (1990), S. 75–85.

Flasdieck, Hermann M.: Johannes Hoops (1865–1949). Rede bei der Gedenkfeier der Philosophischen Fakultät der Universität Heidelberg am 7. Juli 1949. In: Neue Heidelberger Jahrbücher 1950, S. 1–18.

Forsthoff, Ernst: Gerhard Anschütz. Gedächtnisrede ... zum 100. Geburtstag ... In: Semper apertus 3 (1985), S. 175–185.

Fränkel, Ludwig: Minckwitz, Johannes. In: ADB 52 (1906/1971), S. 411–416.

Franke, Peter Robert: Dieterich, Albrecht. In: NDB 3 (1957), S. 669–670.

Freudenberg, Karl: Theodor Curtius. Zu seinem 100. Geburtstag. In: Ruperto-Carola 21 (1957), S. 154–155.

Friedhof & Denkmal. Hrsg. von der Arbeitsgemeinschaft Friedhof & Denkmal e.V., Kassel. Jg. 1–. Kassel 1956–.

Friedhofskunst. Hrsg. von der Rheinischen Beratungsstelle in Düsseldorf. Berlin 1916.

Fuchs, Peter: Häusser, Ludwig. In: NDB 7 (1966), S. 456–459.

Furtwängler, Elisabeth: Über Wilhelm Furtwängler. 3. Aufl. Wiesbaden 1986.

Galvanoplastische Kunstanstalt Geislingen/Steige [Verkaufskatalog]. Grabschmuck. 1903.

Gass, Elisabeth: Wanderung durch den Heidelberger Bergfriedhof. Ein Erinnerungsbild. 2. Aufl. Heidelberg 1933.

Geißmar, Berta: Musik im Schatten der Politik. 4. Aufl. Zürich 1985.

Gemälde und Skizzen von Carl Happel. Ein Heidelberger Maler fährt nach Amerika. [Katalog der] Ausstellung zur 200-Jahr-Feier der Vereinigten Staaten ... im Kurpfälzischen Museum Heidelberg, bearbeit. von Margret Maranuk, Heidelberg 1976.

Gerlach, Walther: Brühl, Julius Wilhelm. In: NDB 2 (1955), S. 663.

Gernandt: Karl Peter Friedrich Landfried. In: Bad. Biogr. 5 (1906), S. 506–507.

Glockner, Hermann: Heidelberger Bilderbuch. Bonn 1969.

Grisebach, August. In: Ruperto-Carola 29 (1961), S. 100.

Grisebach, Hanna: Der Heidelberger Bergfriedhof. Heidelberg 1981.

Gros, Hans-Dieter: H. Fuchs Waggonfabrik A.G. Heidelberg. In: Ruperto-Carola 9/10 (1953), S. 192–199.

Hafner, W.: Das handwerklich bearbeitete Grabmal: Eine wirtschaftliche Notwendigkeit. In: Steinmetz + Bildhauer 3 (1988).

Hartlaub, Gustav: Das Grabmal Gustav Hartungs. In: RNZ vom 9. 10. 1948.

Heiberger, Hans: Handschuhsheim. Chronik eines Heidelberger Stadtteils. Hrsg. vom Stadtteilverein Handschuhsheim e.V. Buchen-Walldürn 1986.

Heidelberger Amtsanzeiger, 1. Jg. – 40. Jg., Heidelberg 1946–1985.

Heidelberger Denkmäler 1788–1981. Von einem Autorenkollektiv am Kunsthistorischen Institut der Universität. Heidelberg 1982 (Neue Hefte zur Stadtentwicklung und Stadtgeschichte).

Heidelberger Fremdenblatt. Südwestdeutsche Fremdenverkehrszeitung. Heidelberg 1890–1914, 1924–1941, 3 (Mai); 1950/51 (April) – 1970.

Heidelberger Jahrbücher. Bd. 1 –. Heidelberg 1957 –.

Heidelberger Journal. Heidelberg 1842–1872.

Heidelberger Professoren aus dem 19. Jahrhundert. Festschrift der Universität zur Zentenarfeier ihrer Erneuerung durch Karl Friedrich. 2 Bde. Heidelberg 1903.

Heidelberger Tageblatt. Heidelberg, –1982.

Heimburger, Karl Friedrich: Hermann von Schulze-Gävernitz. In: Bad. Biogr. 4 (1891), S. 417–433.

Heinemann, Günter: Geschichte der Juden in Heidelberg bis zur Emanzipation im 19. Jahrhundert. In: Ruperto-Carola 72/73 (1985), S. 168–173.

Heischkel-Artelt, Edith: Arnold, Friedrich. In: NDB 1 (1952), S. 383–384.

Hinrichsen, Adolf: Das literarische Deutschland. 2. Aufl. 1891.

Hirschfeld, Christian Cay Lorenz: Theorie der Gartenkunst. Leipzig 1779–1780. Nachdruck mit einem Vorwort von Hans Formitti, Hildesheim 1973.

Hölscher, Tonio: Friedrich von Duhn 1851–1930. In: R. Lullies / W. Schiering: Archäologenbildnisse, 1988, S. 100–101.

Ders.: Karl Bernhard Stark 1824–1879. In: R. Lullies / W. Schiering. Archäologenbildnisse, 1988, S. 49–50.

Hoepke, Hermann: Carl Neinhaus 1888–1965. Gedenkrede bei der Trauerfeier ... In: Ruperto-Carola 38 (1965), Anlage 3.

Hoffmann, Ernst: Kuno Fischer. In: Ruperto-Carola 21 (1957), S. 96–102.

Jacob, Wolfgang: Medizinische Anthropologie. Krehl, Siebeck und v. Weizsäcker. In: Semper apertus 4 (1985), S. 126–164.

Jaeger, Wolfgang: Theodor Leber und die Begründung der Experimentellen Ophthalmologie. In: Semper apertus 2 (1985), S. 321–331.

Jaspers, Karl: Max Weber. In: Ruperto-Carola 34 (1963), S. 72–80.

Jochum, Hilde: Albrecht Weiß (Nachruf). In: Ruperto-Carola 30 (1961), S. 164–165.

Jüdische Friedhöfe in Berlin. Berlin 1988.

Juschka, Susanne: Das Kriegerdenkmal für 1870/71 auf dem Bergfriedhof. In: Heidelberger Denkmäler 1788–1981. Heidelberg 1982, S. 28–30.

Köhler, Walter: Hans von Schubert (Nachruf). In: Zeitschrift für die Geschichte des Oberrheins 84 (NF 45), 1932, S. 492–494.

Koelbing, Huldrych M.: Leber, Theodor. In: NDB 14 (1985), S. 29–30.

Kiefer, Erwin: Grabinschriften im Heidelberger Bergfriedhof. Anlage zur Ruperto-Carola 39 (1966).

Killian, Hans: Chelius, Maximilian Joseph. In: NDB 3 (1957), S. 196–197.

Kleinheyer / Schröder: Kleinheyer, Gerd / Schröder, Jan: Deutsche Juristen aus fünf Jahrhunderten. Eine biographische Einführung in die Geschichte der Rechtswissenschaft. 2. Aufl. Heidelberg 1983.

Klemm, Friedrich: Bosch, Carl. In: NDB 2 (1955), S. 478–479.

Kneile, Heinz: Romantische Grabzeichen in Deutschland (Erklärungs- und Typologisierungsversuch). In: Deutsche Friedhofskultur 1979 / 8.

Knudsen, Hans: Hartung, Gustav Ludwig. In: NDB 8 (1969) S. 8–9.

Kollnig, Karl: Wandlungen im Bevölkerungsbild Heidelbergs. In: Adreßbuch der Stadt Heidelberg 1949. S. 7–14.

Kraatz / Querner: Kraatz, Reinhart / Querner, Hans: Die Entdeckung des Homo heidelbergensis durch Otto Schoetensack vor 60 Jahren. In: Ruperto-Carola 42 (1967), S. 178–183.

Kümmel, Werner Georg: Dibelius, Martin Franz. In: NDB 3 (1957), S. 632.

Die Kunstdenkmäler des Großherzogtums Baden. Bd. 8, 2. Abt.: Amtsbezirk Heidelberg. Bearb. von Adolf von Oechelhäuser. Tübingen 1913.

Kurpfälzer Jahrbuch. Ein Volksbuch über heimatliche Geschichtsforschung, das künstlerische, geistige und wirtschaftliche Leben des Gebietes der einstigen Kurpfalz. Heidelberg 1925–1930.

Landfried, Wilhelm: Ein Rückblick auf hundert Jahre 1810–1910. Aus Anlaß des hundertjährigen Bestehens der Zigarrenfabrik. Straßburg 1910.

Landwehr, Götz: Die Handelsrechtswissenschaft an der Universität Heidelberg im 19. Jahrhundert. In: Semper apertus 2 (1985), S. 61–83.

Lang, Raimund: Ein Loblied auf einen fast Vergessenen. In: Couleur, hrsg. vom Mittelschüler-Kartellverbund der katholischen farbentragenden Studentenkooperationen Österreichs, 1985, H. 2.

Laufs, Adolf: Radbruch, Gustav Lambert. In: Bad. Biogr. NF 1 (1982), S. 223–225.

Lehmann, Jochen: Die germanistischen Vorlesungen zwischen 1803 und 1900 an der Universität Heidelberg. In: Ruperto-Carola 42 (1967), S. 205–239.

Leimbach, Karl: Die Feuerbestattung in Heidelberg, 1892.

Leiser, Wolfgang: Bekker, Ernst Immanuel. In: Bad. Biogr. NF 1 (1982), S. 37–38.

Ders.: Gothein, Percy Paul Heinrich. In: Bad. Biogr. NF 1 (1982), S. 140–141.

Lenhart, Volker: Aus der Arbeit der Universitätsinstitute. Die Pädagogik als wissenschaftliche Disziplin in der Ruprecht-Karl-Universität Heidelberg 1803–1970. In: Heidelberger Jahrbücher 15 (1971), S. 150–166.

Lepsius: Karl Friedrich von Schlippe. In: ADB 31 (1890/1970), S. 520–521.

Lessing, Gotthold Ephraim: Wie die Alten den Tod gebildet. In: Lessings Werke. Hrsg. von Kurt Wölfel, Bd. 3, Frankfurt/M. 1967.

Lockemann, Georg: Bunsen, Robert Wilhelm. In: NDB 3 (1957), S. 18–20.

Lohmeyer, Karl: Heidelberger Maler der Romantik. Heidelberg 1935.

Lukas, Robert: Die Naturwerksteine Baden-Württembergs und ihre Wetterbeständigkeit sowie Verwitterungsprofile ausgewählter Carbonatgesteine. Diss. München 1990.

Lullies, Reinhard/Schiering, Wolfgang (Hrsg.): Archäologenbildnisse. Porträts und Kurzbiographien von klass. Archäologen deutscher Sprache. Mainz 1988.

Lurz, Meinhold: Albert Speer. In: Bad. Biogr. NF 2 (1987), S. 259–265.

Ders.: Der Mannheimer Hauptfriedhof. Grabmalgestaltung zwischen 1890 und 1940. In: Mannheimer Hefte 1986, 1, S. 29–41.

Lurz/Vogt: Lurz, Meinhold/Vogt, Daniela: Neuenheim im Wandel. Eine Sozialgeschichte in Bildern von 1870 bis 1950. Heidelberg 1990.

Lutzmann, Ruth: Anna Blum – ihr Lebenswerk. Heidelberg 1988 (vervielfältigtes Manuskript).

Maas, Hermann: Adolf Schmitthenner. Der Mensch und sein Werk. In: Ruperto-Carola 21 (1957), S. 27–28.

Maser, W.: Friedrich Ebert, der erste deutsche Reichspräsident. Eine politische Biographie. München 1987.

Meyer-Krahmer, Marianne: Carl Goerdeler und sein Weg in den Widerstand. Eine Reise in die Welt meines Vaters. Freiburg im Breisgau 1989.

Meyer-Quante, Christa: Ein Besuch bei Marie Baum. In: Die Studentin 1 (1958/59).

Möllenstadt, Gottfried: Kossel, Walther. In: NDB 12 (1980), S. 616–617.

Muncker, Franz: Voß, Johann Heinrich. In: ADB 40 (1896/1971), S. 334–349.

Mushake: Die Friedhöfe in Heidelberg. Führer durch die christlichen und jüdischen Friedhöfe. Schriftleitung E. Mushake. Frankfurt/Main 1929.

Musik in Heidelberg 1777–1885. Katalog zur Ausstellung des Kurpfälzischen Museums der Stadt Heidelberg in Zusammenarbeit mit dem Musikwissenschaftlichen Seminar der Universität. Heidelberg 1985.

Mussgnug, Dorothea: Die vertriebenen Heidelberger Dozenten. Zur Geschichte der Ruprecht-Karls-Universität nach 1933. Heidelberg 1988 (Heidelberger Abhandlungen zur Mittleren und Neueren Geschichte, NF 2).

NDB: Neue Deutsche Biographie. Hrsg. von der Historischen Kommission bei der Bayerischen Akademie der Wissenschaften. Bd. 1 –. Berlin 1953 –.

Neue Heidelberger Jahrbücher. Bd. 1 – 21. Heidelberg 1891–1919.

Neue Heidelberger Jahrbücher. Neue Folge. Heidelberg 1924–1941. 1950–1955/56.

Neumann, Eduard: Ehrismann, Gustav Adolph. In: NDB 4 (1959), S. 359–360.

Neurath/Zwilling: Neurath, Hans/Zwilling, Robert: Willy Kühne und die Anfänge der Enzymologie. In: Semper apertus 2 (1985), S. 361–374.

Niederländer, Hubert: Friedrich Endemann: Zu seinem 100. Geburtstag. In: Ruperto-Carola 21 (1957), S. 33–34.

Nötzoldt, Fritz: Leitbilder unserer Stadt. Stuttgart 1972.

Obermann, Karl: Gustav Adolph Schloeffel. In: Männer der Revolution 1848. Berlin-Ost 1970, S. 191–215.

Opitz, Gottfried: Bresslau, Harry. In: NDB 2 (1955), S. 600–601.

Pfälzer Bote, Jg. 1–68, Heidelberg 1865–1933.

Pfeiffer, Harald: Heidelberger Musikleben in der ersten Hälfte des 19. Jahrhunderts. Heidelberg 1989 (Buchreihe der Stadt Heidelberg, Bd. I).

Pfitzner, Helmut: Knietsch, Rudolf. In: NDB 12 (1980), S. 183–184.

Phönix. Blätter für facultative Feuerbestattung und verwandte Gebiete. 1. Jg.–33. Jg. Wien 1888–1920.

Pietsch, Erich: Gmelin, Leopold. In: NDB 6 (1964), S. 480–481.

Poensgen, Georg: Ernst Fries: In: Heidelberger Fremdenblatt 1951, Nr. 8, 2. Juliheft, S. 1–4.

Pöschl, Viktor: In memoriam Otto Regenbogen. In: Ruperto-Carola 40 (1966), S. 197–198.

Polley, Rainer: Anton Friedrich Justus Thibaut (AD 1772–1840) in seinen Selbstzeugnissen und Briefen. Teil 1: Abhandlung. Frankfurt/Main 1982 (Rechtshistorische Reihe, Bd. 13/1).

Präger, Christmut: Vom Lyzeum zur Fabrik – die beiden Heidelberger Denkmäler für Carl Metz – Feuerwehrmann und Fabrikant (1818–1877). In: Heidelberger Denkmäler 1788–1981. Heidelberg 1982 (Neue Hefte zur Stadtentwicklung und Stadtgeschichte, H. 2), S. 31–35.

Quadbeck, Günter: Richard Kuhn 1900–1967. In: Semper apertus 3 (1985), S. 55–72.

Radbruch, Gustav: Camilla Jellinek zum 100. Geburtstag. In: Ruperto-Carola 28 (1960), S. 16–17.

Reichlin-Meldegg, Karl Alexander von: Heinrich Eberhard Gottlob Paulus und seine Zeit. 2 Bde. Stuttgart 1853.

Reichspräsident-Friedrich-Ebert-Gedenkstätte Heidelberg. Reihe: »Museum«, Westermann-Verlag, 1989.

Reinhart, Gert: Eduard Wahl zum 75. Geburtstag. In: Ruperto-Carola 61 (1978), S. 123.

Reutter, Friederike: Amann, Josef. In: Bad. Biogr. NF 3 (1990), S. 3–4.

Rhein-Neckar-Zeitung, Jg. 1 – . Heidelberg 1945 – .

Runge, Hans: Erwin Kehrer (Nachruf). In: Ruperto-Carola 29 (1961), S. 208–209.

Ruperto-Carola: Ruperto-Carola. Zeitschrift der Vereinigung der Freunde der Studentenschaft der Universität Heidelberg. Bd. 1 – . Heidelberg 1949 – .

Salin, Edgar: Marie Luise Gothein. In: Ruperto-Carola 34 (1963), S. 81–85.

Salomon, Wilhelm: Die Erbohrung der Heidelberger Radium-Sol-Therme und ihre geologischen Verhältnisse. In: Abhandlungen der Heidelberger Akademie der Wissenschaften, 1927, S. 1–105.

Schadt/Caroli (Hrsg.): Heidelberg unter dem Nationalsozialismus. Studien zu Verfolgung, Widerstand und Anpassung. Heidelberg 1985.

Schaefer/Sonntag/Schmidt: Schaefer, Hans/Sonntag, Hans-Günther/Schmidt, Georg: Von der Physiologie zu den ökologischen Fächern. In: Semper apertus 4 (1985), S. 165–181.

Schettler, Gotthard: Ludolf Krehl 1861–1937. In: Semper apertus 3 (1985), S. 114–135.

Schiffers, R.: Badische Einflüsse auf die Reichsverfassung von 1919. In: Zeitschrift für die Geschichte des Oberrheins 120 (NF 81) 1972, S. 433–447.

Schindler, Werner: Karl Gottfried Nadler. In: Heidelberger Fremdenblatt 1969, H. 5, S. 2–5.

Ders.: Max Weber in Heidelberg. Zum 50. Todestag am 14. Juni. In: Heidelberger Fremdenblatt 1970, H. 6, S. 14–16.

Schmidt-Neirynck, Theda: Die Landessternwarte Heidelberg-Königstuhl. In: Semper apertus 5 (1986), S. 559–575.

Schmitz, Viktor: Gundolf, Friedrich Leopold. In: NDB 7 (1966), S. 319–321.

Schöne, Georg: Medizinstudium in Heidelberg um die Jahrhundertwende. In: Ruperto-Carola 20 (1956), S. 91–108.

Schoettle, Rainer: Politische Freiheit für die deutsche Nation, Carl Theodor Welckers politische Theorie: Ein Beitrag zur Geschichte des deutschen Frühliberalismus. Baden-Baden 1985.

Schoof, Wilhelm: Skizzen aus dem Heidelberg des 19. Jahrhunderts. In: Ruperto-Carola 40 (1966), S. 174–180.

Schwaab, Meinrad: Herbert Derwein (Nachruf). In: Zeitschrift für die Geschichte des Oberrheins 108 (NF 69), S. 635–636.

Schwab / Ey: Schwab, Werner / Ey, Werner: Heidelberg als Wiege der vereinigten Oto-Rhino-Laryngologie und deren Geschichte. In: Ruperto-Carola 18 (1955), S. 107–115.

Schweizer, H.: Himmelsforscher aus der Märzgasse. Zum 100. Geburtstag des Heidelberger Astronomen Max Wolf. In: Heidelberger Tageblatt vom 20. 6. 1963.

Seeliger, Siegfried: Albert Fraenkel – Arzt und Forscher. In: Heidelberger Tageblatt vom 30. 12. 1960.

Semper apertus: Semper apertus – 600 Jahre Universität Heidelberg (1386–1986). Festschrift in 6 Bden. Heidelberg 1985.

Siebler, Helmut: Furtwängler, Gustav Heinrich Ernst Martin Wilhelm. In: Bad. Biogr. NF 1 (1982), S. 132–135.

Spielmann, Karlheinz: Ehrenbürger und Ehrungen in Geschichte und Gegenwart. Eine Dokumentation zur deutschen und mitteleuropäischen Geschichte. 2 Bde. 3. Aufl. Dortmund 1967.

Steig, Reinhold: Frau Auguste Pattberg. Ein Beitrag zur Geschichte der Heidelberger Romantik. In: Neue Heidelberger Jahrbücher 1986, H. 1, S. 62–122.

Steinbach, Rudolf: 1903–1966. Daten seines Lebens, seiner Werke, seiner Freunde. Gesammelt von Walter Schmitthenner. 1990 [Typoskript im Stadtarchiv Heidelberg].

Die Studentin. 1.–3. Jg. Heidelberg 1958 / 59 – 1959 / 60.

Stuloff, Nikolaus: Eisenlohr, August. In: NDB 4 (1959), S. 417.

Tank, Kurt-Lothar: Das Unerklärliche in Albert Speer. Adolf Hitlers Architekt. Seine »Erinnerungen« und ein Fernsehgespräch mit Joachim Fest. In: Deutsches Allgemeines Sonntagsblatt, Nr. 43 vom 26. 10. 1969.

Tödt, Heinz Eduard: Max Weber und Ernst Troeltsch in Heidelberg. In: Semper apertus 3 (1986), S. 215–258.

Valentin, Ernst: Heidelberg, die Stadt des »Zupfgeigenhansl«. In: Heidelberger Fremdenblatt 1954, H. 5, S. 9–10.

Verabschiedung des Heidelberger Oberbürgermeisters Robert Weber. In: Ruperto-Carola 40 (1966), S. 377–380.

Vierneisel, Emil Josef: Charles de Graimberg und das Heidelberger Schloß. In: Ruperto-Carola 36 (1964), S. 65–78.

Ders.: Coemeterium parvum. In: Heidelberger Fremdenblatt 1970, H. 3, S. 10–11.

Ders.: Der Heidelberger St. Annenkirchhof und seine Stifterin Anna. In: Ruperto-Carola 45 (1968), S. 54–69.

Vogel, Paul: Die Heidelberger Neurologische Schule. Friedreich-Erb-Hoffmann. In: Heidelberger Jahrbücher 14 (1970), S. 73–84.

Wagenmann: Paulus, Heinrich Eberhard Gottlob. In: ADB 25 (1887 / 1970), S. 287–295.

Wahl, Eduard: Heinsheimer, Karl August. In: NDB 8 (1969), S. 440–441.

Walter, Heinz: Kossel, Albrecht. In: NDB 12 (1980), S. 615–616.

Walz, Ernst: Die Portheim-Stiftung und ihre Bedeutung für Heidelberg. In: Heidelberger Fremdenblatt 1960, Nr. 4, S. 5.

Ders.: Lebenserinnerungen. Vierzig Jahre an der Spitze der Stadt Heidelberg. Hrsg., eingel. u. erl. von Rudolf Benl. Heidelberg 1991 (Schriftenreihe des Stadtarchivs Heidelberg, H. 3).

Weber, Georg: Heidelberger Erinnerungen. Am Vorabend der fünften Säkularfeier der Universität. Stuttgart 1886.

Weber, Marianne: Lebenserinnerungen. Bremen 1948.

Weckbecker, Arno: Die Judenverfolgung in Heidelberg: 1933–1945. Heidelberg 1985 (Diss. Mannheim 1984).

Weisert, Hermann: Die Ehrenbürger und Ehrensenatoren der Universität Heidelberg. In: Ruperto-Carola 34 (1982), S. 109–114.

Wirth, Peter: Köchly, Hermann. In: NDB 12 (1980), S. 294.

Witt, Peter-Christian: Friedrich Ebert: Parteiführer, Reichskanzler, Volksbeauftragter, Reichspräsident. Bonn 1987.

Witte, Wilhelm: Willy Hellpach. Zu seinem 80. Geburtstag am 26. Februar 1957. In: Ruperto-Carola 22 (1957), S. 15–24.

Wolgast, Eike: Politische Geschichtsschreibung in Heidelberg. Schlosser, Gervinus, Häusser, Treitschke. In: Semper apertus 2 (1985), S. 158–196.

Wyklicky, Helmut: Kußmaul, Adolf. In: NDB 13 (1982), S. 344–345.

Zeitschrift für die Geschichte des Oberrheins. Bd. 1–. Karlsruhe 1850–.

Zeller, Susanne: Maria von Graimberg. Vierzig Jahre Sozialarbeiterinnenausbildung in Heidelberg. Freiburg i. B. 1989.

Zimmermann, Hans-Joachim: Die Ruperto-Carola und das British Museum. Die Entschlüsselung eines allegorischen Gemäldes von Guido Schmitt. In: Sitzungsberichte der Heidelberger Akademie der Wissenschaften, Philosophisch-historische Klasse. Heidelberg 1987.

Zorn, Wolfgang: Carl Wilhelm-Heinrich C.-Lennig. In: NDB 3 (1957), S. 287.

Zur Erinnerung an die Einweihung des neuen Friedhofes in Heidelberg am 18. September 1844. Heidelberg 1844.

5. Bildnachweis

Furtwängler, Elisabeth, Clarens/Schweiz: Abb. 21.

Laubert, Karl, Heidelberg: Abb. 4.

Mushake, Die Friedhöfe in Heidelberg, 1929: Abb. 93.

Spengel, Uta, Heidelberg (mit herzlichem Dank an dieser Stelle für das freundliche Überlassen des historischen Blattes): Abb. 3.

Stadtarchiv Heidelberg: Abb. 12, 13, 25, 34, 63, 64, 72, 78, 92 (Neuaufnahmen Gudrun Bonk).

Ruuskanen, Leena, Heidelberg: alle anderen Aufnahmen, einschließlich des Umschlagbildes.

Studio Claus Rieger, Heidelberg: Übersichtsplan und Pläne der Rundgänge, S. 287 ff.

6. Pläne der vier Rundgänge

BERGFRIEDHOF HEIDELBERG

ORIENTIERUNGSPLAN

RUNDGANG I (64 GRABSTÄTTEN)
RUNDGANG II (59 GRABSTÄTTEN)
RUNDGANG III (33 GRABSTÄTTEN, KREMATORIUM UND JÜDISCHER FRIEDHOF)
RUNDGANG IV (33 GRABSTÄTTEN)

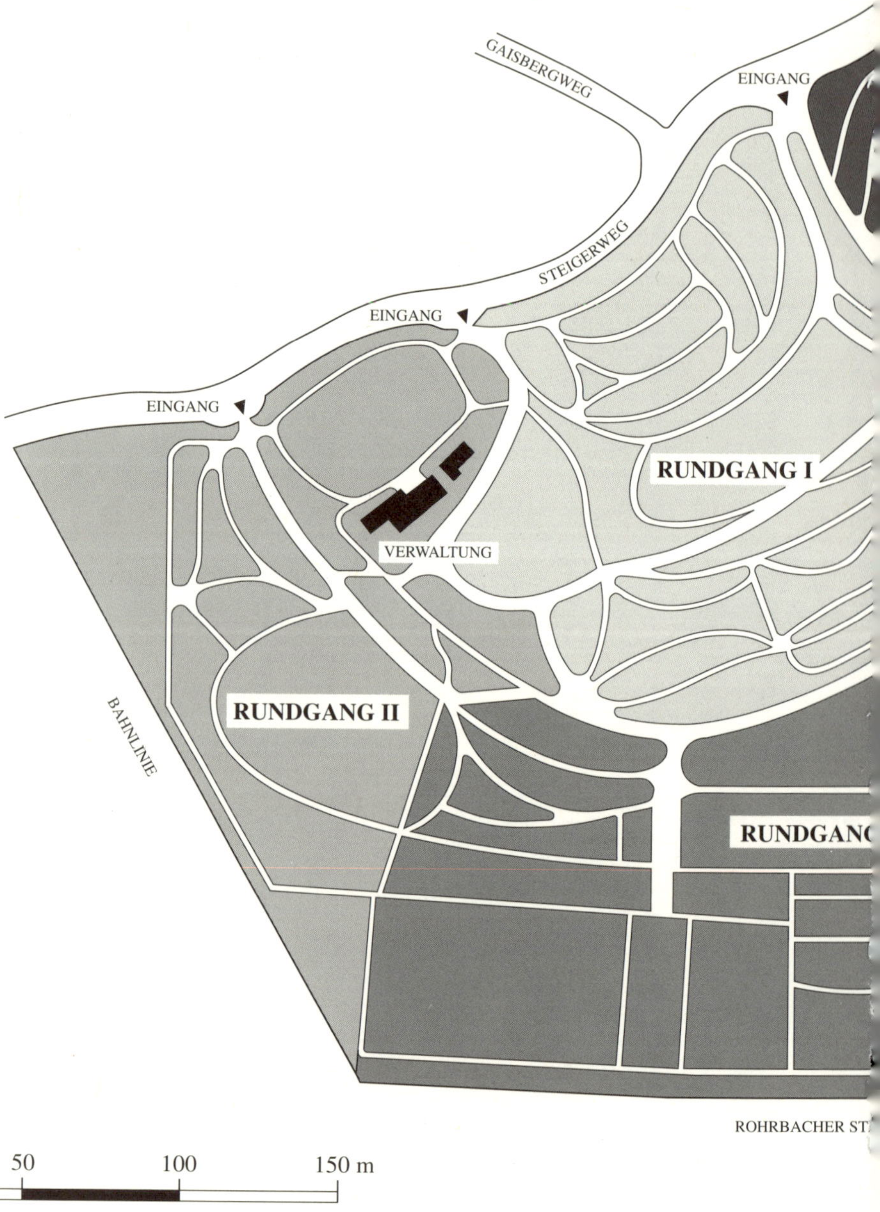